코로나19의 거버넌스와 중견국 외교

팬데믹 대응의 국내외적 차원

코로나19의 거버넌스와 중견국 외교정치
팬데믹 대응의 국내외적 차원

2022년 3월 21일 초판 1쇄 인쇄
2022년 3월 31일 초판 1쇄 발행

엮은이 김상배·이승주
지은이 김상배·정일영·오일석·부형욱·유재광·허재철·이기태·신범식·조대현·이상현·
　　　조한승·강선주·이승주

편집 김천희
디자인 김진운
마케팅 최민규

펴낸이 고하영
펴낸곳 (주)사회평론아카데미
등록번호 2013-000247(2013년 8월 23일)
전화 02-326-1545
팩스 02-326-1626
주소 03993 서울특별시 마포구 월드컵북로6길 56
ISBN 979-11-6707-058-6　93340

이 저서는 2020-21년 서울대학교 국제문제연구소의 지원으로 연구를 수행하였음; 이 저서
는 2020년 대한민국 교육부와 한국연구재단의 지원을 받아 수행된 연구임(NRF-2020S1A3A
2A01095177).

코로나19의 거버넌스와 중견국 외교

팬데믹 대응의 국내외적 차원

김상배·이승주 엮음

김상배·정일영·오일석·부형욱·유재광·허재철·이기태·신범식·조대현·이상현·

조한승·강선주·이승주 지음

사회평론아카데미

머리말

이 책은 단기간 내에 '세계적 대유행'을 뜻하는 팬데믹(pandemic)으로 '창발'(創發, emergence)한 코로나19 사태를 국제정치학의 시각에서 다루었다. 이 책은 두 권으로 기획된 시리즈의 두 번째 책이다. 제1권은 "코로나19와 신흥안보의 세계정치: 팬데믹의 복합지정학"이라는 제목으로 코로나19가 어떠한 메커니즘을 통해서 국제정치학의 연구 어젠다로 부상했는지를 분석했다. 제2권은 "코로나19의 거버넌스와 중견국 외교: 팬데믹 대응의 국내외적 차원"이라는 제목으로 코로나19에 대응하는 국내 거버넌스와 국제협력, 그리고 이러한 연속선상에서 본 한국의 행보를 다루었다.

　이렇게 시리즈로 구성된 두 권의 책은 2020년 4월경에 기획되었다. 당시에 필자들의 전망과 기대는, "미네르바의 부엉이는 황혼이 저물어야 그 날개를 편다"라는 경구처럼, 이 책이 출판되어 나올 2021년의 하반기 어느 때쯤이면 코로나19 사태는 종식되리라는 것이었다. 따라서 코로나19 사태를 다룬 국제정치학자들의 연구가 세상에 나와서 그 의미와 대응책 등에 대한 활발한 토론을 벌일 계기를 만들자는 것이었다. 그러나 2022년에 접어들어서도 코로나 바이러스는 변이의 과정을 거치면서 여전히 기승을 부리고 있어 우리가 너무 순진했던 것이 아닌가 하는 자탄을 해보게 된다.

이 책에 담긴 글들은 출판되기 위해서 통상적으로 거치는 단련의 과정을 밟았다. 그 과정에서 많은 토론이 이루어졌으며 유익한 피드백을 받았다. 2020년 5월 프로포절 발표를 시작으로, 6월부터 11월까지 모두 일곱 차례의 중간발표를 겸한 특별세미나를 개최하였다. 그중에서 몇 개의 주요 챕터는 7월에 개최된 한국국제정치학회에서 발표되어 학계의 피드백을 구했다. 2021년 4월에는 두 차례로 나누어 최종발표회를 개최하였다. 이후 5월과 6월에는 이 책에 담긴 연구 내용의 홍보를 위해서 국가안보전략연구원 및 한국환경정책·평가연구원 글로벌환경협력센터와 각기 공동세미나의 자리를 마련하였다.

이 책은 크게 세 부분으로 구성되었다. 제1부 "코로나19 거버넌스와 한국"은 이 책의 기반이 된 이론적 논의를 다룬 총론 성격의 논문과 함께 신흥안보로서 코로나19 팬데믹에 대응하는 한국의 사례를 보건의료, 보건안보, 국방 분야의 대응 거버넌스의 차원에서 다룬 세 편의 논문을 담았다.

제1장 "코로나19의 거버넌스와 중견국 외교: 이론의 모색"(김상배)은 코로나19 사태의 해결을 위해 동원되었던 국내외적 거버넌스에 대한 우려에서 시작했다. 미국과 중국, 그리고 유럽의 선진국들조차도 코로나19 팬데믹에 대응하는 국내적 대책 마련에 어려움을 겪었을 뿐만 아니라, 국제적으로도 문제해결을 위한 리더십을 제대로 발휘하지 못했다. 이러한 우려 속에 강대국 주도의 글로벌 거버넌스를 넘어서는 새로운 국제협력 모델에 대한 관심이 커졌다. 강대국들이 한 발을 뺀 글로벌 거버넌스의 장에서 한국과 같은 중견국들의 대응 거버넌스와 외교적 역할에 대한 기대와 전망이 높아졌다. 그러나 코로나19의 거버넌스라는 차원에서 한국의 대응은 양면적 효과를 낳았다. 코로나19의

위기를 어느 정도 관리하면서, 이른바 'K-방역'이라는 말이 나올 정도
가 되었으나, 강대국 현실이 엄존하는 상황에서 중견국으로 한국이 추
구하려는 대외적인 노력은 그 한계가 명백하다는 신랄한 비판도 제기
되었다.

　이러한 문제의식을 바탕으로, 제1장은 코로나19 사태에 대응하
는 국내외 거버넌스에 대한 이론적 논의를 원용하여 한국의 사례가
지닌 의미와 한계를 살펴보는 분석틀을 마련하였다. 제1장이 주목한
이론적 논의는 크게 두 가지였다. 그 하나는 적합력(fitness), 복원력
(resilience), 메타 거버넌스(meta governance) 등의 개념을 원용한 '신
흥안보(emerging security) 거버넌스'에 대한 논의였다. 다른 하나는
네트워크 이론의 시각을 원용하여 중개외교, 연대외교, 규범외교 등의
차원에서 중견국 외교를 이해하는 논의였다.

　제2장 "코로나19와 한국의 보건의료 거버넌스"(정일영)는 한국의
보건의료 거버넌스에 대해 3T 전략을 중심으로 중앙과 지방의 코로나
19 대응 거버넌스 체계, 민·관·산·학·연·병 및 시민사회가 참여하는
예방, 진단 및 치료 거버넌스를 살펴본 후 코로나19 대응에 있어서 생
각해볼 이슈를 짚어보았다. 한국 정부는 코로나19 감염을 제1급 감염
병 신종감염병증후군으로 분류하고, 「재난 및 안전관리 기본법」 제34
조의5 국가위기관리기본지침 및 「감염병 재난 위기관리 표준매뉴얼」
에 따라 대응하였다. 범정부 차원의 컨트롤타워인 중앙재난안전대책
본부는 코로나19 대응을 위해 지침, 대응 현황, 향후 대응 계획 등을 지
역재난안전대책본부와 공유하고 합동으로 대응하였으며 지역사회의
의료자원 불균형 문제를 해결하기 위한 지역 간 병상 연대 협력, 마스
크 수급의 불편 사항 해결 및 사회적 거리두기 등의 방역 지침을 지자
체와 공동 점검하면서 수시로 보완하였다.

한국의 코로나19 방역은 상당히 긍정적인 평가를 받고 있는데 4가지 요인이 주요하게 작용했다. 첫째, 밀접 접촉자 분류 시간을 단축한 '역학 조사지원시스템' 개발과 활용을 통해 신속하고 체계적인 역학조사가 가능했다. 둘째, 국내 바이오 기업의 역량으로 PCR진단키트 개발이 이루어져서 하루에 검사를 받을 수 있는 양은 급격하게 늘었고 진단검사 시간도 6시간 이내로 줄었다. 셋째, 긴급사용승인제도 등 능동적이고 유연한 지침과 제도가 중요한 역할을 했다. 마지막으로 국민의 사회적 거리두기의 적극적인 동참으로 코로나19 확산을 어느 정도 막을 수 있었다.

그러나 백신의 수급과 접종이 늦어지는 상황에서는 기존의 방역시스템이 지속될 수 있는지를 점검해야 한다. 지금까지의 방역시스템은 임시적으로 보건의료 및 방역 인력이 비상 상황에 대비하는 형태로 운영되었다. 그런데 비상 상황이 장기화되면서 코로나19에 대응하고 있는 의료기관, 보건소, 방역 대응 인력 모두 한계에 직면하고 있다. 코로나19에 대응하는 현재의 임시적이고 긴급한 대응체계를 상시적 시스템으로 전환될 수 있도록 전략을 수립해야 한다. 이와 함께, 장기적으로 코로나19와 유사한 팬데믹에 대응하기 위해 일상적 방역문화 정착을 위한 생활방역 전략 수립이 필요하다. 효과적이고 효율적으로 팬데믹에 대응하기 위해서는 중앙 및 지방 정부뿐만 아니라 광범위한 협력적 거버넌스가 위기 대응의 핵심이라고 판단된다. 이와 함께, 이제는 임시적이고 긴급한 대응에서 체계적이고 시스템적인 대응 차원으로 발전해야 한다.

제3장 "코로나19와 한국의 보건안보 거버넌스"(오일석)는 보건안보의 시각에서 코로나19에 대응하는 한국의 거버넌스를 다루었다. 한국은 코로나19와 같은 신종 감염병을 재난 및 안전관리 차원에서 대

응하였다. 그러나 신종 감염병은 지속성, 전국적 범위, 이동의 제한, 집단 면역력 형성에 의한 종식 등의 특징에서 볼 때 자연재해나 사고와는 다르다. 나아가 신종 감염병은 군사력 약화를 초래하고, 국가 경제에 심각한 손실을 발생시키며, 사회와 정부에 혼란을 야기하여 국가안보를 위협하였다. 그러므로 신종 감염병을 재난이나 안전관리 차원에서 대응하는 것은 한계가 있는 것으로 보인다.

신종 감염병은 교민안전, 외국 정부 동향 및 국외 감염병 정보 수집과 분석, 군사력 유지, 군 의료인력 지원, 교민 수송, 국제 의료 협력 등이 연관된 국가안보와 직결된 문제이다. 따라서 보건안보 거버넌스 체계를 구축하여 통제 불가능한 신종 감염병에 의한 실재하거나 급박한 위협으로부터 국가의 기능을 유지하고 국민의 안전을 담보하여야 한다. 이를 위하여 우선 「감염병의 예방 및 관리에 관한 법률」을 개정하여 대통령을 의장으로 하는 보건안보위원회를 설립하고 동 위원회로 하여금 보건안보 위기상황의 식별 및 그에 따른 대외 정책, 군사정책 및 국내정책을 수립하고 관련 부처로 하여금 집행하도록 하여야 한다. 또한 국가안보실에 보건안보비서관을 신설하여 신종 감염병 예방, 탐지 및 대응 활동에 대한 각 부처의 활동을 조정하고 총괄하도록 하여야 한다. 이러한 거버넌스 체계 하에서 정부는 〈국가보건안보전략〉을 수립하고 〈보건안보실태보고서〉를 작성하여야 한다. 아울러 정부는 신종 감염병 대응을 위한 국제협력 활동을 적극적으로 수행하여야 한다.

제4장 "코로나19 위협과 국방 차원의 대응"(부형욱)은 국방의 시각에서 코로나19 거버넌스의 주제를 살펴보았다. 코로나19 사태는 한국의 위기 거버넌스 점검 필요성과 감염병 위기에 대응하는 국방의 역할을 새롭게 환기시켰다. 대규모 감염병을 안보적 시각에서 바라보는

것은 어제오늘의 일이 아니다. 그렇지만 코로나19 사태 이전에는 한국의 안보 커뮤니티에서 보건안보 문제를 절박한 심정으로 논의하지 않았다. 이는 탈냉전 이후 신흥 안보이슈가 부상했지만 이를 담당하는 정책당국자는 과거의 안보개념에 익숙한 이들로 채워져 있다는 현실과 무관하지 않았다. 현대의 위기상황이 요구하는 정책문제는 복잡하고 다차원적이어서 정부 혼자서 해결할 수 없는 경우가 많다. 이런 측면에서 학계에서는 네트워크 거버넌스를 중시하고 있다. 그러나 현실에서는 국가 역할의 중요성이 지속적으로 확인되고 있다. 다양한 플레이어들의 역할을 통합하여 노력의 통일을 이룩하는 데 네트워크의 중심에서 조정하는 국가의 역할이 재조명되고 있기 때문이다. 통상적으로 코로나19 수준의 대형 감염병 위기에서 군의 역할은 두 가지로 나누어 고찰된다. 감염병으로부터 스스로를 보호하는 데 주력하는 것과 스스로를 보호하고 남은 역량을 위기관리의 수단으로 제공하는 것이 그것이다. 통상적이지 않은 국가적 위기상황이 군이 투입된 이후에 해결된 국내외 사례는 매우 많다. 이번 코로나19 사태에서도 우리 군은 군내 감염을 최소화했으며, 민관의 역량이 부족했을 때, 방역, 진료지원, 행정지원, 비상식량 공급, 의료물품 공수 등 전방위적인 지원을 실시했다.

그러나 코로나19는 군에게 단기적이고 직접적인 대응보다 더욱 의미심장한 도전을 부과하고 있다. 코로나19 사태로 인한 장기적이고 간접적인 환경변화가 국방에 영향을 미칠 것으로 예상되기 때문이다. 감염병 대유행이 연합준비태세에 영향을 미칠 수 있음을 알게 되었고, 코로나19가 미중 전략경쟁의 촉매로 작용하여 미중 전략경쟁의 부정적 효과가 예상보다 빨리 우리에게 영향을 미칠 수 있으며, 일부 국가 혹은 무장단체들이 생물무기에 대한 관심도 촉발 시킬 수 있음도 알게 되었다. 또한 코로나19는 사이버 안보와 연계되며, 적정 국방비 확보에도 영향을 줄 것으로 예상된다. 이 모든 도전이 코로나19가 촉매가 되어 제기하는 도전인 것이다. 코로나19 사태를 겪으며 군은 기존의 임무영역에서 급격히 변화하는 여건을 수용하여 적응적이며, 기민한 대응을 해야 하는 한편 새롭게 제기되는 도전에도 부응해야 함을 알게 되었다. 이제 군은 새로운 문제해결 방법을 모색해야 하고, 이를 제도적·조직적으로 뒷받침하는 문제에 대해서도 심도 있는 논의를 시작해야 할 것으로 보인다.

제2부 "주요국의 코로나19 거버넌스"는 코로나19 팬데믹에 대응하는 각국 거버넌스를 미국, 중국, 일본, 러시아 등 한반도 주변4국의 사례를 비교하는 시각에서 살펴보았다.

제5장 "미국의 포퓰리즘 리더십과 선거 그리고 코로나19 거버넌스 이중 실패"(유재광)는 보건 및 방역 분야의 최고 선진국이라고 평가되었던 미국의 팬데믹─즉 코로나19 거버넌스 실패를 이중 거버넌스 실패, 즉 '국내적 거버넌스'와 '국제 거버넌스' 실패로 개념화하고 그 원인을 미국 국내정치, 그중에서 포퓰리즘 성향의 리더십과 휘발성 짙은 선거 정치에 초점을 맞추어 설명하였다. 미국의 팬데믹 대응 실패는 의료 및 방역은 물론 경제와 정치 그리고 사회 모든 분야의 상식을 뒤집었다. 2021년 상반기 약 3천만 건의 확진 사례가 보고되고 있으며 57만 명의 미국인이 목숨을 잃었다. 심지어 2020년 10월 2일에는 행정부 수장 트럼프 대통령조차 감염되고 말았으며 이후 팬데믹 거버넌스 실패는 2020년 미국 대선의 가장 중요한 이슈가 되어 민주당 바이든 정부로의 정권 교체의 주된 이유가 되었다. 미국은 코로나 방역 국제 거버넌스에도 실패했다. 트럼프 대통령은 팬데믹 초기부터 코로나19를 중국 혹은 우한 바이러스라 부르며 중국과 비난 게임을 진행하며

팬데믹 국제공조에 소극적으로 대응했고 이후 세계보건기구(WHO)마저 탈퇴를 공식화했다. 제5장은 이러한 미국의 코로나 거버넌스 이중 실패는 미국 대통령의 포퓰리스트적 성향과 휘발성 짙은 선거정치의 상호작용의 결과임을 입증하고자 했다.

제6장 "중국의 코로나19 거버넌스에 대한 인식과 특징"(허재철)은 중국의 코로나19 거버넌스 사례를 다루었다. 코로나19 감염 사태는 국제정치의 시각에서 봤을 때 중요한 의미를 갖는다. 미중 사이의 경쟁과 대립을 심화시켰을 뿐만 아니라, 미국과 중국을 비롯한 주요국들의 거버넌스에 대해 새롭게 조명해 보는 계기를 제공해 주었기 때문이다.

중국은 중앙집권적이고 강압적인 형태의 코로나19 방역 거버넌스를 전개했고, 모든 국가 역량을 총동원하여 일사분란하게 대응함으로써 감염 사태를 비교적 조기에 수습할 수 있었다. 이렇게 중국식 방역 거버넌스가 객관적으로 커다란 성과를 드러낸 것은 사실이다. 하지만 그 과정에서 방역이라는 공공이익에 밀려 개인의 프라이버시권이 침해되고, 중앙정부의 강력한 개입에 의해 지방정부의 자율권이 위축되는 부작용도 나타났다. 또한 사구(社區) 조직이 코로나19 방역 과정에서 중요한 역할을 담당하면서 민관(民官) 협력의 긍정적 거버넌스를 보여주기도 했지만, 이는 민간의 자발적 참여와 풀뿌리 운동이라기보다는 관이 주도하고 민이 따르는 형태이자 반관(半官)의 성격을 띤 조직이라는 지적도 있다. 그리고 중국이 방역 외교와 백신 외교를 전개함으로써 개도국으로부터 적지 않은 호응을 거뒀음에도, 개도국에 대한 원조의 성격보다는 미국에 대응하기 위한 자기진영 확대의 목적이 큰 것 아니냐는 의구심을 불러일으키기도 했다.

한편 세계 최강대국인 미국의 거버넌스는 이번 코로나19 사태를 겪으면서 무력함과 많은 기술적 문제점을 노출했고, 이로 인해 국제사회로 하여금 미국식 거버넌스에 대한 의구심을 갖게 만들었다. 이렇게 코로나19 사태를 계기로 기존 패권국인 미국의 거버넌스와 새롭게 부상하고 있는 중국의 거버넌스에 대해 모두 물음표가 달리면서 새로운 거버넌스 모델이 부각될 수 있는 공간이 열리게 됐다. 한국의 입장에서는 한국식 거버넌스를 자산으로 좀 더 체계적이고 전략적인 중견국 외교를 전개할 수 있는 환경이 조성됐다고 할 수 있다.

제7장 "일본의 코로나19 대응 거버넌스: 국내정치와 국제정치 거버넌스 평가 및 한계"(이기태)는 일본의 사례를 분석했다. 일본 정부는 코로나19 방역 차원에서 2020년 도쿄 올림픽 개최와 중국 시진핑 방일을 목표로 발빠른 대처를 하지 못했다. 특히 중앙정부의 총리 측근 및 후생노동성 관료의 대처방안 차원에서 사전 준비 부족이 여실히 드러났다. 그뿐만 아니라 중앙정부와 지방정부 간, 그리고 정부 부처 간 협조체제가 미흡했으며, '정치와 과학'의 대립구도 하에서 의사 등 전문가 의견을 신속하게 수용하지 않았다. 이처럼 일본은 초기에 강력한 봉쇄조치보다는 단기적 긴급조치를 발동하였으며, 긴급사태선언과 같은 강력한 봉쇄조치 시행에서도 여러 시행착오 발생으로 신속한 결정이 이루어지지 않았다. 즉 일본 정부의 정책결정과정과 위기관리대응 체제는 총리(관저) 중심의 구조로 되어 있었고, 일본 정부의 위기관리 유형은 '반응적, 제한적' 위기대응이었다. 여기에는 도쿄올림픽 개최문제, 아베노믹스 등 '방역과 경제'라는 양자선택 차원에서의 중요한 요인이 존재하였다.

한편, 국제적 차원에서 일본은 도쿄올림픽 개최 강행 및 중국 시진핑 국가주석의 방일 초청 노력, 한일 관계 악화라는 정치적 고려를 우선한 나머지 코로나19 방역에서 여러 가지 허점을 드러냈다. 즉 '정치와 과학'의 문제를 생각하게 한 것이 일본의 코로나19 대응과 중일, 한

일관계였다. 그럼에도 코로나19 대응의 국제적 협력 네트워크 구축을
위한 일본의 지속적인 의지도 엿볼 수 있었다. 코로나19 이후 중국이
공공외교 차원에서 개발도상국을 중심으로 한 보건의료 지원협력을
강화하는 가운데 일본은 중국의 존재감을 의식하면서 '적극적 평화주
의'의 기치 아래 백신 외교를 지향하는 '이념'과 '전략'을 아우르는 개
발도상국 지원을 전개하고 있다.

제8장 "코로나19 팬데믹과 러시아의 대응"(신범식·조대현)은 러
시아의 사례를 다루었다. 신종코로나 감염병이 발발한 초기 러시아의
대응은 철저한 차단으로 성공적인 듯이 보였다. 하지만 초기의 대응 성
공은 3월 말을 지나면서 코로나19가 급속하게 확산되면서 러시아가
코로나 팬데믹의 열점 중의 하나로 부상하였다. 이를 두고 혹자들은 이
것이 러시아 대응체계의 한계와 보건체계의 취약점을 보여준다며 비
판하였다. 전반적으로 러시아의 초기 대응이 성공을 거두었던 것은 전
통적인 관문통제(gate-keeping) 정책을 통해서였다. 잘못된 판단에서
기인한 아시아 방면과 유럽 방면의 차별적 대응은 유럽 대유행의 여파
로부터 러시아를 지키지 못한 결정적 요인이 되었다. 하지만 코로나19
팬데믹의 위기와 국내정치적으로 나발니가 주도한 야권의 활발한 시
위 활동 그리고 하바롭스크의 저항 등과 같은 도전적 요인이 있었음에
도 불구하고, 개헌 국민투표와 여론조사를 통하여 푸틴 체제가 코로나
19로 야기된 위기 관리에 일정 정도 성공적이었음을 확인할 수 있다.

한편 코로나19 팬데믹이 러시아에 끼친 사회·경제적 충격은 적
지 않았다. 러시아에 대한 제재가 시작된 지 6년을 넘어가는 상황에서
발생한 코로나19 팬데믹은 러시아 사회의 취약 계층을 강타하였고, 제
재에 적응하면서 러시아 경제 전반에 일고 있던 활력을 꺾기에 충분했
다. 선거와 개헌 등의 정치적 성공이 경제적 성과 및 삶의 질 개선으로

뒷받침되지 못하는 한, 푸틴 체제의 안정성을 낙관하기는 쉽지 않아 보인다. 경제적 성과의 한계는 2021년 고공행진을 계속하고 있는 고유가 덕분에 일정 정도 보완되고 있으나, 글로벌 탈탄소 에너지 전환의 흐름이 거세지고 있는 상황에서 중장기적으로 유가 상황을 전망하고 경제정책을 기획하기에는 어려움이 있다. 한편 러시아 정부는 팬데믹에 대응하기 위하여 다양한 정책적 수단을 동원하였으나, 팬데믹 대응에 대해 적극적인 백신 개발 전략에 매진하게 되었다. 러시아의 스푸트니크 V는 국내정치적으로는 푸틴 체제의 안정과 대외적으로는 러시아의 영향력 확대 및 위상 향상에 긍정적으로 작용하고 있는 것으로 보인다. 하지만 상대적으로 우수한 백신이라 알려져 있는 스푸트니크V의 개발에도 불구하고 미중 전략 경쟁 와중에 러시아의 백신 외교가 국제정치의 변수로 작동할만큼 영향을 미치고 있다고 보기 어려워 러시아가 가진 국제정치 구도에서의 한계가 무엇인지도 동시에 드러내 준다고 하겠다.

제3부 "글로벌 거버넌스와 중견국 외교"는 코로나19 팬데믹의 발생이 국제질서의 변동과 글로벌 거버넌스에 미친 영향과 이러한 과정에 대응하는 한국의 대외정책을 중견국 외교의 시각에서 다룬 논문들을 담았다.

제9장 "코로나19 시대의 글로벌 질서와 외교"(이상현)는 코로나19 팬데믹이 국제질서는 물론 외교의 형식과 내용에 있어서 많은 변화를 초래하고 있다고 주장한다. 코로나19로 사람과 물자의 자유로운 이동이 차단되면서 나타난 가장 뚜렷한 징후로는 세계화의 후퇴 및 반세계화 정서의 부각을 들 수 있다. 또 다른 국제정치적 변화는 국제제도와 레짐의 무력화 현상 심화다. 글로벌 무역의 감소와 공급망 붕괴, 사회적 거리두기로 인한 국제 교역과 민생경제의 침체도 심각하다. 국제정

치질서 면에서 더욱 심각한 문제는 미중 갈등 심화로 인한 글로벌 리더십의 약화와 탈-G2 현상 가속화 현상이다.

외교 분야에 있어서는 코로나로 인해 정상적인 외교가 불가능해진 탓에 비대면, 언택트 외교라는 새로운 방식이 등장했다. 팬데믹 확산으로 외교가 마비되는 상황에서 시작된 화상외교는 '뉴노멀'로 자리잡았다. 디지털 외교에 대한 평가는 긍정과 부정이 혼재된 양상이지만 줌플로머시(Zoomplomacy)가 외교의 새 지평을 열었다는 점에는 이견이 없다. 우선 팬데믹 시대에 외교의 핵심 수단은 디지털 플랫폼과 도구의 활용으로 변했다. 포스트-코로나 시대 외교의 성과는 이러한 새로운 환경에 얼마나 신속히 적응하고 활용하는지에 달렸다고 할 수 있다. 디지털 외교는 그동안 한정된 공간에서 소수의 외교관들 간에 열리던 공공외교 혹은 문화행사의 영역을 지구촌 전체로 확장하는 효과를 초래했다. 하지만 동시에 외교통신망의 기술적 안전성에 대한 논란과 트위터 외교의 일방성, 코로나 인포데믹(infodemics)의 유행 같은 새로운 문제점도 해결해야 할 과제이다.

포스트-코로나 시대를 대비하여 한국은 첫째, 우선 비대면 외교 같은 외교의 모달리티(modality) 변화를 숙지하고 이러한 변화에 적극 대응해야 한다. 둘째, 외교 어젠다의 변화를 신속히 파악하고 주도권을 선점할 필요가 있다. 포스트-코로나19 시대에 국제사회 최대의 관심은 공중보건에 대한 관심과 글로벌 경제회복, 거버넌스와 다자협력체제의 보강, 미중 패권경쟁 심화의 파급 효과 등이 될 전망이다. 셋째, K-방역의 성공, 그러나 백신외교의 실패라는 그간의 평가를 바탕으로 우리나라의 팬데믹 전략을 총체적으로 재점검하는 계기로 삼을 필요가 있다.

제10장 "코로나19의 글로벌 보건 거버넌스와 한국: 중견국 보건

외교 전략의 모색"(조한승)은 코로나 팬데믹에 대한 글로벌 보건 거버넌스의 대응은 기대에 미치지 못했다고 주장한다. 보건 분야에서조차 강대국 패권경쟁이 우선시되었고, WHO는 신뢰성을 상실하였으며, 미국의 정책실패로 글로벌 보건 리더십이 발휘되지 못했다. 하지만 포스트-코로나 시대 글로벌 보건 거버넌스의 기능을 회복하기 위한 국가들의 다자간 협력이 모색되고 있으며, 백신개발과 보급을 통해 신기술의 중요성이 강조되고 있다. 신흥이슈로서 보건에 대한 외교무대는 중견국에게 새로운 기회의 창이 될 수 있다. 스웨덴과 브라질의 사례는 중견국이 자국의 강점과 보건을 연계하여 보건외교 분야에서 위상을 높일 수 있음을 보여준다. 하지만 코로나 방역에서 브라질의 실패 경험은 정책적 고려와 보건 전문성을 종합적으로 판단할 수 있는 정책결정자의 역량이 뒷받침되어야 한다는 교훈을 제공한다.

백신의 공급으로 세계는 위기에서 서서히 벗어날 것이다. 하지만 글로벌 보건 거버넌스의 문제점을 개선하기 위한 논의는 지금부터 시작이다. 새로운 보건외교에서 중견국 한국이 영향력을 확대하고 위상을 높이기 위한 전략을 모색해야 한다. 이를 위해서는 먼저 포스트-코로나 시대에 전개될 다자간 보건협력 과정에서 한국의 역할을 확대할 수 있도록 글로벌 행위자들을 설득할 수 있는 논리를 개발해야 한다. 또한 동아시아 보건협력 제도화의 걸림돌로 작용하는 정치적 갈등요인을 우회하기 위해 동아시아 주민들의 보건 관련 공동 관심사를 논의하고 공동의 이익을 창출하는 방안을 마련해야 한다. 끝으로 한국이 비교우위를 가진 기술적 역량을 보건협력에 결합하여 한국의 보건외교의 브랜드로 발전시키고, 이를 다른 분야에서의 신흥가치 창출의 기회로 전환할 수 있는 아이템을 발굴해야 한다.

제11장 "코로나19 팬데믹과 한국의 중견국 외교: 주권주의적 상

호작용에 적용과 한계"(강선주)는 코로나19 팬데믹이 제2차 세계대전 이후 그 어떤 사건보다도 짧은 시간 내에 전 세계에 충격을 주었으며, 그것이 국제체제의 주요한 구성 원칙에 변화를 가져오지는 않았을지라도 국가들이 상호작용하는 방식에는 변화를 가져왔다고 주장한다. 코로나19 팬데믹은 최소한 1990년대 이후부터 국가들이 수용하고 익숙해진 주권 약화의 허용, 세계화, 다자주의, 비영토성, 그리고 그에서 미국이 리더십을 발휘하던 상호작용 방식에서 벗어나, 미국의 리더십의 약화를 배경으로 주권, 자국 우선주의, 영토성을 강조하는 상호작용 방식을 재등장시켰다. 그런데 국가들이 현실에서는 여전히 세계화와 상호의존적으로 존재하는 상태에서 주권 행사에 더 비중을 두는 상호작용 방식은 국가들을 불확실성과 차선의 상태에 놓이게 한다.

코로나19 팬데믹으로 인해 국가들의 협력적 상호작용이 결렬된 상황은 중견국이 연결과 중재라는 행위를 할 수 있는 기회를 제공한다. 코로나19 팬데믹에서 강대국 미국과 중국이 리더십과 협력을 발휘하기를 거부했고, 국가들의 다자 협력적 상호작용 방식이 결렬되었다. 중견국 외교는 코로나19 팬데믹에 의해 발생한 협력적 상호작용 방식의 붕괴를 보수하는 역할을 담당할 수 있다. 초기 코로나19 대응 성공으로 한국의 국가 능력과 평판이 향상되었고, 국제사회에서 리더십 역할을 수행할 정당성을 인정받았다. 한국은 이러한 자산을 초국경적 감염병에 대해 국가들의 다자 협력을 복원하는 데에 활용하였다. 한국은 코로나19 방역에 관한 정보를 제공하여 불확실성을 해소하는 규범외교, 감염병 대응에 개별 국가주의가 아닌 글로벌 협력을 약속하는 연대외교를 주도하였다. 그러나 코로나19 팬데믹이 발생시킨 불확실성 중에서 중개가 필요한 영역인 미국과 중국의 경쟁에 대해서 한국의 중견국 외교는 제한적이었다. 한국이 중개외교를 수행할 수 있는 다른 영역은 선진국과 개도국 사이에서 백신 민족주의 완화이다. 코로나19 팬데믹 2년차에 한국은 주도적으로 형성한 보건안보 연대를 동원하여 의학과 비의학 차원의 초국경 감염병 관련 다자 규범의 정비에서 진전을 이루어야 한다.

제12장 "코로나19 시대 중견국 외교: 가능성과 한계"(이승주)는 코로나19 대응 거버넌스의 다양성과 미중 전략경쟁의 영향은 코로나19에 대한 초국적 대응을 조직하는 데 있어서 중견국의 역할을 부각시켰다고 주장한다. 코로나19로 인해 국제질서가 급변하는 가운데 미국, 중국, 유럽 등 전통적 강대국들의 리더십 공백을 메우는 현실적 대안으로서 중견국 리더십의 중요성이 더욱 커졌다. 코로나19와 함께 '중견국의 순간(middle power's moment)'이 다시 한번 도래한 것이다. 그러나 과거에도 그랬듯이 중견국이 리더십을 발휘할 수 있는 기회의 창이 열린 것은 필요조건일 뿐이다. 중견국이 코로나19에 대한 국제협력을 위해 리더십을 행사하는 데 필요한 요소는 무엇인가? 중견국 외교에는 틈새 외교, 연대 외교, 장의 제공 등 다양한 유형이 있다. 중견국들이 국제협력의 리더십을 행사하기 위해서는 전통적인 중견국 외교를 넘어서 코로나19의 특성을 반영한 가치 외교, 모범적 리더십, 기여 외교 등 다양한 중견국 외교가 필요하다. 코로나19 시대 중견국 외교가 효과를 발휘하기 위해서는 '능력 있는 중견국(competent middle powers)'에 기반하여 개별 역량 기반의 접근과 연대와 협력을 기반한 집합적 접근을 유기적으로 결합할 필요가 있다.

이 책이 나오기까지 도움을 주신 분들께 감사드린다. 무엇보다도 코로나19 사태가 지속되는 상황에서 다소 늘어진 진행 일정에도 불구하고 열의를 잃지 않고 연구에 참여해 주신 필자 선생님들께 깊은 감사의 마음을 전하고 싶다. 이 책의 공동편집을 맡은 이승주 교수께도 감사하다. 연구진행 과정에서 많은 분이 도와 주셨지만 일일이 감사의 말씀을 전할 수 없어 죄송하다. 그럼에도 이 책을 출판하는 과정에서 교정과 편집 총괄을 맡아준 석사과정의 신은빈에 대한 감사의 말은 빼놓을 수 없을 것 같다. 끝으로 출판을 맡아주신 사회평론아카데미 관계자들께도 감사의 말씀을 전한다.

2022년 3월 1일
서울대학교 국제문제연구소 소장
김상배

차례

제3부 글로벌 거버넌스와 중견국 외교

제1부 　 코로나19 거버넌스와 한국

제1장 코로나19의 거버넌스와 중견국 외교:
이론의 모색

김상배(서울대학교)

I. 머리말

2019년 말에 발생해서 2020년을 휩쓸었던 코로나19의 충격이 아직도 가시지 않고 있다. 코로나19는 전 세계적으로 큰 변환을 초래한 사건으로 기록될 것이다(Brands and Gavin eds. 2020). 국제정치학의 시각에서만 보아도, 코로나19 사태는 1991년 소련의 붕괴나 2001년 9.11 테러에 버금가는 충격을 준 사건이며, 1997년 동아시아 금융위기나 2008년 글로벌 경제위기를 능가하는 충격을 가한 사건으로 기억에 남을 것이다. 게다가 코로나19 사태는 '과도한' 지구화의 부작용과 이에 역행하는 세계 각국의 자국중심주의적 대응 때문에 증폭된 사건이기도 했다(Farrell and Newman 2020).

그럼에도 코로나19 사태의 해결을 위한 국제협력의 메커니즘이 신속히 마련되지 못해서 또 다른 우려를 낳았다. 미국과 중국, 그리고 유럽의 선진국들조차도 코로나19 팬데믹에 대응하는 국내적 대책 마련에 어려움을 겪었을 뿐만 아니라, 국제적으로도 문제해결을 위한 리더십을 제대로 발휘하지 못했다. 오히려 코로나19 사태를 통해서 미국의 리더십 약화는 더욱 두드러지게 나타났으며, 중국이 그 빈자리를 메우기에는 아직 충분한 신뢰를 얻지 못하고 있다. 코로나19 사태를 거치면서 강대국이 나서서 위기를 해결했던 과거의 모델이 훼손되는 상황에서 이른바 'G0 시대'의 가능성도 거론되고 있다.

이러한 우려 속에 강대국 주도의 글로벌 거버넌스를 넘어서는 새로운 국제협력 모델에 대한 관심이 커졌다. 코로나19 이후의 세계정치가 자국중심주의적 후퇴를 드러낼지라도 궁극적으로는 협력과 공조의 외교를 펼쳐나갈 수밖에 없다는 점에서 강대국들의 편향된 시야를 넘어서는 새로운 비전이 요청되었다. 그 일환으로 강대국들이 한 발을 뺀 글로벌 거버넌스의 장에서 중견국들의 외교적 역할에 대한 기대와 전망이 높아졌다. 미국과 중국으로 대변되는 '거대 행위자들'이 세계질서의 운영을 담당했던 기존 글로벌 거버넌스 모델의 약화가 예견되는 가운데 한국과 같은 중견국이 리더십을 발휘할 여지는 있을까?

코로나19의 거버넌스라는 차원에서 한국의 대응은 양면적 효과를 낳았다. 초기 방역 국면에서 다소 혼란이 있었고 특정 집단의 발병으로 한때 위기가 고조되었으나, 코로나19의 위기를 어느 정도 관리하면서, 이른바 'K-방역'이라는 말이 나올 정도가 되었다. 대외적 차원에서 보면, 글로벌 외교 분야에서 한국의 코로나19 대응 사례는 중견국으로서 한국의 입지를 넓힐 기회로 인식되었다. 특히 미국이나 중국과 같은 강대국들의 역할이 미진한 상황에서 중견국들의 리더십 연대 모델이 관심을 끈 것이 배경이 되었다. 그러나 강대국 현실이 엄존하는 상황에서 한국이 추구하려는 중견국 외교는 그 한계가 명백하다는 신랄한 비판도 제기되었다.

이러한 문제의식을 바탕으로, 이 글은 코로나19 사태에 대응하는 국내외 거버넌스에 대한 이론적 논의를 원용하여 한국의 사례가 지닌 의미와 한계를 살펴보는 분석틀을 마련하고자 한다. 이 글이 주목하는 이론적 논의는 크게 두 가지이다. 그 하나는 적합력(fitness), 복원력(resilience), 메타 거버넌스(meta governance) 등의 개념을 원용한 '신흥안보(emerging security) 거버넌스'에 대한 논의이다(김상배 편 2016). 다른 하나는 네트워크 이론의 시각을 원용하여 중개외교, 연대외교, 규범외교 등의 차원에서 중견국 외교를 이해하는 논의이다(김상배 2014).

이 글은 크게 세 부분으로 구성되었다. 제2절은 신흥안보 위험으로서 코로나19 사태의 특성과 이에 대응하는 글로벌 보건 거버넌스의 문제점을 살펴보았다. 제3절은 적합력과 복원력, 메타 거버넌스 등과 같은 개념들이 코로나19와 관련된 신흥안보 거버넌스를 이해하는 데 주는 의미를 검토하였다. 제4절은 중개외교와 연대외교, 규범외교와 같은 중견국 외교의 이론적 논의를 원용하여 한국이 모색할 중견국 외교의 기회와 과제를 짚어보았다. 끝으로, 맺음말에서는 이 글의 주장을 종합·요약하고 한국의 코로나19 거버넌스와 중견국 외교에서 드러난 행보를 이론화할 과제를 지적하였다.

II. 코로나19와 글로벌 보건 거버넌스

1. 코로나19와 신흥안보로서 보건안보

코로나19는 '양질전화(量質轉化)'의 과정과 '이슈연계'의 메커니즘을 거쳐서 창발하는 '신흥안보(emerging security)'의 위험으로서 '지정학적 임계점'을 넘어서 국가안보의 문제로 인식된다(김상배 편 2016). 미시적 차원에서 보면 어느 한 개인이나 집단이 감기에 걸리는 문제로 이해될 수도 있지만, 그 양이 늘어나서 일정한 질적 임계점을 넘게 되면 국민건강과 지역 및 국가적 차원의 보건안보 문제가 되고, 여기에 더 나아가 여타 신흥안보의 이슈들과 연계되면서 국가안보를 논할 정도의 문제로 그 위험이 증폭되기도 한다. 코로나19는 단기간 내에 빠른 속도로 확산되어 전 세계적 대유행을 초래하며 글로벌 차원에서 인류의 생존을 위협하고 있다. 이러한 양질전화-이슈연계-지정학의 창발 메커니즘은 단계적으로 발생한다기보다는 서로 중첩되어 동시에 일어나는 성격의 현상이지만, 이 글에서는 논리적 분석틀의 마련을 위해서 다음과 같은 세 단계로 구분해서 이해하였다(그림 1-1 참조).

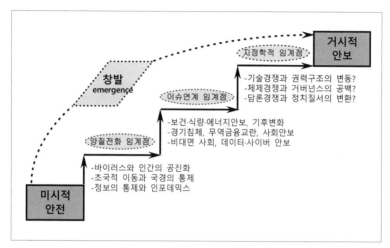

그림 1-1 신흥안보로서 코로나19 위기의 창발
출처: 김상배(2020, 56).

첫째, 양질전화의 관점에서 볼 때, 코로나19는 풍토병(endemic) 단계의 '우한 폐렴'이 팬데믹으로 창발한 사례이다. 이러한 과정에서 코로나19는 단순한 바이러스만을 의미하는 것이 아니라 바이러스와 물리적 환경, 그리고 이와 공진화(co-evolution)하는 숙주인 인간과의 관계 속에서 이해되어야 한다. 더 나아가 현재의 코로나19 사태는 지구화로 인해서 확장된 인간 행위자들의 네트워크와 그 저변에서 작동하는 교통·정보·커뮤니케이션 네트워크가 복합적으로 작용하여 발생했다. 코로나19는 바이러스와 인간, 그리고 물리적·커뮤니케이션 네트워크가 함께 구축하는 복합체의 대표적인 사례이다. 이렇게 본 코로나19의 행위자-네트워크는 안보위협의 주체이자 동시에 객체로 작동하게 된다는 점에서 기존의 '전통안보 현상'과는 다른 구도에서 이해되어야 한다(김상배 2020, 57).

둘째, 이러한 과정을 통해서 창발한 신흥안보로서 보건안보의 위협, 특히 코로나19는 그 높은 전염력과 변종능력만으로도 기존의 보건 시스템을 와해시킬 정도의 위기 상황을 낳았다. 보건안보의 위기에만 그치지 않고 사회경제 시스템 전반을 붕괴시킬 가능성을 제기했다. 실제로 보건안보 문제로서 코로나19 사태는 다양한 사회경제적 이슈들과 연계되면서 그 막대한 영향력을 과시하고 있다. 코로나19의 확산으로 인한 통제로 인해서 경기침체가 야기되고 무역·금융·산업이 교란되는 상황이 발생했다. 정치사회적 차원에서 개인정보 보호와 인권 침해의 논란이 벌어지기도 했으며, 에너지, 식량, 기후변화 등의 분야에서 예기치 못한 위기가 발생할 가능성을 우려케 했다. 어느 한 분야에서 시작된 위험이 이슈연계의 메커니즘을 타고서 국가 전반의 영역으로 확장되는 신흥안보의 속성이 코로나19에서 그대로 발견되었다(김상배 2020, 57).

끝으로, 거시적 차원에서 볼 때, 코로나19의 세계적 대유행은 지정학적 임계점을 넘어서 국가 행위자들 간에 외교안보 갈등을 야기하고 있다. 그 사례가 최근 두 강대국 미국과 중국의 갈등에서 나타났다. 글로벌 패권을 놓고 미국과 중국은 지난 수년간 광범위한 분야에 걸쳐서 다양한 경쟁을 벌이고 있다. 2019년 이후 첨단부문에서 벌어진 기술패권 경쟁만 보더라도, 미중경쟁은 이른바 '사이버 라운드'와 '화웨이 라운드', 그리고 '데이터 라운드'로 진화해 왔으며, 그 경쟁의 예각이 '코로나 라운드'에서 맞붙고 있는 형국이다. 코로나19 국면에서 드러나는 특징은, 미중 국력의 상대적 격차에 주목하던 기존의 관점이 미중 양국의 체제가 지닌 위기해결 역량의 차이로 이동했다는 것이며, 코로나19 사태의 해법을 놓고 양국의 글로벌 리더십 경쟁으로 발전하고 있다는 사실이다(김상배 2020, 57).

2. 글로벌 보건 거버넌스의 구조적 공백?

코로나19 이전부터 세계보건기구(WHO)는 글로벌 보건 거버넌스에서 중심적 역할을 수행해 왔다. 국제보건규칙(IHR)을 제정하여 방역체계에 대한 국제적 협력을 추진하는 한편, 각국 보건당국과 함께 각종 감염병을 예방, 통제, 치료, 퇴치하는 다양한 사업을 전개해 왔다. 특히 사스(SARS) 사태를 겪으면서 각국의 질병정보 보고를 의무화하는 IHR을 개정하는 성과를 거두었다. 그런데 이번 코로나19 국면에서 이러한 WHO 차원의 글로벌 보건 거버넌스가 제대로 작동하지 않았으며, WHO가 정치적 편향성을 보였다는 비판에 직면했다. 결과적으로 글로벌 거버넌스 내에서 WHO의 중심적 역할은 약화될지도 모른다는 전망이 제기되었다.

더 큰 문제는 기존에 글로벌 보건 거버넌스를 주도했던 미국의 리더십이 실종된 모습을 보여주고 있다는 사실이다. 국내 거버넌스, 글로벌 공공재의 제공, 위기협력의 결집·조정 역량 등에 기초한 미국 리더십의 정당성이 손상될 가능성이 있다는 것이었다(Campbell and Doshi 2020). 실제로 트럼프 행정부는 코로나19 사태의 와중에도 2021년 대외원조 예산을 21% 삭감하기로 결정했는데, 이 중에는 글로벌 보건 프로그램 지원금의 35% 삭감이 포함되었으며, WHO 지원금도 50% 삭감되었다. 또한 2020년 3월에 개최된 G7과 G20 화상회의에서 '우한 바이러스' 표현의 삽입에 대한 미국의 무리한 주장 때문에 공동선언 합의가 실패하기도 했다(김상배 2020, 72).

이는 2008년 금융위기와 2014년 에볼라 위기 당시 미국이 리더십을 발휘했던 것과 대조적 상황이었다. 사실 2014년 미국의 오바마 행정부는 질병과 바이오 테러 등에 대한 국제적 대응을 모색하는 글로벌보건안보구상(GHSA)의 수립을 주도했던 바 있다. 2014년에 미국이 주도해 만든 GHSA는 5년에 걸쳐 감염병 대응과 글로벌 보건안보를 위한 글로벌 플랫폼을 구축하는 것을 목표로 하였고, 2017년 캄팔라 선언을 통해 GHSA의 임무를 2024년까지 5년 더 연장하기로 했었다. 그러나 트럼프 행정부 출범 이후 백악관 보건안보 대응팀이 해체되면서 GHSA의 기능도 사실상 중단되었다(조한승 2019).

중국도 책임 있는 리더십을 보여주지 못했음은 마찬가지였다. 사실 코로나19 발생 초기 중국이 신속하고 투명하게 감염병 확산과 관련된 정보를 공개하고 국제사회의 협력을 구했다면, 미국을 대신해서 중국이 지구화 시대의 무대를 주도할 새로운 주역임을 보여줄 수 있었을지도 몰랐다. 그러나 WHO에 대한 중국의 비공식적 압력, 방역 과정에서의 비민주적 인권유린, 시진핑 리더십에 대한 찬양, 통계자료에 대한 통제 등에서 중국이 보여준 모습은 전 세계인들로 하여금 중국이 글로벌 리더의 자격이 있는지에 대해 깊은 의문을 갖게 했다(김상배 2020, 72).

또한 중국은 '의료 실크로드' 구축을 내세워 이른바 '마스크 외교(mask diplomacy)'도 펼쳤는데, 이런 중국의 행동에 대한 국제사회의 시선도 곱지는 않았다. 우한에서 발생한 코로나19 정보를 중국이 제대로 공개하지 않아 사태를 키운 상황에서, 뒤늦게 코로나19 대응책을 전파하면서 오히려 중국의 영향력을 확대하려는 기회로 삼고 있다는 비판적 인식이 부상했다. 미국과 유럽의 약화와 후퇴는 명확한 사실이었지만, 이것이 곧 중국의 약진을 의미하는 것은 아닌 것으로 비쳤다(Green and Medeiros 2020).

이렇듯 코로나19 사태 이후 미국과 중국 모두 글로벌 리더십을 발휘하지 못한 가운데, 이른바 'G0'의 상황이 우려되고 있다. 미국은 스스로 글로벌 리더의 자리에서 내려오는 모습이고, 중국은 아직 국제사회의 신뢰를 얻지 못한 상황이다. 과거 국제사회는 글로벌 차원의 위기를 겪은 뒤 유사한 위기의 재발에 대한 효과적 대응 및 방지를 위해 다자주의적 대안을 모색한 바 있다. 그러나 기존의 국제레짐이 신뢰를 얻지 못하고 새로운 국제레짐의 창설도 여의치 않은 상황이 국제협력의 어젠다를 주도할 만한 국가의 부재 현상과 맞물리면서, 향후 글로벌 거버넌스가 제대로 작동하지 않을 가능성이 우려되고 있다.

　　그야말로 이러한 상황은 일종의 글로벌 보건 거버넌스의 '구조적 공백(structural hole)'을 발생시키고 있다. 이러한 종류의 구조적 공백을 메우기 위해서 2008년 위기 이후 G20가 일종의 '제도적 혁신'을 이루어냈다면, 지금도 그러한 제도적 혁신이 절실히 필요한 시기임이 분명하다. 그렇다면, 이러한 글로벌 보건 거버넌스의 구조적 공백을 메우는 데 한국의 중견국 외교는 얼마나 기여할 수 있을까? 그리고 이러한 과정에서 코로나19 사태에 맞서 한국이 보여준 거버넌스 모델이 던지는 의미는 무엇일까? 이하에서는 한국의 코로나19 거버넌스와 중견국 외교를 이해하는 데 필요한 이론적 논의를 살펴보고자 한다.

III. 코로나19와 한국의 거버넌스

코로나19와 같은 신흥안보 위험에 대응하기 위해서는 전통안보 분야의 단순 '방어' 모델과는 다른 거버넌스가 필요하다. 최근 발생하고 있는 신종 감염병은 X-이벤트의 성격을 띠고 있어 사실상 완벽히 '막는 것(防)'이 불가능하다. 단순한 차원의 방역 모델을 넘어서는 예방-치료-복원의 복합 모델이 필요하다는 지적이 나오는 이유다. 비유컨대,

마약성 진통제와도 같은 '응급처방' 이외에도 백신이나 치료제와 같은 '양의처방'뿐만 아니라 보약이나 체질 개선과 같은 '한의처방' 등의 복합처방을 모색해야 한다. 신흥안보 분야에서 발생하는 새로운 위험과 이에 대응하는 거버넌스를 창출하는 과정에서 핵심은 '예방력(prevention)'뿐만 아니라 진화론의 맥락에서 보는 적합력과 복원력의 확보에 있다.

1. 적합력과 코로나19 거버넌스

새로운 신흥안보 거버넌스의 마련에서 다양한 위험에 대응하여 그 속성에 '적합한(fit)' 유형의 거버넌스를 적재적소에 도입하는 것이 우선으로 필요하다. '적합력'으로 개념화할 수 있는 이러한 역량은 신흥안보 위험이 '양질전화'와 '이슈연계'의 과정을 거쳐서 '지정학적 위험'의 3단계 창발을 하는 인계철선을 차단하는 능력을 의미한다. 예를 들어, 양질전화의 차단 단계에서 코로나19의 발병이 양적으로 늘어나지 않게 관리하는 방역대책이나 사고수습의 역량, 이슈연계의 단계에서 보건안보 분야의 '1차 위기'가 여타 분야의 '2차 위기'가 되고 '3차 위기'가 되는 것을 미연에 방지하는 국가적 차원의 재난안전 또는 국가안보 대책을 마련하는 역량이 여기에 해당된다.

　여기서 좀 살펴보아야 할 이론적 논제는, 각기 다른 신흥안보의 위험유형에 매칭되는 적합한 거버넌스의 유형을 밝히는 문제이다. 코로나19와 같은 팬데믹에 적합한 거버넌스는 어떠한 유형일까? 김상배 편(2016)에 의하면, 코로나19와 같은 보건안보의 문제는 '시스템의 결합도가 낮아서 위험의 발생이 점진적으로 발생하지만, 복잡도는 높아서 위험의 파급범위가 무한하여 조기에 인지가 어렵고 그 결과를 예측하여 통제하기가 쉽지 않은 위험'이다. 이러한 '점진적 무한형'의 위험에 대처하는 데는 분산 거버넌스와 역외 거버넌스의 조합이 적합하다. 이 재난은 위험의 발생이 점진적, 단계적, 연쇄적으로 발현되는 동시에 초국적으로 발생하기 때문에 재난의 최종적인 피해규모와 시급성을 놓고 정부 간에 이견이 나타날 수 있다. 따라서 정부뿐만 아니라 민간기업, 시민사회, 국제기구 등 다양한 이해당사자들이 거버넌스에 참여하는 '초국적 참여 모델'이 적합하다.

이러한 적합 거버넌스에 대한 논의는 코로나19와 같은 보건안보 위험에 대응하는 적합력의 일반이론적 경향성, 또는 대응 거버넌스의 '외연'을 보여준다는 점에서 유용성이 있다. 글로벌 차원의 코로나 방역 모델은 이러한 적합력 모델의 연속선상에서 모색되는 것이 맞다. 그러나 코로나19 거버넌스의 구체적인 대응방안, 즉 대응 거버넌스의 '내포'를 밝힌다는 점에서는 추가적인 이론적 논의가 필요하다. 좀 더 세부적인 이론적 논의를 위해서 적어도 다음과 같은 세 가지 점이 보완되어야 할 것이다.

첫째, 신흥안보 위험 및 피해 발생의 단계 또는 주기에 따른 대응 거버넌스에 대한 이론적 논의가 좀 더 세분화될 필요가 있다. 특히 초기 대응 거버넌스의 내용에 대한 논의를 차별화할 필요가 있다. X-이벤트적 성격을 지닌 신흥안보 위험은 그 발생 초기에는, 그 본래의 위험 속성과는 상관없이, '돌발적 한정형'의 성격을 띠는 경우가 많다. 이러한 경우에는 개별 위험의 유형을 구별하는 접근법보다는, 모든 위험에 공통으로 대응하는 '신속대응 거버넌스'의 매뉴얼과 이를 실천할 적응(adjustment) 역량을 갖추는 것이 중요할 수 있다. 이는 '우한 사태'에 대한 중국 정부의 초동 대처가 미흡했다는 아쉬움이 제기되는 대목이다.

둘째, 신흥안보 위험이 초래한 피해의 대상이 누구냐 또는 어디서 발생했느냐에 따라서 대응 거버넌스의 형태가 달라지는 문제도 해당 위험에 적합 거버넌스를 모색하는 과정에서 고려해야 할 변수이다. 사실 여태까지의 이론적 논의는 '위험의 원인'에 초점을 두었지, '피해의 대상'을 염두에 둔 이론화에는 관심이 덜했다. 그러나 코로나19와 같은 팬데믹이나 해킹과 같은 사이버 공격 등과 같은 신흥안보 위험이, 규모가 작고 한적한 시골이나 거대하고 복잡한 도시에서 발생하는 경우는, 그 위험의 종류와는 별도로, 그에 적합한 거버넌스의 내용은 다를 수밖에 없을 것이다.

끝으로, 신흥안보 위험에 대응하는 과정에서 활용되는 수단의 적합성 문제도 신흥안보 거버넌스의 이론적 논의에 포함시켜야 한다. 적절한 대응 수단의 동원 여부에 따라서 대응 거버넌스의 성패가 달라지는데, 특히 오늘날에는 과학기술 변수의 역할이 중요하다. 예를 들어, 예방과 치료, 복원 분야에서 활용되는 인공지능이나 빅데이터, 백신과 치료제 개발기술 등은 해당 분야에서 '미시적 안전'이 '거시적 안보'가 되는 상승의 고리를 끊는 데 필요한 수단, 즉 양질전화와 이슈연계의 창발 과정을 차단하는 적합력의 수단이다. 이를 확보하기 위한 기술혁신과 인력양성에 주목하는 것은 바로 이러한 이유 때문이다.

이러한 적합력의 관점에서 보았을 때, 초기 한국의 코로나19 거버넌스에서 광범위한 진단과 추적이 가능한 인적·물적 인프라를 구축하고 있었다는 사실이 중요하게 작용했다. 즉 우수한 의료인력(의료진과 방역진) 동원력, 과학기술의 역량(진단키트 개발), 의료기술, 데이터·정보의 활용, 산업적 역량, 제도적 인프라 및 공공보건 의료체계 등이 중요했다. 특히 진단키트 기술의 개발과 그 활용의 경험은 세계인의 관심을 끌었다. 또한, 코로나19 바이러스의 해외유입에 대처한 한국의 출입국 관련 조치는 무작정 국경을 봉쇄하지 않아도 적절한 방식으로 국경통제의 프로토콜을 마련할 수 있음을 보여주었다.

한국의 코로나19 적합력과 관련하여 가장 주목해야 할 것은 질병관리본부(나중에 질병관리청으로 승격)의 존재와 역할이다. 메르스 사태를 겪으면서 한국은 감염병 대응 주체를 질병관리본부(KCDC)로 통합하는 등 제도적 개선을 이루는 한편, WHO의 외부합동평가(JEE)를 자발적으로 수검하여 방역의 문제점을 파악하고 개선책을 모색했다. 메르스의 대응 초기에 나타난 문제점을 고려하여 2015년 7월 6일 '감염병의 예방 및 관리에 관한 법률'을 개정했다. 가장 큰 변화는 제42조에서 감염병에 관한 강제처분을 신설한 점이었다.

질병관리본부의 철저한 준비정신과 신속하고 광범위한 진단 대응이라는 전문가형 직업관리체제의 효율성을 보여주었다. 질병관리본부는 감염병 발생 초기 신속한 대량 검진이 매우 중요하다는 인식 하에 2017년부터 원인불명의 급성 발열 및 호흡기 증상 유발 바이러스 진단키트를 개발하여 2019년 12월 진단 훈련을 실시했다. 이 무렵 중국에서 코로나19 바이러스가 발생하였고 이에 대한 유전자 정보를 추가하여 2020년 1월 말에 코로나19 진단키트가 완성되었으며, 2월부터 대량 진단이 가능했다(조한승 2020, 12).

이 밖에도 한국은 드라이브 스루 및 워크 스루 선별진료소, 확진자 중 경증 환자와 무증상자의 격리를 위한 생활치료센터 설립 등 다양한 창의적인 방안들을 고안하여 다른 나라들의 주목을 받기도 했다. 이러한 과정에서 봉쇄, 차단, 무차별 격리의 배타적 접근이 아니라 광범위한 진단·추적 후 선별·격리하는 복합적 접근을 취했던 것이 주효했다. 특히 한국의 3T, 즉 검사(Test), 추적(Trace), 치료(Treat)가 주목을 받았으며, 이는 이른바 'K-방역' 모델이라는 이름으로 한국 정부의 정책

홍보 아이템이 되기도 했다.

2. 복원력과 코로나19 거버넌스

코로나19의 성격상 아무리 적합력이 있더라도 피해는 발생할 수밖에 없다. 따라서 일단 피해가 발생한다면 복원력의 가동이 중요하다. 복원력은 "위험으로부터 변화된 환경에 '적응'하여 '지속가능한 상태'로 스스로를 '재구성'해나가는 역량"이다. 다시 말해 복원력은 일차적으로는 외부의 충격을 흡수하고 '적응'하는 능력이고, 본래의 기능과 구조 및 정체성을 지속가능하게 '유지'하는 능력이며, 이전 상태로의 단순회복의 의미를 넘어서 스스로 '재구성'해가면서 진화하는 능력을 의미한다. 이러한 관점에서 보면, 복원력은 결과 중심의 개념이 아니라 과정 중심의 개념이라고 할 수 있다(Folke 2006, 253-267).

그렇다면 이러한 복원력은 어떠한 요소들로 구성되며 어떻게 측정할 수 있는가? 사회 시스템 차원의 복원력을 연구한, 캐서린 티어니(Kathleen Tierney)와 미셸 브르노(Michel Bruneau)의 연구는, 이른바 '복원력의 삼각형'을 구성하는 요소와 그 면적을 줄이는 역량에 대한 논의를 펼쳤다. 티어니와 브르노에 의하면, 복원력의 삼각형 면적을 줄이는 능력은 기술, 조직, 사회, 경제 등의 네 영역에서 관찰되는 네 가지 속성에 의해서 파악할 수 있다고 한다. 그들이 삼각형의 공간을 메우는 복원력을 결정하는 요인으로서 들고 있는 것은 내구성(robustness), 가외성(加外性, redundancy), 신속성(rapidity), 자원부존성(resourcefulness) 등의 네 가지이다(Tierney and Bruneau, 2007).

이상의 네 가지 속성으로 파악되는 복원력은 위험발생에 적합한 새로운 거버넌스를 창출하는 데 기여한다. 위험을 예측하는 것이 불가능한 신흥안보 위험의 특성상 이 분야의 거버넌스에서는 적합력 못지 않게 사후적인 복원력을 갖추는 것이 중요하다. 즉 시스템 외부의 충격을 받아 원래의 균형으로 회복하지 못한다고 하더라도 시스템의 핵심기능을 보완할 수단을 찾거나 또는 시스템의 정체성을 상실하지 않을 정도로 다른 기능적 대안들을 발굴하는 역량이 필요하다. 다시 말해, 복원력의 거버넌스는 외부의 충격에 의해 시스템 내부의 정상상태를 결정짓는 조건들이 교란되었을 때, 새로운 정상상태에 대한 적응력(adaptability)과 새로운 균형점으로 시스템을 변환시키는 능력(transformability)을 모두 갖추어야 한다(진대욱 2014, 23).

결국 이러한 복원력에 대한 논의에서 핵심은 다양한 행위자들의 활동을 적절한 수준에서 조율하면서 시스템 내 요소들의 다양성과 유연성을 유지하는 데 있다. 사실 기존의 전통안보 대응체제가 주로 효율성의 확보라는 목표 하에 이러한 다양성과 유연성의 요소들을 부차적으로 취급하였다면, 신흥안보 거버넌스에서는 후자의 요소들이 덕목으로 강조되어야 할 것이다. 진화생물학에서 말하는 바와 같이, 다양성이 존재하는 생태계는 위기가 닥치더라도 새로운 유전적 조합에 의한 종(種)의 창출이나 자기조직화를 통한 협력을 기반으로 생물들을 멸종으로부터 구하고 환경변화에 적응해 왔다. 이러한 생태학적 진화의 개념적 구도는 복잡계 환경을 배경으로 작동하는 신흥안보 분야에서도 유사하게 발견된다(김상배 편 2016, 63).

이러한 복원력의 관점에서 보았을 때, 한국의 코로나19 거버넌스는 어떻게 평가할 수 있을까? 사실 한국은 코로나19의 피해를 가장 먼저 입은 나라 중 하나였다. 또한 특정 공동체의 집단 발병으로 일시적으로 큰 위기가 고조되기도 했다. 그럼에도 정부와 의료진, 시민의 노력으로 추진된 '사회적 거리두기'가 효과를 거두면서 점차 위기

의 강도가 낮아졌다. 이른바 개방성, 투명성, 대중접근성 원칙이 사회
적 혼란을 최소화하면서 효과적으로 질병확산을 통제하는 사례를 보
여주었다. 위기가 와도 쉽게 무너지지 않는 체제 차원의 '맷집'을 보여
주었다.

그러나 2020년의 '방역국면'을 넘어서 2021년의 '백신국면'에 접
어들면서 한국의 복원력 모델에 적신호가 들어왔다. 적합력 또는 복원
력의 관점에서 보면, 방역국면에 대응하는 한국의 모델은 예방과 단기
적 회복을 염두에 둔 경향이 강했다. 예를 들어, 선진국들이 백신 개발
과 같은 하이엔드에 주목했다면, 중견국으로서 한국은 실용적인 로우
엔드에 초점을 맞추었다. 그런데 이러한 접근법은 백신국면에 접어들
어 코로나19에 대한 복원력의 핵심이 백신과 치료제의 개발 및 보급으
로 옮겨 오면서 태생적 한계를 드러냈다.

3. 메타 거버넌스와 코로나19 거버넌스

이상의 적합력과 복원력에 대한 논의와 연계하여 이해할 필요가 있는
것이 메타 거버넌스(meta governance)의 개념이다. 메타 거버넌스는
다양한 거버넌스 메커니즘 사이에서 상대적 균형을 모색함으로써 그
들 간의 우선순위를 조정하는 관리양식을 의미한다. 제솝(Bob Jessop)
에 의하면, 메타 거버넌스는 '규칙 기반 시장기제', '위계적 국가통제',
'사회적 자기조직화' 등이 모두 실패할 경우, 이들 실패를 보정하기
위해서 작동하는, 컨트롤타워가 행사하는 '거버넌스의 거버넌스(the
governance of governance)'이다(Jessop 2003). 메타 거버넌스는 탈
집중 네트워크에 중심성(centrality)을 제공하는 조정력을 의미하는데,
비유하자면 현악기, 관악기, 타악기로 구성된 오케스트라를 지휘하는

지휘자의 역할을 떠올리면 된다.

이러한 메타 거버넌스를 수행하는 주체는, 다양한 행위자들이 활동하는 장을 마련하고, 상이한 거버넌스 메커니즘의 호환성과 일관성을 유지하며, 정책공동체 내에서 대화와 담론 형성의 조직자 역할을 담당하고, 정보와 첩보를 상대적으로 독점하며, 거버넌스 관련 분쟁을 호소하는 장을 제공하고, 시스템 통합과 사회적 응집을 목적으로 권력 격차의 심화를 조정하고, 개인과 집단 행위자의 정체성·전략적 능력·이해관계를 조정하고, 거버넌스가 실패하는 경우 정치적 책임을 지는 등의 역할을 담당한다. 요컨대, 메타 거버넌스는 국가가 사안에 따라 그 개입의 수준을 적절하게 조절하는 방식으로 여러 가지 거버넌스를 동시에 운용하는 관리양식으로 정의할 수 있다(Jessop 2003, 242-243).

사실 여러 신흥안보 위험에 모두 다 잘 대응할 '만병통치약'을 미리 보유하고 있는 나라는 거의 없다. 아무리 잘 대비한다고 해도, 한 곳을 막으면 다른 데가 터질 수도 있다. 따라서 여러 분야를 가로질러 기존의 보유 자원을 잘 활용하는 메타 거버넌스의 역량이 중요하다. 예를 들면, 방역의 목적은 질병을 막는 것이지만 그 과정에서 사람들이 목숨을 잃고 경제를 다 망가뜨려 가면서 질병만 막으면 무슨 소용이 있겠는가? 진정한 의미의 방역은 보건 이외 여타 영역의 피해를 최소화하면서 위험에 대처하여 질병을 막으면서도 동시에 삶도 지속할 수 있게 해야 한다. 이러한 시각에서 보면, 메타 거버넌스 역량의 핵심은 이슈연계의 인계철선을 끊는 데 있다. 신흥안보 거버넌스에서는 양적으로 위기가 늘어나는 것 이외에도 질적인 차원에서 다양한 영역으로의 확산 고리를 끊는 역량도 중요하다. 다시 말해, '안전'에서 '보안'으로, 그리고 '안보'로 창발하는 위험을 미연에 방지하는 대응력이 중요하다는 말이다.

이러한 메타 거버넌스에 대한 논의는 '중층 거버넌스(multi-layered governance)'의 논의로 연결된다. 어느 한 주체가 어느 한 층위에서 모두 다 감당할 수 없다면, 여러 주체가 참여하는 중층 거버넌스를 도입해야 한다. 물론 이러한 중층 거버넌스의 형식과 내용은 국가마다 다를 수 있다. 예를 들어, 유럽의 전통은 당사자가 알아서 일단 해보고, 안 되면 상위기관에서 도와주는 '밑으로부터의 모델'에 익숙하다. 이른바 '보충성(subsidiary)의 원칙'이 바로 그것이다. 이에 비해 한국의 전통은 국가가 나서서 먼저 해주고, 안 되면 민간이 나서는 '위로부터의 모델'에 익숙하다. 일종의 '의병 모델'이라고 할 수 있다.

이러한 메타 거버넌스의 관점에서 보았을 때, 코로나19의 국면에서 작동한 한국의 중층 거버넌스 구도에서 컨트롤타워, 정부행정, 민간기관, 시민사회 등의 역할 분담에 주목할 필요가 있다. 먼저, 메타 거버넌스의 조정력이라는 차원에서 위기경보 단계에 따른 컨트롤타워의 격상 모델이 작동했다. 중앙방역대책본부(본부장: 질병관리본부장), 중앙사고수습본부(본부장: 보건복지부장관), 중앙재난안전대책본부(본부장: 국무총리), 대통령으로 이어지는 감염병 위기관리 체계의 아키텍처가 그 사례이다. 이러한 격상의 과정에서 관심-주의-경계-심각 등과 같은 감병염 위기 경보 수준도 연동하여 조정되었다.

정부의 리더십만큼이나 중요했던 것은 민간과 시민의 참여였다. 공무원의 노력과 더불어 수준 높은 보건의료인의 기여가 화두로 떠올랐다. 공공 병상이 상대적으로 부족한 한국 보건의료 시스템의 현실에서, 민간 의료자본이 많아서 국가의 공공성 실현이 어렵다고 했는데, 정작 민간 의료시설을 공공 용도로 내어주는 사례들이 나타나면서, 한국의 독특한 공공-민간 협력 모델을 엿보게 했다. '시민적 감수성(civil awareness)'과 시민들의 자발적 참여도 관건이었다. 이른바 미국의

'뉴욕시민 모델'과 중국 '우한시민 모델' 사이에서 한국의 '대구시민 모델'이 빛을 발하는 순간이었다. 거창하게 '의병 모델'을 거론함 직한 대목이었다.

　이러한 코로나19의 거버넌스에서 데이터의 역할에도 주목할 필요가 있다. 한국은, 중국처럼 국가가 나서서 권위적으로 데이터를 통제하는 모델이 아니라, 데이터를 시민들에게 나누어 주고 스스로 판단케 하는 모델을 보여주었다. 확진자 동선이 공개되었다고 자유와 인권의 가치를 손상한 권위주의 모델이라고 볼 수는 없다. 오히려 한국의 코로나19 관련 데이터 관리방식의 독특성을 보여주었다. 확진자와 사망자 수를 날마다 공개함으로써 시민 스스로가 데이터를 판단하는 여지를 남겼다. 그러나 데이터 자체가 권력화될 우려와 너무 구체적으로 개인정보를 공개하는 폐해가 발생했음도 잊지 말아야 한다.

IV. 코로나19와 한국의 중견국 외교

네트워크 이론의 시각에서 본 중견국 외교전략은 안보환경의 전반적인 구조 상황을 파악하고 관련 행위자들의 성격과 이해관계를 파악하는 데에서 시작해야 한다. 이를 바탕으로 네트워크상의 구조적 공백을 찾아서 메우거나 활용함으로써 자국이 차지하는 '구조적 위치'의 전략적 가치를 높일 수 있다. 이러한 맥락에서 추진되는 중견국 외교전략은 세 가지 차원의 네트워크 전략, 즉 글로벌 및 지역 구조에서 중개자의 역할을 담당하는 중개외교, 여타 중견국 또는 약소국들의 힘과 뜻을 모으는 연대외교, 글로벌 질서의 운영 및 개혁 과정에서 참여하는 규범외교로 요약된다(김상배 2014). 코로나19 시대의 한국 외교도 이러한 중견국 외교전략의 구도를 바탕으로 추진되어야 할 것이다.

1. 중개외교와 코로나19의 중개외교

한국 외교는 강대국들이 주도하는 글로벌 질서의 구조적 공백을 공략하는 중개외교를 추진할 과제를 안고 있다. 중견국이 수행할 중개외교의 내용과 관련하여 우선 생각해 볼 수 있는 것은 '대칭적 중개'의 역할이다. 이는 기존에 존재하는 관계구도를 변화시키지 않으면서 그 관계의 상호작동성을 원활하게 하는 일종의 '거래적 중개(transactional brokerage)'라고 할 수 있다. 대칭적인 관계 사이에서 거래적으로 중개의 역할을 수행하기 때문에 네트워크 전체에 질적인 변화를 수행하지 않는 경우가 대부분이다. 그래서 이러한 중개의 역할이 요구되는 부분은, 소셜 네트워크 이론에서 말하는 '구조적 공백'이라기보다는, 단순한 빈틈, 즉 일종의 '기능적 공백'인 경우가 많다(김상배 2014, 265-267).

　그런데 중견국 외교에서 좀 더 기대를 모으는 부분은 '비대칭적 중개'다. 이는 그야말로 구조적 공백을 메움으로써 네트워크상의 흐름을 변화시키고 더 나아가 행위자들 간의 관계구도에 변화를 가져오는, 따라서 각 행위자들의 이익 구도를 넘어서 새로운 비전을 제시하는 '변환적 중개(transformative brokerage)'를 의미한다. 사실 현재 한국이 동아시아 지역 차원에서 당면하고 있는 중견국 외교의 현실은 바로 이러한 변환적 중개가 기대되는 상황이다. 다시 말해 한국은 글로벌 패권국으로서의 미국과 지역 패권국으로 부상하는 중국의 사이에서, 이러한 지정학적 구조와 글로벌 이슈구조의 사이에서, 그리고 개도국의 이익구조와 선진국의 패권구조 사이에서, 그리고 더 나아가 동서양의 서로 다른 문명코드 사이에서 비대칭적이면서도 변환적인 중개의 역할에 대한 기대를 받고 있다.

이러한 관점에서 볼 때, 코로나19 사태로 인해서 발생한 글로벌 보건 거버넌스의 변화는 한국의 중견국 외교에 새로운 딜레마와 기회를 동시에 제공할 것으로 보인다. 코로나19로 인해서 더욱 가속화되고 있는 미중 패권경쟁의 틈바구니에서 한국은 한미동맹과 한중협력이라는 국가안보가 걸린 두 가지 과제 사이에서 표류할 가능성이 있다. 특히 무역전쟁의 악화와 글로벌 공급망의 '탈동조화(decoupling)'로 대변되는 미중 전략경쟁의 가속화는 한국에 일종의 '구조적 딜레마'의 상황을 안겨 줄 가능성이 없지 않다. 그러나 시야를 좀 더 넓혀서 보면, 코로나19 위기로 인한 세계정치의 구조변동은 선진국과 개도국, 민주주의와 권위주의, 민간 주도 모델과 정부 주도 모델, 지구화와 민족주의, 그리고 서구의 개인주의와 동아시아의 공동체주의 사이에서 한국이 운신할 공간의 폭을 늘려 놓은 점도 없지 않다(김상배 2021, 155).

코로나19 국면에서 한국의 국가 이미지는 크게 개선되는 효과가 나타났다. 미국과 중국의 한국에 대한 여론도 모두 좋아지는 경향을 보였다. 2020년 초반 한미관계는 방위비 분담 협상 문제로 마찰을 빚기도 했다. 그럼에도 코로나19 대응에 대응하는 한국의 사례가 소개되면서 미국 언론의 한국에 대한 보도는 긍정적인 논조를 드러냈다. 중국발 코로나19의 한국 유입이라는 열악한 상황에서도 한중관계도 그리 나쁘지 않았다. 코로나19의 발생 이후 2020년 2월까지 한중관계의 여론이 악화되었으나, 3월 이후 양국 모두 방역에 상당한 성과를 내기 시작하면서 개선되는 조짐을 보였다. 국내 일부에서는 코로나19의 중국책임론을 제기했으나, 언론의 지평 전반에서는 중국에 대해 상대적으로 우호적인 분위기가 나타났다.

그러나 다른 한편으로는 코로나19 국면에서 나타난 미중갈등과 양국의 외교적 행보는 한국에 고질적인 딜레마 상황을 안겨줄 조짐을 보였다. 이러한 상황은 미국이 추구한 동맹외교의 행보로 인해서 불거졌다. 코로나19 회복 국면에서 미국의 트럼프 대통령은 G7을 개편하는 과정에서 한국, 호주, 인도, 러시아를 초청하여 이른바 G11로 확대하는 제안을 했다. 또한, 미국과 중국의 공급망이 '탈동조화'되는 추세 속에서 미국은 한국도 이른바 경제번영네트워크(EPN)에 참여할 것을 제안하기도 했다. 개방성, 법치, 투명성이라는 원칙에 기반을 둔 국가, 기업, 시민사회 단체들로 구성된 포괄적 동맹에의 참여를 제안한 것이었다(김상배 2021, 156-157).

한국으로서는 이러한 미국의 제안을 액면 그대로 받아들일 수 없는 고충이 있다. 특히 G7을 넘어서 G11을 논하는 과정에서 중국이 빠지는 모양새가 부담된다. 만약에 한국이 G11이나 EPN과 같은 미국 주도의 동맹 네트워크에 참여할 경우, 중국으로부터 제기될 가능성이 있는 보복성 대응에 어떻게 대처할 것인가? 과거 사드 배치 사태나 화웨이 사태의 경우와는 달리, 중국에 대해서 한국의 입장을 설명하고 설득할 논리를 개발할 수 있을까? 미국이 G11이나 EPN에는 참여하라고 요구하면서도 그로 인해 발생할 수 있는 '중국으로부터의 피해'를 막아주는 안전망 제공의 약속이 없는 상황에서 중견국 한국의 고민은 깊어질 수밖에 없다(김상배 2021, 157).

2. 연대외교와 코로나19의 중견국 외교

중견국 외교를 추진하는 과정에서 중개외교의 전략 마인드와 더불어 필요한 것은 연대외교의 모색이다. 복합적으로 구성되는 구조 하에서 어느 중견국이라도 혼자 나서서 효과적인 결과를 얻어내기는 쉽지 않다. 이러한 점에서 중견국 외교에서 가장 중요한 부분은 생각을 공유하고 행동을 같이하는 '동지국가(同志國家, like-minded country)'를 가능한 한 많이 모으는 것이다. 전통 국제정치의 경우에는 주로 군사력이나 경제력과 같은 하드 파워 자원에 의거해서 내편 모으기가 작동했다면, 최근에는 지식, 문화, 이념 등을 통해서 상대방을 끌어들이고 설득하는 소프트 파워의 게임이 중요한 메커니즘이 되었다. 이러한 연속선상에서 보면 중견국 외교에서 대내외적으로 매력을 발산하는 공공외교는 매우 중요한 의미를 갖는다.

이러한 전략은 글로벌 거버넌스의 장에서 동지국가들의 연대외교로 나타난다. 동지국가 외교에서 그 연대 효과를 가시화할 수 있는 공동의제의 발굴은 매우 중요한 관건이다. 최근 글로벌 차원에서 공동의제로 제기되는 분야인 개발협력, 기후변화, 사이버 안보, 보건안보, 재난관리, 인도적 지원 등은 어느 한 국가 또는 소수 선진국들의 힘만으로는 풀 수 없는 초국가적 난제들이다. 최근 한국도 참여하고 있는 중견국 협의체인 믹타(MIKTA)는 이들 분야에서 중견국들이 주도하는 협의의 장을 열어 선진국과 개도국 사이에서 중개자로서의 역할을 담당하겠다는 포부를 내걸고 있다.

이러한 연대외교와 공공외교의 관점에서 볼 때, 코로나19 국면은 국가적 '매력발산'의 기회를 열어주었다. 진단키트의 기술력이나 드라이브 스루 진단검사의 도입, 해외 발병국가 체류 교민의 국내 이송 과정 등은 성공적 방역국가의 이미지를 높였다. '마스크 외교'의 추진이라는 차원에서도 진단키트의 해외 지원 및 수출, 한국전쟁 참전국 및 해외 입양인에 대한 마스크 지원 등의 조치는 인도적 국가로서의 이미지를 홍보하는 계기가 되었다. 좀 더 근본적으로는 코로나19의 대응

과정에서 한국 의료의 우수성에 대한 인식이 높아지면서 의료강국으로서 이미지도 넘보게 되었다. 이른바 '코로나 정책한류'라는 이름으로 개방성, 민주성, 투명성, 신속성, 혁신성 등으로 대변되는 한국의 국가 브랜드를 알리는 홍보전략이 전개되었다.

그러나 이러한 코로나 정책한류의 전파를 국가 이미지 개선에 무리하게 연결해서는 안 된다는 비판적 지적도 제기되었다. 코로나19 사태를 통해서 얻은 "국가적 성취는 장기적인 국가평판에 대한 '저축'으로 간주해야지 당면한 외교공간에서 사용할 화폐로 '현금화'하려면 역효과를 낳게 될 것"이라는 지적이었다(박종희 2020, 6). 마스크 외교라는 이름 아래 진행된 중국의 의료품 지원활동이나 지구적 공공재의 제공 활동이 결국에는 유럽 국가들의 냉랭한 반응으로 귀결되었다는 사실을 명심해야 한다. 국제사회가 한국의 코로나 대응정책으로부터 배우겠다는 것의 의미가 무엇인지를 성찰하는 노력이 병행되어야 할 것이다(김상배 2021, 158).

한편, 코로나19 사태는 '내편 모으기'를 목표로 하는 중견국 연대외교의 관점에서 볼 때도 한국이 국제협력의 과정에서 중요한 외교적 역할을 담당하고, 특히 코로나19 이후의 글로벌 보건 거버넌스 과정에서 중견국으로서의 외교적 리더십을 발휘할 기회를 제공하였다. 향후 글로벌 보건 거버넌스의 원활한 가동을 위한 국제협력의 구체적인 형태는 다양하게 나타날 것이다. 현재 각국 정부 간 협의체의 협력, 국제기구 차원의 노력, 민간기업, 자선재단, 시민사회 등이 나서는 초국적 민간협력, 지역 차원의 협력 등이 진행되고 있다. 특히 이러한 과정에서 강대국의 리더십에 의존하는 기존 모델을 넘어서자는 제안들이 등장하고 있다(김상배 2021, 158).

한국도 2020년 5월 12일 '글로벌 보건안보 우호국 그룹'의 출범

을 주도하여 캐나다, 덴마크, 시에라리온, 카타르 등과 더불어 보건안
보 문제를 논의하는 플랫폼을 형성했다. 또한 한국은 중견국 외교의 대
표적인 정부 간 협의체인 믹타(MIKTA)의 공간을 활용하여 코로나19
대응을 위한 국제협력의 노력을 펼치고 있다. 2020년 한국이 의장국
을 맡은 믹타는 출범 당시부터 보건을 포함한 자유주의적 국제질서를
근간으로 신흥안보 이슈를 의제에 포함시켜 왔다. 향후 '믹타 내' 또는
'믹타 플러스' 등의 접근을 통해 코로나19의 개도국 확산에 대비하는
중견국 간 국제협력을 주도할 필요가 있다(김상배 2021, 159).

이러한 과정에서 한국이 여타 신흥안보 분야에서 쌓은 중견국 외
교의 경험이 크게 활용될 수 있을 것이다. 한국은 보건외교 분야에서
글로벌보건안보구상(GHSA)에 참여한 경험이 있으며, 환경외교 분
야에서도 녹색성장 이니셔티브를 주도했고, 사이버 안보 외교에서도
2013년 사이버스페이스총회 개최의 성과를 거둔 바 있다. 또한, 코로
나19 관련 개발협력 외교도 한국의 참여가 요구되는 중요한 분야이다.
코로나19의 일차적 확산이 주로 선진국에서 발생했다면, 그 이후의 확
산은 개도국을 중심으로 진행될 가능성이 매우 크다. 이러한 맥락에
서 개도국 지원을 위한 국제협력은 절실하며, 보건 취약 국가에 대한
인도적 지원을 확대하고 방역 경험을 공유해나가야 할 것이다(김상배
2021, 159).

3. 규범외교와 코로나19의 중견국 외교

중개외교나 연대외교와 병행되어야 할 또 다른 중견국 외교의 아이템
은 규범외교이다. 아무리 중견국이라고 할지라도 국제규범 형성 과정
에 참여하여 보완적 표준을 제시하는 규범외교를 추진하는 것은 필요

하다. 이러한 규범외교는 세계질서의 설계와 운영 과정에 참여하는 중
견국 외교의 적극적 면모이다. 현재 중견국의 입장이라는 것이 기존의
세계질서 운영 과정에 수동적으로 편입되는 약소국은 아니지만, 그렇
다고 강대국을 대신해서 판 전체를 새로이 구상할 수 있는 처지도 아
니다. 그러나 중견국이 세계질서 전체를 설계할 수는 없더라도 주어진
플랫폼 위에 부가가치를 늘리는 하위 설계자 정도의 역할을 하는 것은
떠올릴 수 있다. 다시 말해 중견국의 경우에도 강대국들이 설계한 플랫
폼 위에 적절한 역할을 설정함으로써 시스템 자체가 원활히 작동하는
개선책과 보완책을 제시할 수는 있을 것이다(김상배 2014).

　이러한 관점에서 볼 때, 보건안보 분야에서 한국의 글로벌 거버넌
스 개혁 과정에의 참여를 생각해 볼 필요가 있다. 2000년대 들어서 보
건 분야의 글로벌 거버넌스는 정비의 과정을 거쳐왔다. 2003년 사스
(SARS) 사태를 겪으면서 각국의 질병정보 보고를 의무화하는 WHO
IHR 개정이 이루어졌다. 2007년 오슬로 7개국 외무장관선언은 보건을
외교정책의 중요한 일부로 포함시켰다. 2008년 유엔총회는 보건을 전
문적·기술적 시각에서뿐만 아니라 정치적·경제적 시각에서 다루어야
한다는 결의문을 채택했다. 유엔개발계획(UNDP), 세계은행 등 개발협
력 관련 국제기구들도 글로벌 보건 거버넌스의 중요 행위자로 활동해
왔다. 1990년대 중반 인간안보 개념이 등장하고 2000년 유엔 밀레니
엄개발목표(MDG)에 보건 관련 목표가 다수 포함되면서 개발원조 분
야에서 보건사업이 차지하는 비중이 커졌다. 또한, 글로벌 보건 거버넌
스에서 WTO와 같은 무역 및 국제법 관련 행위자들의 역할과 영향력
도 증대되었다(조한승 2019).

　이러한 상황에서 코로나19라는 전대미문의 코로나19 팬데믹 사태
발생은 글로벌 보건 거버넌스 전반에 대해서는 새로운 접근의 필요성

을 제기하였다. 특히 코로나19 사태를 겪으면서 기존 국제기구를 통한
글로벌 보건 거버넌스의 개혁 논의가 일고 있다. 비판의 대상은 WHO
의 편향성과 역량 부족이었다. 무엇보다도 WHO가 팬데믹 선언을 지
체함으로써 코로나19 초기 대응 과정에서 제 역할을 못 했다는 비판이
제기되었다. 이러한 비판의식은 WHO 전반의 개혁에 대한 논의로 불
똥이 옮겨갔으며, 이러한 과정에서 IHR을 비롯한 관련 규범 정비의 필
요성이 제기되었다(김상배 2021, 160).

　WHO 개혁 과정에 대한 참여와 더불어 초국적 민간협력 모델의
모색에도 주목할 필요가 있다. 최근 정부 주도의 협력을 넘어 다양한
비정부 행위자들의 자발성을 이끌어내는 초국적 협력의 프레임워크를
모색하는 것이 관건이다. 이미 글로벌 보건 거버넌스에는 다양한 민간
협력체들이 참여하고 있다. 국경없는의사회와 같은 NGO와 글로벌백
신연합(GAVI), 에이즈·결핵·말라리아 퇴치기금(GFATM)과 같은 민관
파트너십(PPP) 등이 그 사례이다. 이 밖에도 게이츠재단이나 록펠러재
단, 패커드재단, 타히르재단 등이 여러 분야에서 글로벌 보건사업을 후
원하고 있다. 그런데 이들 자선재단의 후원금 상당 부분은 에이즈, 말
라리아 등과 같은 선별적 질병 퇴치에 집중되고 있음을 주목할 필요가
있다(김상배 2021, 160-161).

　한국은 기존에 국제기구를 중심으로 펼쳐진 글로벌 보건 거버넌
스의 개혁 논의에 참여함은 물론 비정부 행위자들이 이끄는 초국적
협력 거버넌스 모델의 구축 과정에 적극적으로 대응할 필요가 있다.
WHO에 대한 비판을 넘어 글로벌 보건 거버넌스의 제도적 개선을 위
한 협력에서도 적극적 역할을 담당해야 한다. 예를 들어, 한국은 중견
국으로서 코로나19 이후 변화하는 국제질서 속에서 IHR을 비롯한 관
련 규범 개정 문제에 참여해야 할 것이다. 또한 정부 주도의 협력을 넘

어 한국의 경험에 기반을 둔 초국적 민관협력 모델의 모색에도 기여해 야 한다. 이미 한국은 GAVI, 글로벌 펀드, 국제 의약품 구매기구, 국제 백신연구소에 공여국으로 참여하고 있으며, 2020년부터 감염병 혁신 연합에도 기여하기로 되어 있다(김상배 2021, 161).

　한편 동북아 지역 차원에서 전개되는 보건 거버넌스 추진 과정 에서 보건 및 방역 관련 어젠다를 수립하는 데도 앞장서야 한다. 이는 G20 정상회의와 아세안+3 정상회의에서 논의된 협력 방안들을 동북 아 지역 차원에서 더욱 구체화시키는 문제이다. 예를 들어, 감염병 관 련 정보를 국가 간에 더욱 투명하게 공개하고, 조기 경보 시스템과 협 력체계를 공동으로 구축하는 작업을 들 수 있다. 감염병 발병과 관련된 과학적 관찰과 예측 그리고 대응과 관련된 협력 거버넌스의 구축도 관 건이다. 기존 한중일 보건장관회담 수준을 넘어서 감염병 핫라인, 치료 약과 방역장비 스와프 등 실질적 방역협력을 위한 제도적 장치를 마련 하는 것도 필요하다. 동북아 국가들 간의 출입국 조치에 대한 프로토콜 마련도 시급한 과제이다. 감염병 발생 시 무조건적 출입국 차단보다는 공통의 입국제한 조치를 모색해야 하며, 상호 검진인증제 등을 도입하 여 필수적인 인적 교류는 지속될 수 있는 장치를 개발해야 한다(조한 승 2019).

V. 맺음말

코로나19 사태는 신흥안보의 위험이 단순히 이론적 상상 속의 허구가 아니라 우리 삶을 실제로 위협하는 현실이 될 수 있다는 사실을 절실 히 체감케 하였다. 코로나19 팬데믹은 복잡한 상호작용을 통해서 창발하는 복합 네트워크의 대표적인 현상이다. 이러한 창발 과정에는 서로 견제하고 보완하는 행위자-네트워크들이 작동하는데, 감염원인 바이러스와 숙주인 인간의 공진화, 지구화 시대 인간의 초국적 이동과 국가의 개입에 의한 국경의 통제, 그리고 정보의 반포에 대한 통제와 인포데믹(infodemic)의 유포 등이 상호작용하면서 복합체를 구성해 간다. 그러나 전대미문의 위기에 봉착하여 각국은 적합한 대응 거버넌스의 메커니즘을 신속히 마련하지 못했을 뿐만 아니라, 기존의 글로벌 보건 거버넌스도 제대로 작동하지 못하고 구조적 공백을 드러냈다.

한국으로서도 코로나19 사태는 개인 각자의 건강관리 문제를 넘어서 국민건강과 국가안보를 논하게 하는 신흥안보의 위험으로 닥쳐왔다. 2015년 메르스 사태를 겪으면서 곤욕을 치렀던 한국에게 코로나19는 과거의 아픈 기억을 떠올리게 한 또 다른 위기였다. 한국은 코로나19의 초기 대응 과정에서 다소 혼란이 있었고 특정 집단의 발병으로 한때 위기가 고조되었으나, 코로나19의 위기를 어느 정도 관리하는 모습을 보여주었다. 특히 보건의료인의 헌신적 노력, 시민들의 자발적 참여, 정부의 신속검진 정책과 질병정보의 개방성, 투명성, 대중접근성 원칙이 사회적 혼란을 최소화하면서 효과적으로 질병확산을 통제할 수 있는 모델로 주목받게 되었다. 여전히 개념적 시비가 없지 않지만, 이른바 'K-방역'이라는 말이 나오는 이유이다.

외교 분야에서도 코로나19 사태는 중견국으로서 한국의 외교적 역할을 높일 기회로 인식되었다. 특히 코로나19 사태를 거치면서 기존의 글로벌 거버넌스가 잘 작동하지 않고 구조적 공백을 보이면서 한국과 같은 중견국들의 리더십에 관심이 가기도 했다. 특히 코로나19 사태를 통해서 미국 리더십의 의지와 역량이 더욱 의심받게 되었으며 예전과 같은 패권국의 역할을 수행할 의지가 없는 것으로 보이기까지 했다. 그렇다고 중국이 그 빈자리를 메우면서 글로벌 리더십을 발휘하리라는 기대를 할 수도 없는 상황이었다. 이렇듯 글로벌 리더십의 공백을 우려케 하는 상황에서 한국과 같은 중견국들의 역할이 시험을 받게 될 것이다.

그러한 시험대는 미국과 중국, 선진국과 개도국, 민주주의와 권위주의, 민간 주도 모델과 정부 주도 모델, 지구화 질서와 민족주의 질서, 서양과 동양의 가치관 등의 사이에서 형성되는 구조적 갈림길에서 마련될 것이다(Harari 2020). 한국은 이러한 갈림길에서 민주적 원칙과 인권존중을 잃지 않으면서도 국가가 리더십을 발휘하였고, 이러한 한국의 감염병 대응 거버넌스는 효과적으로 추진된 사례로 국제사회에 알려졌다. 외환위기의 경험, 메르스의 경험 등을 겪으면서 공공의 안녕을 위해 개인의 자유를 일정 정도 제약할 수 있다는 공동체적 합의, 그리고 사회적 신뢰가 중요한 변수로 작용했다. 실제로 한국은 '개개인이 가지고 있는 자유'를 '모두를 위한 자유'로 확장시킨다는 개념도 제시한 바 있다(문재인 2020). 서방 국가의 민주적 혼란을 넘어서 정부와 시민의 복합 모델로서 '한국 모델'의 가능성을 보여주었다는 평가도 나왔다.

이러한 맥락에서 보면, 코로나19에 대응하는 한국의 거버넌스 모델에 대한 적극적 개념화가 필요하다. 사실 이번 코로나19 사태는 한국으로 하여금 선진국들의 사례를 벤치마킹해야 한다는 강박감에서 벗어나는 계기를 마련했다. 이러한 '한국 모델'을 굳이 명명하자면 '봉쇄모델'인 '우한 프로세스'나 '개방모델', 좀 더 구체적으로는 '사회적 면역 모델'인 '스톡홀름 프로세스'와는 구별되는 '복합모델'로서의 '서울 프로세스'라고 할 수 있을 것이다. 이러한 거버넌스 모델은 한국의 역사적 경험과 노하우에서 우러나온 것으로서 코로나19와 같은 팬데믹 위기의 국면의 프로토콜을 마련하는 과정에서 공유되고 확산될 가치가 있다. 이러한 모델을 바탕으로 한국은 보건 분야 국제협력과 글로벌 거버넌스에 참여할 뿐만 아니라 위기관리 국제 거버넌스 구축에도 적극 참여하는 외교적 행보를 가속화할 필요가 있다.

참고문헌

김상배. 2014. 『아라크네의 국제정치학: 네트워크 세계정치이론의 도전』. 한울.

_____. 2020. "코로나19와 신흥안보의 복합지정학: 팬데믹의 창발과 세계정치의 변환."
『한국정치학회보』 54(4): 53-81.

_____. 2021. "코로나19와 한국의 중견국 외교." 유엔한국협회 편. 『세계 대전환: 포스트-
코로나 바이든 시대 지구촌 미래』. 다해, 145-166.

김상배 편. 2016. 『신흥안보의 미래전략: 비전통 안보론을 넘어서』. 사회평론아카데미.

문재인. 2020. "'모두를 위한 자유' 제73차 세계보건총회 초청연설." 청와대 웹페이지. 5월
18일. https://www1.president.go.kr/articles/8642

박종희. 2020. "코로나바이러스와 세계화의 위기." 『이슈브리핑』 No.89. 서울대학교
국제문제연구소. 5월 29일.

조한승. 2019. "동북아 보건안보 거버넌스." 김상배·신범식 편. 『동북아 신흥안보 거버넌스:
복합지정학의 시각』. 사회평론아카데미, 207-245.

_____. 2020. "코로나19와 글로벌 보건 거버넌스, 중견국 외교." 2020년 한국국제정치학회
하계학술회의 발표문. 7월 1일.

진대욱. 2014. "재난안전분야: 4가지 회복력 갖춰야." *Future Horizon* 21, 20-23.

Brands, Hal and Francis J Gavin. eds., 2020. *COVID-19 and World Order: The Future of
Conflict, Competition, and Cooperation*. Johns Hopkin University Press.

Campbell, Kurt M. and Rush Doshi. 2020. "The Coronavirus Could Reshape Global
Order: China Is Maneuvering for International Leadership as the United States
Falters." *Foreign Affairs*, March 18.

Farrell, Henry and Abraham Newman. 2020. "Will the Coronavirus End Globalization
as We Know It? The Pandemic Is Exposing Market Vulnerabilities No One Knew
Existed." *Foreign Affairs*, March 16.

Folke, Carl. 2006. "Resilience: The Emergence of a Perspective for Social-ecological
Systems Analyses." *Global Environmental Change* 16: 253-267.

Green, Michael and Evan S. Medeiros. 2020. "The Pandemic Won't Make China the
World's Leader Few Countries Are Buying the Model or the Message From
Beijing." *Foreign Affairs*, April 15.

Harari, Yuval N. 2020. "The World after Coronavirus." *Financial Times*, March 20.

Jessop, Bob. 2003. *The Future of the Capitalist State*. Cambridge, UK: Polity Press.

Tierney, Kathleen and Michel Bruneau. 2007. "Conceptualizing and Measuring
Resilience: A Key to Disaster Loss Reduction." *TR News 250*, May-June, 14-17.

제2장 코로나19와 한국의 보건의료 거버넌스

정일영(과학기술정책연구원)

I. 들어가며

코로나19는 SARS-CoV-2 감염에 의한 호흡기 증후군으로 국내에 첫 발생 사례가 보고된 이후 2021년 4월 9일 09시 기준으로 국내에서 108,269명이 감염되었고, 1,764명이 사망했다(코로나바이러스감염증-19 홈페이지). 2020년 11월 3차 유행 이후 감소세를 거쳐서 4월 기준 일일평균 약 400~500명대 확진자가 발생하면서 4차 유행의 기로에 있다.

코로나19의 확산을 막기 위해 다수의 국가는 정부 차원에서 극단적인 국가 봉쇄(national lockdown)와 국제여행 중단(halts of international travel)의 조치를 취하였다. 그러나 한국은 경제 및 외교 문제 등을 다각도로 고려하여 환자 발생을 지속적으로 억제하고 일상

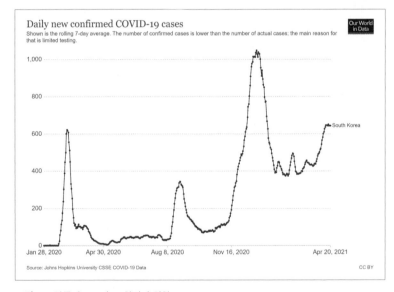

그림 2-1 한국의 코로나19 확진자 현황

출처: ourworldindata.org.

과 방역을 조화하기 위해 3T(Test, Trace, Treat) 전략과 사회적 거리두기를 시행하고 있으며 2021년 2월부터는 백신 접종이 시작되었다. 본 원고는 한국의 보건의료 거버넌스를 이 3T 전략을 중심으로 중앙과 지방의 코로나19 대응 거버넌스 체계, 민·관·산·학·연·병 및 시민사회가 참여하는 예방, 진단 및 치료 거버넌스를 살펴본 후 코로나19 대응에 있어서 생각해볼 이슈를 짚어보고자 한다.

II. 코로나19 대응 거버넌스

한국은 2015년 메르스(Middle East respiratory syndrome, MERS) 사태 이후 감염병 대응 체계를 강화하기 위한 여러 정책적 조치들을 취해왔다. 2015년 여름 발생한 메르스는 대한민국 보건의료체계가 신종 감염병에 얼마나 취약한지 보여주었다. 방역체계란 감염병의 유입을 막고, 조기에 발견하며 적절한 개입을 통해 감염확산을 방지해야 한다(김윤 2016). 그러나 이 당시 정부는 중동지역 여행객이나 입국자에게 적극적으로 위험성이나 예방 수칙을 알리지 않았고 결과적으로 첫 메르스 환자는 입국 후 10일 만에 진단되었고 이후 주요 감염이 병원에서 발생하였다. 메르스 확진 판정을 받은 186명의 감염자 중에서 최초 환자로부터 감염된 것으로 판단되는 2차 감염자는 30명이고, 3차 감염자는 94명이었다. 병원에서 슈퍼 감염의 형태로 확산되었던 이유는 병원 내의 밀접 접촉자를 좁게 한정[1]했기 때문이다. 메르스의 대응 초기

---

1   밀접 접촉자를 ① 6ft(2m) 이내 접촉 또는 가운, 장갑, 호흡기, 고글 등의 개인보호장비(PPE)를 착용하지 않은 상태에서 장기간 동안 입원실 또는 같은 치료 공간 안에 머무른 의료진이나 가족과 ② PPE를 착용하지 않은 상태에서 기침과 같은 분비물과 직접 접촉

에 나타난 문제점을 고려하여 2015년 7월 6일 '감염병의 예방 및 관리에 관한 법률'이 개정되었다. 국가 및 지방자치단체의 책무를 확대하는 내용이 추가(제4조의 14-17)되었고 감염병 예방 및 관리를 위한 정보시스템을 구축했다(제4조의 14). 국가·지방자치단체는 감염병의 효율적 치료 및 확산방지를 위하여 질병의 정보, 발생 및 전파 상황을 공유하고 상호 협력해야 하며(제4조17 제3항) 이 조항은 제18조의 2 제2항과 제3항에 신설된 역학조사 시 필요한 조치를 지원하게 된다. 가장 큰 변화는 제42조에서 감염병에 관한 강제처분을 신설한 것이다. 보건복지부 장관, 시·도지사 또는 시장·군수·구청장은 조사거부자를 자가 또는 감염병 관리시설에 격리할 수 있으며 보건복지부 장관, 시·도지사 또는 시장·군수·구청장은 제2항에 따른 조사·진찰을 위하여 필요한 경우에는 관할 경찰서장에게 이에 필요한 협조를 요청할 수 있게 되었다. 또한 메르스 사태 당시 정책적 혼선이 일어났고, 이를 계기로 질병관리본부가 국가의 방역을 책임지는 컨트롤타워로서 위상이 강화되었다(배재현 2016). 2015년 메르스 이후, 한국 정부는 「국가 방역체계 개편방안 (2015.9.1.)」을 마련하여, 신종 감염병의 유입 차단, 조기 종식, 피해 최소화를 위한 조치를 취하였다. 또한, 『2015 메르스 백서』를 발간하여, 정부의 대응을 평가하고 향후 개선방안을 모색할 수 있는 토대를 마련했다(이명화 외 2020).

1. 중앙과 지방의 위기 대응체계

감염병은 발생 규모와 심각성 예측이 어렵고 수요·공급에 기반한 시

한 사람에 한정하면서 결과적으로 역학적 검토대상자로서 2m 공간 밖에 있었던 훨씬 많은 접촉자가 제외되었다.

장체계로의 대응에 한계가 있어 국가와 지방자치단체 등 정부의 역할
이 우선적으로 강조된다(윤강재 2020). 한국 정부는 이번 코로나19 감
염을 제1급 감염병 신종감염병증후군으로 분류하고, 「재난 및 안전관
리 기본법」 제34조의 5 국가위기관리기본지침 및 「감염병 재난 위기
관리 표준매뉴얼」에 따라 대응하고 있다. 감염병 위기 단계는 관심, 주
의, 경계, 심각 4단계로 구분되는데 2020년 1월 27일 감염병 위기 단계
를 '주의'에서 '경계' 수준으로 상향하면서 보건복지부에 중앙사고수
습본부(본부장: 보건복지부장관)를 설치하고 질병관리본부의 중앙방역
대책본부(본부장: 질병관리본부장)를 확대 운영했다. 이후 2020년 2월
23일 정부가 위기 경보를 '심각' 단계로 상향 조정하면서 범정부 차원
의 대응을 위한 중앙재난안전대책본부(본부장: 국무총리)를 설치하였
다. 이로써 가장 높은 수준의 대규모 재난 대응 체계를 마련하여 코로
나19에 대응하고 있다(이명화 외 2020).

　대응체계를 자세히 살펴보면, 중앙재난안전대책본부는 「재난 및
안전관리 기본법」에 따라 행정안전부에 설치하는 범정부 최고 비상대
책 기구다. 대규모 재난의 예방·대비·대응·복구 등에 관한 사항을 총
괄 조정하는 '컨트롤타워' 역할을 한다. 중앙재난안전대책본부 본부장
은 통상 행정안전부 장관이 맡지만 대규모 재난 중에서도 범정부 통
합 대응이 필요한 상황에서는 국무총리가 맡을 수 있다. 중앙재난안전
대책본부장 아래에는 두 명의 차장이 중앙사고수습본부와 범정부대책
지원본부를 담당한다. 1차장 겸 중앙사고수습본부장은 코로나19 재난
관리 주관기관인 보건복지부 장관이 맡으며 감염병 위기 상황을 총괄
하고 중앙방역대책본부의 방역 업무를 지원한다. 중앙방역대책본부는
방역 컨트롤타워로, 감염병 대응의 특수성과 전문성을 고려하여 질병
관리본부가 담당하며 감염병 유입 방지, 역학조사, 격리 등 방역을 총

표 2-1 재난 대응체계 관련 거버넌스 근거법

분류	재난 및 안전관리 기본법 내 관련 내용
중앙재난안전대책본부	제14조 ① 대통령령으로 정하는 대규모 재난(이하 "대규모재난"이라 한다)의 대응·복구(이하 "수습"이라 한다) 등에 관한 사항을 총괄·조정하고 필요한 조치를 하기 위하여 행정안전부에 중앙재난안전대책본부(이하 "중앙대책본부"라 한다)를 둔다. ③ 중앙대책본부의 본부장(이하 "중앙대책본부장"이라 한다)은 행정안전부장관이 되며, 중앙대책본부장은 중앙대책본부의 업무를 총괄하고 필요하다고 인정하면 중앙재난안전대책본부회의를 소집할 수 있다. ④ 제3항에도 불구하고 재난의 효과적인 수습을 위하여 다음 각 호의 어느 하나에 해당하는 경우에는 국무총리가 중앙대책본부장의 권한을 행사할 수 있다.
중앙 및 지역 사고수습본부	제15조의 ① 재난관리주관기관의 장은 재난이 발생하거나 발생할 우려가 있는 경우에는 재난상황을 효율적으로 관리하고 재난을 수습하기 위한 중앙사고수습본부(이하 "수습본부"라 한다)를 신속하게 설치·운영하여야 한다. ② 수습본부의 장(이하 "수습본부장"이라 한다)은 해당 재난관리주관기관의 장이 된다.
지역재난안전대책본부	제16조 ① 해당 관할 구역에서 재난의 수습 등에 관한 사항을 총괄·조정하고 필요한 조치를 하기 위하여 시·도지사는 시·도재난안전대책본부(이하 "시·도대책본부"라 한다)를 두고, 시장·군수·구청장은 시·군·구재난안전대책본부(이하 "시·군·구대책본부"라 한다)를 둔다.

출처: 국가법령정보센터.

괄한다. 2차장 겸 범정부대책지원본부장인 행정안전부 장관은 중앙정부와 지방자치단체 간 협조를 지원하는 연결고리 역할을 한다.

지방자치단체는 지역재난안전대책본부를 설치하여 지역별 재난 상황을 총괄하며 지역별 상황에 맞는 방역 대응책을 마련하고 사고수습체계를 구축하여 지역사회 감염을 최소화한다. 또한 중앙재난안전대책본부 지침에 적극 협조하면서 전국 방역 체계가 일관적이고 통합적으로 운영되도록 노력한다.

중앙재난안전대책본부는 코로나19 대응을 위해 지침, 대응 현황, 향후 대응 계획 등을 지역재난안전대책본부와 공유하고 합동으로 대응하고 있으며 지역사회의 의료자원 불균형 문제를 해결하기 위한 지

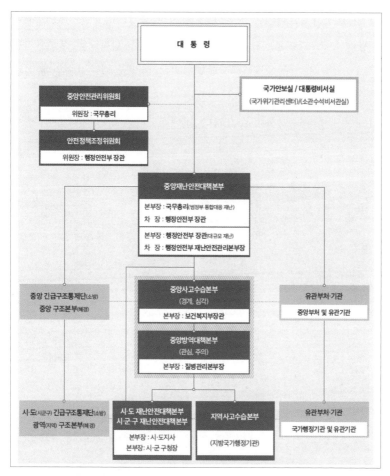

그림 2-2 대한민국 감염병 위기 관리 종합체계도

출처: 이명화 외(2020, 51)에서 재인용.

역 간 병상 연대 협력, 마스크 수급의 불편 사항 해결 및 사회적 거리 두기 등의 방역 지침을 지자체와 공동 점검하면서 수시로 보완하고 있다. 일례로, 코로나19 발생이 일부 지역에 집중되어 해당 지역에서는 확진자 치료와 격리에 필요한 음압격리병상이 부족한 사태가 발생했다. 대구지역에서는 2020년 2월 29일 일일 확진자 수가 최고치인 741

명[2]이 발생하였으나 대구지역에는 54개의 음압격리병실이 있었다(대구광역시 코로나현황). 확진자 치료를 위해 대구·경북지역 경증환자를 군산·남원·진안 등 감염병 전담병원과 삼성생명 전주연수원에 마련된 생활치료센터에 이송했다. 코로나19 대응에서는 중앙정부뿐만 아니라 지방정부의 역할이 중요하다. 자연재해나 사회적 재난 등이 발생

그림 2-3 자동차 이동형 및 도보 이동형 선별진료소
출처: COVID-19 Response, https://bit.ly/3e856rs

---

2   코로나19가 발생한 시점부터 2021년 3월 30일 기준으로 대구시의 코로나19 일일 확진
     자 중 최고치.

했을 때 지방정부의 역할이 주목을 받는 이유는 ① 현장 위주의 관리가 재난관리의 핵심으로 초기대응 및 피해상황 복구의 주요 주체가 지방정부이고, ② 지역주민은 재난의 피해자로 해당 지방정부가 지역 내 사회적 안전망을 빠르게 구축할 필요가 있기 때문이다(손웅비·박윤환 2020). 국내에서 코로나19를 효과적으로 대응할 수 있었던 이유도 지자체에서 다양한 방역 전략, 감염 대책, 정보공유 및 긴급 지원 등이 이루어졌기 때문이다. 대표적인 사례로 경기 고양시와 세종시가 도입하여 확산시킨 자동차 이동형(Drive-thru) 방식의 선별진료소이다. 일반적인 선별진료소는 방문하여 문진표 작성, 의료진 면담 및 기본 검사 등을 수행하면 한 사람당 약 30분 이상이 소요되는데 의심환자가 본인 차량에서 내리지 않고 차 안에서 검사 과정을 진행하는 자동차 이동형(Drive-thru) 방식의 선별진료소는 모든 과정이 차량 안에서 이루어지기 때문에 검사 시간이 1인당 10분 내외로 단축된다(하민지 2020). 이외에도 부산에서는 외부에 별도로 장소를 마련한 뒤 도보로 통과하면서 검체를 채취하는 도보 이동형(Walk-thru) 방식을 도입하여 신속한 검사를 진행하였다.

2. 방역의 역량 강화를 위한 질병관리청 개편

코로나19 대응에 핵심적인 역할을 수행한 질병관리본부가 2020년 9월 '질병관리청'으로 승격되었다. 질병관리본부는 2003년 사스(SARS) 유행으로 감염병 관리의 필요성이 대두되며 2003년 12월 18일에 발족하였다. 그러나 2015년 메르스(MERS) 유행 당시 초기방역에 실패했다는 평가를 받게 되었는데 주요한 요인으로 지적되는 것이 질병관리본부의 권한 부족이었다. 질병관리본부장은 차관급에 속하지만 보건복지부 산하 소속기관으로 신속한 방역조치를 위한 인사권, 예산권, 및 결정권 등이 부족하였다. 메르스 사태를 통해 방역에 대한 질병관리본부의 한계점이 드러났고 코로나19의 세계적 대유행이 장기화되면서 질변관리본부의 조직개편이 빠르게 진행되었다.

질병관리청으로 개편되면서 독립된 중앙행정기관으로 조직·인사·예산을 독립적으로 운영하게 되었으며 조직 규모는 1청장 1차장 5국 3관 41과 총 1,476명 규모로 구성되었다. 질병 관리 정책 및 집행 기능이 확대되었고 지역체계도 기존의 13개 검역소와 1개 검역지소에서 5개 권역별(수도권, 충청권, 호남권, 경북권, 경남권) 질병대응센터와 1개 출장소를 설치한다.

구분	개편 전(질병관리본부)	개편 후(질병관리청)
기관 위상	• 복지부 1차 소속기관 • 독립적인 조직·인사·예산 권한 없음 • 6급이하 등 일부 인사권한은 복지부가 질본에 위임	• 독립된 중앙행정기관 • 조직·인사·예산을 독자적으로 운영
조직 규모	• 1본부장 5부·센터 23과 (본부 기준) • 907명(본부 259, 소속 648)	• 1청장 1차장 8국·관 41과 (본청 기준) • (순증) 20개 기구(1차장 3국·관 16과) • 1,476명(본부 438, 소속 1,038) • (순증) 384명 / (재배치) 185명
업무 권한	• 복지부로부터 위임받아 사무 집행	• (감염병) 정책·집행 권한 보유 • 감염병예방법 등 6개 법률 소관 • (만성질환 등) 실태조사, 연구사업 등 집행 권한 보유
지역 대응 체계	• (중앙) 지역별 전담조직 없음 • (지방) 6개 시·도에서만 전담조직 운영 • 서울·부산·대구·대전·경기·경남('20.9월 기준)	• 5개 질병대응센터 및 제주출장소 신설 • 수도권·충청권·호남권·경북권·경남권, 155명 • 시·도와 상시협력체계 구축, 위기 시 신속 지원 • 전체 시·도 전담조직 설치 • 1,066명 보강(시·도140명, 보건환경연구원 110명, 시·군·구816명)
감염병 연구 조직	• 국립보건연구원 내 국단위 기구 • 감염병연구센터에서 백신·치료제 후보물질 연구 수준	• 국립감염병연구소 신설(2차 소속기관) • 임상연구, 효능평가 기능 보강으로 백신·치료제 실용화 촉진

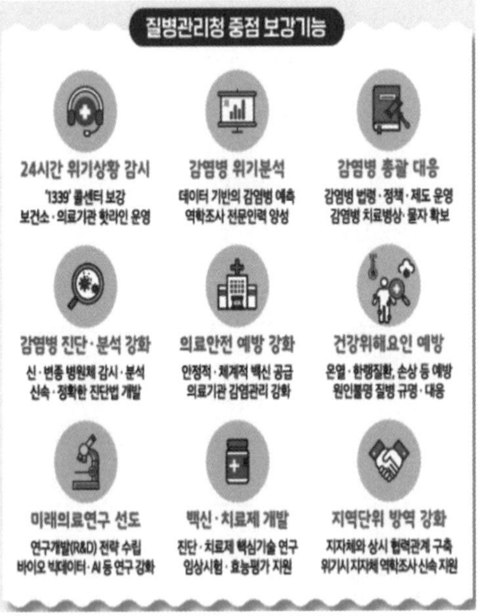

그림 2-4 질병관리청 개편 전후 특징과 개편 후 중점 보강기능

출처: 질병관리청 보도참고자료(2020.9.14.), p.6.

III. 코로나19 예방, 진단 및 치료 거버넌스

1. 코로나19 모니터링 및 예방조치

코로나19 바이러스에 대한 많은 나라의 공통적인 이해는 감염 초기에 증상이 경증이거나 무증상인 상태에서 전염이 가능하고, 감염 초기에도 전염력이 높다는 것이다. 또한 감염 후 2일부터 잠복기가 지난 후에도 전염력이 있고, 밀폐된 장소에서 밀접한 접촉을 통해 전파되므로 거리적 분산이 바이러스 확산 속도에 영향을 미친다. 이러한 바이러스의 특성을 반영하여 많은 국가들은 확진자와의 밀접 접촉을 추적하는 데 시간을 최대한 줄이고, 격리 등 공중보건 조치를 신속히 하는 것이 코로나19의 전파 속도를 늦추는 최선의 전략이라고 간주하고 있다(박미정 2020).

확진자 발생 시 중앙·지자체는 신속한 역학조사를 통해 감염원을 추적하고 접촉자를 격리하고 있다. 역학조사 시 확진자와의 인터뷰를 통해 동선 등 기본적인 정보를 파악하고, 의료진 및 가족 인터뷰가 추가적으로 이루어진다. 조사 단계에서 파악된 정보의 보완이 필요하다고 판단되는 경우, 보다 객관적인 정보(의무기록, 핸드폰 위치정보, CCTV, 신용카드 기록 등)를 수집·확인한다. 수집된 정보를 바탕으로 확인된 접촉자는 보건교육, 증상모니터링과 함께 자가격리 조치를 받게 되며, 추가 감염을 막기 위해 확진자의 동선은 홈페이지 등을 통해 공개하고 있다(김동택 외 2020). 역학조사는 확진된 환자와 직접 면담을 통해 격리를 위한 필요한 기본 정보를 얻는 것이지만, 역학조사 내용을 보완하기 위해 다양한 출처의 디지털화된 데이터를 활용하게 된다. 확진자의 기억 오류나 거짓 등 사실과 다른 동선을 진술한 경우에도 진술 정보 외의 객관적인 데이터를 활용하여 이를 보정할 수 있다.

한국 정부가 밀접 접촉자들에 대한 정보를 공개하는 법적 근거는 개인정보보호법 제58조 제1항 제3호 '공중위생 등 공공의 안전과 안녕을 위해 긴급히 필요한 경우로서 일시적으로 처리되는 개인정보에 대해 법 일부를 적용하지 않는다'는 규정이다. 정보 주체의 구체적이고 명시적인 동의 원칙 적용의 예외적인 경우에 해당한다. 감염병 확진자 이동 경로의 공개는 〈감염병의 예방 및 관리에 관한 법률〉(이하 "감염병예방법")에 그 근거를 두고 있다. 같은 법률 제34조의2 제1항은 재난 및 안전관리 기본법 제38조 제2항에 따른 "주의" 이상의 위기경보가 발령되면 감염병 환자의 이동 경로, 이동수단, 진료의료기관 및 접촉자 현황 등 국민이 감염병 예방을 위하여 알아야 하는 정보를 정보통신망 게재 또는 보도자료 배포 등의 방법으로 신속히 공개하도록 하고 있다. 이와 함께, 감염병 환자나 의심자에 대한 광범위한 정보를 정부가 수집할 수 있도록 하는 규정인 감염병예방법 제76조의2(정보 제공 요청 및 정보 확인 등)도 도입되었다. 이에 따라 보건복지부 장관 또는 질병관리본부장장은 감염병 예방 및 감염 전파의 차단을 위하여 필요한 경우 관계 중앙행정기관의 장, 지방자치단체의 장, 공공기관, 의료기관 및 약국, 법인·단체·개인에 대하여 관련 정보를 요청할 수 있으

표 2-2 감염병예방법에 따른 수집 가능한 정보

수집 정보	
성명, 주민등록번호, 주소 및 전화번호(휴대전화번호 포함) 등 인적사항	이동 경로를 파악하기 위해 대통령령으로 정하는 정보
처방전 및 진료기록부 등	- 신용카드, 직불카드, 선불카드 사용명세
출입국관리기록	- 교통카드 사용명세
	- 영상정보처리기기를 통하여 수집된 영상정보

출처: 국가법령정보센터.

며, 요청을 받은 자는 이에 따라야 한다(이진규 2020).

　데이터 수집과 활용과 관련된 초기의 주요 이슈는 정부가 공개하는 정보를 통해 어렵지 않게 확진자의 신원을 유추할 수 있다는 것이다. 확진자 중 일부는 동선 공개로 인한 사생활 침해를 이유로 국가인권위원회에 진정하였다. 2020년 3월 국가인권위원장은 성명서를 통해 "확진 환자 개인별로 방문 시간과 장소를 일일이 공개하기보다는 개인을 특정하지 않고 시간별로 방문 장소만을 공개하는 방안 등을 고려하고, 확진 환자가 거쳐 간 시설이나 업소에 대한 소독과 방역 현황 등을 같이 공개하여 국민의 불안감을 해소하는 한편 확진 환자의 내밀한 사생활도 보호할 수 있는 방안을 강구"할 것을 요청했다.[3] 질병관리본부는 국가인권위원회의의 권고를 반영하여 '확진 환자의 이동 경로 등 정보공개 안내' 지침을 지자체에 배포하였고 새로운 지침에 의하여 2020년 3월 14일 이후부터는 성별, 연령, 국적, 거주지 및 직장명 등 개인을 특정하는 개인정보는 공개하지 않고 확진자와 접촉자가 발생한 장소 및 이동수단을 공개한다. 또한, 해당 공간 내 모든 접촉자가 파악된 경우에는 공개하지 않는 것을 원칙으로 하고 있으며 공개기간은 정보 확인 시점부터 마지막 접촉자와 접촉한 날로부터 14일 경과 시까지로 정하고 있다(중앙방역대책본부 환자관리팀 2020.10.7).

　확산 속도가 빠른 코로나19 바이러스를 통제하기 위해 위치 데이터나 스마트폰 앱이 활용되고 있다. 역학조사 방법의 디지털화 여부와 상관없이 확진자 혹은 감염자와 접촉하여 감염이 의심되는 사람의 격리는 필요한 중재이기 때문에 코로나19가 발생한 국가는 보다 신속하고 적극적으로 밀접 접촉자를 찾아내기 위해 다양한 유형의 정보통신

3　국가인권위원회(2020.3.9.), 코로나19 확진자의 과도한 사생활 공개 관련 국가인권위원장 성명. https://bit.ly/3fy84Dm

기술을 활용하고 있다. 스마트폰 앱을 통한 접촉 추적 조사는 다른 사람을 감염시킬 위험도가 높은 의심자에게 최대한 빨리 통보하고 필요한 경우 신속하게 격리하여 다른 사람들은 안전하게 이동의 자유를 누릴 수 있도록 설계된다. 앱의 주요 역할은 수집되는 데이터가 즉각적으로 반응하여 사람들에게 감염 위험을 신속하게 알리고, 필요한 방역 조치 내용을 제공하는 것이다(박미정 2020).

국내 정부는 밀접 접촉자 추적을 위하여 보다 기술적인 수단을 모색하였다. 2017년 4월 도입된 스마트 검역 정보시스템은 해외 로밍 데이터를 제공받아 고위험 지역을 방문한 이력이 있는 사람들이 국내로 입국하는지 식별하고, 질병관리본부에 연락할 것을 요청한다. 2020년 4월에는 기존 역학조사에서 밀접 접촉자 분류 시간을 크게 단축한 '역학조사지원시스템'을 개발했다(연합뉴스, 2020.04.10). 이 시스템은 보건당국이 여러 기관에 각각 요청하거나 확인해야 했던 정보들이 확진자의 동의에 따라 한꺼번에 연계되어 GPS와 데이터를 혼합하는 방식이다. 양성으로 판명되면, 질병관리본부는 확진자의 스마트폰이 15분 단위로 생성했던 데이터와 해당 데이터의 생성 시각을 알려준다. 스마트폰 소지자는 자동으로 다운된 목록을 보고, 해당 시간대에 자신이 수신했던 데이터 목록을 비교해 볼 수 있다. 만약 일치하는 데이터 값이 발견되면 이는 곧 본인 주변에 확진자가 일정 시간 머물렀다는 것을 뜻하므로, 질병관리본부에 데이터를 업로드하게 된다(The government of the Republic of Korea 2020.4).

2020년 4월 23일부터 한국에 입국하는 해외입국자는 입국일로부터 만 14일이 되는 날까지 격리 생활을 해야 한다. 그리고 입국한 내국인과 장기체류 외국인은 의무적으로 '자가 격리자 안전 보호 앱'을 다운로드한 후, 이 앱에 격리 기간 동안 정해진 시간에 자신의 체온을 기

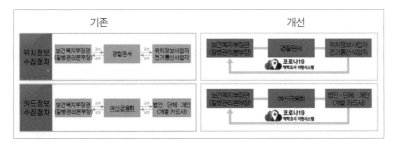

그림 2-5 국토교통부 보도자료(2020.03.25)
출처: 국토교통부 보도자료(2020.03.25).

록해야 하고, 손목형 '안심 밴드' 착용을 강제하고 있다. 안심 밴드는 블루투스 기능을 활용하며 이미 설치된 자가격리 앱과 연계되어 일정 거리를 이탈하거나 밴드를 훼손하면 담당 관리자에게 자동으로 통보 되는 방식이다. 동의에 대한 문제는 격리 조치 등 공중보건 조치를 거 부한 사람에게만 착용하기로 하여 절충점(trade-off)을 찾았다. 이를 거부할 경우 정해진 시설에 격리 조치되고, 위반자의 자비로 격리 시설 의 비용을 부담해야 한다(질병관리본부 2020).

전 세계적으로 감염 확진을 추적하기 위해 다양한 앱이 개발 및 배포되어서 사용 중인지만 이에 대해 우려를 표명하고 앱의 운영을 중 단하는 사례도 있다. 노르웨이 보건 당국이 코로나19 접촉자 추적 앱 (Smittestopp)[4]의 운영을 중단했다. 이러한 조치는 앱의 운영방식이 유 럽연합의 개인정보보호 법제의 요구사항을 충족하지 못했기 때문인데 개인정보보호 당국은 보건 당국이 감염 추적을 위해 위치정보(GPS)를 사용하는 것이 필요하다는 점을 증명하지 못했다. 또한, 해당 앱의 이 용자가 앱 '접근권한(permission)'을 설정할 수 있는 통제권도 제한받

---

4   노르웨이에서 2020년 6월 기준으로 총 160만 건의 다운로드를 기록한 이 앱은 전체 인 구의 10%가량이 이용했다.

는다고 지적하였다.[5] 따라서, ICT 기술을 활용한 코로나19 모니터링 및
예방조치는 안전하게 개인정보가 보호 받는지 여부에 대해 계속적으
로 점검하면서 기술을 적용할 필요가 있다.

확진자와 밀접접촉자를 추적하고 격리하는 것과 함께 사회적으
로 중요한 것이 비약품적 중재수단인 '사회적 거리두기'이다. 코로나
19는 증상이 발현되기 전에 병원체에 감염되는 무증상 감염사례가 있
고, 백신과 적절한 치료제가 없는 신종 팬데믹 감염병이기 때문에 한국
을 비롯한 많은 나라가 완화와 억제전략을 선택했다(Imperial College
London 2020). 이를 위해 학교 휴교, 집단 행사 취소, 재택근무, 자가
격리, 사회적 거리두기(social distancing) 등의 방역 조치를 수행했다.
최고 발생률을 낮추고, 전반적인 사망률을 줄이고, 바이러스 확산이 빠
르게 진행되지 않도록 하기 위해 소위 발생 곡선을 '평평하게 만드는
(flattening the curve)' 전략을 수행한 것이다.

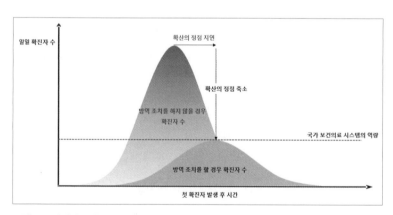

그림 2-6 팬데믹 동안 공중보건 조치의 목표
출처: 박미정(2020, 2).

---

5   *The Guardian*(2020.06.15), Norway suspends virus-tracing app due to privacy
     concerns. https://bit.ly/3dldRuE

백신과 치료제가 개발 단계인 시점에서 코로나19의 전파 확산을 억제하기 위한 유일한 수단이 비약품적 중재(Non-pharmaceutical Intervention, NPI)이다. 감염 의심자를 검역하고 확진 환자를 격리하고, 병원은 소독을 철저히 하며 개인은 마스크와 같은 개인보호장구(Personal Protective Equipments)를 착용하는 등의 활동을 통해 감염병 확산을 저지하고 피해를 최소화할 수 있다. 정부는 2020년 3월부터 '사회적 거리두기'를 전 국민에게 요청했다. 사회적 거리두기란 코로나19 전염병으로 지역사회 감염확산을 막기 위해 사람들 간의 거리를 유지하자는 캠페인이다(이준 외 2020). 사회적 거리두기는 불필요한 외출, 모임, 행사, 여행은 자제하고 발열 또는 호흡기 증상(기침, 인후통 등) 발생 시 출근하지 않고 집에서 충분히 휴식을 취하며, 신체접촉 피하기, 2m 건강거리 준수, 직장 내 공용공간 폐쇄, 퇴근 후 즉시 귀가, 손씻기·기침예절 등 개인 위생수칙 준수 등을 담고 있다(코로나바이러스감염증-19 홈페이지). 또한 중앙정부에서는 업종과 시설별 방역수칙을 제공하고 중점관리시설(유흥시설 5종, 방문판매/직접판매 홍보관, 노래연습장, 실내 스탠딩 공연장, 식당·카페)에 대해서는 단계별 방역 강화 방안을 마련하며 요양병원과 요양시설 등의 감역취약시설에 대해서는 선제검사를 진행하고 있다.

2. 코로나19 진단을 위한 민관협력

코로나19 누적 검사량은 2021년 4월 2일 기준으로 10,923,055건, 주간 누계는 474,021건이고 일일 평균 검사량은 약 6만 7천여 건이 진행되고 있다(질병관리청 보도참고자료 2021.4.2.). 한국은 기업의 신속한 진단시약 개발과 정부의 긴급사용승인제도를 기반으로 진단 역량을 강화하고 대규모 진단을 초기부터 실시할 수 있었다. 국내 진단시약 기업들은 진단키트를 신속히 개발하여 진단 수요 증가에 미리 대비하였다. 기업들은 개발 기간을 단축하기 위해 인공지능이나 빅데이터 시스템 등 디지털 기술을 활용했고, 실시간 유전자증폭기술(Polymerase Chain Reaction, PCR)을 적용해 검사 기간도 1~2일에서 6시간 이내로 줄었다(이명화 외 2020). 이러한 긴급 대응이 가능했던 주요한 요인으로 지적되는 것은 2015년 메르스 사태 이후 연구재단(NRF)에서 감염병 진단 관련 업체에 R&D를 지원하였고 이를 통해 꾸준히 연구역량이 축적되었다. 정부지원을 받은 4개 기업(코젠바이오텍, 솔젠트, 에스디바이오센서 등)은 빠른 진단키트 개발과 생산을 통하여 코로나19에 성공적으로 대응할 수 있었다(생명공학정책연구센터 2020.5.28.).

정부 또한 긴급사용승인제도를 통하여 기업들이 개발한 진단키트를 신속히 실용화 할 수 있도록 노력했다(이명화 외 2020). 긴급사용승인 제도란 「의료기기법」제46조의2 및 같은 법 시행령 제13조의2에 따라 감염병 대유행이 우려되어 긴급히 진단시약이 필요하나 ① 국내에 허가제품이 없는 경우, ② 제조·허가 등을 받고 사용되는 의료기기의 공급이 부족하거나 부족할 것으로 예측되는 경우, 중앙행정기관이 요청한 진단시약을 식약처장이 승인하여 한시적으로 제조·판매·사용

표 2-3 연구재단의 감염병 진단업체 지원내역

과제명	연구기간	주관연구기관
Multiplex PCR을 이용한 모기 매개 바이러스 진단기술 개발	'15.12~'20.8	코젠바이오텍
지카, 뎅기열, 치쿤구니아 바이러스 감별진단 키트 개발	'16.4~'19.3	솔젠트
등온핵산증폭 PCR 기반 지카/뎅기열/치쿤구니아 바이러스 진단 기술개발	'16.4~'19.3	에스디바이오 센서

출처: 관계부처 합동 보도참고자료(2021.2.4.), p.4.

할 수 있게 하는 제도를 말한다(국가법령정보센터). 코로나19 확진검사
를 위해 2020년 2월부터 긴급사용이 승인된 확진용 유전자진단시약은
㈜코젠바이오텍의 진단키트(PowerCheckTM 2019-nCoV)를 시작으로
총 7개 제품이었다(관계부처 합동 보도참고자료 2021.2.4.). 긴급사용을
허가받은 진단키트가 공급되면서 일일 검사횟수는 지속적으로 증가하
여 2021년 4월 기준 일일 평균 약 6만건 정도의 검사가 진행되고 있다.
이와 같이, 정부는 일반적으로 6개월 이상 걸리던 심사 절차를 20일 이
내로 단축하여 진단법을 빠르게 실용화하였고 진단검사 의료기관을
대폭 확대함으로써 대규모 진단검사를 시행할 수 있게 되었다.

표 2-4 확진용 코로나19 긴급사용 현황

업체명	제품명	사용승인	사용종료
㈜코젠바이오텍	PowerChekTM 2019-nCoV RT PCR kit	'20.2.4.	'21.2.3.
㈜씨젠	AllplexTM 2019-nCoV Assay	'20.2.12.	'21.2.3.
솔젠트㈜	DiaPlexQTM N Coronavirus Detection(2019-nCoV) kit	'20.2.27.	'21.2.3.
에스디바이오센서㈜	STANDARDTM M n-CoV Real-Time Detection kit	'20.2.27.	'21.2.3.
㈜바이오세움	Real-Q 2019-nCoV Detection Kit	'20.3.13.	'21.2.3.
바이오코아㈜	BioCore 2019-nCoV Real Time PCR Kit	'20.5.8.	'21.2.3.
웰스바이오㈜	careGENETM N-CoV RT-PCR kit	'20.5.28.	'21.2.3.

출처: 관계부처 합동 보도참고자료(2021.2.4.), p.4.

코로나19 대응을 위한 확진용 유전자진단시약의 허가현황, 생산
량, 공급량 및 재고량 등을 고려하여 식품의약품안전처와 질병관리청
은 기존에 긴급사용 승인된 확진용 유전자진단시약 7개 제품에 대해
「의료기기법 시행령」 제13조의2에 따라 긴급사용을 종료하고 2021년
2월부터는 정식 허가된 12개 제품만 코로나19 확진검사에 사용하고

있다(관계부처 합동 보도참고자료 2021.2.4.).

표 2-5 코로나19 유전자진단시약 정식허가 제품 현황

구분	제조사	제품명	허가일
1	에스디바이오센서㈜	STANDARDTM M nCoV Real-Time Detection kit	'20.8.31
2	㈜바이오세움	Real-Q 2019-nCoV Detection Kit	'20.10.6
3	㈜시선바이오머티리얼스	U-TOPTM COVID-19 Detection Kit Plus	'20.10.8
4	㈜캔서롭	Q-Sens® COVID-19 Detection kit	'20.10.8
5	㈜코젠바이오텍	PowerChekTM SARS-CoV-2, Influenza A&B Multiplex Real-time PCR Kit	'20.11.3
6	㈜시선바이오머티리얼스	AQ-TOPTM COVID-19 Rapid Detection Kit Plus	'20.11.23
7	㈜코젠바이오텍	PowerChekTM SARS-CoV-2 Real-time PCR Kit	'20.11.26
8	㈜씨젠	Allplex SARS-CoV-2 Assay	'20.12.7
9	㈜캔서롭	Q-Sens® COVID-19 Detection kit V2	'20.12.14
10	㈜바이오세움	Real-Q Direct SARS-CoV-2 Detection Kit	'21.1.20
11	㈜씨젠	AllplexTM SARS-CoV-2/FluA/FluB/RSV Assay	'21.1.26
12	㈜에스엠엘제니트리	Ezplex® SARS-CoV-2 Kit	'21.1.29

출처: 관계부처 합동 보도참고자료(2021.2.4.), p.5.

이와 함께 감염 환자 조기발견을 통한 확산 차단을 위하여 정부는 선별진료소를 운영하여 환자들의 진단검사 접근성을 높였다. 선별진료소는 기침이나 발열 등 감염증 의심증상자가 의료기관 출입 전 별도로 진료를 받도록 하는 공간으로, 2021년 4월 3일 기준으로 전국의 624개 보건소와 의료기관이 운영 중이며 자동차 이동형 선별진료소(Drive Thru) 32개가 운영 중이다(코로나바이러스감염증-19 홈페이지).

코로나19 진단을 위해 민간 기업에서도 혁신기술을 개발하고 있다. 현재 코로나19는 DNA 기반 진단 검사 방법을 사용하고 있지만 결과 확인까지 하루 정도의 시간이 소요되고 전용 장비와 음압환경시설

을 갖추어야 하기 때문에 지역별 접근성에 편차가 있다. 또한 감염 초
기이거나 잠복기일 때는 진단 결과가 정확하지 않기 때문에 이러한 접
근성과 오류 가능성을 보완하기 위해 AI 기술이 도입되고 있다.

코로나19 감염병의 대표적 증상인 바이러스성 폐렴은 폐포 손상
을 유발하고 손상의 범위나 심각도에 따라 X-ray나 CT 등의 흉부 영상
검사로 감염 부위의 관찰이 가능하다. 국내에서는 뷰노(VUNO)가 폐
렴 탐지 솔루션(VUNO Med‒Chest X-ray)과 흉부 CT 기반의 폐렴 정
량화 솔루션(VUNO Med‒LungQuant)을 전 세계에 무료 공개하였고
루닛과 메디컬아이피도 인공지능 기반 흉부 X-Ray와 흉부 CT 영상 분
석 솔루션을 무료로 공개하였다(한국전자통신연구원 2020).

3. 코로나19 확진환자 치료와 백신 접종

국내 정부는 환자를 중증도에 따라 분류하고 중증환자는 입원 치료를
우선 제공하고, 입원이 필요하지 않은 확진자에 대해서는 생활치료센
터에서 의료서비스 지원 및 증상 모니터링 등을 진행한다. 우선, 선별
진료소에서 확진자를 검사한 후 중증도를 3가지, 즉 경증·중등증·중
증으로 분류한다. 입원 치료가 필요한 중등증·중증 환자는 상태에 따
라 감염병전담병원 병상이나 중증환자 전담치료병상 등을 배정받아
치료를 받게 되고 경증 환자는 생활치료센터에 입소하게 된다. 정부가
코로나19 대응을 위해 지정 및 운영 중인 감염병 전담병원은 전국 59
개소이고 거점전담병원은 11개소를 지정해 운영하고 있다(의학신문
2021.1.4.). 감염병 전담병원을 보면, 코로나19 3차 유행이 진행 중인
수도권과, 지난해 1차 유행이 있었던 대구·경북 지역에 다소 집중되어
있다.

표 2-6 중증도별 병상 현황(2021.3.23. 기준)

구분	생활치료센터		감염병 전담병원		준·중환자병상		중환자병상	
	보유	가용	보유	가용	보유	가용	보유	가용
전국	5,840	3,727	8,745	6,267	434	243	766	606
수도권	4,831	2,892	3,872	2,652	289	154	472	351
강원	-	-	362	165	5	3	24	18
충청권	245	220	905	694	46	25	65	59
호남권	194	183	1,000	857	10	3	51	48
경북권	-	-	1,403	1,189	28	18	47	45
경남권	375	237	968	492	51	35	99	77
제주	195	195	235	218	5	5	8	8

출처: 보건복지부 보도참고자료(2021.3.24.), p.4.

코로나19의 장기화로 인해 무기력과 답답함을 호소하는 '코로나 블루'와 확진자, 의료진 및 유족이 시달리는 '코로나 트라우마' 등이 등장하였다(Scientific American 2020.6.1.). 코로나 블루(Corona Blue)란 '코로나19'와 '우울감(Blue)'을 합성한 신조어로 코로나19 사태의 장기화로 외출 자제와 모임 금지 등 사회활동이 위축되면서 사회적 우울 현상이 발생하는 것을 말한다(손헌일 외 2020). 팬데믹 또는 재난을 경험해서 정신적 어려움을 겪는 것은 단순히 확진자만 있는 것이 아니고 재난 경험자, 가족·지인, 의료인·구조요원, 지역사회 거주자 등으로 범위가 상당히 넓다. 재난을 경험하고 나면 대부분의 사람들은 1~6개월 사이에 회복하여 일상생활로 돌아갈 수 있지만 계속적으로 불안장애, 급성 스트레스 장애, 외상후 스트레스, 지속성 복합 애도 장애, 우울 장애, 수면장애 및 알코올 관련 장애 등을 겪을 수도 있다. 국내에서는 정신질환을 관리하고 체계적으로 심리지원을 하기 위해 '신종 코로나바이러스 통합심리지원단'을 운영하고 있다. 감염 확진자 및 가족은 국립정신의료기관에서 권역별로 대응하며 격리자 등은 보건소 및 기초정신건강복지센터에서 대응한다(국가트라우마센터 2020.2). 각계 전문가들은 지속적으로 팬데믹 상황이 발생할 것으로 예측하기 때문에 이에 대한 정신질환 관리가 계속 필요할 것으로 판단된다.

국내 정부는 코로나19 치료제 및 백신 등 개발 관련 전략적 지원을 위한 '범정부 실무추진단'을 2020년 4월 출범시키고, 신속한 제품화를 위한 다양한 프로그램을 구축 중이다. 본 지원단은 보건복지부·과학기술정보통신부 장관이 공동위원장이며, 관계부처 차관급 공무원과 산·학·연·병 전문가가 합동으로 구성되어 범정부 차원의 치료제·백신 개발 정책을 발굴·지원한다(관계부처 합동 보도자료 2020.4.24.).

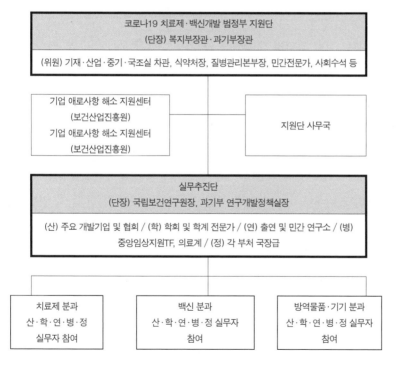

그림 2-7 코로나19 치료제·백신개발 범정부 지원단 구성
출처: 관계부처 합동 보도자료(2020.4.24.), p.7.

백신의 목적은 집단면역 형성이며, 접종을 시작한 시기보다는 끝나는 시기가 중요하다. 백신 접종을 빠르게 완료하기 위해서는 백신 확보가 무엇보다 중요하다. 이를 위해, 2020년 6월부터 관계부처(복지부, 외교부, 식약처, 질병관리청), 민간전문가 등으로 구성된 「백신TF」를 운영하여 글로벌 제약사와 백신 구매 관련 논의를 진행해 오고 있다. 국내는 코로나19 백신 접종을 위해 2021년 4월 기준으로 총 7천900만 명분[6]의 백신을 확보했다(코로나19 예방접종 사이트). 확보된 백신 중 의약품 특례수입이 필요한 경우에는 식약처가 전문 심사를 거쳐서 승인을 하고 있다. 코백스 퍼실리티(COVAX FACILITY)[7]로부터 공급받을 예정인 화이자(Pfizer)의 코로나19 백신에 대해 식품의약품안전처는 특례수입을 2021년 2월에 승인했다. 의약품 특례수입 제도란 「약사법」에서 정한 감염병 대유행 등 공중보건 위기 상황이나 방사선 비상 상황에 적절히 대처하기 위해 질병관리청장 등 관계기관장이 특례를 요청하는 경우 식품의약품안전처장이 국내 허가되지 않은 의약품을 수입자를 통해 수입하게 하는 제도이다(부처합동 보도자료 2021.2.3.). 이번 특례수입은 식약처-질병청 합동 전문가 자문회의를 거쳐 질병관리청이 요청함에 따라 이루어진 것으로 합동 전문가 자문회의는 식약처의 '코로나19 치료제/백신 안전성·효과성 검증자문단' 등과 질병청의 '코로나19 전문가 자문단' 등의 감염내과 전문의, 백신·바이러스학 전문가 등 10명과 대한의사협회에서 추천받은 전문가 1명을 포함해 총 11명으로 구성되었다.

---

6   7천9백만 명분은 코백스 1천만 명분, 아스트라제네카 1천만 명분, 화이자 1천3백만 명분, 얀센 6백만 명분, 모더나 2천만 명분 및 노바백스 2천만 명분으로 구성되었다.

7   코로나19 백신의 충분하고 공평한 배분을 위해 세계백신면역연합(The Global Alliance for Vaccines and Immunizations, GAVI)이 제안한 글로벌 백신 공급 메커니즘이다.

　　코로나19 백신은 신속하고 안전한 수송과 유통이 중요한데 예를 들어 화이자(Pfizer)의 코로나19 백신인 코미나티주는 mRNA백신 플랫폼을 활용해 개발되었는데 제조기간이 짧아 단기간 내에 대량생산이 가능하나 RNA분해효소(RNase)에 의해 주성분인 RNA[8]가 쉽게 분해되어 안정성이 낮아 영하 75도 이하에서 보관되고 운송되는 냉동콜드체인이 필요하다. 코로나19 백신의 안전한 수송과 실제 백신 도입 시 시행착오 등을 최소화하기 위해 식품의약품안전처, 질병청 및 국방부가 함께 합동 모의 훈련을 진행하기도 하였다.

　　안전하게 수송된 백신은 각 지역에 공급되었고 각 지자체마다 접종 계획을 수립하고 있다. 경기도는 도와 31개 시군에 예방접종추진단과 지역협의체를 구성하고 행정구당 1곳씩 총 42개소의 접종센터를 설치할 계획이다(뉴스큐브 2021.2.10.). 예방접종센터 설치 전에 접종센터 설치·운영의 적절성을 검토하고 미흡사항 보완으로 차질 없는 센터 개소 추진을 위해 경기도, 시군, 한국전력공사, 한국전기안전공사, 시도 소방본부, 지방경찰청 등과 합동점검을 실시하고, 방역지침과 백신보존기준에 따라 입·출구 분리 여부, 초저온백신보관 냉동고 설치 및 작동, 자가발전시설, 냉난방시설 등의 기준 준수 여부를 점검한다(경기도 보도자료 2021.3.30.). 코로나19 예방접종 대응 추진단은 4월 2일 기준으로 신규 1차 접종자는 36,125명으로 총 914,069명[9]이 1차 접종을 받았고, 2차 신규 접종자는 6,881명으로, 총 19,855명이 2차 접종까지 완료하였다(질병관리청 보도참고자료 2021.4.2).

8　　RNA(Ribonucleic acid): 유전자 정보를 매개, 유전자 발현 조절 등의 역할을 하는 세포의 핵 속에 있는 두 종류의 핵산 중 하나이다.

9　　아스트라제네카 백신 834,226명, 화이자 백신 79,843명이다.

표 2-7 코로나19 예방접종 현황(4월 2일 0시 기준, 단위: 명)

구분	전일 누계(A)*	신규 접종자(B)	누적 접종자(A+B)
1차 접종자	877,944	36,125	914,069
2차 접종자	12,974	6,881	19,855

출처: 질병관리청 보도참고자료(2021.4.2.).

    그러나 2020년 4월 기준 한국의 코로나19 백신 접종 현황을 다른
국가와 비교해보면 상당히 백신 접종률이 낮은 수준임을 알 수 있다.
코로나19 백신은 개발, 확보, 수입, 운송 및 접종까지 광범위한 거버넌
스 협력이 필요하며 모든 주체가 적극적이며 유기적으로 연계될 때 빠
른 시간 내에 70% 이상의 접종률을 달성할 수 있을 것으로 보인다.

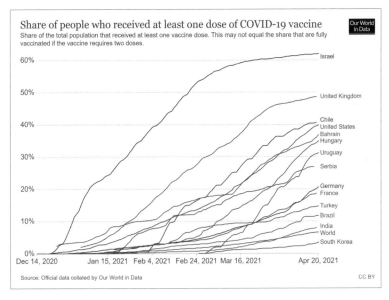

그림 2-8 코로나19 백신 접종 현황

출처: Our World in Data, (COVID-19) Vaccinations (접속일 : 2021.4.22.).

IV. 코로나19 대응의 이슈와 평가

1. 인력 부족과 임시대응 체계

코로나19 대응을 방역 관점에서 평가하면 한국은 'K-방역'으로 회자될 만큼 성공적이었다고 평가받는다. 2장에서 살펴본 것과 같이 4가지 요인이 주요하게 작용했다. 첫째, 밀접 접촉자 분류 시간을 단축한 '역학조사지원시스템' 개발과 활용을 통해 신속하고 체계적인 역학조사가 가능했다. 둘째, 국내 바이오 기업의 역량으로 PCR진단키트 개발이 이루어져서 하루에 검사를 받을 수 있는 양은 급격하게 늘었고 진단검사 시간도 6시간 이내로 줄었다. 셋째, 긴급사용승인제도 등 능동적이고 유연한 지침과 제도가 중요한 역할을 했다. 마지막으로 국민의 사회적 거리두기의 적극적인 동참으로 코로나19 확산을 어느 정도 막을 수 있었다.

그러나 성공적이라고 평가할 수 있는 K-방역의 결과는 오히려 백신 수급과 접종의 어려움으로 작용하고 있다. 백신 수급과 접종이 늦어지고 있는 가운데 코로나19 대응을 위해 다음과 같은 질문을 제시해볼 수 있다. 백신 수급이 늦어지는 상황에서 코로나19를 지금과 같은 방역 시스템으로 계속 버틸 수 있는지 여부이다. 현재의 방역 시스템은 임시적으로 보건의료 및 방역 인력이 비상 상황에 대비하는 형태로 운영되고 있다. 그런데 비상 상황이 장기화되면서 코로나19를 대응하고 있는 의료기관, 보건소, 방역 대응 인력 모두 한계에 직면하고 있다. 특히, 환자의 발생 규모와 속도에 비해 역학조사 인력 확충이 지연되어 방역 역량에 한계가 발생하고 있다. 2015년 메르스 유행 이후 정부의 신종 감염병에 대한 효과적인 대응을 위해 「감염병의 예방 및 관

리에 관한 법률(약칭: 감염병예방법)」을 개정하였고 이 중 역학조사관
수 확충 등이 포함되어 있었다. 특히, 역학조사관 수의 확충, 재량권 강
화 및 감염병 관련 정보 수집 등의 개정된 조항은 코로나19를 대응하
는 데 기반이 되었다(윤기웅·공동성 2020).

표 2-8 역학조사관 관련 「감염병예방법」 개정 현황

시행일	내용
2010.12.30.	제60조의2(역학조사관) 감염병 역학조사에 관한 사무를 처리하기 위하여 보건복지부 또는 시·도에 역학조사관을 둘 수 있다.
2016.1.7.	제60조의2(역학조사관) ① 감염병 역학조사에 관한 사무를 처리하기 위하여 보건복지부 소속 공무원으로 30명 이상, 시·도 소속 공무원으로 각각 2명 이상의 역학조사관을 둔다. 다만, 시·도지사는 역학조사에 관한 사무를 처리하기 위하여 필요한 경우 시·군·구에도 역학조사관을 둘 수 있다.
2020.9.5.	제60조의2(역학조사관) ① 감염병 역학조사에 관한 사무를 처리하기 위하여 보건복지부 소속 공무원으로 100명 이상, 시·도 소속 공무원으로 각각 2명 이상의 역학조사관을 두어야 한다. 이 경우 시·도 역학조사관 중 1명 이상은 「의료법」 제2조제1항에 따른 의료인 중 의사로 임명하여야 한다. ② 시장·군수·구청장은 역학조사에 관한 사무를 처리하기 위하여 필요한 경우 소속 공무원으로 역학조사관을 둘 수 있다. 다만, 인구수 등을 고려하여 보건복지부령(10만명 이상 시·군·구)으로 정하는 기준을 충족하는 시·군·구의 장은 소속 공무원으로 1명 이상의 역학조사관을 두어야 한다.

출처: 국가법령정보센터.

역학조사관은 2017년 81명(중앙 32명, 시도 49명)에서 2020년 총
325명(중앙 102명, 시·도 62명, 시·군·구 161명)으로 인력이 확충되고
있지만 현재 역학조사관의 인원으로는 해당 업무를 수행하기에 제약
이 있다(질병관리청 2021.1.25; 김동택 외 2020). 또한, 지역별 방역을
담당하고 있는 보건소도 한계 상황에 직면하고 있다. 한정된 보건소 인
력으로 지역 내 선별검사, 환자 이송, 역학조사, 대상자 모니터링 등을

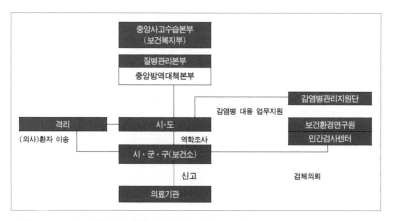

그림 2-9 코로나19 대응을 위한 중앙과 지자체 기관별 역할

출처: 중앙방역대책본부·중앙사고수습본부(2020.3.2), 코로바이러스감염증-19 대응 지침(지자체용), p.4.

담당하고 있기 때문에 이에 대한 효율적 업무 분담이 필요하다. 코로나 19에 대응하는 현재의 임시적이고 긴급한 대응 체계를 상시적 시스템으로 전환될 수 있도록 전략을 수립해야 한다. 방역과 의료 인력의 헌신에 기대는 것이 아니라 이제는 체계화된 시스템 안에서 코로나19에 대응해야 한다.

2. 일상적 방역문화 정착을 위한 생활방역 전략 수립

이와 함께, 장기적으로 코로나19와 유사한 팬데믹에 대응하기 위해 우리가 갖추어야 하는 것은 무엇일까? 일상적 방역문화 정착을 위한 생활방역 전략 수립이다. WHO는 2018년도 '연구 개발 계획에 따라 우선순위가 지정된 질병에 대한 연간 검토' 문건에서 Disease X를 정의하였다. Disease X란 미래의 대유행이나 치명적인 감염을 일으킬 수 있는 잠재력을 가지는 질병을 말한다(WHO 2018). 코로나19 이후에도 언제든지 효과적인 치료제나 백신이 없는 Disease X가 나타날 수 있다. 이럴 경우, 우리가 할 수 있는 최선은 치료제와 백신이 개발되기 전까지 일상적 방역을 체계적으로 해나가는 것이다. 이번 코로나19를 통해 시민들의 행동 양식이 개선되고 개인위생의 습관이 변화되었다. 코로나19 초기에는 소금물이나 고농도 알코올 등이 코로나바이러스를 죽일 수 있다는 가짜 뉴스 등이 있었지만 국내뿐만 아니라 전 세계적으로 적극 대응하여 이제는 생활 속에서 방역문화가 정착을 하고 있다. 향후에는 과학적 근거에 따른 체계화된 모니터링 시스템을 구축해야 한다. 현재는 지자체와 직장 단위에서 일부 방역 모니터링을 하고 있지만 향후에는 자동화된 기술을 통해 일상생활에 지장이 없도록 생활 방역을 모니터링해야 할 수도 있다. 그리고 자동화된 기술은 도입 전에 프라이버시를 침해하지 않으면서 생활방역을 위한 의미 있는 데이터가 수집되는지 충분한 확인이 필요할 것으로 판단된다.

V. 맺음말

국내는 코로나19 확산 이후 중앙정부와 지자체 간 협력체계를 구축하고 범정부 차원의 대응에 나섰다. 경찰청과 법무부는 관련 정보시스템을 활용하여 밀접접촉자를 파악하였고 국토교통부와 문화체육관광부는 항공사와 여행업계 등 기업과의 소통 및 협조를 지원하였다. 교육부는 대학교 및 지자체와의 협력체계를 구축하여 유학생 정보를 공유하고 방역에 대응하였다. 이와 함께, 코로나19 치료제 및 백신 개발을 위해서 정부는 학계, 산업계 및 연구계와 협력하여 긴급 연구 등을 지원하기도 하였다. 또한, 시민사회는 사회적 거리두기와 마스크 착용 등의 방역 지침을 자발적이고 적극적으로 준수하였다. 이와 같이, 효과적이고 효율적으로 팬데믹에 대응하기 위해서는 중앙 및 지방 정부뿐만 아니라 광범위한 협력적 거버넌스가 위기 대응의 핵심이라고 판단된다. 이와 함께, 이제는 임시적이고 긴급한 대응에서 체계적이고 시스템적인 대응 차원으로 발전해야 한다고 생각한다.

본 연구는 세 가지 주의해야 할 점이 있다. 첫째, 코로나19는 계속 진행 중으로 현재까지의 평가가 이후에는 전혀 다르게 평가될 수도 있다. 한국 사례에서도 보듯이 K-방역의 성공은 이후 백신 수급과 접종의 어려움으로 상황의 국면이 전환되었다. 둘째, 코로나19를 대응하는 거버넌스 체계도 빠르게 변화되고 있어서 본 연구에서 모든 변화를 다 담아내지는 못하였다. 질병관리본부가 질병관리청으로 승격된 것은 본 글에서 다루었지만 2021년에 청와대 방역기획관 신설은 다루지 않았다. 방역기획관은 전문가 사이에서도 엇갈린 평가가 있고 본 글에서도 역시나 이 제도 변화에 대해 객관적으로 평가할 수 있는 자료는 부재하다. 따라서, 이에 대한 평가는 추후 다른 연구들을 통해 제시되어야 할 것이다. 셋째, 주장을 근거할 수 있는 데이터가 부족하다. 코로나19 대응이라는 현안이 워낙 크고 이에 대한 대책 수립에 우선순위가 있다 보니 다수의 데이터가 유실되거나 기록되지 못하고 있다. 예를 들어, 중환자실의 수가 정부에서 발표하는 정보와 의료진이 실시간으로 공유하는 정보가 일치하지 않는다는 내용은 신문기사를 통해 추정할 수만 있을 뿐 객관적인 자료가 없기 때문에 이와 같은 내용을 주장하기는 다소 힘들다. 따라서, 이제는 코로나 대응과 함께 코로나19 대응과 관련된 전반적 데이터를 수집, 구축하여 최대한 개방할 필요가 있다.

참고문헌

경기도 보도자료(2021.3.30.). "도, 4월 75세 이상 노인 등 백신 접종 준비 중. 75만6,650명
　　　대상."

관계부처 합동 보도자료(2020.4.24.). "코로나19 치료제·백신개발 범정부 지원단 본격 가동."

관계부처 합동 보도참고자료(2021.2.4.). "코로나19 확진용 유전자진단시약 긴급사용 종료."

국가법령정보센터 https://www.law.go.kr/

국가트라우마센터(2020.2.). "신종 코로나바이러스 심리지원 가이드라인."

김동택·공석기·이성훈·이경신·장선화·오승민·이지윤·유하은·김수미·김경민. 2020.
　　　"민주적 거버넌스 관점에서 본 한국의 코로나-19 대응체계의 특징." 연구보고서, 1-168.

김윤. 2016. "메르스 사태 이후 보건의료개혁의 성과와 과제." *Journal of the Korean Medical
　　　Association* 59(9): 668.

뉴스큐브(2021.02.10.). "경기도-의료단체, 코로나19 백신접종 거버넌스 협력." https://www.
　　　newscube.kr/news/articleView.html?idxno=32231 (접속일: 2021.3.30.)

대구광역시 코로나현황. http://covid19.daegu.go.kr/index.html (접속일: 2021.3.30.)

박미정. 2020. "코로나19 추적 조사와 프라이버시(1)." 『BRIC View 동향리포트』.

박재희. 2020. "감염병 재난대응에서 지방정부의 역할과 제도 개선." 『월간 공공정책』 175: 16-
　　　18.

배재현. 2016. "메르스 사태로 본 국가재난대응체계의 문제점 및 개선방안: 중대본·중수본
　　　운영체계를 중심으로." 『국정관리연구』 11(3): 27-54.

보건복지부 보도참고자료(2021.3.24.). "10명 중 7명은 코로나19 백신 접종 의향."

보건복지부(2020.12.6.). "코로나바이러스감염증-19 중앙재난안전대책본부 정례브리핑."

부처합동 보도자료(2021.2.3.). "코백스-화이자 코로나19 백신 특례수입 승인."

생명공학정책연구센터(2020.12.15.). "국내·외 코로나19 백신개발 현황."

_____. (2020.5.28.). "Nature Index 한국판, 코로나19 진단키트 만든 한국 연구역량을 집중
　　　조명."

손웅비·박윤환. 2020. "코로나19 사태로 본 지방자치단체의 위기관리와 리더십: 경기도를
　　　중심으로." 『GRI 연구논총』 22(2): 1-25.

손헌일 외. 2020. "코로나19 극복을 위한 부산시 정책 대응."

식품의약품안전처 보도자료(2020.9.15.). "국내 코로나19 진단시약 승인·허가 진행 상황."

연합뉴스(2020.4.10.). "10분내 확진자 동선추적...외신 50곳이 궁금해 한 한국의 역학조사."

유명순. 2020. "재난심리와 사회적 위험 인식으로 본 코로나19 4개월."

윤강재. 2020. "코로나19 유행 상황에서의 한국보건의료체계의 변화와 과제." 『보건복지포럼』
　　　290: 34-49.

윤기웅·공동성. 2020. "코로나19 대응 거버넌스의 성공 요인에 관한 탐색적 연구: 성과중심적
　　　거버넌스 모형을 활용하여." 『한국행정논집』 32(3): 535-570.

윤필환. 2021. "우리나라 역학조사관 현황 및 문제점." 대한민국시도지사협의회

자치행정연구부. https://bit.ly/3kGsSMU (접속일: 2021.03.03.)

의학신문(2021.1.4.). "정부, 코로나19 대응 '감염병 전담병원' 59곳 운영중."

이명화 외. 2020. "한국의 코로나19 대응 현황과 주요 동인."『기타연구』, 과학기술정책연구원. 1-89.

이준 외. 2020.『한국의 코로나19 대응보고서』. 한국교통연구원.

이진규. 2020. "감염병예방법의 정보공개 규정 살펴보기." 한국인터넷진흥원.

중앙방역대책본부 환자관리팀(2020.10.7.). "확진환자의 이동경로 등 정보공개 지침."

질병관리본부. 2020. "입국자를 위한 격리 주의사항." https://bit.ly/3m1bF0G

질병관리청 보도참고자료(2020.9.14.). "감염병 대응체계 획기적 강화, 질병관리청 개청."

_____. (2021.4.2.). "코로나19 국내 발생 및 예방접종 현황(정례브리핑)."

청년의사(2020.3.30.). "동선 추적만 하는 역학조사관에 누가 지원하겠나." https://bit. ly/322VfMu (접속일: 2021.2.3.)

코로나19 예방접종 사이트 https://bit.ly/2PQUJyz (접속일: 2020.3.12.)

코로나바이러스감염증-19 홈페이지 http://ncov.mohw.go.kr/ (접속일: 2020.5.3.)

탁상우 외. 2020. "COVID-19: 대한민국의 보건정책과 보건의료체계 관점에서 대응 경험." 한국국제협력단.

하민지. 2020. "감염병 재난 대응을 위한 지방자치단체의 과제."『경남발전』150: 66-77.

한국보건산업진흥원. 2020. "코로나19 치료제/백신 개발현황과 공급(의약품접근) 관련 쟁점 분석."『보건산업브리프』308.

한국전자통신연구원. 2020. "감염병 재난에 대응하기 위한 의료 인공지능의 기술 표준 동향." 『ETRI Insight』2020-01, 한국전자통신연구원.

COVID-19 Response https://bit.ly/3e856rs (접속일: 2021.4.23.)

Imperial College London. 2020. The global impact of COVID-19 and strategies for mitigation and sup-pression

Our World in Data 홈페이지 https://ourworldindata.org/ (접속일: 2021.4.22.)

Our World in Data, (COVID-19) Vaccinations. https://bit.ly/3guM3sP (접속일: 2021.4.22.)

Scientific American(2020.6.1.). Psychological Trauma Is the Next Crisis for Coronavirus Health Workers. https://bit.ly/3c7Pbou

The government of the Republic of Korea(2020.4). Flattening the curve on COVID 19.

WHO. 2018. 2018 Annual review of diseases prioritized under the Research and Development Blueprint.

제3장 코로나19와 한국의 보건안보 거버넌스

오일석(국가안보전략연구원)

I. 서론

중국에서 발생한 코로나19 바이러스(이하 '코로나19'라 함)가 세계적으로 확산되었고 우리나라는 2020년 1월 20일 첫 확진환자가 발생하였다. 코로나19가 세계적으로 대유행(Pandemic)함에 따라 각국 정부는 국경 봉쇄, 여행 제한, 격리, 재택근무 등을 통해 그 확산을 방지하고 백신 개발과 접종을 통해 코로나19를 극복하고자 노력하고 있다. 우리 정부도 코로나19의 유입을 차단하고 확산 방지를 위해 노력하고 있으며 사회적 거리두기와 백신 접종을 통해 코로나19 극복을 위해 노력하고 있다. 특히 우리 정부는 확진자 유입 차단, 동선 파악과 추적, 철저한 격리와 조속한 검사는 물론 적극적인 치료를 통해 지역사회에 전파된 코로나19를 성공적으로 통제하고 있는바 각국으로부터 모범 사례로 인정받고 있다.

그러나 우리의 코로나19 대응은 기본적으로 재난 안전 관리에 기초하고 있다. 즉 「재난 및 안전관리 기본법」과 「감염병 예방 및 관리에 관한 법률」을 연계하여 공중보건을 담당하는 보건복지부와 질병관리청을 중심으로 감염병에 대응하고 있다. 그러나 재난 및 안전 관리는 주로 자연재난과 사회적 참사와 같은 사고에 대응하기 위한 것이다. 코로나19와 같은 신종 감염병은 일회적 사고가 아닌 지속성을 가지고 있으며 재해나 사고 지역의 문제가 아닌 전국적 또는 전 세계적 문제이다. 또한 기본적으로 이동을 제한할 필요가 없는 자연재난이나 사고와 달리 신종 감염병은 국민들의 이동을 제한하고 접촉을 차단하여야 한다. 자연재난이나 사고는 인력과 장비를 동원하여 복구하면 되지만 코로나19와 같은 신종 감염병은 집단 면역력이 형성되어야 종식된다는 점에서 다르다.

나아가 코로나19와 같은 신종 감염병은 군사력 약화를 초래하고, 국가 경제에 심각한 손실을 발생시키며, 사회와 정부에 혼란을 야기하여 국가안보를 위협하고 있다. 코로나19가 미 항모 루즈벨트호에 확산됨에 따라 미 해군은 2020년 4월 1일 승조원 4,800명 가운데 필수인원 1,000명을 제외한 인원을 괌의 호텔에 격리시켰다. 코로나19가 항모전단의 작전을 중지시킨 것이다. 프랑스의 샤를 드골 항모전단도 승조원의 거의 절반이 코로나19에 감염됨에 따라 작전을 중단하고 귀항하였다. 한편 우리의 경우에도 코로나19의 확산으로 한미연합훈련도 취소하였고 군부대의 확진자 증가로 격리 초지 등을 시행함에 따라 1개 사단 규모의 병력 운영에 차질이 발생하였다. 코로나19로 인한 경제 및 생산 활동의 감소는 경제 전망에 대한 불확실성을 고조시켜 투자를 감소시키고, 유가와 주식시장을 폭락시키며 환율을 급등시키는 등 해당 국가의 거시경제 지표를 심각하게 악화시켰다. 신종 감염병에 따른 안보 위협은 대응을 위한 백신이 개발되어 접종되고 있음에도 불안감을 가중시키고 있다.

코로나19 대응 초기에 우한 교민의 이송, 마스크 대란, 격리자의 동선 공개, 집합 금지 명령 발동, 긴급재난지원금 등과 관련된 사회적 논의와 갈등은 신종 감염병 대응을 재난관리나 안전관리 차원에서 접근하였기 때문으로 보인다. 신종 감염병 대응을 국가안보적 관점에서 접근하였다면, 재외국민 보호를 위한 수송 작전의 진행, 방역물자에 대한 생산명령, 특정 개인정보의 제한 등 보다 강력하고 신속한 대응을 추진할 수도 있었을 것이다.

결국 4차 산업혁명과 지구화 4.0으로 일컬어지는 글로벌네트워크 체제 내에서 새로운 안보 위협으로 등장하고 있는 신종 감염병에 적극적으로 대응하기 위해서는 재난관리나 안전관리 측면이 아니라 국가안보적 관점에서 보건안보에 관한 개념을 정립하고 필요한 정책과 제도적 방안의 개선을 모색하여야 한다. 이하에서는 코로나19와 같은 신종 감염병을 재난관리가 아닌 국가안보 차원에서 대응하기 위한 거버넌스 구축과 입법적 대선 사항을 모색해 보고자 한다.

II. 재난 및 안전관리에 기초한 코로나19 대응

1. 안전과 안보

국가는 자연재난이나 사회재난 등을 안전과 위기관리 차원에서 대응하여 왔다. 안전에 대한 개념은 시대에 따라 달라질 수 있는데, 현대 사회에서의 안전에는 전통적인 안전 개념인 생명과 신체에 대한 안전만이 아니라 사회적인 안전 및 생태계적 안전도 포함된다(홍완식 2013, 229). 영미권에서의 안전은 Safety를 말하며, 물리적, 사회적, 정신적, 재정적, 정치적, 감성적, 직업적, 심리적, 교육적 또는 모든 형태의 실패, 피해, 실수, 사고, 손해 및 기타 바람직하지 않는 것으로 여겨지는 모든 것으로부터 보호되는 상태를 말한다(홍완식 2013, 230). 결국 안전은 '재해예방'과 '국민보호'를 통해 국민생활위기와 재난위기 등 국민위기로부터 보호되는 상태라고 할 수 있다.

한편 현대적 위험은 군사적, 비군사적 영역 모두에서 발생할 수 있으며 세계화와 정보화의 영향으로 인하여 변화의 템포가 빠르고 예측이 곤란하다(허태회·이희훈 2013, 113-130). 현대적 위험은 과학기술의 발전이 전혀 의도하지 않았던 위험으로서, 그 위험의 결과를 즉시 알 수 없는 경우가 대부분이고 원인규명도 명확하게 할 수 없는 경우가 대부분이다(김영호 1999, 168-169). 이러한 현대적 위험의 동시성과 다발성, 비예측성 및 전파성과 같은 특징은 국민 개인의 삶을 위협함은 물론 사회의 안녕과 국가의 존립에도 영향을 미치고 있다.

시민의식의 확대에 따라 현대 국가들이 복지국가를 지향하면서 국가의 책임과 역할은 경제발전과 안보역할에만 그치는 것이 아니라 사회복지와 환경, 인권 등에까지 확대되고 있다(길병옥·허태희 2003, 341-345). 이러한 국가의 책임과 역할을 수행함에 있어 국가는 현대적 위험 상황에 더욱 노출되게 된다. 이와 같이 현대적 위험이 국가에 대해 미치는 위험 상황을 국가위기로 정의할 수 있으며, 이는 일반적으로 국가의 주권, 정치, 경제, 사회, 문화 체계 등 국가를 구성하는 핵심요소나 가치에 중대한 위해가 가해질 수 있거나 가해지고 있는 상태를 의미한다(이희훈 2008, 91).

국가위기는 국가를 구성하는 핵심요소와 국가 운영에 필수적인 요소에 대한 현대적 위험의 발생이나 발생 가능성을 포함하는 것이다(허태희·이희훈 2013, 124). 국가주권 또는 국가를 구성하는 정치·경제·사회·문화 체계 등 국가의 핵심요소나 가치, 다수 국민의 생명과 안전 등에 중대한 위해가 가해질 가능성이 있거나 가해지고 있는 상황을 '국가위기상황'이라 한다(헌법재판소 2017, 50). 국가위기에는 군사적 위협과 같은 전통적 안보 위기뿐만 아니라, 자연재난이나 사회재난 등으로 인한 안보 위기 역시 포함되며, 현대 국가에서는 후자의 중요성이 점점 더 커지고 있다(헌법재판소 2017, 50). 즉 세계화와 정보화로 인하여 새롭게 등장한 현대적 위험이 가지는 동시성과 다발성, 비예측성 및 전파성에 따라 발생하는 국가위기에 대응하기 위하여 자연재난이나 사회재난과 같은 안전의 문제가 안보의 영역으로 편입되고 있다.

이와 같이 안전의 안보로의 편입은 우리의 국가안보전략을 통하여도 확인할 수 있다. 문재인 정부가 2018년 발표한 "국가안보전략"은 "에너지·환경·보건 등 비군사적 분야에서 대규모 자연재난·감염병·마약밀매·난민 문제 등도 중요한 이슈로 부각되고 있다. 이러한 문제는 국제적인 규모로 발생하고 전 세계적으로 급속히 확산되고 있어 국제적 공동대처와 아울러 국내적으로도 종합적인 대응이 요구되고 있다."고 하여 안전의 문제를 안보의 문제로 편입하여 인식하고 있다(국가안보실 2018, 14-15). 따라서 동 전략은 "지진 등 대규모 자연재난, 감염병, 마약 및 난민 문제 등 새로운 안보위협으로부터 우리도 더 이상 자유롭지 못함에 따라 대내적으로 대응역량을 강화할 필요가 있다."고 하였다(국가안보실 2018, 16). 이러한 인식하에 동 전략은 안전의 안보로의 편입을 명확하게 인정하고 있다, 즉 동 전략은 "안보의 개념이 국민의 생명과 안전을 보호하는 개인적 수준으로까지 확장되는 시대적 흐름에 따라 정부는 국민의 안전을 확보하고 권익을 보호하는 일 역시 국가의 기본적인 임무로 규정하였다."(국가안보실 2018, 16)고 밝히고 있다.

안전이 안보로 편입되는 것은 국가적 임무 수행에도 부합된다. 국가는 국민의 생명, 신체의 안전을 보호할 의무를 부담하며(헌법재판소 2009) 국가의 독립, 영토의 보전, 헌법과 법률의 기능, 헌법에 의하여 설치된 국가기관의 유지 등의 의무를 부담하기 때문이다(헌법재판소 1992). 안전이 편입된 안보는 국가위기에 대응하여 국민, 영토, 주권 등의 핵심요소를 보호하고 국가의 가치와 핵심 이익을 보호하며 이를 운영하기 위한 국가핵심시설의 작동을 담보하여 국가의 기능을 유지하고 국민을 보호하는 국가적 활동이라 할 것이다.

이와 같은 안보 개념 하에서 국민 생활의 위기와 재난에 대한 부분인 안전의 문제가 영토와 주권의 수호를 방해하고 국가기능의 유지와 확보를 위협하는 것으로 확대되는 경우 안보의 문제가 될 수 있다. 국가는 신종 감염병의 세계적 확산으로 인하여 인접 국가의 침입이나 외교적 마찰로 영토와 주권의 수호가 곤란하게 되거나 신종 감염병의 확산으로 우리 국민들의 생명, 신체 및 재산에 심각한 위협이 발생하거나, 국가기능을 유지하는 것이 현저히 곤란한 경우 신종 감염병 대응을 재난이나 안전관리의 문제가 아닌 안보의 문제로 대응하여야 한다.

2. 안전관리 체계에 따른 코로나19 대응

1) 재난안전관리에 따른 감염병 관리체계

우리나라는 코로나19와 같은 감염병을 재난관리, 즉 안전의 문제로 인식하여 재난 및 안전관리의 하위 차원에서 대응하고 있다. 즉 「재난 및 안전관리 기본법」과 「감염병 예방 및 관리에 관한 법률」을 연계하여 공중보건을 담당하는 보건복지부와 질병관리청을 중심으로 감염병에 대응하고 있다.

　한편 「재난 및 안전관리 기본법」은 '재난'을 국민의 생명·신체·재산과 국가에 피해를 주거나 줄 수 있는 것으로서 정의하고 자연적 재난과 사회적 재난으로 구분하고 있다.[1] 여기서 사회적 재난이라 함은 화재·붕괴·폭발·교통사고(항공사고 및 해상사고를 포함한다)·화생방사고·환경오염사고 등으로 인하여 발생하는 대통령령으로 정하는 규모 이상의 피해와 국가핵심기반의 마비, 「감염병의 예방 및 관리에 관한 법률」에 따른 감염병 또는 「가축전염병예방법」에 따른 가축전염병

---

1   「재난 및 안전관리 기본법」 제3조 제1호.

의 확산, 「미세먼지 저감 및 관리에 관한 특별법」에 따른 미세먼지 등으로 인한 피해 등을 말한다.[2] 「재난 및 안전관리 기본법」은 행정안전부 장관으로 하여금 국가 및 지방자치단체가 행하는 재난 및 안전관리 업무를 총괄·조정하도록 하고 있다.[3]

　따라서 코로나19와 같은 신종 감염병 대응에 있어서도 「재난 및 안전관리 기본법」과 연계된 「감염병의 예방 및 관리에 관한 법률」에 근거하여 대응하고 있다. 이 법은 국민 건강에 위해(危害)가 되는 감염병의 발생과 유행을 방지하고, 그 예방 및 관리를 위하여 필요한 사항을 규정함으로써 국민 건강의 증진 및 유지에 이바지함을 목적으로 하고 있다. 또한 이 법은 감염병에 대하여 제1급감염병, 제2급감염병, 제3급감염병, 제4급감염병, 기생충감염병, 세계보건기구 감시대상 감염병, 생물테러감염병, 성매개감염병, 인수(人獸)공통감염병 및 의료관련 감염병을 말하는 것으로 규정하고 있다.

　「감염병 예방 및 관리에 관한 법률」 제7조 제1항에 따라 질병관리청장은 보건복지부 장관과 협의하여 감염병의 예방 및 관리에 관한 기본계획을 5년마다 수립·시행하여야 한다. 한편 정부는 제1차 감염병 예방관리 기본계획(2013~2017)이 만료되어 '제2차 감염병 예방관리 기본계획(2018~2022)'을 수립하였다. 제2차 기본계획은 감염병 예방관리의 기본목표와 추진방향 등을 제시하여, 국가 및 지방자치단체의 체계적인 방역 활동과 연계를 강화하기 위하여 수립되었다(보건복지부·질병관리청 2018, 1). 이 기본계획은 ① 감염병 대응 대비체계 강화, ② 원헬스(one health) 협력체계 구축, ③ 감염병 예방관리 대책 강화, ④ 감염병 대응 기술혁신 플랫폼 구축, ⑤ 감염병 대응 대비 인프라

2　「재난 및 안전관리 기본법」 제3조 제1호 나목.
3　「재난 및 안전관리 기본법」 제6조.

강화 등을 주요 정책과제로 제시하였다(보건복지부·질병관리청 2018, 13).

동법 제34조 제1항에 따라 보건복지부 장관 및 질병관리청장은 감염병의 확산 또는 해외 신종감염병의 국내 유입으로 인한 재난상황에 대처하기 위하여 위원회의 심의를 거쳐 감염병 위기관리대책을 수립·시행하여야 한다. 한편 「재난 및 안전관리 기본법」 제34조의 5에 따라 재난관리책임기관의 장은 재난을 효율적으로 관리하기 위하여 재난유형에 따라 위기관리 매뉴얼을 작성·운용하여야 하며, 이 경우 재난대응활동계획과 위기관리 매뉴얼이 서로 연계되도록 하여야 한다. 동법에 따라 감염병 재난관리 업무에 대하여는 보건복지부 장관 및 질병관리청장이 재난관리 주관기관의 역할을 수행하고 있다.

이에 따라 보건복지부 장관 및 질병관리청장은 〈감염병 재난 위기관리 표준매뉴얼〉을 작성하여 감염병의 확산으로 인해 공중보건위기 발생이 예상되거나 발생한 경우에 대한 범정부적 위기관리(예방-대비-대응-복구) 체계 및 기관별 활동 방향을 규정하고 있다. 감염병 위기관리는 해외 신종감염병이 공항·항만 등을 통해 국내 유입·확산되는 경우 또는 국내에서 원인 불명·재출현 감염병이 발생·확산되는 경우, 기타 위기 유형에 준하는 사항으로서 자체 위기평가회의에서 국가감염병 위기 대응이 필요하다고 판단되는 경우에 작동한다(보건복지부 2019, 3).

보건복지부(질병관리청)은 감염병의 발생 및 유행으로 인한 위기 징후를 포착하거나 위기 발생이 예상되는 경우 위기평가회의를 시행한다. 위기평가회의에는 질병관리청 긴급상황센터장(의장), 질병관리청 관련센터장, 기획조정과장, 위기대응생물테러총괄과장, 위기분석국제협력과장, 위기소통담당관, 보건복지부 질병정책과장 및 관련 전문가 등이 참석한다. 필요한 경우 민간전문가 및 관련 단체 대표자(의사협회, 병원협회, 간호협회등) 등을 추가 소집하여 참석 범위를 탄력적으로 조정할 수 있다. 위기평가는 상황의 심각성, 시급성, 확대 가능성, 전개 속도, 지속 기간, 파급 효과, 국내외 여론, 정부의 대응 능력 등을 종합적으로 고려하여 실시하여야 한다(보건복지부 2019, 19-20).

　　보건복지부 장관은 위기평가회의 결과에 따라 위기경보를 발령하여야 한다. 감염병은 감염병의 종류, 유입 및 발생 상황, 대응 역량 등에 따라 전개 속도나 파급효과 등이 상이하므로, 상황에 따라 위 기준을 바탕으로 위기경보 단계를 탄력적으로 적용하여야 한다. 위기유형 가운데 '해외 신종 감염병'의 경우 비상단계를 (관심) 사전 대비단계, (주의) 중앙방역대책본부 대응단계, (경계) 중앙방역대책본부 및 중앙사고수습본부 합동대응단계, (심각) 범정부 총력 대응단계로 운영하고 있다. 보건복지부는 위기경보 발령 시 국가안보실 국가위기관리센터, 행정안전부(보건재난대응과, 중앙재난안전상황실)에 보고하고, 유관기관 등에 신속히 전파하여야 한다. 범정부 차원의 평가와 조치가 요구되는 "심각" 수준의 경보를 발령 또는 해제할 경우 국가안보실·대통령비서실 및 행정안전부와 사전 협의하여야 한다. 다만, 위급한 상황일 경우 선 조치 후 지체 없이 협의에 착수하여야 한다(보건복지부 2019, 21-23).

2) 관련 조직

보건복지부

보건복지부는 생활보호·자활지원·사회보장·아동·노인·장애인·보건위생·의정(醫政) 및 약정(藥政)에 관한 업무를 수행하고 있다. 의료정책 가운데 방역·검역 등 감염병에 관한 사무 및 각종 질병에 관한 조사·시험·연구에 관한 사무를 관장하기 위하여 보건복지부 장관 소속으로 질병관리청을 두고 있다.[4]

질병관리청

2020년 코로나19 확산에 따른 대응을 위해 2020년 8월 11일 「정부조직법」을 개정하여 질병관리본부가 중앙행정기관인 질병관리청으로 승격되었다.[5] 질병관리청의 기원은 1894년 고종의 칙령으로 설치된 위생국에서 찾을 수 있다. 그후 1935년 설립된 보건원 양성소를 모태로 하여, 1945년 해방 후 이들 기관은 조선방역연구소, 국립화학연구소 등으로 개칭되었다. 각각 독립기관으로 설립 운영되던 국립방역연구소, 국립화학연구소, 국립보건원, 국립생약시험소가 통합되어 1963년 12월 16일, 국립보건원으로 발족되었다.[6] 이후 2003년 사스 대응 경험을 통해 감염병 관리를 위한 전문운영체계 구축 필요성이 인식되어 2004년 국립보건원이 미국의 국립보건원과 질병예방통제센터의 복합 형태인 질병관리본부로 확대·개편되었다(보건복지부·국립보건원 2003).

　질병관리청은 2020년 9월 14일 공식 출범하였으며, 청장과 차장을 비롯하여 5국 3관 41과 총 1,476명으로 구성되었다. 또한 국립보건연구원과 국립감염병연구소, 질병대응센터, 국립결핵병원, 국립검역소 등을 소속기관으로 두게 되었다. 질병관리청은 감염병 대응 역량 강화를 위해 384명의 인력을 증원했으며 인사 및 예산의 독립적인 조직 운영으로 감염병 총괄기구로서 역할을 수행하게 되었다(이주원 2020).

4　「정부조직법」 제38조.
5　「정부조직법」(법률 제17472호, 2020. 8. 11, 일부개정, 2020. 9. 12 시행).
6　질병관리청 홈페이지. http://www.cdc.go.kr/contents.es?mid=a20804000000

질병관리청은 △감염병으로부터 국민보호 및 안전사회 구현, △효율적 만성질환 관리로 국민 질병부담 감소, △보건 의료 R&D 및 연구 인프라 강화로 질병 극복 등을 핵심사업으로 하고 있다.

3. 재난관리 향상을 위한 입법적 개선

코로나19 대응 과정에서 마스크 대란이 발생함에 따라 신종 감염병 관련 의약품과 장비에 대한 문제를 해결하고, 접촉자 추적 및 역학조사 역량 강화 필요성이 제기되었다. 이에 따라 2020년 3월 4일 감염병 대비 의약품·장비 등의 비축 및 관리에 관한 사항을 감염병의 예방 및 관리에 관한 기본계획에 포함하도록 하고, 감염병위기 시 대국민 정보공유의 중요성을 고려하여 감염병 환자의 이동경로 등의 정보공개 범위와 절차를 구체적으로 규정하는 개정이 이루어졌다. 아울러 감염병에 관한 강제처분 권한을 강화하고, 역학조사관 규모를 확대하는 등의 개정이 이루어졌다.[7]

이후 코로나19 확진자가 급격히 증가하는 상황이 발생하였고, 마스크 착용의 예방 효과가 입증되었으나 이를 강제할 방법이 없었으며 외국인 환자의 코로나19 치료를 국가가 무상으로 지원하는 것에 대한 반대의 목소리와 이로 인한 방역활동과 의료자원의 효율적 활용에 부담을 야기한다는 사회적 문제가 제기되었다. 이에 따라 2020년 8월 12일 환자의 전원(轉院) 및 의료기관 병상 등 시설의 동원에 관한 법적 근거를 마련하고, 집단감염 예방을 위해서는 마스크 착용 등 방역지침의 준수를 의무화하고 실효적 제재수단을 확보하는 한편, 해외에서 감

---

7   「감염병의 예방 및 관리에 관한 법률」(법률 제17067호, 2020. 3. 4, 일부개정, 2020. 9. 5. 시행).

염되어 입국하는 외국인에 대하여는 치료비 등을 부담시킬 근거를 규정하는 개정이 이루어졌다.[8]

또한 코로나19 집단 감염과 지역사회 감염이 확산됨에 따라 사회적 거리두기가 강화되면서 개인정보 수집과 활용 및 이에 따른 문제점이 사회적인 이슈가 되었다. 방역조치 준수 의무를 위반하여 예배를 강행한 교회와 영업을 지속하는 업체 등이 적발되었지만 실효성 있는 강제조치가 부재하다는 비판이 있었다. 아울러 사회적 거리두기 확산으로 경제적 어려움을 호소하는 자영업자가 늘어나면서 이들에 대한 신속한 구제 필요성이 제기되었다. 이에 따라 정부는 따라서 9월 29일 동법을 개정하여 실제 현장에서 감염병을 대응하고 있는 지방자치단체의 역량을 지원하기 위하여 지방자치단체의 장에게 감염병환자의 이동경로 등 정보공개 의무, 방역관에 대한 한시적 종사명령 권한, 관계 기관 등에 대한 감염병환자 등 및 의심자 관련 정보 제공 요청 권한을 부여하였다. 또한 감염병 대응 과정에서 개인정보를 보호하기 위하여 감염병환자의 정보공개 시 불필요한 정보의 제외·삭제 근거를 마련하고, 감염병 관련 업무 종사자가 업무상 취득한 정보를 업무 목적 외에 사용하는 것을 금지하였다. 감염병 예방을 위한 각종 방역 조치 준수의무의 실효성을 확보하기 위하여 감염병 의심자 격리에 필요한 이동수단 제한, 위치정보 수집, 감염 여부 검사 근거를 마련하였다. 그리고 감염병 예방 및 확산 방지를 위하여 소독조치 대상을 확대하고, 방역지침 준수 명령을 위반하여 운영하는 장소·시설에 대한 운영중단 명령 등의 근거를 마련하는 등 예방적 조치를 강화하였다. 또한 손실보상 대상자로서 경제적 어려움으로 자금의 긴급한 지원이 필요한 자에게 손실

---

8   「감염병의 예방 및 관리에 관한 법률」(법률 제17475호, 2020. 8. 12, 일부개정, 2020. 8. 12. 시행).

보상액의 일부를 우선 지급할 수 있는 근거를 마련하였다.[9]

한편 코로나19의 확산이 장기화되면서 의료인들의 피로도와 감염도 증가함에 따라 의료인 보호의 필요성이 제기되었다. 아울러 코로나19 장기화로 감염병 발생 신고의무 확대의 필요성도 제기되었다. 이에 정부는 동법을 개정하여 국가 및 지방자치단체의 감염병 예방·관리 업무 전문인력에 대한 보호 책무를 규정하고, 감염취약계층의 범위를 확대하며, 한시적 비대면 진료의 법적 근거와 감염병 예방·관리 업무에 조력한 약사에 대한 재정 지원 근거를 마련하였다.[10]

2020년 12월부터 세계적으로 코로나19 백신의 승인과 접종이 개시되고 우리나라도 2021년 3월부터 백신 접종에 들어감에 따라 개발 중인 백신의 도입을 위한 법적 근거를 마련할 필요성이 제기되었다. 또한 조직적이고 의도적인 방역조치 위반 사례가 지속적으로 적발됨에 따라 이에 대한 강력한 대처 필요성이 제기되었다. 이에 정부는 동법을 개정하여 조직적·계획적인 위반행위에 대한 가중처벌 근거를 마련하고, 개발 단계에 있는 백신이나 의약품의 구매·공급을 위한 계약 체결 근거를 마련하였다.[11]

4. 소결

코로나19와 같은 신종 감염병에 대한 대응을 재난이나 안전관리 차원

---

9   「감염병의 예방 및 관리에 관한 법률」(법률 제17491호, 2020. 9. 29, 일부개정, 2020. 9. 29. 시행).

10   「감염병의 예방 및 관리에 관한 법률」(법률 제17642호, 2020. 12. 15, 일부개정, 2021. 6. 16. 시행).

11   「감염병의 예방 및 관리에 관한 법률」(법률 제17920호, 2021. 3. 9, 일부개정, 2021. 3. 9. 시행).

에서 검역이나 방역을 중심으로 보건의료서비스를 담당하는 행정 위주로 전개되는 것은 일면 타당하다고 보인다. 그러나 신종 감염병으로 국가의 통제력이 약화되고 정치·사회적 불안정성이 증대하며 경제적 위협이 가중되는 경우에는 재난이나 안전을 담당하는 행정부처 위주로 대응하는 데 한계가 있다. 새로운 안보 위협인 신종 감염병에 대한 효율적인 대응은 방역과 검역을 수행하고 있는 보건당국은 물론 확진자 차단과 출입국 관리 및 동선 파악을 담당하는 법집행당국, 감염병 정보수집과 외국의 동향 파악을 위한 정보당국, 교민의 이송과 관련한 외교당국, 군부대 운영과 훈련 등과 관련한 국방부 등 전부처의 적극적인 활동과 유기적인 협력이 필요하다. 또한 신종 감염병으로 인한 경제적 지원을 위한 추경예산 편성 및 집행과 관련하여 국회의 역할 또한 필요한 사안이다.

신종 감염병은 군사력 약화를 초래하고, 국가 경제에 심각한 손실을 발생시키며, 사회와 정부에 혼란을 야기하여 국가안보를 위협하기 때문에 재난이나 안전관리 차원에서만 대응하는 것은 한계가 있다. 코로나19와 같은 신종 감염병은 안전의 문제가 안보로 편입된 대표적인 사례이다. 우리는 코로나19의 대응 과정에서 교민안전, 외국 정부 동향 및 국외 감염병 정보 수집과 분석, 군사력 유지, 군 의료인력 지원, 교민 수송, 외국 의료 지원 등의 필요성을 경험하였다. 즉 코로나19와 같은 신종 감염병은 안전의 문제가 안보의 문제에 편입되었기 때문에 일반 행정부처는 물론 외교부, 통일부, 국방부, 국가정보원 등 외교안보 기관들의 적극적인 협력과 대응이 필요하였다.

따라서 신종 감염병 대응을 재난이나 안전관리 측면에서 현재와 같이 국무총리를 본부장으로 하고 행정안전부 장관을 차장으로 하는 중앙재난안전대책본부를 중심으로 하는 것은 한계가 있다.[12] 국무총리는 국정의 최고 책임자가 아니며 국민으로부터 직접 민주적 정당성을 부여받은 것도 아니기 때문이다. 신종 감염병 대응은 보건안보의 문제로서 대통령이 직접 정치적 책임을 지고 전략을 수립하고 정책을 집행하여야 한다. 그러므로 대통령은 신종 감염병을 재난이나 안전관리 차원이 아닌 보건안보의 문제로 식별하고 외교부, 통일부, 국방부, 국가정보원 등 외교안보 기관들로 하여금 적극적으로 이에 대응하도록 하여야 한다. 대통령은 이들 외교안보 기관들이 보건복지부나 질병관리청 등 기존 보건당국과 긴밀히 협조할 수 있도록 보건안보 거버넌스 체계를 구축하여야 한다. 이를 위해서는 보건안보 개념을 정립하고 감염병에 대한 실질적이고 현실적인 대응을 수행하기 위한 거버넌스 체계를 구축함으로써 외교, 통일, 국방, 정보 등 국가안보 관련 기관이 적극적으로 활동할 수 있는 공간을 보장하여야 한다.

III. 안전관리에서 보건안보로의 전환

1. 감염병과 국가안보의 관계

감염병과 안보와의 관계에 대한 전통적인 시각은 군대 운용에 있어 질병에 대한 통제나 보건 환경의 개선에 관한 문제에 집중하였다. 즉 세계대전의 와중에 군사력 보호의 일환으로 황열병, 말라리아 등의 질병을 연구하기 시작한 것이다.

전통적으로 감염병이나 환경 문제 등은 국가안보의 문제로 인식

---

12   「재난 및 안전관리 기본법」 제14조 제4항.

되지 않았지만, 1980년대부터 이러한 새로운 안보 위협이 국가안보의 문제로 인식되기 시작하였다(Fidler and Gostin 2003, 787, 791-792). 1980년대부터 1990년 중반까지 환경문제, 질병의 확산, 인구문제, 난민, 민족주의, 테러 및 핵문제 등을 국가안보 문제로 확대하여 인식하기 시작한 것이다(Paris 2001, 97).

이후 냉전 해체와 정보통신기술의 발전으로 지구화가 진행되기 시작한 1990년대부터 공중보건과 국가안보 사이의 연관성이 주목되기 시작하였다. 이는 1) 개발도상국에서의 HIV/AIDS 대유행(pandemic)(UNAIDS 2002, 44), 2) 신종 및 기존 감염병이 지구적인 문제임을 인식(WHO 1996, 5), 3) 특정 국가로의 생화학무기 확산 우려(Bolton 2001) 및 4) 테러범에 의한 생화학무기 사용 우려 등에 기인하였다(Osterholm and Schwarz 2000).

감염병과 국가안보에 관한 연관성은 CIA가 2000년에 발간한 보고서에 의하여 명백하게 밝혀졌다. 즉 CIA의 국가정보실(National Intelligence Council)이 "세계 감염병 위협과 미국에 대한 함의(The Global Infectious Disease Threat and Its Implication for the United States)"라는 보고서에서 감염병을 미국의 국가안보 위협으로 식별한 것이다(National Intelligence Council. 2000b).

이후 감염병은 단일 국가 차원의 안보위협을 넘어 국제 분쟁은 물론 세계 공통의 안보 위협으로 인식되고 있다. 미 국무부는 감염병이 '분쟁의 시작점(conflict stater)'으로 등장할 수 있으며 '전쟁 결정요인(war outcome determinant)'의 가능성이 상존함을 지적하였다(U.S. Department of State 1995). 2019년 1월 미국 국가정보국장실(the Office of the Director of National Intelligence, ODNI)은 감시하여야 할 세계적 위협 가운데 하나로 감염병을 지목하였다.

감염병은 개인의 보건문제에서 시작하여 국민건강과 지역 및 국가 차원의 보건문제로 확대되었고 경제와 사회 및 외교 등의 이슈와 연계되면서 국가안보를 위협하는 안보문제가 되었다(김상배 2020, 2).

2. 신종 감염병에 의한 안보 위협

1) 군사력에 대한 위협

감염병으로 사망률이 증가하게 되는 경우 해당 국가는 군대력 유지는 물론 작전 수행에 필요한 인적 자원의 확보가 곤란하다(Chyba 1998; White House 2004). 코로나19가 미 항모 루즈벨트호에 확산됨에 따라 미 해군은 2020년 4월 1일 승조원 4,800명 가운데 필수인원 1,000명을 제외한 인원을 괌의 호텔에 격리시킴으로써 항모전단의 운영에 차질을 주었다. 프랑스 해군의 항공모함 샤를 드골과 호위함의 승조원 2,300명 가운데 940명이 코로나 확진 판결을 받아 작전 수행을 중지하고 툴롱 해군기지로 복귀하였다. 이 항공모함 전단은 이슬람 극단주의 무장조직인 ISIS의 퇴치를 위한 '샤말' 작전에 투입되었다가 NATO 연합훈련을 위해 북대서양에 배치된 상태였다(진달래 2020). 또한 사하라 이남 아프리카 국가들의 경우 HIV/AIDS가 15세에서 24세 사이의 생산 활동 연령에서 상당히 많이 발병하고 있기 때문에 경제 및 국방 인력의 약화와 감소라는 위협에 직면한 바 있다.

신종 감염병의 발생은 군사훈련의 축소나 취소로 인하여 군의 안보 대응 역량 강화에 어려움을 가중시킬 수 있다. 미 아프리카 사령부(U.S. Africa Command)는 미국, 모로코, 튀니지, 세네갈 군 지도자들이 코로나19 바이러스 때문에 African Lion 군사훈련을 축소·조정한 바 있다. 아울러 미국은 코로나19로 인하여 이스라엘 및 한국과의 합동군사 훈련을 각각 취소하였다.

2) 경제적 손실

신종 감염병 예방을 위한 사회적 거리두기는 기업, 상업 시설, 교통 및 공공 서비스 제공의 폐쇄나 단절을 초래하여 경제적 부가가치의 창출과 증가를 방해한다. 아울러 신종 감염병의 확산은 국내외 교역을 감소시켜 경제적 타격을 야기한다. 아프리카 뎅기열이 확산되자 브라질과 몇몇 동남아 국가들에 대한 여행과 관광도 감소하였다. HIV나 말라리아와 같은 감염병이 장기간 지속된 국가에 대한 외국인 직접투자도 감소하였다(Alsan, Bloom and Canning 2006). 세계은행은 2,800만 명 이상의 사망자를 발생시킨 독감의 대유행으로 세계 GDP의 5%에 달하는 손실이 발생할 수 있다고 비슷하게 추정했다(Burns et al. 2006; The World Bank 2008). 인플루엔자 대유행의 경제적 악영향은 주로 높은 사망률에 기인한다(The World Bank 2018).

신종 감염병의 발생 또는 발병 위협에 대한 인식은 해당 국가의 무역과 여행에 악영향을 미쳐 경제에 심각한 타격을 주고 있다. 신종 감염병으로 소비 심리가 얼어붙고, 기업은 대규모 감원에 나서게 되며, 무역과 여행 제한에 따라 금융 시장의 불안정성이 증가하고 그 악순환은 감염병에 대한 통제가 가능할 때까지 상당기간 지속한다. 에볼라가 유행했을 당시 상당수 국가들이 여행을 제한함에 따라 항공 산업에 엄청난 피해를 야기하였다(Anderson 2014).

코로나19로 인한 내수 침체, 수출 부진, 여행 제한으로 인한 경제적 손실을 우리는 이미 경험하였다. 특히 글로벌 공급 가치사슬에 따라 감염병이 특정 국가에서 발생하는 경우 부품이나 소재 등의 공급 차질로 인해 우리 제품의 생산에 차질이 빚어지고 경제적 손실로 이어지고 있다. 감염병으로 인한 경제 및 생산 활동의 감소는 경제 전망에 대한 불확실성을 고조시켜 투자를 감소시키고, 유가와 주식시장을 폭락시키며 환율을 급등시키는 등 해당 국가의 거시경제 지표를 심각하게 악화시킨다. 감염병의 발생 또는 발병 위협에 대한 인식은 해당 국가의 무역과 글로벌 공급 가치사슬에 악영향을 미쳐 경제에 심각한 타격을 가하고 있다. IMF는 2020년 4월 14일 발표한 세계경제전망보고서(WEO)에서 코로나19에 따른 작금의 경제상황에 대해 1920-1930년대 세계 대공황 이후 최악의 경제 침체라고 하면서 2020년 세계경제 성장률 전망치를 -3%로 하향 조정하였다.

3) 사회와 정부에 대한 혼란

신종 감염병으로 인한 사망과 격리, 이동의 제한과 정보의 공개는 공포와 불안을 조장하여 사회적 혼란을 야기한다. 특히 가짜뉴스와 허위정보는 사회적 혼란을 가중시키고 국가의 감염병 대응 역량에 대한 위해를 야기하고 있다. 신종 감염병은 감염자나 감염 의심자에 대한 차별은 물론 감염국에 대한 여행과 수출입 차단 등을 통해 국제적, 집단적 차별을 야기하고 있다. 이는 국제질서를 불안정하게 하여 분쟁 가능성을 높이고 이민과 난민을 양산시킬 수 있다.

신종 감염병 대응 관련 정부 정책에 대해 반대하거나 차별 시정 등을 요구하는 대규모 시위 발생으로 정치적 불안정성을 가중시킨다(National Intelligence Council 2000a). 이러한 사실은 인도와 서남아시아 등에서 코로나19로 인해 일자리를 잃고 식료품을 구하지 못한 빈민들이 시위에 나서거나 미국이나 유럽의 주요 도시에서 저소득층이 경제 복원을 위해 봉쇄해제를 요구하는 시위를 하고 있는 것을 통하여도 알 수 있다. 또한 신종 감염병의 확산은 의약품, 손소독제, 마스크 등 감염병 대응에 필요한 물품은 물론 식료품과 연료 등 생필품에 대한 공급 부족, 매점매석, 약탈 등의 불법행위로 사회적 혼란을 야기하고 정부의 통제를 약화시키고 있다.

3. 보건안보로의 전환

1) 보건안보 개념

재난안전관리의 문제가 안보의 문제로 전환되는 경우를 식별하는 것은 간단하지 않다. 기존의 국가와 국가안보 개념에 의할 때 보건안보는 생물학 무기와 테러 대응 및 군 의료체계 운영에 한정될 수 있다. 여기에 인공생물학이나 유전자 변형물질 등 이중용도 기술로서 산업 생산에도 유용하지만 생물학 공격으로도 사용될 수 있는 바이오기술도 보건안보의 일부로 고려될 수 있다.

그렇지만 새로운 안보 위협으로서의 신종 감염병이나 환경 및 생태 위협을 고려할 때 보건안보는 이 부분도 포괄하여야 한다. 즉 인간, 동물, 환경 및 생태계에 대한 실질적이고, 군사력과 연계 가능하며 전 지구적 파급력을 가진 감염병이나 질병의 발병과 확산을 예방, 대응 및 복구하기 위한 국가적 활동도 포섭하여야 한다(Coyne and Barnes 2018, 9).

그런데 보건안보에 있어 보건(health)이라는 단어의 어감으로부터 사람들은 의료보험, 취약계층에 대한 의료서비스, 병원, 위생 감독과 위생 물품의 제공을 생각하지 일반적으로 안보문제와 연계하여 생각하지 않는다(Merson, Black and Mills 2012, xvii). 이러한 사실은 세계보건기구가 보건(health)에 대하여 질병이 없는 상태뿐만 아니라 인간의 육체적, 정신적 및 사회적 복지에 있는 상태라고 광범위하게 정의

한 데서 비롯한 것으로 보인다(WHO 1946, 1).

　　그러나 보건은 1) 개별 환자의 건강보다는 일반 대중의 안전을, 2) 치료와 보호보다는 질병과 고통의 예방을, 3) 의사와 환자와의 관계보다는 정부와 공동체의 관계를 중요시하며, 4) 개인의 의료 서비스보다는 과학적 방법론에 기초하여 대중 전체를 위한 서비스에 집중한다는 점에서 의료서비스, 병원, 위생 등의 개념과는 다르다(Gostin 2002, 136). 보건은 보건 위협으로부터 국민을 보호하는 국가의 책무라는 점에서 의료보험, 의료서비스, 위생 등의 제공과는 근본적으로 다르다. 따라서 보건은 감염병과 비감염병, 육체적 정신적 건강, 질병의 예방과 치료 및 이를 위한 지방, 국가 및 국제적 차원의 정책 활동을 포괄하는 개념으로 이해되고 있다(Fidler 2003, 798).

　　보건과 안보 개념이 결합하는 보건안보에 관한 개념을 설정함에 있어서는 새로운 국가안보 위협의 특징, 즉 비가시성, 위협의 현재성, 불확실성, 전통적 군사력과의 연계 가능성 및 전 지구적 파급력을 고려하여야 한다. 보건안보를 의도적 또는 우발적으로 살포되거나 자연적으로 발생하는 병원성 미생물로부터 다양한 행위자들을 보호하기 위한 조치라고 정의할 수도 있다(Fidler and Gostin 2008). 보건안보를 이와 같이 개념화하는 경우[13] 안보화 영역과 대상, 위협의 종류, 행위주체 등으로 볼 때 다양한 현상이 포섭되어 자연 발생적인 질병이 농작물이나 가축에게 전이되지 않도록 예방하여 생물다양성을 유지하는 것도 포함된다(강선주 2015, 7). 그러나 동식물에 관한 질병의 발생, 독

13　이와 같은 개념은 생물안보(Biosecurity) 또는 바이오안보라고 한다. 생물안보에 관한 전통안보 차원의 의미는 생물무기로 전환될 수 있는 물질과 기술을 국가 내부에서 통제하거나 국제사회에서의 확산을 방지하여 이로부터 위협을 차단하는 데 있다고 정의된다(장노순 2014, 155). 따라서 이러한 협의의 생물안보의 개념은 감염병을 포함한 신안보 위협에 대한 대응에 중점을 두고 있는 국가보건안보 개념과 다르다.

감이나 식중독 같은 일상적 질병의 확산, 마약류 관리, 비감염적 병원균의 확산은 보건안보 문제라고 보기 어렵다. 위협의 비가시성, 위협의 현재성, 불확실성, 전통적 군사력과의 연계 가능성 및 전 지구적 파급력 등을 고려할 때 국가안보 위협이라고 하기보다는 안전(safety)에 관한 문제이기 때문이다.

결국 보건안보는 통제 불가능한 신종 감염병에 의해 실재하거나 급박한 위협으로부터 국가의 기능을 유지하고 국민의 안전을 담보하는 국가적 활동이라고 개념화할 수 있다. 「감염병의 예방 및 관리에 관한 법률」에 따라 생물테러 감염병도 감염병에 포함되기 때문에 (감염병 대응을 위한) 보건안보에는 생물학 무기와 생물 테러 대응도 일정 부분 포섭된다고 할 것이다.[14]

2) 보건안보로의 전환 기준

감염병 및 생태환경 파괴 등에 의한 보건 위협이 발생하였다 하더라도 행정력이나 경찰력에 의해 국민의 안전이 담보되는 경우 보건안보 상황이라 할 수는 없다. 예를 들어 국내에 홍역이나 결핵 또는 말라리아 등 통제 가능한 감염병이 발병·확산되는 경우 질병관리청을 중심으로 백신을 제공하고 적절한 치료에 나서면 된다. 이는 보건과 방역 행정기관을 중심으로 감염병으로부터 국민의 안전을 담보하는 보건안전에 관한 문제이기 때문이다. 한편 테러단체가 통제 가능한 병원균을 이용하여 테러공격을 감행하였고 국가안보기관이 법집행기관이나 경찰력과 협력하여 충분히 대응할 수 있는 경우에는 바이오안보 상황이라 할 수 있다. 물론 보건안전이나 바이오안보 상황에서도 외교안보 기관들

---

14 「감염병 예방 및 관리에 관한 법률」 제2조 제1호.

은 본연의 역할을 통해 그 대응을 지원하여야 한다. 즉 정보기관은 외국의 감염병 관련 정보를 수집하여 제공하고 외교당국은 재외국민의 보호 활동을 수행하며 군은 군사력을 이용한 감염병 극복 지원 활동을 수행하여야 한다.

해외에서 자연 발생하여 유입된 통제 불가능한 신종 감염병으로 인하여 혹은 적성국이나 테러단체 등이 통제 불가능한 신종 감염병을 이용하여 감행한 공격으로 인하여 △정치·사회적 안정성에 대한 심각한 위협, △국내외 경제에 대한 심각한 위협, △군사력의 심각한 약화, △초국경적 분쟁의 발생, △국가 통제력의 상실 등이 발생한 경우 보건안보 문제로 인식하여야 한다(Hodge and Weidenaar 2017, 90-93). 이러한 경우 보건 위협이 임계점을 돌파하여 안보 위기로 양질전환되었다고 보아야 할 것이다. 이러한 기준이 없는 경우 홍역이나 말라리아, 결핵 등 통제 가능한 감염병이 확산되더라도 보건안보문제로 인식하여 외교안보 관련 기관이 전면에 나서서 대응을 주도하는 경우 불필요한 추가 비용이 발생하거나 과잉대응에 따른 정부의 신뢰성을 약화시키거나 혹은 국민의 기본권이 과도하게 제한될 수도 있기 때문이다. 또한 보건안보 상황에 대한 기준을 정확하게 정립함으로써 감염병 대응과 관련한 봉쇄, 이동제한, 방역물자 생산명령, 긴급재정경제명령 등 보다 강력한 조치를 취함에 있어 국민적 공감대와 참여를 얻을 수 있을 것이다.

3) 보건안보 전환에 대한 입법적 근거 마련

보건안보 상황에 대한 기준을 정립하였다 하더라도 보건안전의 문제와 보건안보의 문제는 결국 규범적 기준에 따라 정책결정자의 판단에 의해 결정될 수밖에 없다. 즉 보건위협이 창발하여 보건안전의 임계점을 넘어 보건안보 위기상황으로 양질전환되었는지 여부는 감염자 수, 군사훈련 차질 여부, 경제적 파급 효과, 외국과의 분쟁 가능성 등 여러 객관적 지표를 통해 위 기준이 충족되었는지를 일정부분 측정함으로써 확인할 수 있다. 그렇지만 이러한 객관적 지표가 어느 정도 일 때 안보문제로 양질전환되었는지를 결정할 수 있는 명확한 근거를 제시하는 것도 곤란하다. 따라서 위 판단 기준을 근거로 보건위협의 보건안보로의 양질전환에 대한 위 기준을 입법을 통해 제시하고 정책결정자가 이를 근거로 규범적으로 판단하도록 하여야 한다.

입법은 사회 구성원의 행동기준을 정립함은 물론, 사회의 각종 문제와 갈등을 해결하는 데에 필요한 규범을 정립하는 것이다(오일석 2016, 22). 입법은 여러 가지 의미를 가지고 있지만, 원칙적으로 법적 수단을 이용하여 사회 경제적인 정책적 목적의 달성을 실현하는 것으로 볼 수 있다(오일석 2016, 30). 그러나 입법적 개입이 증가할수록 개입 비용(intervention cost) 또한 증가한다. 그러므로 입법자는 입법적 개입에 따른 비용의 증가와 입법에 따라 추진된 정책적 목적의 달성으로 발생한 복리 증진의 균형점에서 입법의 정도를 결정하여야 한다(오일석 2016, 34).

보건안보 상황을 입법함으로써 외교안보 당국이 정책에 개입하는 개입 비용이 발생할 수 있다. 그러나 보건안전이 보건안보로 양질전환되는 것을 입법적으로 규정하지 않더라도 보건안전의 상황이 심각한 경우 이들 기관의 개입은 필요할 수밖에 없다. 따라서 보건안전이 보건안보로 양질전환되는 것을 입법적으로 규정하였다 하더라도 개입 비용이 심각하게 증대되는 것은 아니다. 오히려 보건안전의 상황과 보건안보의 상황에 대한 결정 기준에 대한 입법의 부재로 방역 정책에 혼란이 발생하고 감염병 확산이 이루어지거나 필요한 외교안보적 조치가 지연됨으로써 국민의 건강권이 침해되고 국가의 안전보장과 사회적 복리 증진에 실패할 수 있다. 따라서 보건안보 상황에 대한 입법은 필요하다. 나아가 보건안보 상황에 대한 입법을 통해 외교안보 기관의 역할을 명확하게 규정함으로써 방역 정책과 감염병 대응 활동의 정당성을 제공하고 투명성을 확보하여 국민적 신뢰를 담보할 수 있을 것으로 보인다. 그러므로 「감염병의 예방 및 관리에 관한 법률」 제2조 제22호에 보건안보 위기 상황에 대한 정의 규정을 도입할 필요가 있다. 즉, "보건안보 위기상황이라 함은 해외에서 자연 발생하여 유입된 통제 불가능한 신종 감염병으로 인하여 혹은 적성국이나 테러단체 등이 신종 감염병을 이용하여 감행한 공격으로 인하여 △정치·사회적 안정성에 대한 심각한 위협, △국내외 경제에 대한 심각한 위협, △군사력의 심각한 약화, △초국경적 분쟁의 발생, △국가 통제력의 상실 등이 발생한 경우를 말한다."고 규정하는 것이다.

또한 이 경우 국가안보 차원에서 대통령을 중심으로 대응하는 거버넌스 체계를 구축하여야 한다. 즉 보건안보 위기상황에서 대통령을 중심으로 특정 지역 봉쇄와 차단, 기본소득 실시, 방역물자의 강제 생산과 분배, 재외국민 보호, 국외 접촉 및 이용 정보 분석, 주변국 동향 분석 등 보건안보 위기상황의 식별과 그에 따른 대외 정책, 군사정책 및 국내정책을 수립·시행하도록 하여야 한다.

IV. 보건안보 거버넌스 구축과 정책 제안

1. 보건안보 거버넌스 제안

1) 이해관계 조정을 위한 수평적 거버넌스 체계 구축

(1) 합의제 기관의 창설

코로나19 등 통제 불가능한 신종 감염병은 재난 및 안전관리를 넘어서는 국가안보 차원의 문제이므로 대통령이 직접 관여하는 거버넌스 체계를 구축하여야 한다. 대통령은 헌법을 준수하고 국가를 보위하여야 할[15] 일차적인 책임을 부담하고 있으므로 보건안보는 국가의 최고의사결정권자인 대통령의 지속적인 관심 하에서 일관되게 추진되어야 한다. 지금과 같이 국무총리 주도로 코로나19와 같은 감염병에 재난과 안전 차원에서 대응하도록 하는 것은 한계가 있다. 국무총리는 국정의 최고 책임자가 아니며 국민으로부터 직접 민주적 정당성을 부여받은 것도 아니기 때문이다. 따라서 대통령이 신종 감염병으로 인한 정치·경제·사회적 혼란과 부담이 국가안보를 위협하는 보건안보 상황에 해당한다고 판단하는 경우 보건안보 위기상황을 선포하고 이에 대응하는 거버넌스 체계 구축을 위한 입법을 실현하여야 한다.

한편 행정조직의 조직형태와 관련하여 메르클(Merkl)의 기관양태설에 의하면 국가기관은 1) 합의제 기관, 2) 상호독립적 등격 기관, 3) 상명하복의 독임제 기관으로 구별된다고 한다(이원우 2009, 107). 먼저 합의제 기관은 다양한 이해관계의 충돌을 조정하는 데 적합한 조직형

---

15 대한민국 헌법 제69조.

태이다. 다양한 이해관계의 조정을 위해서는 강제력을 갖는 규범을 정립하는 것이 중요하기 때문에 합의제 형식의 조직을 설립하여 행위기준을 정립하도록 하여야 한다. 다음으로 상호독립적 등격 기관은 각 기관의 독립성과 중립성을 보장하는 데 적합한 조직형식으로 이는 분쟁해결을 위한 의사결정과정의 공정성을 확보하기에 적합한 조직형식이라고 할 수 있다. 마지막으로 상명하복적 독임제 기관은 신속한 정책결정 및 효율적이고 효과적인 집행기능을 수행하기에 적합한 조직이다. 또한 독임제 기관의 정책결정자에 대한 민주적 통제에 의하여 정책결정 및 집행의 전 과정에 대한 민주적 통제를 확보함으로써 책임성과 민주적 정당성을 확보할 수 있다.

최근 입법을 통하여 합의제 기관을 창설하여 수직적, 계층적 의사결정구조를 개선하려는 노력이 지속되고 있다. 즉 합의제 행정기관인 위원회를 창설하여 수평적 의사결정구조 하에서 인허가 등 결정권한까지 행사하도록 하고 있다. 공정거래위원회, 방송통신위원회, 금융위원회, 원자력안전위원회 등이 대표적으로 이들은 단순한 자문이나 조언 역할에 그치는 것이 아니라 시장에 대한 규제 권한까지도 행사하고 있다. 한편 국가인권위원회나 국민권익위원회도 합의제 행정기관이라 할 수 있는데 국민의 권익보호와 관련하여, 독립적, 헌법적 기관으로서의 성격을 갖는다는 점에서 차이가 있다(이현수 2013, 53). 결국 대통령의 관여를 통한 보건안보 정책의 효율성과 민주적 정당성을 담보하면서도 다양한 이해관계의 충돌을 조정하기 위하여 대통령을 위원장으로 하는 합의제 기관을 창설할 필요가 있다.

(2) 보건안보위원회의 설립

「감염병의 예방 및 관리에 관한 법률」을 개정하여 보건안보위원회를 설립할 필요가 있다. 즉 동법 제9조의2를 신설하여 보건안보 위기상황에 대응하기 위하여 보건안보위원회를 설치한다. 동 위원회는 보건안보 위기상황의 식별 및 그에 따른 대외 정책, 군사정책 및 국내정책을 수립하고 관련 부처로 하여금 집행하도록 한다.

동 위원회는 대통령을 의장으로 하고, 국무총리, 외교부 장관, 통일부 장관, 국방부 장관, 국가정보원장, 보건복지부 장관, 질병관리청장 및 국가안보실장 등을 위원으로 한다. 동 위원회의 간사는 국가안보에 관한 대통령의 직무를 보좌하는 국가안보실장으로 한다. 동 위원회는 대통령의 요구 또는 보건복지부 장관이나 질병관리청장 혹은 국가안보실장의 건의에 따라 대통령이 승인하여 개최한다.

동 위원회에 실무위원회를 두어 국가안보실장을 위원장으로 질병관리청장을 부위원장으로 한다. 동 실무위원회로 하여금 △보건안보 위협의 탐지, 인식, 식별 및 모니터링, △보건안보 위협 정보의 수집과 공유, △보건안보 위협의 평가, 모델링 및 시뮬레이션, △검역 및 방역, 감염균 오염 제거 및 폐기 활동, △재외국민보호, 중증자와 사상자 관리, △비축 관리, 물류 및 유통 관리 등과 관련된 정책을 조정하도록 하여야 한다.

또한 보건안보 위기상황에 대응하기 위해 〈국가보건안보전략〉에 관한 입법적 근거를 확립할 필요가 있다. 따라서 동법 제9조의2를 신설하여 보건안보위원회로 하여금 〈국가보건안보전략〉을 수립하도록 할 필요가 있다. 아울러 정보기관으로 하여금 안보적으로 민감한 병원체는 물론 해당 병원체로 의심되는 병원체에 대한 안보위협을 평가하고 이에 대해 적절한 행동을 수행하도록 규정할 필요가 있다. 따라서 동법 제34조의3을 신설하여 국가정보원으로 하여금 국외 감염병과 관련한 정보를 수집하고 제공하며 감염병으로 인한 주변국 정세에 대해 보고하도록 하여야 한다. 아울러 국가정보원으로 하여금 보건안보비서관과 협력하여 '감염병이 국가안보에 미치는 영향' 등과 같은 보고서를 발간하도록 하여야 한다.

보건안보 위기상황에서 대통령이 의장인 국가보건안보위원회와 동 실무위원회를 중심으로 한 보건안보 거버넌스 체계를 구축함으로써 신종 감염병 대응을 위한 보다 강력하고 신속한 정책이 추진될 수 있도록 하여야 한다. 즉, 재외국민 보호를 위한 수송 작전의 진행, 방역 물자에 대한 생산명령, 가격 통제, 특정 개인정보의 제한, 신종 감염병 관련 정보의 적극적 수집, 군부대와 군 의료체계의 탄력적 운용, 긴급 재난지원금 제공 등의 정책을 신속하고 과감하게 추진할 수 있을 것이다. 아울러 대통령으로 하여금 신종 감염병에 의한 보건안보 위협이 심각한 경우 기본소득제도를 전면적으로 실시하거나 특정 지역에 대한 봉쇄나 격리 등의 조치를 취할 수 있도록 하여야 한다.

2) 보건안보비서관의 신설

감염병에 대한 안보적 대응이 필요하다고 하더라도 감염병 대응은 방역과 의료 분야 전문기관을 중심으로 추진하여야 한다. 국가안보 위기 상황에서는 재난 관리가 아니라 국가안보 정책의 우선순위에 따라 방역기관은 물론 외교안보 기관과 일반 행정기관을 아우르는 정책 조정이 요구된다. 그러므로 대통령의 관여가 보장되면서도 보건안보 정책 조정을 최적화할 수 있는 거버넌스 체계의 구축이 필요하다.

국가기관 그 행위의 결과, 즉 권리·의무가 귀속되는 국가의 행위가 되는 모든 조직 안에 있는 단위 기관의 장이 다 포함된다. 정부조직법에 규정된 대통령과 대통령비서실장, 국가안보실장, 대통령경호실장, 국가정보원장은 물론 국무총리와 국무조정실장, 국무총리비서실장, 각 처장, 각부 장관과 그 하부에 설치된 청의 장은 물론 개별법에 의하여 설치된 합의제 행정기관인 위원회 또는 그 위원회의 장도 포함된다. 또한 그 하부조직인 특별지방행정기관과 부속기관 등 소속기관의 장도 제한된 범위 안에서 독자적으로 예산을 집행하며 사무를 처리할 수 있으므로 국가기관에 포함된다(김명식 2014, 55).

한편 국가기관과는 달리 행정청이라는 용어도 사용되고 있다. 행정청이라 함은 국민 등 외부에 대하여 행정에 관한 의사를 결정하여 표시하는 단위를 말하며 법률상 처분청이라고 표현하기도 한다(김명식 2014, 52-53). 그러나 같은 조직 단위 안에서 행정청의 업무를 돕는 보좌기관이나 보조기관, 자문기관의 장은 독자적으로 의사표시를 할 권한이 없으므로 행정청으로 보기 어렵다. 정부조직법 제15조는 국가안보에 관한 대통령의 직무를 보좌하기 위하여 국가안보실을 둔다고 규정하고 있다. 아울러 국가안보실에 실장 1명을 두되, 실장은 장관급 정무직으로 한다고 규정하고 있다. 국가 국가안보실의 조직과 직무범위, 그밖에 필요한 사항을 규정하기 위하여 대통령령으로 국가안보실 직제가 시행되고 있다.

국가안보실은 행정청이 아니라 대통령의 국가안보에 관한 직무를 보좌하기 위한 보좌기관이다(김명식 2014, 135). 국가안보실 직제는 "국가안보실은 국가안보에 관한 대통령의 직무를 보좌한다."[16]고 규정하고 있는 것을 통하여도 확인할 수 있다. 보좌기관은 행정기관이 그 기능을 원활하게 수행할 수 있도록 그 기관장이나 보조기관을 보좌함으로써 행정기관의 목적 달성에 공헌하는 기관을 말한다. 보좌기관은 전문적 지식을 활용하여 정책의 기획, 계획의 입안, 연구·조사, 심사·

---

16   국가안보실 직제 제2조 참조.

평가 및 홍보와 행정개선 등에 관하여 행정기관의 장이나 그 보좌기관을 보좌한다(김명식 2014, 64). 보좌기관은 권한의 위임을 받을 수 없도록 되어 있는데 보좌기관은 독립적인 사무를 분장하는 것이 아니라 보좌하는 기관의 성격상 당연한 것이다.[17] 그러므로 보좌기관은 특정 권한을 위임받아 행사하는 집행적 기능을 수행할 수 없으므로 정책을 기획, 입안하거나 결정할 수 없다. 나아가 정책의 기획, 계획의 입안, 연구·조사, 심사·평가 및 홍보와 행정개선 등의 기능은 정책을 집행할 수 있는 기관을 통하여 수행되어 왔다(김종성 2007, 184). 다만 의사결정권자를 보좌하여 정책 수행과정의 문제점을 인식하도록 하고 여러 행정청 사이의 업무와 정책을 조정하여 정책 집행의 효율성을 제고하고 구속력을 담보하게 할 수 있다.

따라서 대통령의 관여를 확보하고 감염병 대응을 위한 정책을 조정하기 위해서는 대통령의 보좌기관인 국가안보실에 보건안보 정책에 대하여 정책의 입안, 기획, 집행을 보좌하는 기능을 추가하여야 한다. 즉 국가안보실에 보건안보비서관을 신설하여 신종 감염병 예방, 탐지 및 대응 활동에 대한 각 부처의 활동을 조정하고 총괄하도록 하여야 한다. 즉 국가안보실 직제 제4조 제2항을 개정하여 "제1차장은 안보전략비서관·국방개혁비서관, 사이버정보비서관 및 보건안보비서관의 소관 업무에 관하여 국가안보실장을 보좌하고, 제2차장은 평화기획비서관·외교정책비서관 및 통일정책비서관의 소관 업무에 관하여 국

---

17 김종성(2007, 180-181). 정부조직법은 제6조 제1항에서 "행정기관은 법령으로 정하는 바에 따라 그 소관사무의 일부를 보조기관 또는 하급행정기관에 위임하거나 다른 행정기관·지방자치단체 또는 그 기관에 위탁 또는 위임할 수 있다. 이 경우 위임 또는 위탁을 받은 기관은 특히 필요한 경우에는 법령으로 정하는 바에 따라 위임 또는 위탁을 받은 사무의 일부를 보조기관 또는 하급행정기관에 재위임할 수 있다."고 규정하고 있다. 이 규정을 통하여 볼 때 보좌기관은 위임사무를 처리할 수 없다.

가안보실장을 보좌한다."고 규정하여야 한다.

보건안보비서관은 신종 감염병에 따른 안보위협을 식별하고 대응책을 모색하며 각 정부 부처의 대응 활동을 조정하여야 한다. 특히 외교안보기관이 수집·분석한 감염병과 관련한 정보 제공을 총괄하고 신종 감염병으로 인한 주변국 정세 불안에 따른 피해를 최소화하며 정치, 경제 안보적 영향력을 전망하여야 한다. 보건안보비서관은 정보, 국가긴급대응, 역학, 국제보건안보, 공중보건 등에 관한 학식과 경험이 풍부한 사람으로 임명하여야 할 것이다.

2. 보건안보 정책의 실행

1) 〈국가보건안보전략〉 수립

우리 정부는 2018년 12월 발표한 〈국가안보전략〉에서 각종 위험과 위협으로부터 국민의 권익을 보호하는 포괄적 안보의 중요성을 역설하였다. 그렇지만 신종 감염병에 의한 보건안보의 중요성은 식별하지 못하였다. 미국은 2018년 자연 발생하는 감염병과 의도적으로 사용하는 생물무기(biological weapon) 등 생물위협(biological threat)으로부터 자국민을 보호하기 위하여 〈국가바이오방위전략(National Biodefense Strategy)〉를 발표하였다. 동 전략에서 미국은 국제사회, 산업계, 학계, 비정부기구 및 민간 부문과 협력하여 생물위협에 대한 평가, 탐지, 예방, 대비, 대응 및 복구 관련 각종 활동을 효과적으로 추진할 것이라고 하였다.

코로나19 사태를 계기로 우리 정부도 신종 감염병과 생물공격으로부터 우리 사회의 안전을 보장하기 위해 〈국가보건안보전략〉을 수립하여야 할 것이다. 동 전략을 통하여 감염병 대응과 관련한 외교안보 관련 기관들의 역할과 활동을 식별하고 규정할 수 있도록 하여야 한다.

2) 〈보건안보실태보고서〉 작성

미국 CIA는 2000년 1월에 시민의 생명을 위협하고, 경제와 정치에 악영향을 미치며, 여행 제한과 미국에 대한 공격 가능성을 증가시키는 '감염병이 국가안보에 미치는 영향'에 대한 보고서를 작성한 바 있다(National Intelligence Council 2000b). 위 CIA 보고서 이후 백악관, 국가안보실(NSC), 언론 등에서 감염병에 의한 국가안보위협에 대해 관심을 두게 되었다. 한편 2002년에 미국 국가정보위원회(National Intelligence Council)는 HIV/AIDS가 확산되는 경우 국가안보에 중대한 위해가 될 수 있음을 지적하였다(National Intelligence Council 2002).

따라서 국가정보원으로 하여금 보건안보비서관과 협력하여 CIA가 발간한 '감염병이 국가안보에 미치는 영향' 등과 같은 보고서를 작성하여 발간하도록 하여야 한다.

3) 국제협력 강화

우리나라는 코로나19 대응에 있어 세계적 모델로 자리 잡았다. 이에 터 잡아 G11으로 인식되기에 이르고 있다. 진단, 격리, 추적, 치료 등으로 대표되는 K-방역은 드라이브 스루 진단은 물론 진단키트와 마스크 제공 및 선진 의료·방역 제품의 지원으로 세계적으로 인정받고 있다. 따라서 외교부는 K-방역을 기반으로 외교적 성과를 확장하도록 노력하여야 한다. 특히 코로나19 대응으로 호평을 받은 우리 방역시스템을 홍보하고 관련 의료기술과 장비를 확산시키기 위해 저개발 국가들에 대한 방역과 의료 지원을 강화할 필요가 있다. 다만 이 경우 해당 국가의 경제수준, 기술발전 정도, 사회적 인식 등을 고려하여 그 국가에 적합한 방역 체계를 설계하고 지원하여야 한다. 아울러 K-방역에 공헌한 방역, 검역 및 의료 장비는 물론 관련 정보통신 기술과 제품들이 국제적 표준을 차지할 수 있도록 외교적 노력을 다해야 한다.

한편 코로나19 백신은 글로벌 공공재로서의 성격을 갖기 때문에 '백신 접근에 대한 평등한 보장'이라는 국제적 원칙이 준수되도록 외교적 노력을 다하여야 한다. COVEX의 경우 참여국들이 선입금을 지급하고 백신개발이 완료되면 이를 근거로 백신을 공급 받는 체계이므로 저개발국이나 빈곤한 국가의 공급에 한계가 있다. 저개발국이나 빈곤한 국가에도 필요한 백신이 공급될 수 있도록 국제적 연대가 필요하다.

문재인 대통령은 UN 총회 연설에서 동북아방역·보건협력체를 제안한 바 있다. 향후 효과적인 신종 감염병 대응을 위해 한국은 '아시아·태평양 지역 질병관리센터(APCDC)'의 구축이나 '감염병 조기경보 및 대응 체계(Early Warning and Response System, EWRS)' 설립에 적극적으로 참여할 필요가 있다. 이를 위해 한국은 먼저 남·북·중·일·몽골 5개국 공통의 이해관계를 반영하고 방역물자의 공동생산과 공동분배를 책임 질 지역 내 기구 구축부터 시작할 필요가 있다. 또한 재원 마련을 위해 호주, 인도 등 아시아·태평양 지역의 중견국들과 함께 역내 감염병 대응 네트워크 구축을 위한 국제 기금 조성에 시급히 나설 필요가 있다. 아울러 북한, 이란, 이라크, 아프가니스탄 등의 국가들이 정치·경제적 이유로 국제 방역 활동에서 배제되지 않도록 아시아 지역 차원에서 포괄적인 노력을 기울일 필요가 있다(오일석·조은정 2020).

V. 결론

냉전이 종식된 이후, 정보통신기술의 발전과 세계화에 따라 국경이 개방되고, 상품과 노동력이 자유롭게 이동하였으며 세계 여행 또한 급격히 증가하였다. 세계화와 지구화에 따른 상품과 서비스의 자유로운 이동과 세계 여행의 확산은 신종 감염병의 유행을 확산시키고, 기존 감염병의 재유행을 일으키고 있다.

우리나라는 코로나19와 같은 신종 감염병을 재난관리, 즉 안전의 문제로 인식하여 재난 및 안전관리의 하위 차원에서 대응하고 있다. 재난 및 안전 관리는 주로 자연재난과 사회적 참사와 같은 사고에 대응하기 위한 것이다. 코로나19와 같은 신종 감염병은 지속성, 전국적 범위, 이동의 제한, 집단 면역력이 형성되어야 종식된다는 점에서 자연재난이나 사고와는 다르다. 나아가 코로나19와 같은 신종 감염병은 군사력 약화를 초래하고, 국가 경제에 심각한 손실을 발생시키며, 사회와 정부에 혼란을 야기하여 국가안보를 위협하고 있다.

따라서 코로나19와 같은 신종 감염병을 재난이나 안전 관리 차원에서 대응하는 것은 적절하지 못하다. 신종 감염병은 교민안전, 외국 정부 동향 및 국외 감염병 정보 수집과 분석, 군사력 유지, 군 의료인력 지원, 교민 수송, 외국 의료 지원 등이 연관된 보건안보의 문제이기 때문에 일반 행정부처와 더불어 외교부, 통일부, 국방부, 국가정보원 등 외교안보 기관들도 대응하여야 한다. 이를 위해서는 보건안보 개념을 정립하고 감염병에 대한 실질적이고 현실적인 대응을 수행하기 위한 거버넌스 체계를 구축함으로써 외교, 통일, 국방, 정보 등 국가안보 관련 기관이 적극적으로 활동할 수 있는 공간을 보장하여야 한다.

보건안보는 통제 불가능한 신종 감염병에 의해 실재하거나 급박한 위협으로부터 국가의 기능을 유지하고 국민의 안전을 담보하는 국가적 활동이라 할 수 있다. 이러한 개념 하에 해외에서 자연 발생하여 유입된 통제 불가능한 신종 감염병으로 인하여 혹은 적성국이나 테러 단체 등이 통제 불가능한 신종 감염병을 이용하여 감행한 공격으로 인하여 △정치·사회적 안정성에 대한 심각한 위협, △국내외 경제에 대한 심각한 위협, △군사력의 심각한 약화, △초국경적 분쟁의 발생, △국가 통제력의 상실 등이 발생한 경우 보건안보 문제로 인식하여야 한다. 보건안보 상황에 대한 기준을 정립하였다 하더라도 보건안전의 문제와 보건안보의 문제는 결국 규범적 기준에 따라 정책결정자의 판단에 의해 결정될 수밖에 없다. 그러므로「감염병의 예방 및 관리에 관한 법률」제2조 제22호를 신설하여 위 보건안보 위기 상황을 규정할 필요가 있다.

코로나19 등 통제 불가능한 신종 감염병은 재난 및 안전관리를 넘어서는 국가안보 차원의 문제이므로 대통령이 직접 관여하는 거버넌스 체계를 구축하여야 한다. 대통령이 신종 감염병으로 인한 정치·경제·사회적 혼란과 부담이 국가안보를 위협하는 보건안보 상황에 해당한다고 판단하는 경우 보건안보 위기상황을 선포하고 이에 대응하는 거버넌스 체계 구축을 위한 입법을 실현하여야 한다. 따라서「감염병의 예방 및 관리에 관한 법률」을 개정하여 대통령을 의장으로 하는 보건안보위원회를 설립하고 동 위원회로 하여금 보건안보 위기상황의 식별 및 그에 따른 대외 정책, 군사정책 및 국내정책을 수립하고 관련 부처로 하여금 집행하도록 하여야 한다. 동 위원회에 실무위원회를 두어 국가안보실장을 위원장으로 질병관리청장을 부위원장으로 한다. 동 실무위원회로 하여금 △보건안보 위협의 탐지, 인식, 식별 및 모니터링, △보건안보 위협 정보의 수집과 공유, △보건안보 위협의 평가,

모델링 및 시뮬레이션, △검역 및 방역, 감염균 오염 제거 및 폐기 활동, △재외국민보호, 중증자와 사상자 관리, △비축 관리, 물류 및 유통 관리 등과 관련된 정책을 조정하도록 하여야 한다. 대통령의 관여가 보장되면서도 보건안보 정책 조정을 최적화 할 수 있는 거버넌스 체계의 구축이 필요하다. 따라서 국가안보실에 보건안보비서관을 신설하여 신종 감염병 예방, 탐지 및 대응 활동에 대한 각 부처의 활동을 조정하고 총괄하도록 하여야 한다. 또한 〈국가보건안보전략〉 수립과 〈보건안보실태보고서〉 작성 등 보건안보 정책 수행을 위한 법적 근거도 마련하여야 한다. 아울러 신종 감염병 대응을 위한 국제협력 활동을 적극적으로 수행하도록 지원하여야 한다.

참고문헌

강선주. 2015. 『바이오안보(Biosecurity)와 보건외교(Health Diplomacy): GHSA 글로벌
　　　보건 레짐 수립을 중심으로』 2015-14 정책연구과제. 서울: 국립외교원.
국가안보실. 2018. 『문재인 정부의 국가안보전략』
길병옥·허태희. 2003. "국가 위기관리체계 확립방안 및 프로그램의 개발에 관한 연구."
　　　『국제정치논총』 43(1). 한국국제정치학회.
김명식. 2014. 『행정조직법』 서울: 법우사.
김상배. 2020. "코로나19와 한국의 중견국 외교." 코로나19의 거버넌스와 중견국 외교
　　　라운드테이블 토론회 발표자료. 서울대 국제문제연구소.
김영호. 1999. "정보사회와 위험사회의 성찰." 『사회과학연구』 18. 배제대학교
　　　사회과학연구소.
김종성. 2007. "한국의 보조·보좌기관 구분에 대한 비판적 검토." 『한국행정학보』 41(3).
보건복지부. 2019. 『감염병 재난 위기관리 표준매뉴얼』
보건복지부·국립보건원. 2003. "[보도자료] '03년 전반기 사스 방역 상황 종료." 2003.7.7.
보건복지부·질병관리본부. 2018. 『제2차 감염병 예방관리 기본계획: 원헬스(one health)
　　　기반공동 대응체계 강화 2018~2022』
오일석. 2016. 『입법과정의 이론과 실제』 서울: 홍문관.
오일석·조은정. 2020. "코로나19 백신 확보와 안정적 분배 방안." 국가안보전략연구원
　　　전략보고 제105호.
이원우. 2009. "행정조직의 구성 및 운영절차에 관한 법원리-방송통신위원회의 조직성격에
　　　따른 운영 및 집행절차의 쟁점을 중심으로." 『경제규제와 법』 2(2).
이주원. 2020. "질병관리청 공식 출범...정은경 청장 코로나19 극복 최우선 과제." 『서울경제』
　　　2020.9.14.
이재은. 2006. "포괄적 안보 개념 하에서의 국가 위기관리 법제화의 의의와 내용 분석."
　　　『한국위기관리논집』 2(2).
이현수. 2013. "합의제 중앙행정관정의 조직법적 쟁점-민주적 책임성의 관점에서."
　　　『공법연구』 41(3).
이희훈. 2008. "집회시 경찰권 행사의 법적 근거와 한계: 객관적 수권조항을 중심으로."
　　　『경찰학연구』 8(3). 경찰대학.
장노순. 2014. "생물안보와 안보전략의 이중구조: 생물무기의 방어수단과 공격대상으로서의
　　　함의." 『국제문제연구』 14(4): 149-178.
진달래. 2020. "불 항모, 승조원 10명 중 4명이 코로나19 감염." 『한국일보』 2020.4.18.
질병관리청 홈페이지 http://www.cdc.go.kr/contents.es?mid=a20804000000
허태회·이희훈. 2013. "위기관리와 국가안전보장회의-법·제도적 고찰." 『한국위기관리논집』
　　　9(1).
헌법재판소 1992. 2. 25. 89헌가104(전원재판부).

헌법재판소 2009. 2. 26. 2005헌마764 등.

헌법재판소 2017. 3. 10. 결정 2016헌나1 (판례집 29-1), p.50.

홍완식. 2013. "안전권 실현을 위한 입법정책." 『유럽헌법연구』 14. 유럽헌법학회.

Alsan, Marcella, David E. Bloom, and David Canning. 2006. "The effect of population health on foreign direct investment inflows to low- and middle-income countries." *World Development* 34(4): 613-630.

Anderson, Mark. 2014. "Ebola: Airlines Cancel More Flights to Affected Countries." *Guardian* (Aug. 22, 2014).

Bolton, John. 2001. "Remarks to the 5th Biological Weapons Convention RevCon Meeting." Nov. 19. (http://www.state.gov/t/us/rm/janjuly/6231.htm)

Burns, Andrew et al. 2006. *Evaluating the Economic Consequences of Avian Influenza.* (Report No. 47417). Washington, DC.

Chyba, Christopher F. 1998. *Biological Terrorism, Emerging Diseases, and National Security.* New York: Rockefeller Brothers Fund Project on World Security.

Coyne, John and Paul Barnes. 2018. *Weapons of Mass (Economic) Disruption: Rethinking Biosecurity in Australia.* Australian Strategic Policy Institute.

Fidler, David P. 2003. "Public Health and National Security in the Global Age: Infectious Disease, Bioterrorism, and Realpolitik." *George Washington Law Review* 35: 787-856.

Fidler, David P. and Lawrence O. Gostin. 2008. *Biosecurity in the Global Age: Biological Weapons, Public Health and the Rule of Law.* Stanford: CA, Stanford University Press.

Gostin, Lawrence O. 2002. "Public Health Law: A Renaissance." *Journal of Law, Medical and Ethics* 30: 53-80.

Hodge, James G. Jr. and Kim Weidenaar. 2017. "Public Health Emergencies as Threats to National Security." *Journal of National Security Law and Policy* 8: 81-94.

Merson, Michael H. Robert E. Black and Anne J. Mills.(eds.) 2012. *Global Health: Diseases, Program, Systems, and Policies.* Burlington, MA.: Jonces & Bartlett Learning.

National Intelligence Council. 2000a. *National Intelligence Estimate: The Global Infectious Disease Threat and Its Implications for the United States.* Washington, D.C., NIE 99-17D. http://www.dni.gov/nic/PDF_GIF_otherprod/infectiousdisease/infectiousdiseases.pdf

_____. 2000b. *The Global Infectious Disease Threat and Its Implication for the United States,* NIE 99-17D.

_____. 2002. *The Next Wave of HIV/AIDS: Nigeria, Ethopia, Russia, India and China.*

Osterholm, Michael T. and John Schwarz. 2001. *Living Terror: What America Need to know to Survive the Coming Bioterrorist Catastrophe.* New York, NY: Delta.

Paris, Roland. 2001. "Human Security: Paradigm Shift or Hot Art?" *International Security* Fall: 87-102.

The World Bank. 2018. World Development Indicators. http://databank.worldbank. org/data/reports.aspx?source=world- development-indicators

UNAIDS. 2002. *Report on the Global HIV/AIDS Epidemic 2002.*

U.S. Department of State. 1995. U.S. *International Strategy on HIV/AIDS.* publication number 10296, Washington, D.C. http://dosfan.lib.uic.edu/ERC/environment/ releases/9507.html

White House. 2004. *Homeland Security Presidential Directive 10 and National Security Directive Presidential 33: Biodefense for the 21st Century.* Washington, D.C. April 28. http://www.whitehouse.gov/homeland/20040430.html

WHO. 1946. Constitution.

_____. 1996. World Health Report 1996: Fichting Disease, Fostering Development.

제4장   코로나19 위협과 국방 차원의 대응

부형욱(국방연구원)

* 본고는 『군사논단』 제103호(2020년 가을호, 38-58)에 게재된 필자의 논문 "비전통 안보위협의 부상과 국방차원의 대응방향"을 단행본 발간을 위해 수정한 것임을 밝힌다.

I. 서론

그동안 국방 분야에서도 전통안보문제와는 다른 새로운 안보위협, 예를 들자면, 사이버 테러, 기후변화, 난민, 에너지, 식량 등 다양한 이슈가 논의되어왔다. 학계에서는 감염병도 주요 안보 이슈로 인식하고 이와 관련하여 국제사회와 개별 국가들의 지속적인 관심과 대비가 필요하다고 주장해왔다. 그러나 대부분의 전문가들조차 감염병 위기가 코로나19 수준의 팬데믹(pandemic)으로 이어질 수 있다는 것에 대해서는 막연한 가능성만 염두에 두고 있었던 것으로 보인다. 그러나 코로나19 위기는 안보 전문가들조차 놀랄 정도의 심대한 파급력을 지닌 안보 사안이 되어버렸다. 본고는 그동안 진행된 안보위협 논의 중에서 상대적으로 덜 논의되었던 감염병 위기가 우리의 위기 거버넌스 및 국방 차원에 어떤 도전을 제기하고 있는지 검토하고, 그 속에서 국방이 어떤 역할을 해야 하는지 논의하고자 작성되었다.

코로나19 사태는 한국의 위기 거버넌스 점검 필요성과 감염병 위기에 대응하는 국방의 역할을 새롭게 환기시키고 있다. 우리의 위기관리체계 구축 노력은 2004년 대구지하철 화재를 계기로 시작되었다. 올해는 우리가 국가 차원의 위기관리체계 정립을 위한 노력이 시작된 지 18년째 되는 해이다. 한국의 위기 거버넌스가 제대로 작동하고 있는지 점검해야 할 시기가 도래했고, 우리의 위기 거버넌스 속에서 국방의 역할도 되짚어봐야 할 때가 되었다.

일각에서는 코로나19 사태에서 2020년의 K-방역의 성공으로 한국의 위기 거버넌스가 지닌 문제점이 적절히 조명되지 못하고 있으며,[1]

---

1   2020년 방역에는 성공했지만 백신 접종에는 뒤처지는 아시아 국가들의 아이러니한 상황에 대한 기사가 속속 등장하고 있다(장서우 2021).

여기에 덧붙여 감염병 위기가 국가안보 사안으로 확장되는 상황에서 국방의 역할이 어떤 것이어야 하는지에 대한 공감대가 형성되지 못하고 있다는 문제를 제기하고 있다. 본고에서는 이러한 이슈를 하나씩 짚어볼 것이다. 논의의 순서는 보건안보 차원에서 감염병 사태를 조명하고, 감염병 위기에서 국방의 역할에 대해 주로 논의한 후, 위기 거버넌스 차원의 주요 이슈를 검토하는 순으로 진행된다.

II. 감염병, 보건안보적 접근

1. Unknown Unknown사태로서의 감염병

그동안 우리는 위기발생 빈도와 관련하여 사실상 낙관적인 가정을 해왔다. 위기발생이 정규분포를 이룰 것이며, 극한적인 위기발생 가능성은 매우 낮을 것이라고 봐왔다는 얘기다. 그러나 실제로 통상적이지 않은 위기(X-event)는 팻 테일 분포(fat-tailed distribution)를 이룬다고 알려지면서 이러한 가정이 잘못되었다는 것이 밝혀지고 있다.[2] 팻 테일 분포는 정규분포와는 달리 극한치의 발생확률이 매

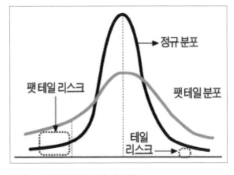

그림 4-1 팻 테일 분포와 정규분포

---

2   이를테면 존 캐스티(John Casti)의 저서 *X-Events*에서 서술하는 사례들을 예로 들 수 있다. 자세한 논의는 필자의 논문(부형욱·최수온 2014)을 참고하면 된다.

우 높아지는 확률분포다. 팻 테일 분석에 따르면, 통상적인 확률로는 상상하기 어려운 극한 사건이 생각보다 자주 발생하며, 그 이유는 실제 위기발생의 확률분포가 우리가 상정하는 분포와 다르기 때문이다. 대유행의 가능성이 있는 감염병 발생이 많아지는 것처럼 느껴지는 이유가 다 있었던 것이다.

21세기 들어 대유행(Pandemic) 우려가 있는 감염병 사태가 유독 많아지고 있다. 사스(SARS), 신종플루(H1N1), 에볼라(Ebola), 메르스(MERS), 지카(Zika) 바이러스 등이 그것이다. 인간에게 전염되지 않는 병원체였지만 구제역, 아프리카 돼지열병도 심각한 사안으로 다뤄졌다. 이번엔 코로나19라는 변종 감염병이 발생했다. 오늘날의 감염병은 세계화와 발달된 교통수단, 활발한 인적 왕래로 빠르게 확산되는 측면이 강하다. 전문가들은 새로운 바이러스에 의한 감염병이 세계 어디선가 매년 반복될 수 있는 것임을 받아들여야 한다고 주장한다. 지진이나 화재처럼 말이다.

언제, 어디서 발생할지는 모르지만 늘 발생하기 마련인 위기 유형을 KU(Known Unknown) 사태라고 한다. 럼스펠드(Rumsfeld) 전 국방장관은 재임 시, 미래 상황은 Known(K), Known Unknown(KU), Unknown Unknown(UU) 상황으로 분류할 수 있다고 주장한 바 있다. 미 해군 대학원의 데닝(Denning)은 이를 위기관리와 연결시키면서 위기를 K사태, KU사태, UU사태로 범주화하였다(Denning 2006). K사태는 언제, 어디서, 무엇이 발생할지 예측 가능한 상황이며, 각 상황별로 무엇을 해야 하는지를 알고 있는 상태이다. 다음으로 KU사태는 어떤 상황이 발생할지는 알고 있으나, 언제 어디서 발생할지는 모르는 상황으로 보았다. 마지막으로 UU사태는 언제, 어디서, 무엇이 발생할지 모르는 상황이다. 통상적인 전염병은 KU사태이다. 그러나 KU사

태가 초래하는 부정적 영향의 범위와 강도가 커지거나 위기에 영향을
받는 국민들의 수가 커지게 되면 KU사태가 UU사태로 발전된다고 보
았다(부형욱 2009). KU상황이 UU상황으로 이행되지 않도록 하는 것
이 국가위기관리의 핵심이 되고 있다.

아쉽게도 코로나19는 빠른 속도로 UU사태로 이행되었다. 2022년
3월 현재, 전 세계적으로 600만 명이 넘는 사망자를 발생시키고 있는
것이 코로나19이다. 과거에도 감염병이 확산되어 UU상황으로 이행된
사례가 있다. 우리가 잘 알고 있듯이 근세에 가장 많은 인명피해를 안
겨준 1918년의 스페인 독감이 그것이다. 스페인 독감은 1차 세계대전
중에 발생하여 전쟁이 끝나고 고향으로 돌아간 병사들과 함께 바이러
스가 세계적으로 퍼졌다. 결과적으로 세계 대전으로 인한 사망자 수와
맞먹는 약 5천만 명의 사망자를 기록하고 잦아들었다. 인간의 이동이
바이러스의 이동을 촉진한다. 국가 간 상호의존이 심화되었기 때문이
다. 코로나19가 어떻게 해서 중요한 안보 사안이 되었는지, 무엇 때문
에 초기 대응이 늦어졌는지에 대해 항을 나누어 논의한다.

2. 안보사안으로서의 감염병

코로나19 발생 초기에 이를 안보 차원의 사안으로 받아들인 나라는 없
었다. 중국에서도 그랬다. 상황이 걷잡을 수 없이 악화되기 전까지 우
한의 코로나19는 그냥 지나가는 유행성 감염병의 하나로 간주되었다.
그러나 상황이 지속적으로 악화되자 중국 정부의 대응이 달라졌다. 우
한에서의 코로나19 확산세와 이에 대응하는 중국 정부의 비밀주의적
이고 권위주의적인 대응을 보고 많은 논평가들은 우한이 시진핑의 체
로노빌이 될 가능성이 있음을 경고하였다.[3] 공산주의 사회 특유의 문

제점, 즉 위기발생 이후의 복잡한 조직과정, 책임전가, 관료적 의사결정 등으로 상황이 통제불능 상태로 빠져들 것이라고 봤기 때문이다. 그들은 이러한 상황에 이르면 시진핑 주석도 상당한 정치적 타격을 받을 것이라고 전망했다.[4] 중국 상황의 심각성이 알려지고 실제로 바이러스

---

3   코로나19 발생 초기에 많은 전문가들은 우한과 체르노빌이 얼마나 유사한지 살펴보는 것에 집중하였다. 소련이 체르노빌 사태 대응에 있어 보여준 실수와 시진핑의 중국이 보여준 실수를 병치하는 분석이 주를 이루었다. 체르노빌에서와 같이 우한에서도 중앙집권적이고 통제 위주인 시스템 하에서 적시적인 대응의 기회는 점점 사라졌다는 것이다. 개혁 개방을 외치며 매사에 투명성을 강조하던 고르바초프였지만 체르노빌 사태에서는 속수무책이었고, 너무나 엄청난 상황 하에서 적절한 대응책을 찾지 못하다가 사태를 키웠던 것처럼 중국도 그렇게 될 가능성이 높다는 평가가 많았다.

참고로 체르노빌 사태의 간략한 요약은 다음과 같다. 1986년 4월 26일 새벽, 체르노빌 원자력 발전소의 4번 원자로가 폭발했다. 고르바초프는 당일 저녁이 되도록 제대로 된 보고를 접하지 못했다. 그는 현장의 목소리를 듣지 못하고 관료적 프로세스를 통해 올라온 허위 보고에 기반하여 상황을 인식하고 있었다. 고르바초프가 공개석상에 나타나 유감을 표한 것은 사건 발생 18일이 지난 시점이었다.

당시 사태 대응 상황을 보면 소련 체제가 얼마나 적응력이 없었는지 알 수 있다. 주민 소개는 10일 후에나 결정되었고, 소방대원들과 사건 대응 팀들은 방사능에 무방비 상태로 현장에 투입되어 사망자를 증가시켰다. 즉각적으로 40여 명에 이르는 사망자가 발생하였고 60만 명에 이르는 사람들이 간접적으로 방사능에 노출되었다. 이 중 4000여 명이 얼마간의 시간이 지난 후에 암이 발병하였다. 체르노빌 사태가 소련에 가한 충격은 상상 이상이었다. 고르바초프 자신도 체르노빌 사태를 겪으면서 페레스트로이카·글라스노스트 정책을 더 이상 미룰 수 없다고 굳게 결심하였다. 결국 체르노빌 이후 5년 만에 소련은 붕괴한다.

4   Topaloff(2020). 그러나 후에 중국의 코로나19 대응이 성공적인 것으로 밝혀지면서 Topaloff의 견해는 빗나갔다. 그럼에도 코로나19 사태 발생 초기에 보여준 중국 당국의 대응에 많은 문제가 있었다는 점은 지적되어야 할 것이다. 우한시 당국자들은 사건을 은폐하였고, 중앙에서는 지방정부의 거짓 보고를 기반으로 잘못된 결정을 내렸다. 그리하여 초기 진압의 골든타임을 놓쳐 대규모 인명 피해가 발생했다. 상황이 악화되자 중국 정부는 우한시 및 후베이성을 봉쇄하는 초강수를 두었고, 드론을 활용한 주민 감시를 실시하는 등 인권 침해적 조치도 취했다. 또 정보의 자유로운 유통을 막고 SNS 등에서 우한시의 상황을 알리는 사람들에 대한 통제도 실시하였다. 우한시에서 코로나 바이러스 감염자를 최초로 치료하고 우한시의 부적절한 대응을 비판하던 의사 리웬량을 처벌하는 등의 조치가 외부로 알려지기도 했다. 중국 정부에 대한 비판은 점차 거세졌다. 더구나 리웬량이 사망한 사실이 알려진 이후에는 민심은 걷잡을 수 없이 악화되었다.

가 중국을 넘어 국제적으로 확산되자 많은 나라들이 우리의 NSC(국가 안전보장회의)와 유사한 회의를 소집했다. 우리나라도 예외가 아니었다. 코로나19 사태로 감염병은 이제 우선순위 높은 국가안보 사안이 되었다.

대규모 감염병을 보건안보적 시각에서 바라보는 것은 어제오늘의 일이 아니다. 그렇지만 코로나19 사태 이전에는 우리 안보 커뮤니티에서 보건안보문제를 절박한 심정으로 논의하지 않았다. 그동안 우리는 보건안보를 지나치게 경성안보(hard security)문제로 봐왔던 것이다. 안보 차원에서 보건안보 하면 북한에 의한 생물테러를 떠올리는 것이 현실이었다. 보건안보가 경성 이슈에 편중되어 논의된 연유가 있다.

탈냉전 이후 신흥 안보이슈가 부상했지만 이를 담당하는 정책당국자는 여전히 과거 냉전기에 안보를 다뤘던 사람들로 채워져 있었다. 예를 들면, 리비키(Libicki)는 과거에 핵전략을 다뤘던 이들이 21세기에 들어서 사이버 안보 분야의 논의에 영향을 미치면서 부작용을 양산하고 있다고 비판한 바 있다(Libicki 2014). 보건안보 분야에서도 비슷한 일이 일어났다.

오바마 행정부 시절 한미는 생물방어연습(Able Response)에 열심이었다. 한미 간 생물방어연습은 2011년부터 시작됐다. 연습의 주된 부분은 테러리스트가 생물무기를 사용했을 때 한미가 어떻게 대응할 것인가에 대한 것이었다. 오바마 행정부는 생물방어와 관련하여 한국을 중요한 파트너로 삼았다. 한미 연합연습인 생물방어연습에 이어 2015년에 글로벌보건안보구상(GHSA)회의를 서울에서 개최하게 한 것을 보면 알 수 있다. 생물방어연습이 오바마 행정부 기간 중 강조되었던 배경에는 앤드류 웨버(Weber) 차관보가 있다. 그는 2009년에 미 국방부 화생방 방어 차관보로 임명되었다. 생물방어연습을 전격적으로 실시하게 된 것이 그의 영향력 때문이라는 것은 잘 알려져 있다. 웨버는 도시화가 극적으로 진행되고 인구밀도가 높은 한국 사회가 생물위기에 취약하다고 생각했던 것으로 보인다. 많은 수의 미군이 주둔하고 있기 때문에 자국군 보호 차원에서도 평소에 연습이 필요하다고 생각한 것 같다.

웨버는 냉전 종식 이후 스테프노고르스크(Stepnogorsk)에 있던 구소련의 생물무기 생산시설 해체를 주도한 사람이다. 그 경험이 그가 생물무기의 위험성에 몰두하게 된 계기가 되었을 것으로 추정된다. 웨버는 재임 기간 동안 생물방어연습을 지속적으로 강조했고, 그에 의해 미국의 보건안보는 물론 한국의 보건안보문제도 주로 경성안보 이슈 중심으로 다뤄졌다. 실제로 미국의 글로벌보건안보구상에 미 국무부와 질병관리본부가 참여했지만 국방부 차관보였던 웨버의 영향력이 컸었다. 이런 연유로 우리 안보 커뮤니티 내에서는 보건안보라 하면 자연스레 북한에 의한 생물테러를 떠올리며, 생물방어연습과 웨버 차관보를 기억하게 되었다. 그런데 코로나19 사태를 접하고 보니 이건 현실과 다소 동떨어진 문제인식이었음이 드러나고 있다. 보건안보에서 감염병 대유행이 제대로 논의되지 않았기 때문이다.[5]

---

5 당시 미국이 바이오 테러에 대한 관심을 보였던 이유를 생각해보건대, 보건안보에 대한 정치적 지지 또는 예산확보 투쟁을 고려하고, 사회의 관심을 끌기 위해 생물테러와 같은 이슈를 선택했던 것으로 보인다. 생물테러가 청중을 끌어 모으는 데 유리하다는 판단을 했을 것이다. 그러나 너무 바이오테러에 치중하다보니 팬데믹 상황에 대한 집중도가 떨어졌던 것이다. 또한 팬데믹 상황에 대한 대비를 하는 데는 너무나 많은 재원이 소요되기 때문에 정치적 실현 가능성도 없었을 것이다. 이 때문에 보건안보에 대한 초점이 생물테러 등 경성안보 이슈와 연관되어 논의되는 추세에 큰 변화는 없었다. 트럼프 행정부 들어와서도 글로벌 보건안보에 관한 관심이 계속되었지만 결과적으로 과거의 보건안보에 관련된 정책적 초점이 잘못되었던 것에는 변화를 주지 못했다. 하지만 현재 코로나를 겪으면서 새롭게 각성이 이루어지고 있다.

미국은 2019년에 감염병을 포함한 보건안보적 도전에 대처하기 위해 보건안보전략서(Global Health Security Strategy)를 발표했다. 국제적 보건안보 역량을 향상시키는 데 도움을 주고, 미국의 보건안보 역량을 향상시키겠다는 전략이다. 어느 한 국가만 잘 한다고 보건안보적 도전이 해소되는 것이 아니기 때문에 보건안보전략은 기본적으로 국제적 협력을 전제로 하는 것임을 동 전략서는 강조하고 있다. 미국은 국가안보전략(NSS), 국가생물방어전략(National Biodefense Strategy, NBS)과 관련된 대통령의 행정명령과 유기적으로 연계하여 미국의 보건안보 역량을 강화시킬 계획이라고 밝힌 바 있다.

그러나 이러한 전략들이 작성되고 집행되었음에도 미국은 코로나19 대응에 무력한 모습을 보여주었다. 그 이유 중 하나로 보건안보 개념이 균형 있게 정립되지 않았기 때문이라는 평가가 나온다. 물론 이것은 미국만의 문제가 아니다. 우리의 위기관리체계도 보건안보에서 생물테러 분야만 비대칭적으로 강조되었다. 안보 차원의 이슈가 될 정도의 팬데믹 상황은 중요하게 고려되지 못했고, 그 이유는 미국의 경우와 유사했던 것으로 보인다. 우리의 경우에도 보건안보 관련 전략을 작성할 때 생물테러 위협을 강조하는 것이 정치적 충격요법으로서는 활용도가 높다고 보았기 때문이라는 것이다. 코로나19 사태는 경성안보에 집중된 안보 커뮤니티의 편협한 시각에 경종을 울려주었다. 감염병, 대규모 재난, 기후변화, 인도주의적 위기 등 안보개념의 확장을 입으로만 떠들어왔음이 드러났다. 국가위기관리를 논하던 모든 이들이 반성해야 할 것이다.

군사적 의미에서 감염병은 병사들의 전투력 유지에 있어서 중요한 부분으로만 고찰되어 왔다. 그러나 확대된 안보 개념에서는 인명 피해, 경제적 손실, 사회적 혼란과 정부의 신뢰도 저하 등의 측면에서 고

찰된다. 우리 국민들도 감염병에 대한 위협을 국가안보와 비슷한 정도
의 위협으로 간주하고 있다. 2011년 구제역 사태로 입은 경제적 손실
이 2조 원이 넘는 것으로 추정되었다. 이번 코로나19 사태로 입을 인명
피해와 경제적 손실은 아직 가늠하기조차 힘들다. 이번 코로나19 사태
가 어느 정도 안정화되면 안보와 위기관리를 재정의하는 노력을 시작
해야 한다는 분위기가 형성되고 있는 것은 이런 맥락에서 본다면 의미
있는 일이다.

III. 팬데믹 상황에서의 위기 거버넌스와 국방의 역할

현대의 위기상황이 요구하는 정책문제는 복잡하고 다차원적이어서 일
개 정부 부처, 또는 정부 혼자서 해결할 수 없는 경우가 많다. 팬데믹은
바이러스 네트워크와 이에 대응하는 위기대응 네트워크 간의 싸움이
본질이다. 사태 발생 초기의 골든타임을 잘 보내야 상황을 효과적으로
관리할 수 있다. 이 기간 동안 위기대응 네트워크를 제대로 구성해야
한다.

1. 위기대응을 위한 네트워크 거버넌스

위기대응 네트워크를 논의할 때 두 가지의 상이한 방향성을 관찰할 수
있다. 국가의 역할을 중시하는 시각과 민간과의 네트워킹을 중시하는
시각이 그것이다. 위기대응에 있어 국가의 역할을 주로 강조하는 시각
에서는 대상집단에 대한 고려가 제한적이다. 민간을 통제나 동원의 대
상으로 보는 측면이 강하다. 대다수의 국가가 이러한 패러다임에 의거

하고 있으며, 우리도 예외가 아니다. 이런 이유로 우리의 위기대응 체제는 '명령통제 패러다임'에 의거해 있다고 평가할 수 있다. 명령과 통제 패러다임에 의하면 위기대응을 위한 '모든 권한과 의사결정을 행사하는 최고 의사결정기구를 만들고 모든 정부부처가 이 기구의 명령에 일사분란하게 움직이는 관리체계를 의미'한다. 이러한 체제의 구체적 운영 양태는 다음과 같다.

> 각각의 조직은 최고의사결정기구의 명령을 수행하는 대행기관으로서의 역할을 수행한다. 명령과 통제 패러다임은 분명한 위계구조를 가지고 있으며, 중앙 집중화된 계획, 과정, 의사소통 체계 속에서 작동된다. 이러한 조직관리 방식의 장점은 각 조직이 하는 일에 대하여 명확한 책임성과 통제력을 확보할 수 있다는 것이다(김은성·정지범·안혁근 2009, 13).

물론 이러한 명령통제 패러다임이 대부분의 위기 시 효과를 발휘한다. 혼란 상황을 극복하는 데는 일사불란한 명령체계와 집행체계가 필요하기 때문이다. 우리나라를 포함한 많은 나라의 경우에서 명령통제 패러다임이 부각되고 정책대상 집단의 역량을 활용하는 측면이 중시되는 모습을 보이는 것은 이러한 이유 때문이다. 〈그림 4-2〉에서 보듯 우리나라의 감염병 위기대응체제는 주로 정부 차원의 조직체 위주로 작동되는 것을 상정하고 있다.

명령과 통제 패러다임의 반대 쪽에 네트워크 거버넌스 패러다임이 있다. 이 패러다임은 명령과 통제 패러다임의 문제점을 극복하기 위해 제안되고 있다. 네트워크 거버넌스는 이질적 참여자, 다조직 간의 협력에 의한 위기대응을 상정한다고 볼 수 있다. 이러한 상황에서 기존

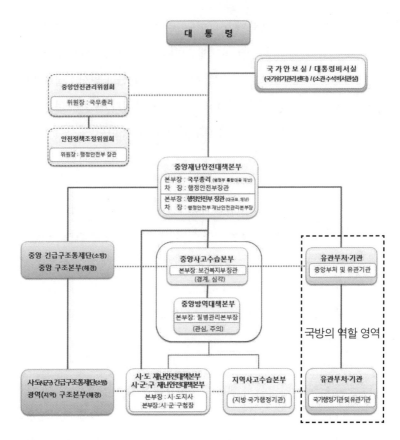

그림 4-2 감염병 위기 시 대응체계와 국방의 역할 영역[6]

출처: 보건복지부(2019, 10) 일부 수정.

의 관료주의적 명령과 통제의 효력은 떨어진다고 보는 것이다. 네트워크 거버넌스와 명령통제 패러다임의 작동방식을 개념적으로 구분해보면 〈그림 4-3〉과 같다. [6]

6   본 체계도는 감염병 위기가 심각단계로 격상되었을 때의 모습이다. 정부 차원에서 구성되는 조직체는 위기상황이 관심~심각 단계마다 다르다. 위기단계별 대응체계의 주요 내용은 다음 그림과 같다.

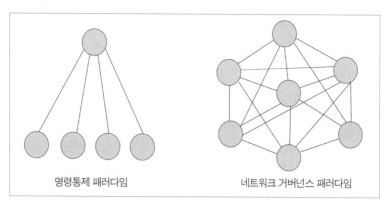

명령통제 패러다임   네트워크 거버넌스 패러다임

그림 4-3 명령통제 패러다임과 네트워크 거버넌스 패러다임 비교

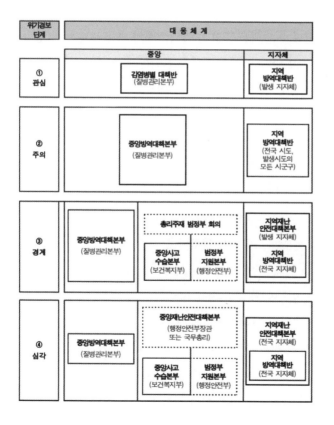

네트워크 거버넌스 패러다임에 의거한 위기대응체제는 복잡화되고 대형화 가능성이 높아가는 미래의 위기상황에 대한 대응에 명령통제 패러다임보다 효과적일 것으로 추정할 수 있다. 사회적 지능을 활용하고, 자원확보의 효율성을 담보할 수 있다는 장점도 있다. 그러나 책임소재가 불분명할 가능성이 있고, 적시성을 담보하기 곤란하다는 문제를 안고 있는 것도 사실이다. 또한 네트워크 거버넌스가 강조된 이면에는 위기관리 분야에 대한 감축관리의 의도도 있었다. 감축관리로 정부의 규모와 권한이 지속적으로 축소압력을 받는 것은 전 세계적인 현상이며, 우리의 위기대응체제도 이러한 맥락에서 지속적으로 축소되었다.

그러나 위기대응 소요는 조직체계의 축소와는 반대 방향으로 계속 증가하고 있다. 이러한 상황을 감안할 때 정부는 수많은 사회조직들의 네트워크를 통해 위험정보를 수집하고 상황발생 시 이들과 함께 대응하는 체계를 구축할 수 있는 방안을 강구해야 한다. 이런 측면에서 주로 명령통제 패러다임에 의거하여 위기대응체제를 설계하고 보조적 차원에서 네트워크 거버넌스 패러다임을 활용하는 방식의 절충안을 도출하는 것이 더욱 중요한 이슈가 되고 있다.

위기대응을 위한 네트워크 거버넌스 구축과 관련하여 유념해야 할 것은 정부가 하나에서 열까지 모두 하려 해서는 안 된다는 점이다. 전문가가 부족하고(under-staffed), 예산이 뒷받침되지 못하고(limited budget), 법규도 애매하니(ambiguous legislation), 정부 혼자서는 힘이 부친다. 과거 미국에서 침체에 빠진 위기관리조직을 쇄신하기 위해 정부와 민간 간의 네트워킹을 추진했는데, 대표적 성공사례로 미 연방위기관리청(FEMA)과 월마트(Wal-Mart) 간에 업무를 제휴했던 사례를 참고할 필요가 있다. 이와 같이 위기대응을 위한 네트워크 거버넌스 역량 확충은 정부의 부족한 체력을 보강하는 중요한 수단이 된다.

2. 팬데믹 위기와 급조 네트워크(Hastly Formed Network)

위기관리 연구자들은 위기대응 네트워크를 급조할 수 있는 능력이 중
요하다고 본다(Denning 2006). 긴박한 상황에서는 어느 정도의 즉흥
성 게재도 허용할 수 있다. 미국의 위기관리 사례를 보면 다양한 행위
자들이 위기대응 네트워크에 포함된다. 앞서 언급한 바와 같이 위기
시, 월마트, 홈디포 등 민간 유통업자들을 활용하거나 자원봉사자와 지
역사회, 군을 위기대응 네트워크에 포함시키는 사례를 많이 찾아볼 수
있다. 정부가 중심을 잡고 민간과 군의 역량을 활용하는 '급조 네트워
크'가 제대로 작동되면 정부가 신뢰를 확보할 수 있다. 대중이 정부의
역량을 신뢰하게 되면 모든 선순환이 시작된다. 악의적이고 분열적인
루머나 부정적인 무리 짓기(milling) 현상이 줄어들고, 실효성 있는 위
기 대응이 시작되는 것이다.

　감염병에 대응하는 것과 다른 종류의 국가적 위기에 대응하는 것
은 근본적으로 같은 종류의 도전이다. 명확한 상황 정의, 결정의 신속
성, 유효한 조치의 적시성이 요구되는 위기관리의 성공요인이 감염병
에서도 동일하게 요구된다. 코로나19 바이러스 사태는 우리의 방역체
계, 위기관리 역량에 대한 도전을 주었다. 지난 1년여의 기간 동안 우
리는 방역망을 공고히 하고 사태를 진정시킬 수 있느냐 여부에 따라
정부의 신뢰성이 크게 변화되었음을 잘 보아왔다.

　계속 확장하려는 바이러스의 네트워크를 통제해야 팬데믹이 종료
된다. 그러나 재난의 정치화로 인해 비난할당과 희생양 찾기라는 함정
에 쉽게 빠지는 경우가 다수이다. 위기가 닥치면 정부에 대한 비난이

증가하면서 신뢰도가 저하되는 현상이 늘 발생했다. 미국 사례를 보아도 호평받았던 위기대응 사례는 거의 없었다. 정부 관료제는 그 속성상 잘 정의된 문제를 안정적으로 다루지만 위기상황에서 신속한 대응은 어려울 때가 많다. 그래서 대중의 불만은 어찌 보면 불가피하고 언론의 비판도 일정 부분 피할 수 없는 측면이 있다. 이런 비생산적인 것에 시간과 노력을 허비해선 안 된다.

정부의 문제해결능력을 키우기 위해서는 시스템 전반의 기민성 (agility)과 적응성(adaptiveness)을 확보하여 위기 네트워크의 효율을 향상시켜야 한다. 하나의 위기는 다른 도메인에 영향을 준다. 감염병은 국경을 넘나든다. 감염병으로 인한 보건안보의 위기는 경제위기로 이행하며, 전략적 파급효과를 야기할 수도 있다. 이러한 도메인을 넘나드는 위기양상의 변화는 국가위기관리체계에 큰 도전이 되고 있다. 사회의 복잡성이 증대되며, 변화가 가속화되는 한국의 현실에서 도메인을 넘나드는 위기에 어떻게 대응할 것인가와 관련하여 코로나19가 주는 함의는 매우 크다.

학계에서 네트워크 거버넌스가 중시되고 있지만 현실에서는 국가적인 수준의 재난 사태 해결에 있어 국가의 역할의 중요성이 지속적으로 확인되고 있다. 물론 국민들의 참여나 사회 다른 분야들이 중요하지 않다는 것이 아니다. 결과적으로 다방면의 역할이 모두 중요한데 얼마나 이를 효율화할 것이냐의 문제이다. 이와 관련해서는 위계적인 네트워크(hierarchical network)가 중요하다는 연구도 나와 있다 (Moynihan 2008). 민간과의 네트워킹은 소통 비용이 높은 반면 위계적인 네트워크는 정부가 네트워크의 메인 허브가 소통의 중추 역할을 담당하기 때문에 효율적이라는 것이다. 이런 맥락에서 위기 거버넌스를 이야기할 때 위계적 네트워크의 효용성에 대한 재평가가 필요하다고 하겠다. 물론 정부의 역량만으로는 적시적이고 효과적으로 대응하는 데 어려움이 있다. 민간 역량을 효과적으로 활용해야 한다. 그러나 제일 중요한 것은 정부가 명확한 상황인식에 기반하여 국가적 노력의 통일을 견인해야 한다는 점이다.

거버넌스(governance) 개념은 기본적으로 국가만이 할 수 있는 거번먼트(government)에서 민간과 사회가 협치하는 현상을 설명하기 위해 나온 것인데, 아이러니하게도 이제는 거버넌스에서 국가의 역할을 새롭게 인식할 필요성이 나타나고 있는 것이다. 특히 감염병 위기 대응에 있어서는 정부를 중심으로 전 사회의 역량을 다 흡수해서 시너지를 일으킬 수 있는 노력이 필요하다고 할 것이다. 또 이것이 국제적으로 확산될 필요가 있다. 보건안보라는 것이 국제협력을 기본적으로 전제하고 있는 것이기 때문에 국가 간의 협력 네트워크가 효율적으로 구성될 필요가 있다. 국가는 이러한 협력의 확산을 촉진시키는 데서도 중요한 역할을 할 것이다.

3. 팬데믹 위기대응에 있어 국방의 역할

1) 감염병 위기 상황에서 군의 임무

통상적으로 코로나19 수준의 대형 감염병 위기에서 군의 역할은 두 가지로 나누어 고찰된다. 우선 감염병으로부터 스스로를 보호하는 데 주력해야 한다. 집단생활을 하는 군 내부에서 감염병이 확산되면 국가방위의 근간이 흔들리기 때문이다. 군의 전투력 보존 차원에서 중요한 조치가 기본이 되어야 한다는 것이다. 『감염병 재난 위기관리 표준매뉴얼』에서 국방부의 역할 중 제일 먼저 언급하고 있는 것이 군 인력에 대한 예방조치 시행인 것도 이 때문이다(그림 4-4 참조).

부처	주요임무			
	[관심] 질병별 대책반 운영 단계	[주의] 중앙방역대책본부 운영 단계	[경계] 중앙사고수습본부 운영 단계	[심각] 범정부적 총력 대응 단계
보건복지부 · 질병관리본부	· 감염병 대책반 운영 · 위기징후 모니터링 및 평가 · 역학조사 등 현장 방역 조치 · 24시간 긴급상황실 운영 지속 · 국가방역인프라 점검 · 대응지원 보완 및 필요인력 교육·훈련 · 국민 교육홍보 및 위기소통	· 중앙방역대책본부 운영 · 위기징후 모니터링 및 평가 지속 · 역학조사 등 현장 방역 조치 지속 · 24시간 긴급상황실 운영 지속 · 국가방역인프라 가동 (시설, 장비, 인력) · 유제기관 상호협력, 조정 체계 운영 · 대국민 교육홍보 및 위기소통 강화	· 중앙사고수습본부 및 중앙방역대책본부 운영 · 위기징후 모니터링 및 평가 강화 · 역학조사 등 현장 방역 조치 강화 · 24시간 긴급상황실 운영 강화 · 국가방역인프라 가동 강화 · 범정부적 대응체계 구축·운영 · 대국민 홍보강화 및 위기소통 강화	· 중앙사고수습본부 및 중앙방역대책본부 운영 강화 · 위기징후 모니터링 및 평가 강화 · 역학조사 등 현장 방역 조치 강화 · 24시간 긴급상황실 운영 강화 · 국가 모든 가용인력 파악 및 동원 · 범정부적 대응체계 구축·운영강화 지속 · 대국민 홍보강화 및 위기소통 강화
국가안보실	· 재난분야 위기 신고 파악, 보고 및 전파 · 재난상황 총괄 조정 및 초기 대응반 구성	· 재난분야 위기 신고 파악, 보고 및 전파 · 재난상황 총괄 조정 및 대응반 운영	· 재난분야 위기 신고 파악, 보고 및 전파 · 재난상황 총괄 조정 및 대응반 운영	· 재난분야 위기 신고 파악, 보고 및 전파, 상황 점검 · 재난상황 총괄 조정 및 후속 대응반 운영
대통령비서실	· 재난상황 초기 상황 대응	· 재난상황 파악, 대응	· 재난상황 파악, 대응	· 재난상황 파악, 및 후속 대응복구
국무조정실	· 동향 모니터링, 정부대처방향 검토	· 중앙행정기관 간 재난 대응 업무 협의·조정	· 중앙행정기관 간 재난 대응 업무 협의·조정	· 중앙행정기관 간 재난 대응 업무 협의·조정
행정안전부	· 지역별 동향파악 및 분석·보고·전파	· 지역별 동향파악 및 분석·보고·전파 · 주참가관 요청시 중앙·지역별 활동 점검 회의 개최	· 중앙재난안전대책본부 구성·운영 준비 · 주참가관 요청시 중앙·지역별 활동 점검 회의 개최	· (필요시) 중앙재난안전대책본부 구성·운영 · 주참가관 요청시 중앙수습본부 내 대책 조치(재대본장) · 지방자치단체의 현장대응파악·파견
소방청	· 이송체계 점검, 필요시 가동 지원	· 이송방역 지원 및 관련 상황 정보 전파	· 이송방역 지원 및 관련 상황 정보 전파	· 이송방역 지원 및 관련 상황 정보 전파
해양경찰청	· 해수면과 도서에서의 이송체계 점검, 필요시 가동 지원	· 해수면과 도서에서의 감염병 환자 이송체계 가동 지원, 감염병 환자 이송 정보 주참가관 신속 전파, 핵심불서 유지	· 해수면과 도서에서의 감염병 환자 이송체계 가동 지원, 감염병 환자 이송 정보 주참가관 신속 전파, 핵심불서 유지	· 해수면과 도서에서의 감염병 환자 이송체계 가동 지원, 감염병 환자 이송 정보 주참가관 신속 전파, 핵심불서 유지
농림축산식품부	· 국내외 가축질병 발생 동향 감시예찰 · 검역·검사 협조 등	· 국내외 가축질병 발생동향 감시예찰 강화 · 검역·검사 협조 등 · 가축방역협의회의 통제 위험 수준 평가	· 가축방역활동 강화 · 야생동물에 대한 수입금지 조치	· 가축방역활동 강화 지속 · 야생동물에 대한 수입금지 조치
환경부	· 주요 감염 야생동물 서식지 출입 및 역할활동 · 필요시 감염가능성 높은 야생동물의 이동경로파악조사 실시, 역학조사 등 실시	· 감염가능성 높은 야생동물의 이동경로와 개체군 조사 · 감염 가능성 높은 야생동물 정밀검사 및 역학조사 · 주요 감염 야생동물 서식지 출입 통제 및 역할활동 강화 · 환자·접촉자 폐기물 처리 관리	· 감염 가능성 높은 야생동물 서식지 및 주변지역 출입 통제 · 환자·접촉자 폐기물 처리 관리	· 감염 야생동물 이동 경로·확산 속도 검토를 통한 야생동물 집단 서식지 출입통제, 포획 등 대응 관리 · 환자·접촉자 폐기물 처리 관리
외교부	· 해외 감염병 정보 신속 입수 및 전파 · 재외국민에 감염병 예방 홍보 및 교육	· 해외 감염병 정보 신속 입수 및 전파 · 재외국민에 대한 감염병 예방 홍보 및 교육 · 해외 현지 조사·필요시 해당국 조조 요청 · 외국인 접촉자 등 추적조사 정보 제공 협조	· 해외 감염병 정보 신속 입수 및 전파 · 감염병 발생 국가의 재외국민에 대한 예방 교육 · 해외 현지 조사·필요시 해당국 조조 요청 · 외국인 접촉자 등 추적조사 정보 제공 협조	· 해외 감염병 정보 신속 입수 및 전파 · 감염병 발생 국가의 재외국민에 대한 예방 교육 · 해외 현지 조사·필요시 해당국 조조 요청 · 외국인 접촉자 등 추적조사 정보 제공 협조
국방부	· 군 인력에 대한 예방조치시행	· 군 인력에 대한 예방조치시행 · 군 인력 및 시설지원 준비태세 점검	· 군 인력 지원 및 군병원 활용 협조 · 군 인력 감염병 예방관리	· 군 인력 지원 및 군병원 활용 협조 · 군 인력 감염병 예방관리
교육부	· 학교 및 학원 등 감염병예방관리	· 학교 및 학원 등 감염병예방관리	· 학교 및 학원 등 감염병 예방관리 · 학교 휴교·휴업 및 학원 휴원 검토(휴교 결정시 맞벌이 부부 보육료들 등이 발생하지 않도록 연계대책 마련)	· 학교 및 학원 등 감염병예방관리 · 학교 휴교·휴업 및 학원 휴원 검토(휴교 결정시 맞벌이 부부 보육료들 등이 발생하지 않도록 연계대책 마련)
법무부	· 교도소 등 수용·보호시설 감염병 예방·관리	· 내·외국인 출입국기록 제공 등 지원 · 교도소 등 수용·보호시설 감염병 예방·관리	· 내·외국인 출입국기록 제공 등 지원 · 출입국관리 강화 대책 강화 · 교도소 등 수용·보호시설 감염병 예방·관리	· 내·외국인 출입국기록 제공 등 지원 · 출입국관리 강화 대책 강화 · 교도소 등 수용·보호시설 감염병 예방·관리
국토교통부	· 항공, 철도, 버스 등 종사자 및 승객에 대한 예방관리	· 항공, 철도, 버스 등 종사자 및 승객에 대한 예방관리 · 다중이용 교통시설 종사자 및 승객 방역 활동 · 다중이용시설 승객 관련 접촉자 조사 협조	· 필요시 항공기 감편 내지 운항 조정 등 · 다중이용 교통시설 종사자 및 승객 방역 활동 · 다중이용시설 승객 관련 접촉자 조사 협조	· 필요시 항공기 감편 내지 운항 조정·제한 · 다중이용 교통시설 종사자 및 승객 방역 활동 · 다중이용시설 승객 관련 접촉자 조사 협조
해양수산부	· 선박 종사자 및 승객에 대한 예방관리	· 선박 종사자 및 승객에 대한 예방관리 및 홍보 지원	· 여객선 감편 내지 운항 조정 지원 · 선박 종사자, 여행객에 대한 방역 활동 지원	· 여객선 감편 내지 운항 조정 지원 · 선박 종사자 여행객에 대한 방역 활동 지원
고용노동부	· 사업장 감염병 예방관리 계획 수립	· 사업장 감염병 예방관리 계획 수립 및 산업보건관리 단체와 관련 정보 공유	· 사업장 감염병 예방관리 및 홍보	· 사업장 감염병 예방관리 및 홍보 강화
산업통상자원부	· 기업 업무지속계획(BCP) 수립	· 기업 업무지속계획(BCP) 수립	· 기업 업무지속계획(BCP) 가동 준비	· 기업 업무지속계획(BCP) 가동
문화체육관광부	· 해외 여행실 감염병 예방 홍보	· 발생감염병 정보제공 및 주의사항 홍보	· 발생감염병 정보제공 및 주의사항 홍보	· 발생감염병 정보제공 및 주의사항 홍보
식품의약품안전처	· 감염병 무분 의심 (수입)식물 검사	· 감염병 치료제 등 신속 허가검정 방안 검토 · 감염병 무분 의심 (수입)식물 검사	· 감염병 치료제 등 신속 허가검정	· 감염병 치료제 등 지속 생산 독려 · 감염병 치료제 등 신속 허가검정
경찰청	· 필요시 인력지원 및 정보 제공 협조	· 국가별수시설(비축물자) 보관·관리 시설 등 경비 지원 · 환자격리 등 출입통제 지원으로 사회 질서유지 · 가용 범력 내 인력제공 · 환자, 접촉자 등 추적 관리 대상자 위치정보 제공	· 국가별수시설(비축물자) 보관·관리 시설 등 경비 · 환자관리 및 출입통제 등 사회 질서유지 · 인력지원 제공 · 환자, 접촉자 등 추적 관리 대상자 위치정보 제공	· 국가별수시설(비축물자) 보관·관리 시설 등 경비 · 환자관리 및 출입통제 등 사회 질서유지 · 인력지원 제공 · 환자, 접촉자 등 추적 관리 대상자 위치정보 제공
병무청	· 병역의무자에 감염병 예방관리 및 홍보·교육	· 병역의무자 감염병 예방관리 강화 및 홍보·교육 · 필요시 검사, 교육, 훈련 등 일부 중지 검토	· 병역의무자 감염병 예방관리 강화 및 홍보·교육 · 필요시 검사, 교육, 훈련 등 일부 중지 검토	· 병역의무자 감염병 예방관리 강화 및 홍보·교육 · 필요시 검사, 교육, 훈련 등 전면 중지 검토
지자체	· 지역 감염병 대응 조직 및 인프라 정비	· 지역 방역 인프라 가동(역학조사, 현장방역, 환자 이송, 격리자 관리, 검체 채취 지원, 주민대상교육 등)	· 지역 방역 인프라 가동 강화 (역학조사, 현장방역, 환자 이송, 격리자 관리, 검체채취 지원, 주민대상교육 등)	· 지역 모든 방역 인프라 파악 및 동원 등

그림 4-4 감염병 대응 관계기관 주요 임무

출처: 보건복지부(2019, 86).

두 번째로 군은 스스로를 보호하고 남은 역량을 국가위기관리의 수단으로 제공할 수 있어야 한다. 군은 막대한 국방비를 사용하기 때문에 평시에도 군의 사회적 기여를 중시한다. 이 때문에 국가적 재난, 예를 들어 홍수, 감염병, 테러나, 인도주의적 위기 시 군의 평시 역할을 어필하기 위한 노력을 많이 해왔다. 통상적이지 않은 국가적 위기상황이 군이 투입된 이후에 해결된 국내외 사례는 매우 많다. 미국의 허리케인 카트리나 대응, 일본의 후쿠시마 원전사태는 민관의 역량을 넘어선 위기였다. 당시 이들 국가의 대혼란은 군 역량을 투입하고서야 잦아들었다.

2) 코로나19 사태 하 군의 역할

이번 코로나19 사태에서 우리 군이 보여준 활약은 칭찬받을 만한 것이었다. 군내 감염을 최소화했으며, 민관의 역량이 부족했을 때, 방역, 진료지원, 행정지원, 비상식량 공급, 의료물품 공수 등 전방위적인 지원이 있었다. 국방부 통계에 의하면 2021년 4월까지 연인원 43만 명에 가까운 군 인력지원이 있었다하니 그 규모가 엄청나다고 하겠다.[7] 코로나19 발생 초기 국방부의 주요 대응 일지는 〈그림 4-5〉와 같다.

국가적 위기상황에서 적극적인 지원을 행하는 것은 우리 군이 '국민의 군대'임을 알리는 좋은 기회라 할 것이다. 그동안 전통안보에만 초점을 맞춰왔던 군이 감염병 위기와 같은 비전통적 안보위기 상황에서 국민의 피부에 와닿는 기여를 하는 것은 군에 대한 신뢰를 확보하

---

7 국방부는 2021년 4월 12일 보도자료를 통하여 역학조사, 임시선별검사소, 생활치료센터, 공항 및 항만 검역 등에 행정인력을 지원한 누적 통계를 제시하였는데, 4월까지 누적 429,480명을 기록했다고 발표했다. 의료인력은 군의관, 간호장교 누적인원 70,725명이 지원했고, 백신 수송·호송지원, 경계지원에 누적 12,815명이 참여했다고 밝혔다.

2020.01.27
국방부 방역대책본부(본부장차관) 구성
검역 관련 인력 106명 지원, 감염병 위기경보 수준 상황에 따른 예방 및 대응지침 각 군 전파

2020.01.30
인천공항 검역소 추가 의료인력 지원
우한교민 임시생활시설 의료인력 지원

2020.02.03
'20년 예비군훈련 개시일 (최초 3.2 → 4.16 이후) 연기

2020.02.07
감염증 유행국가 방문자 전수조사 및 국외여행·출장 자제 권고

2020.02.20
국군고양병원, 국군대구병원 '군 격리입원 전담병원' 전환 및 운영 시작

2020.02.21
군 첫 확진자 발생
장관 주재 국방부 확대 방역대책본부 회의 개최
대구·경북청도지역 거주자 일시세대(2주) 입영기간 연기

2020.02.22
지역확산 우려에 따른 장병 격리, 간부 이동통제 지침 시달

2020.02.23
군 확진자 10명 확인
'심각'단계 격상에 따른 방역대책본부 편성 조정(본부장:장관)
전국 48개 TMO 전면폐쇄

2020.02.24
국군대구병원 '감염병 관리기관'으로 지정
전국 야외훈련 전면 통제

2020.02.25
이동전개형 의무시설(이동진료소) 2세트 지원

2020.02.26
대구지역 의료지원을 위한 공중보건의(750명) 조기임영

2020.02.28
코로나19 대응관련 제차 '긴급 주요지휘관 회의' 개최
간호사관학교 조기임관 및 현장 투입

2020.03.01
대구·청도지역에 군 화생방장비로 집중방역

2020.03.02
군 확진자 30명 확인

2020.03.05
국군대구병원 '감염병전담병원' 전환 완료 및 운영

2020.03.06
국군의무사령부, 코로나19 자가진단·중증도 분류앱 개발

2020.03.09
코로나19 대응관련 제2차 '긴급 주요지휘관 회의' 개최
'공적물량 마스크 유통 광역물류센터' 소포장 지원

2020.03.10
대구·청도·경산 지역 거주자 입영 정상화 시행

2020.03.11
국방부 코로나19 대응 관련 당·정·청 협의

2020.03.12
「국방신속지원단」 운영

2020.03.16
군 병원 선별진료소 개선 (일반텐트→음압텐트)

2020.03.17
'자가격리자 안전보호 앱' 군 활용 개시
예비군훈련 2차연기 (4.16~6.1)

2020.03.18
해외파병부대 첫 긴급수송. 공군 군용기 2대 투입

2020.03.20
군 병원 음압유지기 확충

2020.03.21
유럽발 입국자 특별검역을 위한 인천공항 인력지원

2020.03.22
군 누적 확진자 39명 확인

2020.03.23
국방부 차원의 사회적 거리두기 특별 복무지침 시행

2020.03.31
제주해군호텔 예방적 격리시설 전환

2020.04.03
코로나19 대응관련 제3차 '긴급 주요지휘관 회의' 개최

2020.04.04
철원군 선별진료소 긴급 인력지원

2020.04.06
코로나19 장기화에 따른 접경지역 영농활동 대민 지원

2020.04.13
농번기 영농활동 지원을 위한 군 대민지원

2020.04.16
논산시 주민 무상공급용 마스크 제작 지원

2020.04.20
국군의무사령부 출원 코로나19 진단기술 특허 등록

2020.04.22
생활속 거리두기, 생활방역 체계 준비 – 장병 기본수칙 제정

2020.04.29
인천공항검역소 의료인력 추가 지원

2020.05.05
군 확진자 39명 전원 완치

2020.05.08
이태원 클럽 관련 확진자 최초 발생(사이버사,육1)→군 누적 41명

2020.05.10
보훈처 요청, 한국전 참전용사(미국인) 대상 정부지원 의료물품 수송 지원(마스크 50만 장)

2020.05.15
이태원 클럽 관련 확진자 12명 발생→군 누적 51명

2020.05.21
한빛부대 12진 출국 전세기로 아프리카 교민(60명) 귀국 지원

2020.05.25
휴가 중 지역감염 확진자 1명 발생→군 누적 52명

2020.05.28
휴가 중 지역감염 확진자 1명 발생→군 누적 53명

그림 4-5 코로나19 대응 국방부 주요 일지('20. 1~5.)
출처: 국방홍보원(2020) 편집.

는 데 큰 도움을 줄 것이다. 앞으로도 이러한 분야에 군의 역할을 확대할 수 있도록 준비해야 할 것이다.

IV. 팬데믹이 야기하는 국방 차원의 도전과 대응전략

지금 우리의 위기 거버넌스는 코로나19 극복이라는 단기적 목표에 집중하고 있다. 상황이 워낙 위중하다보니 위기대응체제가 제대를 작동

되도록 하는 것에 모든 노력을 집중하고 있다는 것이다. 그런데 이러한 단기적 시야는 코로나19가 초래할 장기적 임팩트에 대응하는 것에 차질을 빚을 수 있음을 유념해야 한다. 팬데믹이 초래할 장기적 임팩트에 대비하는 것이 코로나19 사태로 촉발된 안보 및 국방 분야의 역할 정립에 있어서 더욱 중요한 것이 될지 모른다. 이하에서 팬데믹이 초래할 중장기적 임팩트 중 중요한 것을 살펴본다.

1. 팬데믹과 연합준비태세

팬데믹 상황에서 전투력 보존은 우리 군만 잘 한다고 되는 일은 아니다. 우리의 경우 국가방위는 동맹국인 미국과 같이 보조를 맞춰 움직여야 하는 시스템이기 때문이다. 코로나 사태로 2020년 이래 연합연습이 축소 시행되었다. 미군 내 감염 위험이 높아져 예년과 같은 수준으로 시행할 수 없는 상황이었기 때문이다. 코로나 사태로 미군의 항모 루스벨트함이 멈추고 승조원들이 전격적으로 하선하는 사태가 발생했다. 세계 최강의 미군도 감염병에 크게 도전을 받는 상황이 발생한 것이다. 이제 우리 군의 전투력 보존을 위해 감염병 예방 및 감염병 위기에 대한 준비를 철저히 하는 것은 물론 동맹군의 상황에 대해서도 예의 주시할 필요가 생겼다. 유사시 연합작전이 필요한데 여기에 차질이 빚어지면 안 되기 때문이다. 동맹과 철저하고 투명한 정보교환이 필요하고 우발사태에 대한 계획도 사전에 준비해야 할 필요성이 제기된다.

이와 관련하여 과거 미국이 시도했던 '실시간 생물감시 글로벌 네트워크(global networks for real-time biosurveillance)'와 유사한 것을 한미 간에 추진할 필요가 있어 보인다. 오바마 행정부 시절 미국은 보건안보구상(GHSA: Global Health Security Agenda)을 발족시키면서

'실시간 생물감시 글로벌 네트워크'를 구현하기 위해 노력했다. 코로나19 대유행을 겪으면서 글로벌 수준은 아니더라도 동맹 간에 우선적으로 설치할 필요가 생겼다. 이런 장치가 있어야 양국 간 감염병 정보와 관련해 투명하고 신속한 정보교환이 이루어질 수 있을 것이기 때문이다.

　　물론 오바마 행정부가 추진한 생물감시 네트워크는 테러리스트가 생물무기를 사용했을 때 한미가 신속하게 대응하기 위한 수단이었다. 그러나 코로나19 사태에서 양국군이 팬데믹 상황에 직면하고 실제로 그것이 연합준비태세에 영향을 줄 수 있다는 점이 식별된 이상 이러한 위험에 대비해야 한다. 양국군은 우선 감염병 확산을 차단하기 위한 정보 공유를 확대함과 동시에 언택트 상황에서 연합전투력을 발휘할 수 있도록 C4I 체계를 구축해야할 것이다. 그리고 기존에 추진하고 있던 무인화 및 AI를 활용한 전투력 발휘에 더욱 신경을 쓰는 한편, 이를 활용하여 견고한 연합준비태세 확립을 위한 방안을 도출해야 할 것이다.

2. 팬데믹과 미중전략경쟁

미 외교협회(CFR) 리처드 하스는 『포린 어페어스(*Foreign Affairs*)』 2020년 봄호에서 코로나19로 세계 질서가 재편(reshape)되는 것이 아니라 기존의 추세가 가속(accelerate)될 것으로 전망했다(Haass 2020). 기존의 추세 중에 중요한 것은 미중 전략경쟁의 심화와 중국의 부상, 그리고 미국의 상대적 쇠퇴이다. 코로나19 사태가 미중 전략경쟁의 심화를 초래하면서 전통안보 및 신안보 분야에서 한국 국방에 부담이 되는 상황이 나타나고 있다. 미국의 중거리 미사일 배치 문제, 사이버 안보 분야에서 미국의 화웨이 5G 장비 사용 금지 요청, 반도체 공급망

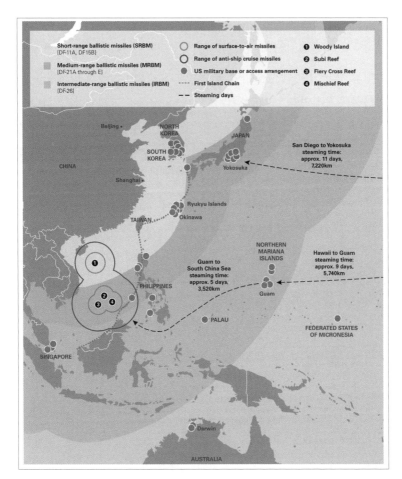

그림 4-6 중국 미사일 위협과 아태지역 미군 기지
출처: Townshend et al. (2019, 19).

(supply chain) 관련 미 정부 입장 수용 요청 등이 그것이다. 물론 이
것들은 코로나19 사태가 직접적인 원인이 되어 발생하는 것은 아니다.
하스의 지적처럼 코로나19는 이러한 경향성을 가속화하는 촉매 역할
을 할 것이고 이에 대해 우리는 더욱 기민하게 대응해야 할 필요가 생
겼다.

군사적 측면에서 중요한 것은 중국이 군사력 투사범위를 저 멀리 해상으로까지 뻗치기 시작하면서 미국의 항모전단에 위협이 되기 시작했고, 미군이 이에 대응하여 동맹국에 지상발사 중거리 미사일을 배치하려는 움직임을 보이고 있다는 점이다. 한국도 고려대상 중 하나라고 알려져 있다. 〈그림 4-6〉에서 볼 수 있는 것처럼 인도-태평양 지역에 배치된 미군기지 상당수와 항모전투단이 중국의 미사일 위협 하에 있게 되었다.

이에 미군은 해·공군 자산을 활용하여 선제적으로 중국군 전력의 무력화를 검토했지만 값비싼 항공자산과 해상자산의 안전이 담보되지 않은 채 작전을 수행하는 것은 부담이 되었기 때문에 미군은 안전이 확보된 지상에서 대량으로 값싸게 중국군의 군사자산을 타격할 수 있는 수단이 필요했다. 그 해답이 지상발사 중거리 미사일이고, INF 조약이 파기되면서 미국은 자유롭게 중거리 미사일을 생산할 수 있게 되었으며, 동맹국 배치 논의는 이러한 맥락에서 나오는 것이다.[8]

이러한 미군의 의도는 상당히 구체적으로 진행되고 있는데, 미 육군은 최소한 세 종류의 미사일 타격권을 상정하고 있는 것으로 알려져 있다(Cohn et al. 2019). 이들 미사일 타격권은 각각 반지름 750km, 2000km, 4000km의 원으로 구현되며, 삼중의 원을 동맹국들에 적절히 배치하고자 한다는 것이다. 이를 테면 한반도가 반지름 750km의 원의 중심이고, 오키나와가 반지름 2000km의 원의 중심이며, 괌이 반지름 4000km의 원의 중심이 되는 식이다. 이들 세 종류의 원은 중첩

---

8   최근 아산정책연구원과 랜드연구소의 공동연구에서는 북핵 고도화를 대비하여 핵무기를 탑재한 미국의 중거리탄도미사일을 한국 내 혹은 주변에 배치할 것을 제안하고 있다. 이러한 주장은 미국으로 하여금 동맹국 보호의 명분을 가지고 중국도 군사적으로 견제할 수 있는 좋은 기회가 된다(브루스 베넷 외 2021, 71).

그림 4-7 포스트 INF 시대 미 육군의 대중국 미사일 사정권
출처: Cohn et al.(2019).

적이며 밖으로 확장될 수 있다. 이를 도시한 것이 〈그림 4-7〉이다.

〈그림 4-7〉에는 한반도에 배치되는 미군의 미사일이 표시되어 있지는 않지만 주한 미군은 현재 보유하고 있는 전술지대지미사일 (ATACMS)을 사정거리가 더 긴 미사일로 교체한다는 계획을 가지고 있다. 새로운 미사일의 명칭은 프리즘(PrSM)이며, 2021년에 양산 계약을 맺고 2023년까지 배치한다고 한다. 그동안 주한미군이 가지고 있던 ATACMS는 최대 사거리가 300km로 한반도에 국한된 무기였지만, 새로운 프리즘 미사일의 사정거리는 최소 750km 정도일 것으로 예상되어 칭다오, 다롄 등 중국 해군의 주요 기지, 산둥 반도의 중거리 미사일 (IRBM) 기지를 모두 사정권 하에 둘 가능성이 높다.

미중 간 전략경쟁이 군사 분야에까지 확산되면서 한국의 국방이 두 거인 사이에 끼게 되는 상황이 초래될 가능성이 높아졌다. 사드 배치의 후폭풍보다 더욱 강력한 후과가 예상되는 것이 미군의 중거리 미사일 한국 배치이다. 한미 동맹에 영향을 미치지 않으면서 대중국 견제에 연루되지 않을 전략을 시급히 모색해야 할 시점이고, 국방 분야에서 이에 대한 해답을 내놔야 할 시점이 되었다.

3. 팬데믹과 생물무기

코로나19가 가져온 재앙을 목도하면서 일부 국가나 무장세력이 생물무기에 대한 관심을 가지게 되었을지도 모른다. 냉전기 미국과 소련은 생물학전 준비에 상당한 노력을 기울였고, 실제로 생물무기를 보유하기도 했다. 그러나 실전에서 전략적으로 유의미한 효과를 산출할 수 있는 생물무기를 개발하는 일은 여전히 어려운 일로 알려져 있고, 생물무기에 대한 윤리적 반감도 심대하기 때문에 많은 나라들이 생물무기 프로그램을 포기하였다. 그런데 코로나19가 초래한 파괴적 효과를 목도하면서 생물무기에 대한 우려가 되살아나고 있다. 21세기의 기술로도 안정적인 생물무기 개발은 여전히 어려운 일이지만 강대국들 간의 전략경쟁이 고삐 풀린 듯이 진행되고 있는 최근의 상황을 고려할 때, 생물무기의 부활을 공연한 걱정이라 치부할 수는 없어 보인다. 2021년에 생물무기금지협약(BWC)의 검토 회의가 예정되어 있는 만큼 생물무기 금지를 위한 국제적 노력이 새롭게 강조될 필요가 있다.

4. 팬데믹과 사이버 안보

코로나19로 야기된 혼란을 틈탄 사이버 범죄가 증가될 전망이다. 코로나19는 생계 대(對) 생존의 딜레마를 초래한다. 생계를 위해 일하면 생존이 위협받고, 생존을 우려하여 일하지 않으면 생계가 위협받는 상황이 그것이다. 사이버 범법자들은 이러한 대중들의 불안한 상황을 이용하여 피싱 이메일, 멀웨어를 대대적으로 퍼뜨리고 있고 이에 속아 넘어가는 이들이 많아지고 있다. 또한 보다 조직적인 사이버 범죄집단들은 랜섬웨어를 활용하여 기업들로부터 대가를 받아내려 할 가능성도 높아지고 있다.

이는 국방 분야에 큰 도전을 제기한다. 군은 물론 군이 발주한 전력증강 사업을 담당하고 있는 방산업체가 사이버 범죄의 대상이 되지 않도록 관리할 필요가 있다. 군이 추진하는 첨단기술의 집합체 프로젝트의 사이버 보안에 구멍이 뚫리지 않도록 유의해야 할 것이다. 해커들이 국방 분야에 눈독을 들이고 있을 것임을 전제로 준비태세를 강화할 필요가 있다.

5. 팬데믹과 국방예산

코로나19로 인한 불황으로 국방비가 적정하게 투자되지 못할 가능성이 높다. 적어도 최근 몇 년 동안 이어졌던 국방비 증가 추세가 다소 꺾일 것이 예상된다. 군 내부에서 전투준비태세에 중요한 예산 추이를 예의 주시할 필요가 있다. 불황으로 인한 경제적 압박이 국방 투자의 삭감으로 이어질 가능성도 커진다. 통상 국방비는 민간 입장에서는 투자라기보다는 '비용'으로 인식되며, 불황기에는 경제적 압박으로 비용 절감 모색 가능성이 높아질 것이다. 이에 대한 대응이 중요해질 것이다.

물론 2020년 8월에 발표된 『국방중기계획』에 의하면 코로나19 사태에도 불구하고 국방비는 꾸준한 증가세를 보여주고 있다. 다만 증가

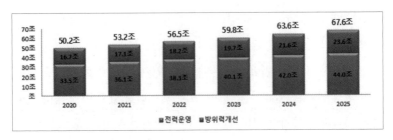

그림 4-8 '21~'25 국방중기계획 연도별 재원

율이 연 8%에서 6%대로 떨어지고 있는 모습이다. 전 세계가 코로나19
로 인해 극심한 경기침체에 시달리고 있지만 우리나라는 코로나발 경
제위기에 잘 대처한 편이어서 이로 인한 국방예산에의 영향은 아직까
지는 제한적일 것으로 보인다. 그러나 U자형의 완만한 경기회복 또는
L자형 장기적 경기침체의 시나리오에 의거할 경우 국방예산에의 영향
은 매우 심각할 것으로 전망하는 학자들도 있다(김경곤 2020). 따라서
비관적 경제상황이 도래하여 국방예산 증가율이 예상한 수준을 크게
밑도는 경우에 대비한 기획도 필요하다.

V. 결론

코로나19 사태는 감염병으로 인한 군의 전투력 저하를 우려하게 만들
었다.[9] 국가 차원의 위기관리에 군이 어떤 역할을 해야 할 것인지에 대

---

9   국방부는 2021년 4월 26일 현재 군내 누적 확진자가 768명이고, 이 중 84명이 치료를
     받고 있으며, 예방적 차원에서 격리하는 인원이 2만 4376명이라고 밝혔다. 실로 엄청나
     게 많은 인원이 예방적 격리 상황에 있는 것이다. 군의 전투력 저하를 우려할 만한 수준
     이다.

해서도 큰 숙제를 부과했다. 그런데 이러한 단기적이고 직접적인 영향보다 더욱 의미심장한 국방에의 도전이 있다. 코로나19 사태로 인한 장기적이고 간접적인 환경변화가 국방에 영향을 미칠 것으로 예상된다는 것이다. 코로나19 사태로 한반도를 둘러싼 국제정세가 더욱 크게 요동치고 있으며, 국방여건도 크게 악화될 가능성이 있다.

본고에서는 코로나19 사태에 효과적으로 대응하기 위한 군의 역할을 먼저 논의한 후 장기적이고 간접적인 영향에 대해서도 논의했다. 감염병 대유행이 연합준비태세에 영향을 미칠 수 있음을 알게 되었고, 코로나19가 미중 전략경쟁의 촉매로 작용하여 미중 전략경쟁의 부정적 효과가 예상보다 빨리 우리에게 영향을 미칠 수 있으며, 일부 국가 혹은 무장단체들이 생물무기에 대한 관심도 촉발시킬 수 있음도 알게 되었다. 또한 코로나19는 사이버 안보와 연계되며, 적정 국방비 확보에도 영향을 줄 것으로 예상된다. 물론 코로나19 사태는 본고에서 다룬 이슈 외의 것에도 영향을 줄 것이다. 기존에 우리 국방에 대한 중대한 도전으로 여겨졌던 출산율 저하, 북핵 문제, 국방개혁 2.0의 향배, 한미동맹 등에 간접적으로나마 영향을 주고받을 것이라는 얘기다.

이처럼 코로나19가 촉매가 되어 전략환경과 국방여건이 급변할 것이 예상되고 있기 때문에 우리 군의 빠른 변화가 요구되고 있다. 군에 부과되는 변화 요구가 하루이틀의 일이 아니지만 최근에 요구되는 수준은 과거와 성격이 다르다고 하겠다. 군이 상정했던 장기적인 계획과 체계적인 여건조성을 바탕으로 '완벽'한 변화를 준비할 수 있는 여건이 허용되지 않기 때문이다. 제기되는 도전은 전방위적이며 대응의 속도는 빨라질 것을 요구하고 있는 것이다.

코로나19 사태를 겪으며 군은 기존의 임무영역에서 급격히 변화하는 여건을 수용하여 적응적이며, 기민한 대응을 해야 하는 한편 새롭게 제기되는 도전에도 부응해야 하는 상황에 처했다. 이 모든 것에 새로운 기술과 아이디어가 적용될 필요가 있으며, 이 과정은 대단히 실험적인 과정이 될 것으로 전망된다. 이제 군은 새로운 문제해결 방법을 모색해야 하고, 이를 제도적·조직적으로 뒷받침하는 문제에 대해서도 심도 있는 논의를 시작해야 할 것으로 보인다.

참고문헌

국방홍보원. 2020. 『군, 국민을 지키다: 코로나 19 현장 리포트』.

김경곤. 2020. "코로나19 이후 경제 전망과 국방예산." 『코로나19와 국방개혁 2.0』.
　　한국국방연구원 주관 세미나(2020. 6. 웨스틴 조선) 발표자료.

김은성·정지범·안혁근. 2009. "국가재난안전관리 정책패러다임에 대한 연구."
　　한국행정연구원.

설인효. 2020. "코로나19 이후 경제 전망과 국방예산." 『코로나19와 국방개혁 2.0』.
　　한국국방연구원 주관 세미나(2020. 6. 웨스틴 조선) 발표자료.

보건복지부. 2019. 『감염병 재난 위기관리 표준매뉴얼』.

부형욱. 2009. "국방 위기관리의 학술적 토대모색." 『주간국방논단』 제1282호.

＿＿＿. 2020. "코로나19 사태와 한국의 위기 거버넌스: 국방차원의 대응." 서울대
　　국제문제연구소 워크샵 발표자료(2020. 9. 2).

부형욱·최수온. 2014. "국가위기 양상의 변화와 대응방향." 『국방정책연구』 30(1).

브루스 베넷 외. 2021. 『북핵 위협, 어떻게 대응할 것인가』. 아산정책연구소.

장서우. 2021. "백신 트라우마…'방역 모범' 아시아, 집단면역엔 뒤처지다." 『문화일보』
　　2021.03.11. http://www.munhwa.com/news/view.html?no=20210311010314393
　　46001

Cohn, J. et al. 2019. *Leveling the Playing Field: Reintroducing U.S. Theater-Range Missile
　　in a Post-INF World*. Center for Strategic and Budgetary Assessments.

Denning, Peter J. 2006. "Hastily Formed Networks." *Communications of the ACM* 49(4).
　　New York: ACM.

Haass, Richard. 2020. "The Pandemic Will Accelerate History Rather Than Reshape It."
　　Foreign Affairs, April. https://www.foreignaffairs.com/articles/united-states/2020-
　　04-07/pan -demic-will-accelerate-history-rather-reshape-it

Krepinevich, Andrew F. Jr. 2015. "How to Deter China." *Foreign Affairs*, March/April.

Libicki, Martin C. 2014. "Why Cyber War Will Not and Should Not Have Its Grand
　　Strategist." *Strategic Studies Quarterly* 8(1): 23-39.

Moynihan, D. P. 2008. "Combining structural forms in the search for policy tool:
　　Incident Command Systems in U.S. crisis management." *Governance* 21(2).

Townshend, A. et al. 2019. *Averting Crisis: American Strategy, Military Spending and
　　Collective Defence in the Indo-Pacific*. University of Sydney.

Topaloff, Liubomir K. 2020. "Is COVID-19 China's 'Chernobyl Moment'?" *The Diplomat*,
　　March 04. https://thediplomat.com/2020/03/is-covid-19-chinas-chernobyl-
　　moment/

제2부   주요국의 코로나19 거버넌스

제5장 미국의 포퓰리즘 리더십과 선거 그리고 코로나 거버넌스 이중 실패

유재광(경기대학교)

I. 연구 퍼즐

코로나바이러스 2019는 COVID-19가 팬데믹(pandemic)으로 선언된 후 전 세계를 돌며 막대한 인명피해를 주고 있다. 확산 초기부터 약 1년을 조금 넘긴 지금 세계 각국들은 아직도 백신과 치료제는 물론이고 감염병의 차단과 봉쇄에 큰 어려움을 겪고 있다. 하지만 흥미로운 현상은 팬데믹을 마주한 국가들이 이전 세계적 유행병을 다루는 데 있어 큰 변이를 보이고 있다는 점이다. 일명 동아시아 국가들 특히 대만과 홍콩(중국 자치구), 싱가포르와 일본 및 한국 그리고 오세아니아 국가들은 상대적으로 팬데믹 대처를 잘 하고 있는 반면 미국과 인도, 영국과 이탈리아, 스페인 그리고 브라질은 최악의 피해를 입고 있다. 특히 미국의 피해가 두드러진다. 세계 최고의 보건 및 방역 선진국이라 불리는 미국은 2021년 4월 현재 3천만 명 이상의 확진자와 57만 명 이상의 사망자 수치를 보이고 있다.

본 연구는 미국이 왜 이렇게 팬데믹 대처에 실패했는지를 거버넌스의 측면에서 살펴보려고 한다. 미국의 팬데믹 거버넌스를 국내 거버넌스와 국제 거버넌스의 이중구조로 개념화 한 후 미국이 이 양자 거버넌스에서 동시에 실패한 '정치적' 이유를 밝혀내고자 한다. 특히 본 연구가 주목하는 변수는 대통령 리더십과 휘발성 짙은 민주주의의 선거 정치이다. 대통령의 리더십과 관련하여서는 포퓰리즘 성향의 트럼프 대통령의 리더십 성향에 초점을 둘 것이며 선거 정치와 관련하여서는 민주주의 선거가 필연적으로 가져오는 정치지도자들의 재선에의 유인(incentive for being re-reelected)을 분석할 것이다.

포퓰리스트 성향의 트럼프 대통령 리더십은 미국의 코로나 바이러스 이중 거버넌스를 여러 경로로 방해했다. 자신의 지지자들과 반대자들로 편을 갈라 일관적인 코로나 방역수칙 집행을 어렵게 했으며 반엘리트 혹은 반전문가적 지식을 남발하여 미국민들의 코로나에 대한 과학적 이해와 대응을 어렵게 하였다. 기존의 양극화된 정치지형과 탈중앙화된 연방정부시스템과 맞물려 미국은 트럼프 지지자와 반대자로 갈렸으며 코로나 대응도 양극화되고 만다. 트럼프 대통령의 미국 우선주의적 성향은 미국 코로나 국제 거버넌스 역시 방해했다. 중국을 조급하게 코로나를 매개로 적으로 규정했으며 방역 최전선에 있던 세계보건기구(WHO)를 중국 때리기에 이용하여 스스로 국제 거버넌스에서 후퇴하였다. 요약하자면 포퓰리스트 성향의 트럼프 대통령의 성향과 다가오는 재선에의 집착이 상호작용하여 미국이 코로나 이중 거버넌스에 실패했다는 주장이다.

본 논문은 다음과 같이 구성된다. 다음 절에서는 팬데믹과 관련된 기존 연구를 포괄적으로 검토하고 이 연구들이 코로나 거버넌스와 관련해 보여주는 한계점을 지적한다. 그 다음 절에서는 감염병의 정치적 거버넌스에 대한 대안적 프레임워크—즉 포퓰리스트 리더십 하의 선거 정치 모델—을 제시한다. 그 다음 절에서는 미국의 주요 사례로 선정하여 위의 주장을 경험적으로 입증한다. 마지막 절에서는 본 논문을 간단히 요약하고 본 연구가 향후 팬데믹 거버넌스 연구에 주는 함의를 제공한다.

II. 선행 연구

미국이 왜 코로나 대응에 처절하게 실패했는가에 관한 논쟁은 여전히 진행 중이다. 여러 가지 원인에 대한 진단과 그 실패 정도에 대한 상이한 분석에도 불구하고 기존의 미국 코로나 거버넌스 실패에 관한 연구는 한 가지 공통적인 원인을 들고 있는데 그게 바로 트럼프 대통령 개인변수이다. 해처(William Hatcher)의 연구가 대표적인데 그에 의하면 트럼프 대통령 특히 그의 정치적 의사소통방식(political communication)이 비(非)과학적이고 반(反)사실적인 정보에 근거하고 있으며 투명성과 개방성을 매우 두려워하는 소통방식이었고 이러한 대통령 개인의 의사소통 방식이 공중 보건위기에서 가장 요구되는 사실과 증거에 기반한 의료적 대응의 실패를 가져왔다는 것이다(Hatcher 2020).

　트럼프 대통령의 독특한 전문성(expertise)에 기반한 관료들에 대한 경시 및 무시를 전문성에 대한 전쟁(war on expertise)이라 개념화하고 이것이 미국의 코로나 거버넌스 실패의 원인이라고 주장한 연구도 존재한다. 루틀리지(Paul E. Routledge)는 트럼프 대통령의 노골적인 관료의 전문성에 대한 적대감이 위기—코로나19 위기—상황에서 가장 필요한 대통령과 관료 간의 유기적 의사소통을 방해했고 이는 다시 백악관 내부의 갈등, 백악관과 미국 질병통제소 간의 갈등 그리고 행정부 부처 간의 갈등으로 이어져 미국의 효율적이고 일관된 코로나 거버넌스를 방해했음을 실증하였다(Routledge 2020). 비슷한 맥락에서 아돌프(Christopher Adolph)와 그 동료들은 트럼프 대통령과 공화당 지도부의 전문성에 대한 경시가 공화당 주지사의 사회적 거리두기 경시로 이어져 미국 코로나 거버넌스의 기초를 무너뜨렸고 이것이 미국의 폭발적 확진자 증가와 대규모 사망자로 이어졌다는 실증적 연구를 제시했다(Adolph et al. 2020).

　미국의 코로나 '국제' 거버넌스 혹은 대응 실패에 관한 연구도 속속 등장하고 있다. 피비하우스(Jon C W. Pevehouse)는 최근 연구에서 미국 코로나 대응의 국내적 그리고 국제적 실패의 원인을 대중주의 (populism)라는 이론적 흐름에서 분석하면서 대중주의를 추종하는 리더들은 기본적으로 국내정치적 측면에서 적(엘리트)과 아군(대중)을 나눠 동원하는 동원정치에 능하며 국제적으론 고립주의를 선호하여 국제협력과 국제질서에 관심이 없기 때문에 이런 성향을 구현한 트럼프 하의 미국이 팬데믹 대응에 실패한 것이라고 분석한다(Pevehouse 2020).

크리스텐센(Thomas J. Christensen)은 최근 그의 연구에서 미국의 코로나 대응 실패와 미-중 관계 악화의 연계를 진단하면서 미국의 국제적 코로나 거버넌스 실패는 미국이 처한 정치적 현실—즉 트럼트 대통령의 충동적 리더십—에서 시작되었으나 중국 공산당의 불안한 정당성에서 기인한 지나친 정보통제와 반대자 탄압 그리고 무역전쟁으로 촉발된 미국에 대한 불신과 맞물려 미-중 간의 팬데믹을 둘러싼 극심한 대립으로 이어졌고 미국이 여전히 이런 대립에 기반한 국제질서를 선호하는 한 팬데믹의 국제 거버넌스는 실패할 가능성이 크다고 전망하고 있다(Christensen 2020).

미국의 코로나 국제 거버넌스 실패의 원인을 좀 더 글로벌 시각에서 분석한 연구도 존재한다. 존슨(Tana Johnson)은 최근 그녀의 연구에서 코로나19 위기가 드러낸 민낯은 미국을 중심으로 주요국들이 팬데믹과 같은 국제적 위기상황에서 국제기구 강화를 통해 공공재를 공급하기보다는 국제기구를 비난하는 데 더 주저함이 없으며 눈앞에 보이는 단기적 이익을 우선시하는 유혹에 항상 시달리며 전문가들로 구성된 국제기구의 권고나 충고에 상당히 엇갈린 반응을 보였기 때문이라고 지적하며 이러한 이유로 인해 팬데믹의 국제 거버넌스가 위기에 빠져 있음을 지적하며 이런 문제는 과거에도 존재했고 팬데믹 바로 전에도 이미 환경 및 비(非)확산레짐 등에서도 관찰된바 좀 더 강력하고 의지력 있는 리더십이 문제해결에 나서야 한다고 주장한다(Johnson 2020). 피터스(Michael A. Peters)와 그의 동료들 역시 코로나 국제 거버넌스 실패의 일차적 책임이 미국 트럼프 행정부에 있다고 주장하면서 그 사례로 미국의 성급한 WHO 탈퇴를 예로 들었는데 이들에 의하면 WHO 자체가 유엔 회원국의 분담금으로 운영되는 구조적인 한계 속에서도 지난 세기 에볼라(Ebola)부터 에이즈(AIDS)까지 전 세계적 감염병의 퇴치를 위해 일정 성과를 보였는데 개별 국가의 국내정치적 상황에 의해 과도하게 비난받고 있다고 주장한다(Peters et al. 2020).

종합하자면 미국의 팬데믹 실패 원인에 관한 대다수 연구는 트럼프 대통령의 충동적 리더십이 미국 팬데믹 실패로 이어졌다는 주장을 펴고 있다. 몇몇 이론적 연구는 이러한 흐름을 포퓰리즘이라는 이론적 시각에서 분석하려 하고 있다. 포퓰리스트들의 반엘리트주의와 반지성주의의 특성에 착안해 트럼프 대통령의 과학적 사실의 경시와 전문가들 조언 경시 그리고 측근에 의존한 의사소통 방식을 문제삼아 미국 코로나 거버넌스 실패를 설명하고 있다. 이러한 트럼프 중심 설명은 미국의 코로나 국제 거버넌스 실패 설명에도 이어지고 있다. 트럼프 대통령의 미국 우선주의 성향과 근시안적 국익관에 근거 팬데믹 국제공조에서의 후퇴와 WHO 후퇴를 설명하려는 것이다.

하지만 이런 연구들이 간과하고 있는 점이 있는데 미국이 팬데믹 위기에서 상당히 분열적인 포퓰리스트 리더십을 경험함과 동시에 선거를 1년 남짓 앞두고 있었다는 점이다. 민주주의에서 선거는 새로운 거버넌스 등장의 시작을 알리지만 동시에 선거 기간 중 지도자들의 재선에의 집착을 가져와 상당한 혼란과 무리수의 원인이 되기도 한다. 다음 절에서는 미국 팬데믹 대응 이중 실패를 좀 더 설득력 있게 설명하기 위해 분석 틀로 포풀리즘 하의 선거 정치 모델을 제안한다.

III. 분석 틀-포퓰리즘 하의 선거 정치 모델

본 연구에서 미국의 코로나 거버넌스 이중 실패—국내 코로나 거버넌스 실패와 국제 코로나 거버넌스 실패—를 설명하기 위해 두 개의 핵심 변수, 대중주의 성향의 대통령 리더십과 제도적 변수—휘발성 높은 선거 정치—에 중점을 두어 설명한다. 미증유의 위기인 코로나19의 상황에서 이 두 변수는 팬데믹 확산 방지와 국제공조를 위한 미국 정부의 거버넌스 성공 여부를 결정할 핵심적인 요소였다. 하지만 예상했던 것과 달리 미국은 이 이중 거버넌스에 철저하게 실패한다. 바꿔 말하면 미국의 민주적 리더십과 제도가 제대로 작동하지 않은 것이다. 이 절에서는 이 미국 팬데믹 거버넌스의 이중 실패—국내적 그리고 국제적 실패—를 설명하기 위해 '포퓰리즘적 선거 정치 모델(populist electoral politics model)'을 제안하고 이로부터 가설을 도출한다.

　대중주의(populism) 선거 정치 모델은 민주정치의 선거 정치가 대중주의적 성향의 지도자에 의해 지배되는 것을 말한다. 즉 강한 대중주의적 성향의 지도자가 선거 정치 과정을 지배하면서 자신의 지지자들과 반대편에 대한 극단적인 편 가르기를 시도하며 선동적 동원정치를 이용하여 자국의 국내 및 국제정치적 상황을 재선의 논리(logic of reelection)에 맞게 이끌어 가는 일련의 선거 정치 과정을 지칭한다. 따라서 이 모델에서 중요한 것은 지도자들이 기대고 있는 대중주의적 성향과 선거라는 제도적 메커니즘이 해당 국가의 국내 및 국제 거버넌스 미치는 휘발성 짙은 영향력이다.

대중주의는 미국 대통령 트럼프를 비롯 최근 들어 세계화에 대한 정치적 반동(political backlash)으로 등장하는 일군의 강력한 지도자들을 따르고 있는 일련의 정치적 이념이다. 트럼프(Donald Trump) 대통령뿐 아니라 브라질의 보소나로(Jair Bolsonaro), 그리고 필리핀의 두테르데(Rodrigo Duterte) 등이 21세기 대중주의의 대표 주자로 논의된다. 대중주의의 대표적 이론가인 머드와 칼트와서(Mudde and Kaltwasser)에 따르면 이 대중주의는 특정 좌·우의 이데올로기를 따르기보다는 대중(the people)의 이익을 강조하는 반(反)엘리트주의적 선동형 정치 운동이다(Mudde and Kaltwasser 2013). 하지만 여기서 말하는 대중이 누구를 지칭하는지는 항상 논쟁적이며 주로 대중주의형 지도자들이 자신들이 지지기반으로 삼고 동원하기 쉬운 해당 국가의 주류 민족 구성원이라는 공통적인 특징이 있다(Bonikowski 2019, 111).

대중주의 정치는 몇 가지 공통된 특징을 보이는데 가장 먼저 대중주의 리더들의 편 가르기 정치이다. 전통적인 정치적 편 가르기 방식은 좌와 우의 편 가르기다. 전자가 노동자와 하위계층을 후자가 자본계급과 상위계층을 강조하고 이들을 지지기반으로 정치적 활동을 한다. 하지만 대중주의 연구자들이 발견한 대중주의 지도자들의 편 가르기는 지도자가 순수한 대중(pure people)과 자신을 한쪽에 두고 그 대척점에 부패한 기성 정치 엘리트(corrupt political elite)를 위치시키는 이분법적 정치 운동(political movement)이다. 특히 포퓰리스트(populists) 혹은 대중주의적 지도자들은 기존의 정치가 엘리트들에 의해 타락된 부패한 정치이며 진정한 정치의 주인인 대중(the people)의 의사가 제대로 반영된 적이 없다고 강조하면서 이들 엘리트 정치가들이 대중을 위해 해놓은 것이 아무것도 없으며 자신은 이를 할 수 있다고 전략적

포지셔닝을 하는 경향이 강하다(Lacatus 2020). 따라서 대중-엘리트 이분법과 이 분류에 의한 선동형 정치는 대중주의 정치의 핵심 특징을 차지한다.

대중주의 운동이 공격하는 엘리트들은 기성 정치인을 넘어선 광범위한 엘리트 집단 혹은 이들이 활동하는 정치제도 전반을 지칭할 수 있다. 예를 들어 특정 언론을 엘리트들이 장악한 엘리트들을 위한 언론으로 매도할 수 있으며 특정 전문가 그룹 역시 그 전문성보다는 기성 엘리트 정치인들과의 연계 때문에 반(反)엘리트주의의 공격 대상이 될 수 있다. 나아가서 의회나 특정 정당이 엘리트 정치의 산물로 여겨져 포퓰리스트들의 비판의 대상이 되기도 한다(Porcile and Eisen 2020, 1).

포퓰리즘 성향 리더들의 편 가르기 정치는 대중주의를 겪는 국가의 기존의 정치제도와 연관되어 그 영향력이 증가될 수 있다. 바로 양극화된 정치와 탈중앙화된 정치가 그것이다. 대중주의 리더 자체가 이분법적 편 가르기를 선호하는 상태에서 정당정치가 이미 양극화되어 있으면 상대 정당을 대중의 적으로 비난하면서 '부패한 엘리트' 집단으로 쉽게 비난할 수 있으며 자신이 속한 정당을 애국주의 혹은 민족주의 정당으로 칭하며 그 당원들을 애국심으로 가득 찬 순수한 대중(the pure people)으로 쉽게 신비화할 수 있을 것이기 때문이다. 비슷한 맥락에서 탈중앙화된 정치도 대중주의 정치가 위기상황을 극복하는 것을 어렵게 할 수 있다.[1] 탈중앙화된 정치의 특성상 지방정부는 대중주의를 따르는 정당의 지도자가 속한 정당과 그 반대의 정당에 속하는 정당으로 구성되는데 정치가 양극화되면 이 지방정부의 수장이 전자와 후자들로 이분화될 가능성이 크다. 이 경우 대중선동형 정치가는

1 　탈중앙화된 정치구조란 주로 연방제를 택한 국가의 중앙정부와 지방정부 관계를 지칭하는 것으로 주정부의 수장에게 행정 혹은 집행 권력이 상당 부분 이행된 경우를 말한다.

자신이 속한 정당의 지방정부 수장을 선동하기 쉬워진다.

두 번째, 포퓰리즘은 애국주의(patriotism) 혹은 민족주의 (nationalism)의 성향과 강하게 결부되어 있다(Pevehouse 2000, 193). 대중의 역할을 중시하다보니 이 대중을 이끄는 지도자는 대중의 이익 (people's interest)을 전면에 내세우며 이 이익이 다른 모든 이익에 앞서는 것으로 신비화(mystification)한다. 하지만 이런 대중의 이익은 대중들이 삶을 영위하는 해당 국가 내부의 대중만을 위한 이익이다. 다른 국가의 대중은 대중주의에 기댄 지도자가 자국의 대중들을 보호하기 위해 때로는 희생되어야 하는 타국의 국민일 뿐이다. 이 점에서 포퓰리즘은 애국주의 혹은 민족주의와 쉽게 연결된다.

포퓰리즘의 또 다른 특징은 국제협력에 대한 회의와 불신이다. 포퓰리즘의 애국주의적이고 민족주의적인 성향은 포퓰리즘 성향의 지도자들과 이들이 따르는 열혈 지지자들로 하여금 외교 혹은 국제문제를 엘리트들이 자신들만의 이익을 위해 상위 정치영역에서 배타적으로 행하는 상위정치 활동으로 바라보게 만든다(Hook 2003). 엘리트들은 기본적으로 자신의 이해관계를 위해를 국제문제에 개입하고 국제기구에 가입하고 이 기구의 의사결정에 참여하므로 이는 대중의 이익과 유리된 것이고 따라서 국제협력 혹은 국제 거버넌스 참여는 반민주성이 강한 엘리트주의의 산물일 뿐이다. 따라서 포퓰리스트들이 보기에는 기존의 국제적 협력, 무역 및 상호교류 그리고 국제제도에의 참여들은 부패한 정치 엘리트들이 대중의 이익보다는 자신의 사익을 우선시하여 만들어 놓은 불필요한 사치품 정도이다. 당연히 자국 대중의 이익을 우선시 한다면 이러한 국제적 협력과 교류에서 자국의 이익을 전면에 드러내거나 최악의 경우 철수하여야 한다.

하지만 이런 대중주의적 지도자와 이들을 따르는 대중의 존재가 팬데믹과 같은 위기상황의 국내적 혹은 국제적 거버넌스 실패를 자동적으로 가져오지는 않는다. 이런 대중주의적 흐름이 거버넌스 실패로 이어지기 쉬운 가장 연약한 고리가 바로 휘발성 짙은 선거 정치(electoral politics)이다. 대중주의 정치가 선거 주기(electoral cycle)와 만날 경우 위기관리를 위한 거버넌스—본 연구에선 covid-19 관리 거버넌스—실패의 가능성이 높다는 것이 포퓰리스트 선거 정치 모델의 핵심 주장이다.

선거는 대중주의 리더가 대중의 순수성과 엘리트주의를 심각하게 이분화시키고 후자를 격하시키는 선호를 십분 활용할 장(場)을 마련한다. 이런 선호하에 대중주의 리더는 선거에서 대중과 직접 소통하면서 자신의 반대파—정당 혹은 지도자—를 반엘리트주의적이고 나이브한 국제주의자라고 비난할 유인을 극대화시킨다. 선거 자체가 지지층과 반대파를 동원하는 메커니즘에 의해 움직이는데 대중주의 지도자는 이 분열적(divisive) 동원의 정치를 더 극단적으로 밀고 나가려 할 유인이 생긴다. 이런 상황에서 리더들은 자신의 반대세력을 부패한 엘리트로 규정하고 이들을 비판하며 그들의 국제주의 성향을 대중의 부담으로 실익 없는 명분을 유지하려는 노력으로 폄하하려 할 것이다. 따라서 내부적으론 반엘리트주의와 각종 대중 위주의 선거공약 그리고 국제적으론 반(反)국제주의적이고 애국주의적 선거 구호가 등장할 것이다 (Pevehouse 2020, 195).

이렇게 포퓰리즘에 기반한 선거 정치가 진행될 경우 위기를 겪고 있는 국가는 위기대응을 위한 국내외 정치적 거버넌스에 실패할 가능성이 크다. 국내정치적으로 포퓰리즘에 기댄 리더들은 재선을 목적으로 반엘리트주의와 당파성에 기반한 편 가르기에 몰입하므로 엘리트주의에 기반한 전문성과 합의형 거버넌스를 기초로 한 위기대응 거버넌스를 뿌리부터 흔들 가능성이 높다. 국제적으로는 포퓰리즘 지도자들이 재집권을 위해 동원하는 반국제주의와 애국주의 노력들은 국제협력의 대상을 오히려 적으로 비난하고 국제협력을 중재하는 국제기구를 불필요한 액세서리로 치부하게끔 만들어 위기극복을 위한 국제공조를 어렵게 할 것이다. 종합하자면 포퓰리스트 리더십 하의 선거 정치는 위기상황을 겪는 국가의 위기극복을 위한 국내적·국제적 이중 거버넌스에 부정적 영향을 주어 이 거버넌스의 실패 가능성을 높일 것이다.

IV. 미국의 코로나 현황

거버넌스(Governance)처럼 많이 통용되는 정치학의 용어는 없을 것이다. 정치 거버넌스, 경제 거버넌스, 문화 거버넌스뿐만 아니라 세계 경제의 거버넌스, 금융시장 거버넌스, 통화 및 환율 거버넌스 그리고 환경 거버넌스 등 그야말로 거버넌스의 홍수이다. 하지만 지난 수십 년간 정치학의 과학화를 주도했던 실증주의 정치학자들에 의하면 거버넌스는 의사결정이 만들어지는 과정과 이 결정이 집행되는 과정을 통칭한다. 학자들에게 이중 거버넌스는 좋은 거버넌스이자 그렇지 못한 거버넌스인데 전자에 초점을 두자면 좋은 거버넌스(good governance)란 참여적이고 합의 지향적이며 책임성에 근거하며 투명하고 반응적이며 효율적이고 공평무사하며 포용적이며 법의 지배에 근거한 의사결정 과정을 의미한다(Gerring, Thacker and Moreno 2005, 573).

이러한 좋은 거버넌스는 현대 민주주의 이론에서 공고화된 민주주의(consolidated democracy)의 의사결정 과정을 의미한다. 즉 거버 넌스의 주체인 정치인이 참여 민주주의에 의해 선출되고 이들은 의사 결정 과정에서 합의 지향적 자세를 유지하며 자신의 결정이 유권자들 에게 정치적 책임 추궁에 제약받는다는 사실을 법적·제도적·문화적 으로 인지하며 의사결정 시 그 과정을 투명하게 공개하며 유권자의 요 구에 잘 반응하고 자신들의 의사결정을 법의 지배원칙에 근거해 효율 적으로 한다는 의미이다.

이러한 좋은 거버넌스는 두 가지 차원의 핵심요소를 필요로 한다. 하나는 민주적 정치제도이며 다른 하나는 갈등의 평화적 해결에 관한 규범이다. 전자가 공식적인 제도를 강조하는 반면 후자는 비공식적이 고 문화적인 규범을 강조하며 많은 현대 민주주의 이론가들은 이 두 요소 간의 상호작용을 강조한다. 즉 당연히 민주주의를 제도화한 국가 들은 좋은 거버넌스의 뼈대를 가지게 된다. 주기적인 선거, 자유롭고 공정한 선거, 이를 토대로 한 경쟁적 정당 시스템과 지도자 선출방식을 제도로 채택하고 있으며 이 제도는 궁극적으로 선출된 정치적 대표자 에게 정치적 책임 추궁의 가능성을 열어두어야 한다. 이런 제도와 아울 러 문화 역시 중요한데 제도적 강제가 구조화되면 모든 의사결정 과정 에서 발생하는 이해충돌과 갈등을 평화롭게 그리고 가능하면 의사결 정 참여자의 합의와 타협에 의해 해결하려는 규범이 문화적으로 안착 한다는 것을 의미한다.

국제 혹은 글로벌 거버넌스는 이와는 조금 다른 정의가 필요하다. 글로벌 거버넌스는 근본적으로 국가들 간의 공동의 문제해결을 위한 국가 간 협력을 기반으로 한다. 따라서 국가들 간 양자, 다자외교를 통 한 국제 협력을 고양하는 행위뿐만 아니라 국제기구 혹은 레짐을 건 설 사용하여 공통의 문제를 해결하는 행위를 글로벌 거버넌스라 칭할 수 있다. 이 경우 글로벌 거버넌스의 핵심 주제는 해당 국제기구가 어느 정도 공평무사하게 국가들을 대변하고 있으며 기구 내 의사결정이 민주적이고 투명하게 이루어지고 있는지 그리고 해당 국제기구가 채택한 권고, 결의, 결정 등의 행위가 국가 간 공동의 문제해결을 위해 국가들의 행동을 어느 정도 강제할 수 있는지가 좋은 국제 거버넌스와 나쁜 국제 거버넌스를 나누는 기준이 될 수 있다(Weiss and Thakur 2008, 1-28).

이상의 거버넌스 개념을 팬데믹 거버넌스에 적용하자면 팬데믹의 국내적 거버넌스는 팬데믹 대응과 관련된 참여적이고 합의 지향적이며 책임성에 근거하며 투명하고 반응적이며 효율적이고 공평무사하며 포용적이며 법의 지배에 근거한 의사결정 과정을 의미한다. 팬데믹의 국제적 혹은 글로벌 거버넌스란 팬데믹의 해결을 위한 국제제도—특히 세계보건기구(WHO)—를 이용, 투명하고 민주적인 의사결정을 통해 가입 국가들 간의 협력을 도모하고 회원국가들이 전 지구적 팬데믹 극복을 위해 실천할 수 있는 강제력 있는 결정을 도출하는 행위를 말한다.

문제는 미국이 내부적인 팬데믹 거버넌스에 실패했을 뿐만 아니라 국제적 팬데믹 거버넌스 실패에도 큰 책임이 있다는 점이다. 후술하겠지만 미국은 내부적으로는 참여적이고 합의 지향적인 코로나 대응에 실패했으며 아울러 이 대응에 책임 있는 자세로 임하지 못했다. 아울러 대응 내내 투명성을 결여했으며 대응의 효율성 면에서 최악의 평가를 받았으며 공평무사와 포용이라는 측면에서 의사결정을 이루어내지 못했다. 아래 그림은 현재(2021년 4월 30일 기준) 미국의 코로나19 확진자 수와 사망자 수를 시각화한 것이다.

2020년 하반기부터 백신이 공급되어 사정이 급격히 나아지고 있

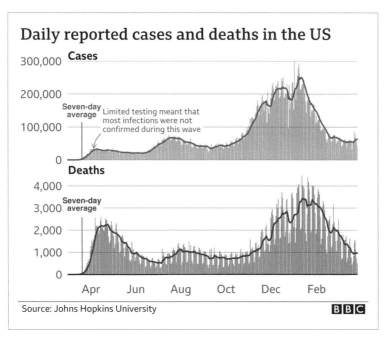

그림 5-1 미국의 코로나 확진자 및 사망자 변화 추이

출처: Johns Hopkins University; BBC.

으나 미국은 지난 2020년 2월부터 12월 사이 팬데믹에 가장 큰 피해를 본 나라이다. 이 기록은 아직도 유지되고 있는데 2021년 4월 30일 기준 확진자는 3230만 명을 넘어섰으며 사망자는 57.5만 명을 넘어섰다. 누구도 상상치 못한 끔찍한 피해를 입었다. 하지만 이런 피해가 발생할 동안 미국의 팬데믹 거버넌스는 제대로 작동하지 못했다. 백악관은 바이러스 자체의 위험을 제대로 평가하지 못하고 위험이 인식된 후에는 대응 정도에 대해 갈지자 행보를 보였다. 전국적인 봉쇄령과 사회적 거리두기 그리고 기본적인 마스크 쓰기가 너무 늦게 실행됐고 핵심 의료 물자 공급이 지연되었다. 이런 국내적 코로나 거버넌스 실패는 미국의 국제 코로나 거버넌스 실패로 이어졌다. 제대로 된 팬데믹 대응 이니셔티브를 주도하지 못했고 중국과 책임 돌리기 공방을 벌이다 급기야 WHO에서 탈퇴를 공식화해 버린다. 다음 절에서는 이러한 미국의 코로나 거버넌스 이중 실패의 원인을 포퓰리즘 리더십과 선거 정치의 상호작용에 초점을 맞추어 입증해 본다.

V. 미국 국내 코로나 거버넌스 실패

1. 트럼프 대중주의 성향과 초기대응 실패

트럼프의 대중주의적 성향이 미국 코로나19 거버넌스의 이중 실패의 가장 큰 원인이었다는 점은 부인할 수 없는 사실이다. 트럼프 대통령은 집권 내내 미국 우선주의를 내세우며 자신이 미국 대중의 이익을 가장 잘 대변한다는 정치적 슬로건 하에 기존의 워싱턴 정치인 특히 민주당과 정치인들을 부패한 엘리트들로 묘사하고 적대시하며 자신의 대중 이해 대변의 근거로 미국 경제의 회복을 최우선적으로 강조하였다.

실제 2019년 12월 30일 중국에서 최초의 신종바이러스 발발이 보고된 시점의 미국 경제는 트럼프가 호언장담할 정도라 상당히 좋은 성과를 내고 있었다. 〈그림 5-2〉는 대통령이 선거국면에서 국민들에 의해 평가받는 주요 경제성과들을 보여주는 그래프이다.

이 그래프가 보여주듯이 미국은 실질경제성장률 그리고 실업률 양 측면에서 개선된 지표를 보여주고 있었고 트럼프 대통령은 자신이 항상 전면에 내세우는 미국민들을 위해 자신이 이러한 경제적 성과를 만들어낸 것이라고 주장하게 된다. 따라서 2020년 1월 대선을 10개월 앞둔 상태에서 트럼프 대통령은 이 경제적 성과를 재선에 이용하

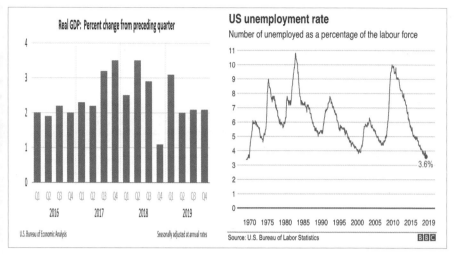

그림 5-2 미국의 경제 성장률(2016-2019)(좌)과 실업률(1970-2019)(우)
출처: 미국 경제분석국; 미국 노동통계국; BBC.

기 위해 전략적으로 사용하기로 이미 마음을 먹고 있었다. 코로나 문제
가 심각해지기 이전 트럼프 캠프 내부에서 자체 실시한 여론조사에 의
하면 트럼프는 바이든을 플로리다에선 8%, 펜실베이니아에선 4%, 그
리고 노스캐롤라이나에선 6% 아리조나에선 10% 정도 앞선 것으로 나
타났고 트럼프의 지지율(approval rating)은 핵심 격전지에서 50% 이
상으로 나타났다. 선거 매니저 파르스케일(Parscale)은 이를 바탕으로
트럼프에게 선거인단 수에서 400표를 얻을 것이라고 보고했다고 한다
(Parker et al. 2020, 15).

　트럼프 대통령은 이런 경제성과를 자신의 열혈 지지자들에게 내
세우며 재선을 호기롭게 준비하고 있었다. 문제는 바로 이 시점에 미국
에 코로나19가 유입되어 대유행이 시작되었다는 점이다. 3월부터 미
국을 휩쓸고 지나갈 코로나19라는 팬데믹은 트럼프 행정부에게 자신
의 핵심 지지층에게 경제 치적을 내세워 재선에 성공하려는 움직임과

완전히 상충하는 정책적 대응을 요구했다. 특히 광범위한 봉쇄와 사회적 거리두기 등의 조처는 대다수 미국의 소비 관련 경제활동의 중단을 요구했고 이는 직접적인 실업률 폭증으로 이어질 것이 너무도 뻔한 상황이었다.

이런 상황에서 트럼프 대통령은 자신의 대중주의적 성향, 즉 자신의 지지자들과 반대편을 이분법적으로 나누고 전자에게 경제적 성과로 어필하려는 성향을 노골적으로 드러내며 소극적이고 비과학적인 코로나 바이러스 대응에 나선다. 가장 먼저 트럼프 행정부는 코로나 바이러스의 위험성을 애써 경시한다.[2] 코로나 바이러스가 초기 미국에 유입되기 전 이미 미국 국가안전보장회의(The National Security Council)로부터 이것이 미국 보건 안보상의 위기상황을 초래할 것이라는 보고서가 올라갔음에도 트럼프는 이를 무시해 버린다. 2020년 1월 30일 보건 및 인재 서비스 보좌관(the health and human service secretary) 아자르(Alex M, Azar II)는 이미 트럼프 대통령에게 팬데믹의 가능성을 다시 직보하였으나 대통령은 일종의 경고 정도로 치부해 버렸다(Lipton et al. 2020). 이미 이 시기 중국과 한국 그리고 일본에서는 1차 유행이 확산 중이었고 사망자까지 급속하게 나오던 시기라 트럼프의 이런 판단은 매우 잘못된 것이었다. 하지만 재선을 채 1년도 남겨두지 않은 상태에서 이미 민주당의 탄핵 시도로 내상을 입은 트럼프

2　과거 오바마 행정부는 Ebola를 안보의 관점에서 판단 National Security Council 안에 세계 보건안보 및 바이오 방역 이사(The Directorate of Global Health Security and Bio-defense)직을 신설 전 세계적 감염병을 관리하고자 함. 하지만 트럼프 대통령은 이 직위를 폐지하고 산하 직원들을 NSC의 다른 부서로 이동 전보 조치하여 현재 엄청난 비난에 직면함. 현재 covid-19 방역은 트럼프 대통령이 미국 보건 및 의료부(the United States Department of Health and Human Services, HHS) 산하 국립보건연구소(National Institutes of Health, NIH)와 감염병 통제센터(CDC) 자문을 받아 covid-19 대응을 하고 있음.

가 팬데믹 경고를 매우 심각하게 간주하기에는 선거에 대한 집착이 너무 컸다.

트럼프 대통령은 코로나 바이러스를 자신의 정치적 반대파인 민주당과 연계시키는 대중주의의 고전적 전략도 잊지 않았다. 트럼프 대통령은 팬데믹이 민주당 지도부와 그 지지자들이 꾸민 사기(hoax)라고 꾸준히 주장하면서 민주당이 팬데믹 이슈를 정치화시켜 여기로부터 정치적 이득을 얻으려 한다고 맹공을 퍼붓는다.

2월 말부터 백악관에는 케들렉(Dr. Robert Kadlec)이 이끄는 백악관 코로나 바이러스 대응팀(coronavirus task force)이 꾸려진다. 하지만 이때까지 트럼프 대통령은 의회에 코로나 관련 예산증액을 요청하지도 않았다. 하지만 케들렉 팀은 2월 마지막 주에 두 가지 중요한 상황에 직면하는데 첫 번째가 팬데믹 모의 시뮬레이션에서 약 1억 명의 미국인 감염과 58만 명의 미국인 사망이 예측되었다는 점과 이미 조지아에서 무증상 감염자 보고가 들어오기 시작했다는 점이다. 따라서 트럼프 행정부에게 2월 마지막 주는 이후 팬데믹을 통제할 수 있는 마지막 시간이었다. 하지만 이를 보고 받은 트럼프 대통령은 여전히 이를 경고로 치부하고 오히려 이런 움직임이 주식시장에 줄 부정적 영향과 이로 인한 재선에의 악영향만 염려하고 만다.

하지만 이 과정에서 트럼프 대통령의 또 다른 대중주의적 성향, 즉 반엘리트주의 및 반전문가주의가 미국의 팬데믹 조기대응을 가로막는다. 대중주의 연구자들은 기본적으로 대중주의 신봉자들이 엘리트주의를 배격하고 이를 타깃으로 삼아 자신의 정치적 입지를 확보한다고 주장해 왔다. 이런 반엘리트주의 성향은 전문가 집단에 대한 회의에서도 읽혀지는데 대중주의 지도자들과 그 지지자들은 대부분 전문가 집단을 엘리트로 인식하며 이들 간의 네트워크를 그들만의 리그로 비하하고 공격한다고 알려져 있다(Pevehouse 2020, 194).

트럼프 대통령도 예외는 아니어서 팬데믹 초기 가장 의존해야 했던 미국 내 감염병 전문가와 과학자들의 의견을 노골적으로 경시하고 심지어 무시한다. 코로나19 바이러스를 독감바이러스에 비유하기도 하고 날씨가 따듯해지면 기세가 줄어들 것이라고 발언하며 심지어 말라리아 치료제인 하이드록시클로로퀸(Hydroxychloroquine)이 코로나19 치료에 유효하다는 비과학적 사실을 신봉하고 이를 트윗하면서 지지자들에게 잘못된 정보를 퍼뜨린다. 트럼프 행정부는 전문가들과 마스크의 유용성에 관해서도 충돌한다.

이후 트럼프 대통령은 펜스 부통령에게 코로나 대응의 전권을 넘긴다. 팬데믹 대응이 펜스 부통령 팀으로 이관되자 펜스 부통령은 파우치(Anthony Fauci) 미국 알레르기·감염병 연구소 소장을 비롯한 감염병 전문가들이 백악관과 조율 없이 언론에 나서는 것을 차단하려 했다. 따라서 2월 26일부터 3월 16일까지 미국에게 가장 중요했던 3주 동안 미국은 현재 코로나 방역의 핵심 중의 핵심으로 여겨지는 마스크 쓰기와 사회적 거리두기 그 어느 것도 실행하지 못하고 확진자가 15명에서 4226명으로 증가하는 것을 지켜봐야만 했다.

팬데믹 발생 1년여가 지난 현시점에서 팬데믹의 초기대응 여부가 이후 국가들 간의 확진자 수와 사망자 수의 변이(variation)에 얼마나 큰 영향을 주는지 잘 드러나고 있다. 하지만 미국은 이 초기대응의 시기에 트럼프 대통령의 대중주의적 성향과 재선에의 집착으로 인해 거의 무대응으로 일관했다. 코로나 국내 거버넌스의 첫 단추가 아예 끼워지지도 못한 것이다. 트럼프 대통령은 자신의 지지자와 비판자를 양분하고 자신의 재선이 지지자들에 달려 있음을 간파하고 있었으며 이들의 표심에 가장 큰 영향을 미치는 것이 자신의 경제적 업적임을 잘 알고 있었다. 하지만 이런 대중주의적 충동은 팬데믹 상황을 마주하여 수차례의 경고를 무시하도록 했으며 오로지 경제적 성과에만 매달려 재선을 달성하려는 유인구조를 만들어내어 백악관 내의 코로나 초기대응 실패의 원인이 되고 말았다.

2. 선거 정치와 경제재개

트럼프 대통령의 대중주의적 성향은 극단적인 편 가르기와 대중 동원 그리고 철저한 반엘리트 혹은 전문가주의로 미국의 팬데믹 초기대응을 어렵게 하였다. 문제는 이러한 대중주의적 정치지형이 기존 미국 정치의 고질적 문제인 정당정치 양극화와 탈중앙화된 정치시스템과 만나 미국의 코로나 거버넌스를 더욱 어렵게 만들었다는 점이다. 그 극명한 예가 미국의 경제재개(economic opening)를 둘러싼 논쟁과 이로인한 코로나 거버넌스 실패이다.

  2020년 미국의 정치지형은 특유의 탈(脫)중앙화(decentralized)된 정치구조에서 정치적으로 양극화되어 있었다. 여기서 탈중앙화라는 의미는 미국의 연방시스템(federalist system)을 말하는데 코로나19 거버넌스와 관련 미국의 헌법과 이에 대한 해석이 과연 연방정부와 주정부의 코로나19에 대한 대응이 어느 선에서 명확히 정의될 수 있는가 하는 문제였다. 특히 연방정부와 주정부의 권한 정의의 문제가 심각하게 충돌한 사례가 봉쇄령의 주체와 경제재개의 주체 문제였다. 트럼프 대통령은 호기롭게 연방 대통령인 자신의 승인 없이 주정부는 아무것도 할 수 없다고 말했지만 실제 미국 헌법은 치안 권한(police powers), 즉 시민의 보건(health), 안전(safety), 안녕(well-being)은 주에게 우선권을 주고 있다(Galston 2000). 따라서 자택 대기명령이나

코로나19 진단검사 명령 그리고 경제재개 명령까지 주정부가 권한을
보유하고 있었다. 하지만 트럼프 대통령은 이러한 문제의 결정권이 자
신에게 있다고 주장하며 주정부와 대립하다 이내 특유의 편 가르기 전
략을 구사 공화당 주지사들을 위주로 자신이 선호하는 코로나 대응을
밀고 나간다(Wilkie 2020). 문제는 당시 미국 주지사의 성향이 민주당
과 공화당으로 극단적으로 나뉘어 있었다는 점이다. 아래 그림은 2020
년 당시 미국 주지사의 당 성향(partisanship) 분포를 보여주고 있다.[3]

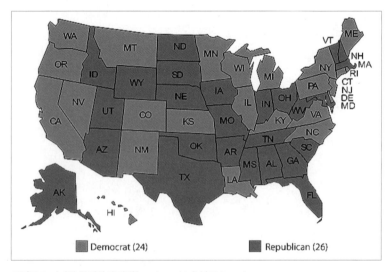

그림 5-3 미미국 주지사의 당적(partisanship) 분포 (2020)
출처: University of Virginia Center for Politics. https://centerforpolitics.org/crystalball/articles/the-governors-party-control-now-near-parity/

그림에서 보듯이 2020년 3월 당시 50개 미국 주에서 민주당 주지
사는 24명, 공화당 주지사는 26명이다. 거의 두 정당으로 양극화되어
있다고 봐도 무방하다. 이들 주지사는 상호 상반된 코로나 위협인식에

---

3   하원은 공화당이 238석이었고 민주당이 193석이었으며 상원은 더 양극화되어 공화당이
     51석, 민주당이 48석을 차지하고 있었다.

기반해 코로나 검사 및 진단 속도, 사회적 거리두기 정책 그리고 봉쇄 정책, 경제재개 그리고 코로나 실직자 구제 등 거의 전 분야에 걸쳐 트럼프 대 반(反)트럼프 진영으로 나뉘어 분열된 코로나 대응을 했다. 즉 코로나19 대응이 주정부 차원에서도 매우 휘발성 있는 정치적 문제로 변질되고 만 셈이다.

특히 지적되어야 할 점은 발 빠르고 일관적인 초기대응이 절실한 팬데믹 위기 상황에서 공화당 주지사들이 트럼프 대통령의 코로나에 대한 잘못된 위협인식을 무비판적으로, 반복적으로 모방하고 이를 확대 재생산하였다는 점이다(Hatcher 2020, 616). 일부 공화당 주지사들은 감염병 전문가들이 강력 권고하던 사회적 거리두기나 봉쇄 지속은 영업 자유의 침해 그리고 나아가서는 지나친 개인의 자유 제한이라고 비판하고 나서면서 코로나 대응은 어디까지나 개인의 책임이며 강제로 마스크를 쓰게 하는 행정명령이나 영업 제한 조치 등은 불필요하고 오히려 해를 가져온다고 맞선다(Witte and Romm 2020).

트럼프 대통령은 이런 저항을 제어하기보다는 자신의 정책보다 좀 더 강한 사회적 거리두기를 부과한 민주당 주지사에 대한 반대 시위를 선동하기도 한다.[4] 반대로 민주당 주지사들은 팬데믹 초기부터 트럼프 행정부와 각을 세우며 행정부의 코로나 방역보다 경제를 우선시하는 정책에 반대한다. 특히 뉴욕주 주지사인 쿠오모(Andrew Cuomo)의 경우 트럼프가 코로나 방역을 경제 살리기와 코로나로부터 인명을 구하기의 문제에서 전적으로 전자를 우선시하고 있다고 맹비난했다(Megerian 2020).

더욱 더 문제가 됐던 점은 이런 양극화되고 탈중앙화된 미국의 코

---

4   https://www.nytimes.com/2020/04/17/us/coronavirus-cases-news-update.html

로나 갈등이 미국 대중들의 정치갈등과 맞물려 그 휘발성을 더해갔다
는 점이다. 대중주의는 기본적으로 기존 제도권 정치인들을 부패한 정
치 엘리트(corrupt political elites)로 비난하고 일반 대중을 선한 대중
으로 순화시키면서 대중주의를 이끄는 지도자만이 이 순수한 일반 대
중의 이익을 대변한다고 주장한다. 이 대중주의적 지도자들은 음모론
을 확대 재생산시켜 대중들이 자신을 지지하지 않으면 기성 정치 엘리
트들의 음모에 의한 정치적 타락이 진행되며 전체 정치시스템은 붕괴
하고 만다는 불안 심리를 자극한다. 이들은 아주 쉽고 간단하고 직설적
인 말을 사용하여 대중을 사로잡고 항상 편을 갈라 자신의 열혈 지지그
룹을 만들며 이들을 대상으로 자신의 정치적 어젠다를 성취하려 한다.

　　트럼프는 이러한 대중주의적 본성을 자신의 열혈 지지자 동원에
십분 활용하면서 정치적 반대자들의 코로나 거버넌스 실패 비난을 돌
파하고 재선 가능성을 높이는 데 사용한다. 예를 들어 트럼프는 재선
랠리인 9월 네바다주 유세에서 "아직도 나는 코로나 바이러스를 심각
하게 생각하지 않는다"고 말하면서 지지자들에게 "당신의 주지사에게
당신 주의 경제활동 재개를 요청하라"고 발언한다(Todd et al. 2020).
10월 위스콘신에서 열린 유세에서는 당시 최악의 상황으로 치닫고 있
는 위스콘신의 코로나 감염자 수 증가는 언급하지 않고 경제재개의 필
요성을 다시 강조하면서 "당신들의 주는 공화당 주지사를 선출했었어
야 한다"는 상당히 분열적인 언사를 쏟아낸다(Beck and Marley 2020).

　　이에 고무된 트럼프의 열혈 지지자들은 처음에는 시위에서 나중
에는 폭동까지 일으키며 중앙정부 혹은 주정부의 코로나 방역 조치에
항의하기 시작한다. 트럼프는 자신의 트위터를 이용해 민주당 주지사
가 통제하던 미시간, 미네소타 그리고 버지니아주의 자신의 지지자들
에게 자가격리 명령에 대해 저항할 것을 공공연하게 부추기며 이를 해

방(liberation)이라고 명명한다. 이에 고무된 미시간 트럼프 지지자들은 주정부 건물로 돌진했으며 주지사 납치 모의까지 발각되기에 이른다(Restuccia and Siddiqui 2020).

이러한 미국 연방정부 코로나 거버넌스의 난맥상이 구체적으로 드러난 것이 미국의 섣부른 경제재개 결정이다. 3월 중반부터 강한 사회적 거리두기와 봉쇄에 돌입한 미국은 4월 말부터 본격적인 경제재개(economic opening)을 시작한다. 하지만 문제는 경제재개의 결정이 보건전문가의 경고를 무시하고 경제성과를 통한 재선에 집착하던 트럼프 대통령 자신과 이를 추종하는 공화당 주지사들을 중심으로 지나치게 조급하게 이루어졌다는 점이다.

경제재개와 관련 혼란을 가장 먼저 자초한 사람은 트럼프 대통령 자신이다. 3월에 코로나19를 팬데믹으로 선언하고 국가 비상사태(national emergency)로 선언한 트럼프 대통령은 자신이 주지사들의 자택 대기명령(shelter-in-place order)을 무력화할 수 있는 법적 권한을 가지고 있으며 이 권한은 절대적이라는 발언을 하며 미국을 놀라게 한다(Chalfant 2020). 이어 경제재개의 가이드라인을 발표하며 주마다 사정이 다르니 공화당 주지사들에게 은연중 경제재개를 요구하고 이를 지지하는 시위대에 지지를 보낸다. 불행하게도 5만여 명의 팬데믹 관련 사망자가 나온 상태에서 5월 초에 조지아주와 텍사스주는 경제재개를 시작했고 이는 우려했던 대로 확진자의 폭증과 사망자 증가로 이어지고 만다. 〈그림 5-4〉는 텍사스와 조지아주의 경제재개 전후로 한 코로나 확진자 수 변화를 나타낸 그래프이다.

경제를 재개한 조지아주의 5월 1일 신규 확진자는 1,000여 명이었으나 7월 31일에는 3,700여 명으로 증가한다. 4월, 5월경 기대했던 경제적 회복의 기대는 여지없이 무너졌고 조지아는 최악의 보건위기로

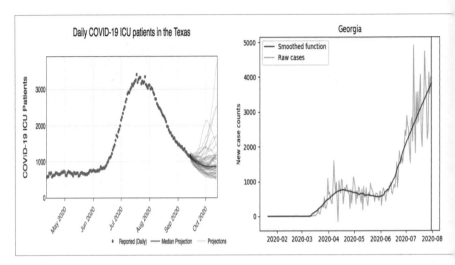

그림 5-4 텍사스주(2020.5-2020.10)(좌)와 조지아주(2020.02-2020.08)(우)의 Covid-19 확진자
출처: University of Sidney Covid-19 Data Base.

빠져든다. 텍사스는 이보다 심해 5월 1일 신규확진자가 1,270명에서 7월 31일에는 10,956으로 증가한다. 더욱 우려스러웠던 것은 경제를 재개한 주에서조차 경제재개 후 확진자와 사망자 증가 후 소비의 위축과 경지침체라는 악순환이 나타나면서 경제 보건이 먼저라는 논리가 얼마나 위험한 것인지 드러나게 된다.

트럼프 대통령은 일관되게 자신의 경제적 성과가 covid-19로 인해 묻히고 이것이 다가오는 재선에 줄 악영향을 두려워했다. 이런 두려움이 주어진 상태에서 미국 정치의 양극화와 이에 더한 탈중앙화된 정치시스템이 교묘하게 맞물려 들어가 미국의 국내 코로나 거버넌스는 통제 불능 수준으로 빠져들어가고 만다. 조지아와 텍사스주가 경제재개를 선언하자 미국 내에서 공중 보건(public health)과 경제 보건(eocnomic health)에 관한 논쟁이 치열하게 전개되었고 코로나뿐 아니라 봉쇄 역시 경제에 악영향을 줘 미국인들을 죽음으로 내몬다는 점에서 일종의 살인이라는 논리가 득세하게 된다.

하지만 이미 팬데믹 공포가 상당히 광범위하게 퍼져 있었고 미국 정부의 진단검사 속도도 좀처럼 빨라지지 않은 상태에서 경제재개는 경제회복으로 이어지지 않았다. 오히려 조급한 경제재개는 트럼프 맹렬 지지자들의 더 광범위한 경제재개 요구와 민주당 진영의 봉쇄조치 연장이라는 극심한 정파 간 대립을 가져와 각종 폭력사태를 가져왔고 경제재개의 미국의 코로나 대응 성과는 주정부의 당파성에 따라 달라지는 극심한 분열 양상을 보이게 된다(Gollwitzer et al. 2020).

VI. 미국의 국제 코로나 거버넌스 실패

미국의 코로나 국내 거버넌스 실패와 아울러 반드시 지적되어야 할 점은 미국이 팬데믹 통제를 위한 국제 거버넌스에서도 실패했다는 점이다. 팬데믹 대응을 위한 다자협력은 물론 팬데믹 국제 거버넌스의 핵심에 위치한 세계보건기구(WHO) 탈퇴를 공식화함으로써 미국은 전례 없는 국제 거버넌스의 공백을 자초했다.

미국의 팬데믹 국제 거버넌스 실패 이유와 관련해서 먼저 트럼피즘이라는 대중주의 리더십을 지적하지 않을 수 없다. 앞서 여느 대중주의 리더십과 다르지 않게 트럼프 대통령은 역시 국제문제와 관련하여서 상당한 민족주의 성향을 보여왔다. 특히 국가 간 무역 관계에 초점을 두어 무역을 상호 이해의 증진으로 보기보다는 국가의 상대적인 부와 위치에 영향을 주는 도구로 보았으며 이에 따라 거침없는 보호주의적 정책을 추진해 왔다. 특유의 거래적 성향(transactionlism)을 통해 국제제도를 미국의 이익이라는 단일 잣대로 평가하고 이에 봉사하지 않으면 국제제도나 기구, 그리고 심지어 동맹관계마저도 미국은 과감하게 관계 재설정을 요구했다(Lissner, and Rapp-Hooper 2018).

이러한 트럼프의 미국 포퓰리즘적 외교정책 성향은 휘발성 강한 미국의 선거(대선)와 맞물리면서 미국의 국제 코로나 거버넌스 실패로 이어진다. 트럼프는 팬데믹 거버넌스의 중심에 있어야 할 미-중 협력 대신 중국에 비난 돌리기를 통해 지지자를 결집했으며 여기에 세계보건기구 탈퇴라는 극단적 카드까지 동원한다.

1. 중국과의 비난 게임(Blame Game)과 재선

미국이 코로나 국제 거버넌스에 실패한 가장 큰 이유는 팬데믹 문제를 중국과의 상대적 이득의 관점에서 바라보았다는 점이다. 팬데믹 발생 초기부터 코로나 바이러스는 우한(Wuhan)에서 처음으로 보고가 되었을 뿐 중국 정부가 개입되어 있다는 과학적 증거는 존재하지 않으며 여전히 음모론에 머물러 있다. 하지만 2020년 2월 중반부터 바이러스의 중국 우한 보고 사실을 알게 된 트럼프 행정부 특히 백악관은 중국에 비난을 돌릴 준비를 하고 있었다. 특히 트럼프 대통령과 그의 백악관 내 강경파 측근들, 특히 마이크 폼페이오(Mike Pompeo) 국무장관은 중국 우한에서 바이러스가 최초 보고된 점을 문제 삼아 이 바이러스를 우한 바이러스(Wuhan Virus)라 명명하는 것을 강하게 밀어붙였고 2월 말 미국의 거의 모든 팬데믹 관련 입장문에서 반(反)중국적인 톤을 유지하는 것을 압박하며 심지어 G-7 정상 공동성명에서도 이 명칭의 사용을 시도한다(Marquardt and Hansler 2020). 이미 이때부터 백악관은 팬데믹 이슈를 정치화시키려고 준비하고 있었던 것이다.

트럼프 대통령의 이러한 행동은 우리편과 상대편을 나누고 자신만이 우리편, 즉 미국 국민들의 이해를 가장 잘 대변하고 있다고 위치 시키려는 특유의 포퓰리즘 성향의 발로이자 이를 통해 자신의 재선 가 능성을 높이기 위한 전략이었다. 초기대응에 실패한 미국의 엄중한 팬 데믹 상황은 트럼프 대통령의 중국 때리기의 유인을 더욱 자극하였다. 선거가 다가올수록 트럼프의 중국 때리기 정도는 더 심해졌고 중국 실 험실에서 코로나 바이러스가 유출되었다는 확인되지 않은 음모론을 대통령 스스로가 발언한다. 심지어 중국이 팬데믹을 통한 대량 살상에 책임이 있으며 중국이 반드시 큰 대가를 치르게 될 것이라는 극히 선 동적인 언사를 사용하며 자신의 지지자들을 결집시키려 한다(Griffiths 2020). 선동형 대중주의 정치인이 재선을 위해 유례없는 공중 보건위 기를 정치화시킨 생생한 사례를 보여준 것이다.

이런 팬데믹 관련 비난 돌리기(blame shift)는 미국의 입장에 자극 받은 중국 정부가 중국 외교부 대변인의 입을 빌려 코로나 바이러스가 2019년 10월 미군 병사에 의해 중국으로 유입됐다는 또 다른 음모론 으로 대항하자 트럼프 대통령이 아예 '중국 바이러스'에 의해 피해를 본 항공산업과 다른 산업들을 지원할 것이라 트윗 하면서 팬데믹의 정 치화를 극단적으로 밀고 나간다(Hart 2021).

이런 팬데믹 진원지에 관한 비난 게임 진행과 중국 때리기는 미 국의 코로나 국제 거버넌스 관련 중요한 실책을 가져오게 만든다. 미 국은 이미 팬데믹 이전에 중국과 상당한 수준의 긴장 관계를 형성하 고 있었다. 미·중 무역 전쟁을 벌이면서 중국을 미국의 일자리 도둑, 불공적 무역의 상징, 미국의 부를 빼앗는 패권국으로 비난했으며, 홍 콩 민주화 운동으로 대립했으며, 신장지역 위구르족 인권문제로 갈등 을 겪었고, 남중국해와 동중국해 문제로 첨예한 갈등을 겪고 있었다. 이런 상황에서 어찌 보면 팬데믹은 미국이 중국과 협력할 유일한 기회였고 이를 통해 양국 간의 긴장 관계는 완화될 여지가 충분히 있었다 (Christensen 2020, 2).

하지만 미국은 무역 전쟁의 포성이 가라앉기 전에 다시 중국을 팬데믹의 진원지로 지목하며 중국에 비난의 화살을 돌리기 시작한다. 구체적 내용은 코로나 바이러스가 중국 우한의 정부 연구소에서 유출된 것이고 중국 정부가 초기 유출 사실을 은폐했으며 이에 대한 책임을 져야 한다는 것이다. 아울러 팬데믹이 장기화되자 트럼프 행정부는 중국이 미국의 백신 연구에 대한 사이버 스파이 활동을 하고 있다고 비난하고 중국 백신에 대한 신뢰성을 깎아내린다(Farley 2020). 중국은 미국의 코로나 진원지 그리고 코로나 음모론에 대하여 전면전에 나선다. 미국의 코로나 중국 이식론으로 대응하고 미국의 코로나 대응 실패를 비웃으며 중국식 백신과 방역 외교에 나선다. 팬데믹에 대한 대응이 치열한 정치적 갈등으로 비화되고 두 초강대국이 상대방의 대응방식을 비난하며 자신의 대응방식을 서로 국제사회에 과시하게 된 것이다.

이런 팬데믹 문제의 중국으로의 비난 돌리기는 미국 스스로의 코로나 국제 거버넌스 노력에 직접적인 악영향을 주게 된다. 가장 먼저 코로나 발생 원인에 관한 가장 시급하게 요구되었던 국제 공동연구—특히 미·중 간 공동연구—의 가능성이 조기에 차단된다. 아울러 코로나 백신 개발이 미국과 중국 양 강대국을 중심으로 이원화되어 진행되게 된다. 팬데믹 상황에 대한 국제공조를 수립하려는 외교적 노력도 미국의 소극적인 자세로 무산된다. 트럼프 대통령은 자국 우선주의를 내세워 2020년 5월 화상으로 진행된 세계 백신 정상회의(the World Vaccine Summit)에 참가하지 않았다. 아울러 시급하게 팬데믹 문제가 논의되어야 할 G-7 정상회담을 주최국 미국의 대통령 스스로가 낡은 외교모델이라고 지칭하며 지속적으로 연기해 팬데믹 국제공조의 핵심적 기회를 다시 한번 무산시켰다(Booth et al. 2020).

이후 미국의 팬데믹 국제 거버넌스 참여는 국내 대선 일정에 휘말려 그 자취를 감추게 된다. 트럼프는 대선 레이스가 본격 시작되자 중국이 코로나 바이러스의 책임을 져야 한다며 민주당 바이든 후보(Joe Biden)조차 중국 편을 들고 있다며 싸잡아 비난한다(Kumur 2020). 자신의 코로나 초기대응은 정당했으며 초기 사상자 발생의 책임의 대부분은 중국의 비밀주의와 의도적인 발병 숨기기에 원인이 있다며 다시한번 중국 때리기에 나선다. 이런 중국 책임론은 11월 3일 대선 레이스가 끝날 때까지 지속된다. 선거 후 트럼프는 팬데믹 대응을 위한 주제로 개최된 11월의 G-20 정상회담에도 오프닝 세리머니에만 참여하고정작 팬데믹 대응과 준비에 관한 화상회의를 건너뛰어 다시 한번 미국의 팬데믹 거버넌스 노력에 찬물을 끼얹고 만다(Newburger 2020).

2. WHO 탈퇴

트럼프의 미국 중심적인 외교정책은 미국이 그동안 건설하고 발전시킨 국제제도를 향해서도 예외 없이 적용되었다. 그동안 국제사회는 국제제도나 레짐의 건설을 통해 이기적인 국가들이 선뜻 공급하지 못하고 주로 무임승차(free riding)하려는 일련의 공공재들을 식별하고 이를 공동의 노력을 통해 공급하려고 애써왔다. 환경, 보건과 건강, 자유무역, 통화안정, 그리고 평화 등이 대표적인 공공재로 식별되어 왔고이 공공재를 이기적인 국가들이 어떻게 협력을 통해 생산해 낼 수 있을지를 고민해 왔으며 그 해결책을 많은 부분 국제제도나 레짐의 형성을 통해 찾으려 하였다. 이 과정에서 미국이 리더십을 제공한 것 역시부인할 수 없는 사실이다(Ikenberry 2011, 19-219).

이 관점에서 볼 때 코로나19 팬데믹의 통제라는 공공재 공급과 관련 세계보건기구(WHO)와 미국의 리더십은 그 어느 때보다 중요한 현실이었다. 당시 코로나 발원지와 초기 발생 상황은 WHO가 빠르게 파악하고 국제사회와 공유해야 할 공공재였다. 코로나19 백신 개발과 치료제 개발 역시 순수한 형태의 공공재이다. 이 개발 노력에 참여하건 참여하지 않건 간에 일단 개발이 되면 모든 국가들이 사용할 수 있고 사용한다 해도 그 양이 크게 줄어들지 않을 것이기 때문에 많은 국가들이 개발에 머뭇거리게 되는 공공재다(Frieden 2020, 1). 따라서 이러한 공공재를 공급할 국가군은 부유하고 과학 및 의료기술이 앞선 국가들에 집중되어 있었다. 즉 공공재 공급에서 WHO와 미국(그리고 유럽)의 리더십이 매우 긴박하게 요청되던 시기였다. 하지만 이 모든 노력의 핵심에 위치한 미국의 트럼프 대통령은 미국 우선주의에 사로잡혀 코로나 국제 거버넌스 노력에 찬물을 끼얹고 만다.

트럼프 대통령은 자신의 대중주의적 성향과 재선에 대한 집착으로 이러한 미국의 코로나 국제 거버넌스 리더십 행사에 실패하고 만다. 오히려 국제 거버넌스를 정치화시키고 선거에 이용하고자 했으며 마침내 이로부터 완전 후퇴하고자 했다. 트럼프 대통령은 취임 초부터 미국의 자유주의적 국제주의—즉 미국이 민주주의와 시장경제라는 가치에 의거 힘의 자제와 국제제도 및 국제법에 맞게 행동하여 국제평화와 번영을 유지해야 한다는 신념—에 회의를 품고 있었다. 특히 트럼프는 이러한 자유주의적 국제질서가 미국의 불필요한 해외지출을 발생시켜 일반 미국인들의 경제적 이해를 해치고 있다고 믿어왔다(Lucatus 2020, 31). 당연히 국제기구인 WHO를 통한 팬데믹 통제라는 공공재 공급이라는 선호에도 부정적일 수밖에 없었다.

이런 선호 아래 트럼프는 미국이 WHO를 통해 과연 국제 보건협력 거버넌스에 어떤 역할을 했는가가 아닌 WHO가 미국의 이익에 어떤 역할을 했는가에 질문을 던졌다. WHO는 이전부터 부유한 강대국들이 분담금을 지탱하는 과두화된 구조였다. 미국이 팬데믹 당시 전체 재정의 24%를 분담했으며 중국이 12% 그리고 일본이 8%를 분담하고 있었다. 아래는 2020년 기준 주요국의 WHO 분담금을 요약한 것이다.

표 5-1 세계보건기구(WHO) 2020년 분담금 순위 및 금액 (단위=달러)

순위	회원국	금액
1	미국	5788만
2	중국	2872만
3	일본	2049만
4	독일	1457만
5	영국	1093만

출처: 매일경제 http://mbnmoney.mbn.co.kr/news/view?news_no=MM1003939715

이 상태에서 트럼프는 WHO가 분담금 비율을 공격적으로 늘리고 있던 중국의 눈치 보기에 급급하다고 해석을 한다. 특히 WHO의 팬데믹 초기대응은 트럼프 대통령에게 이 국제기구가 자신이 그토록 원하는 미국 우선주의에 반하는 것으로 보였다. 미국이 가장 많은 재정지원을 하는 국제기구가 팬데믹 가능성이 농후한 중국에서의 코로나 바이러스의 초기 발생 보고를 제대로 하지 않았으며 무증상 감염자에 관한 심각성을 제대로 알리지 않았고 마스크 사용에 대한 제대로 된 지침을 내리지도 않았다고 판단한 것이다(Rotella, Bandler and Callahan 2020).

더욱 심각한 문제는 트럼프 행정부가 미국의 WHO를 통한 국제보건 거버넌스를 중국 때리기와 재선의 관점에서 접근했다는 점이다. 트럼프 대통령은 예를 들어 중국이 "우한 바이러스에 대해 WHO에 보고도 제대로 하지 않았으며 심지어 WHO에 압력을 가해 세계가 바이러스에 관련하여 제대로 대처하지 못하도록 했다"고 비난한다(Picheta 2020). 그는 또한 "WHO가 코로나 바이러스를 완전히 통제 불능에 이르게 한 책임이 있으며" "이 기구가 중국 중심으로 운영되는 중국의 허수아비(puppet)"라고 거칠게 몰아세운다. 기존에 중국으로 비난 돌리기 전략을 세운 상태에서 트럼프는 전술적으로 중국과 WHO의 공모 프레임을 만들어 자신의 미국 내 코로나 대응책임을 면피하고 재선의 가능성을 높이려 한 것이다. 결국 트럼프는 대선을 몇 달 앞두고 WHO에서 미국 탈퇴 선언을 해버린다. 파리기후협약의 탈퇴와 더불어 트럼프가 미국민과 미국 납세자의 경제적 이해관계의 이름으로 국제 거버넌스 실패를 스스로 자초한 대표적 사례가 만들어진 것이다.

하지만 트럼프의 WHO 탈퇴 당시 미국의 이러한 국제 감염병 거버넌스 노력에서의 철수가 오히려 목전의 미국 이익에 사로잡혀 중장기적인 미국의 보건 안보 관련 이익을 해할 것이라는 지적이 설득력 있게 나왔다. 당장 WHO에서 탈퇴하면서 미국과 WHO가 공동으로 개발 중이던 남반구를 대상으로 한 계절성 인플루엔자 백신 개발 과정에서 소외될 것이며 이후 미국 이외의 지역에서 좀 더 효율적인 코로나 백신과 치료제가 WHO의 주도하에 개발될 경우 미국의 접근이 제한될 것이고 코로나19가 그랬듯이 다른 지역에서 미국으로 침투할 또 다른 감염병에 대한 정보를 미국이 얻을 수 없을 것이라는 강한 우려가 제기되었다(Rotella, Bandler and Callahan 2020). 하지만 이런 우려에도 불구하고 트럼프는 자신의 선호대로 미국의 WHO 탈퇴를 공식화해 버리고 만다.

미국의 팬데믹 국제 거버넌스 실패는 WHO를 기반으로 한 다자주의적 거버넌스 실패뿐 아니라 양자주의 거버넌스에서도 실패로 이어진다. 비록 팬데믹이 극심한 자국 이기주의를 가져와 각국의 백신 우선주의와 자국민 보호 우선 그리고 국경 걸어 잠그기라는 원초적인 움직임을 강화했을지라도 이 와중에 양자 간 혹은 다자 간 팬데믹 관련 협력과 백신 및 치료제 관련 협력 그리고 팬데믹 이후 의료협력에 관한 움직임은 꾸준히 진행되었다. 하지만 트럼프는 2020년 5월 화상으로 진행된 글로벌 백신 정상회담에 참여하지 않았을뿐더러 대통령 선거에서 패한 후 G-20 covid-19 준비 세션에도 참석하지 않는다(Castronuovo 2020). 미국의 국제 보건 거버넌스 노력을 아예 의도적으로 방기한 셈이다.

VII. 결론

본 연구는 2020년 미국 코로나 거버넌스의 실패 원인에 관한 연구이다. 최고의 의료 및 방역 선진국이라 불리던 미국이 왜 57만 명 이상의 사망자와 3천만 명을 상회하는 확진자라는 코로나 방역에 실패했는지를 국내 및 국외 거버넌스의 시각에서 조명하였다. 이를 위해 본 연구는 미국의 코로나 방역 실패를 코로나 거버넌스의 이중 실패로 개념화하고 그 원인을 미국 내부의 정치적 변수 특히 대중주의 성향의 리더십과 휘발성 강한 선거 정치에 주목하여 설명하고자 하였다.

본 연구가 최근 진행되고 있는 코로나 거버넌스와 관련된 정치학 및 국제정치학 연구에 기여하는 바는 두 가지다. 먼저 선진 민주주의의 상징이라고 여겨졌던 미국이 코로나19 국내적 거버넌스에 왜 실패했는지 그 정치적 원인을 체계적이고 포괄적으로 제시하고 있다. 기존 코로나 연구는 아직 진행 중이고 존재하는 연구들은 트럼프 대통령 개인의 특이한 성향(personality)에 초점을 맞추어 미국의 코로나 거버넌스 실패를 설명하고 있다. 하지만 본 연구는 여기서 한 발 더 나아가 트럼프 대통령의 리더십을 대중주의라는 이론적 시각에서 분석하여 어떻게 이 대중선동형 정치적 리더십이 선거 정치와 맞물려 급박한 보건안보 위기의 거버넌스 작동을 방해했는지를 사례를 들어 경험적으로 입증하고 있다.

두 번째로 본 연구는 미국의 코로나 거버넌스 실패가 미국 국내 거버넌스 실패일 뿐 아니라 미국의 국제 코로나19 거버넌스 실패로 이어진 점 역시 대중주의 리더십과 선거 정치라는 국내정치적 변수를 통해 규명하고자 했다. 이와 관련해서 포퓰리스트인 트럼프 대통령의 국제제도나 기구에 대한 반감과 이 반감을 정치적 동원에 이용하는 과정을 추적하여 트럼프 대통령이 세계보건기구(WHO) 탈퇴를 중국 때리기의 일환에서 접근하고 이를 재선에 이용하려 했다는 증거를 제시하였다. 이러한 대통령 개인의 대중주의적 성향과 선거 정치의 휘발성은 미국의 팬데믹 국내 거버넌스뿐만 아니라 미국 팬데믹 국제 거버넌스의 기반마저도 크게 흔들어 버렸음을 입증하였다.

본 연구가 향후 연구에 주는 함의는 크게 두 가지이다. 첫째, 한국 정치학 연구에서 대중주의 연구의 필요성이다. 굳이 트럼프 대통령의 예를 들지 않더라도 최근 들어 등장한 포퓰리스트들 혹은 이 성향의 리더들―브라질의 보우소나루 대통령, 필리핀의 두테르트 대통령, 심지어 영국의 보리스 존슨 총리―에 관한 연구가 해외 학계에서 한창 진행 중이다. 하지만 한국 학계에서 아직 포퓰리즘에 대한 연구는 본격화되기 이전이다. 본 연구가 이 연구의 필요성을 환기시키는 계기가 될 수 있을 듯하다. 둘째, 보건 거버넌스 연구와 정치학 연구의 연계성에 관한 함의이다. 실제 팬데믹 이전에는 정치학에서 보건 거버넌스는 보건사회학이나 행정학 혹은 보건학의 영역이었다. 하지만 팬데믹이 국가 수준의 정치적 대응을 요구하는 사태로 확대되면서 팬데믹은 정치학의 중요한 주제가 되었다. 향후 정치학 연구는 특히 왜 팬데믹 거버넌스에서 국가별로 심각한 차이를 보이는가라는 중요한 문제에 답을 해야 할 것으로 보인다.

참고문헌

Adolph, Christopher, Kenya Amano, Bree Bang-Jensen, Nancy Fullman and John Wilkerson. 2020. "Pandemic Politics:Timing State-Level Social Distancing Responses to COVID-19." *Journal of Health Politics, Policy and Law* 46(2): 211-233.

Beck, Molley and Patrick Marley. 2020. "Trump tells thousands in Janesville that Wisconsin is key to winning 'the whole ball game'." Oct. 17. *Milwaukee Journal Sentinel*. https://www.jsonline.com/story/news/politics/elections/2020/10/17/trump-holds-rally-in-janesville-as-cases-of-coronavirus-soar-in-wisconsin/3682015001/ (검색일: 2020.12.23.).

Bonikowski, Bart. 2019. "Trump's Populism: The Mobilization of Nationalist Cleavages and the Future of U.S. Democracy." *When Democracy Trumps Populism: Lessons from Europe & Latin America*, edited by Kurt Weyland and Raúl Madrid, 110-131. New York: Cambridge University Press.

Booth, William, Carolyn Y. Johnson and Carol Morello. 2020. "The world came together for a virtual vaccine summit. The U.S. was conspicuously absent." *Washington Post* May 5 https://www.washingtonpost.com/world/europe/the-world-comes-together-for-a-virtual-vaccine-summit-the-us-is-conspicuously-absent/2020/05/04/ac5b6754-8a5c-11ea-80df-d24b35a568ae_story.html (검색일: 2021: 01.23).

Castronuovo, Celine. 2020. "Trump addresses virtual G-20 summit, heads out before session on pandemic." *The Hill* Nov., 21 https://thehill.com/homenews/administration/527025-trump-reportedly-skips-g-20-session-on-covid-19 (검색일: 2021.01.02.).

Chalfant, Morgan. 2020. "Trump claims he, not governors, has authority on opening state economies." *The Hill* April 13 https://thehill.com/homenews/administration/492503-trump-claims-he-not-governors-has-authority-on-opening-state (검색일: 2021.02.03.).

Clark, Michael and Anthony Ricketts. 2017. "Donald Trump and American Foreign Policy: The Return of the Jacksonian Tradition." *Comparative Strategy* 36(4): 366-379.

Christensen, Thomas J. 2020. "A Modern Tragedy?: Covid-19 and U.S.-China Relations." *Brookings Foreign Policy*: 1-7.

Farley, Robert. 2020. "US Accuses Chinese Hackers of Stealing COVID Vaccine Research." *The Hill* July 22 https://thediplomat.com/2020/07/us-accuses-chinese-hackers-of-stealing-covid-vaccine-research/ (검색일: 2021.01.23.).

Frieden, Jeffrey. 2020. "International Pandemic Politics." Unpublished Manuscript, Department of Government Harvard University. 1-10.

Galston, William A. 2000. "Trump or Governors: Who's the Boss?" Brookings March 25.https://www.brookings.edu/blog/fixgov/2020/03/25/trump-or-governors-whos-the-boss/ (검색일: 2021.01.21.).

Gerring, John, Strom C. Thacker and Carola Moreno. 2005. "Centripetal Democratic Governance: A Theory and Global Inquiry." *American Political Science Review* 99(4): 567-581.

Gollwitzer, Anton, Cameron Martel, William J. Brady, Philip Pärnamets, Isaac G. Freedman, Eric D. Knowles & Jay J. Van Bavel. 2020. "Partisan differences in physical distancing are linked to health outcomes during the COVID-19 pandemic." *Human Nauture Behavior* 4: 1186-1197.

Griffiths, James. 2020. "Trump threatens China with big price 'for what they've done to the world' as campaign looks to shift blame." *CNN* Oct., 8https://edition.cnn.com/2020/10/08/asia/trump-pence-china-debate-covid-intl-hnk/index.html (검색일: 2021.01.19.).

Hart, Robert. 2021. "Trump's 'Chinese Virus' Tweet Helped Fuel Anti-Asian Hate On Twitter, Study Finds." *Forbes* Mar., 19 https://www.forbes.com/sites/roberthart/2021/03/19/trumps-chinese-virus-tweet-helped-fuel-anti-asian-hate-on-twitter-study-finds/?sh=70eefc021a7c (검색일: 2021.4.14.).

Hatcher, William. 2020. "A Failure of Political Communication Not a Failure of Bureaucracy: The Danger of Presidential Misinformation During the Covid-19 Pandemic." *American Journal of Public Administration* 50(6-7): 614-620.

Hook, Steven W. 2003. "Domestic Obstacles to International Affairs: The State Department Under Fire at Home." *Political Science and Politics* 36(1): 23-29.

Ikenberry, G. John. 2011. Liberal Leviathan. Princeton, NJ: Princeton University Press.

_____. 2017. "The Plot Against American Foreign Policy." *Foreign Affairs* 96(3): 1-9.

Johnson. Tanna. 2020. "Ordinary Patterns in an Extraordinary Crisis: How International Relations Makes Sense of the COVID-19 Pandemic." *International Organization* 74(S1): 149-168.

Kumur, Anita. 2020. "Trump says blame China. His supporters are listening." *Politico* May 3 https://www.politico.com/news/2020/05/03/trump-supporters-china-226309 (검색일: 2021.02.02.).

Lacatus, Corina. 2020. "Populism and President Trump's Approach to Foreign Policy: An Analysis of Tweets and Rally Speeches." *Politics* 41(1): 31-47.

Lipton, Eric, David E. Sanger, Maggie Haberman, Michael D. Shear, Mark Mazzettii and Julian E. Barnes. 2020. "He Could Have Seen What Was Coming: Behind Trump's Failure on the Virus." *New York Times* April. 11.

Lissner, Rebecca Friedman and Mira Rapp-Hooper. 2018 "The Day after Trump: American Straategy for a New International Order." *Washington Quarterly* 41(1): 7-25.

Marquardt, Alex and Jennifer Hansler. 2020. "US push to include 'Wuhan virus' language in G7 joint statement fractures alliance." *CNN* March 26 https://edition. cnn.com/2020/03/25/politics/g7-coronavirus-statement/index.html (검색일: 2021.01.13.).

Megerian, Chris. 2020. "Trump and governors in heated debate over saving lives versus the economy." *LA Times* Mar., 24.https://www.latimes.com/politics/story/2020-03-24/trump-coronavirus-town-hall (검색: 2020.12.27.).

Mudde, Cas and Cristobal Rovira Kaltwasser. 2013. "Exclusionary vs. Inclusionary Populism: Comparing Contemporary Europe and Latin America." *Government and Opposition* 48(2): 147-174.

Newburger, Emma. 2020. "Trump attends his final G-20 summit but does not participate in pandemic preparedness session." *CNBC* Nov. 21 https://www. cnbc.com/2020/11/21/trump-does-not-attend-g-20-event-on-global-pandemic-preparedness.html (검색일: 2021: 01.24).

Parker, Ashley, Josh Dawsey, Matt Viser and Michael Scherer. 2020. "How Trump's Erratic Behavior and Failure on Coronavirus Doomed His Reelection." *Washington Post* Nov. 7 https://www.washingtonpost.com/elections/interactive/2020/trump-pandemic-coronavirus-election/

Peters, Michael A., Stephanie Hollings, Benjamin Green & Moses Oladele Ogunniran. 2020. "The WHO, the global governance of health and pandemic politics." *Educational Philosophy and Theory Editorial*, 1-11.

Pevehouse, C. W. 2020. "The COVID-19 Pandemic, International Cooperation, and Populism." *International Organization* 74(SI): 191-212.

Picheta, Rob and Jessie Yeung. 2020. "Trump announced the US will pull out of the WHO. What does that actually mean?" *CNN* May 30 https://edition.cnn. com/2020/05/19/us/trump-who-funding-threat-explainer-intl/index.html (검색일: 2020.01.03.).

Porcile, Lica and Niorman Eisen. 2020. "The Populist Paradox." Brookings Oct., 28.

Restuccia, Andrew and Sabrina Siddiqui. 2020. "Trump Backs Protests Against Governors' Stay-at-Home Orders." *Wall Street Journal* April 17 https://www. wsj.com/articles/trump-backs-protests-against-governors-stay-at-home-orders-11587149530 (검색일: 2021.01.02.).

Rotella, Sebastian James Bandler and Patricia Callahan. 2020. "Inside the Trump Administration's Decision to Leave the World Health Organization." *Propblica* June 20.

Routledge, Paul E. 2020. "Trump, COVID-19, and the War on Expertise." *Journal of American Public Administration* 50(6-7): 505-511.

Todd, Chuck, Mark Murray, Carrie Dann and Melissa Holzberg. 2020. "Trump again downplays coronavirus with indoor campaign rally." *NBC NEWS* Sept., 14 https://

www.nbcnews.com/politics/meet-the-press/trump-again-downplays-coronavirus-indoor-campaign-rally-n1240008 (검색일: 2020.11.29.).

Weiss, Thomas G. and Ramesh Thakur. 2008. *Global Givernance and the UN.* Bloomington, IN: Indianna University Press.

Wilkie, Chiristina. 2020. "Why Trump's claim that he has 'total' power to restart state economies is false." *CNBC* April. 14, 2020 https://www.cnbc.com/2020/04/13/trump-falsely-claims-authority-to-open-up-states-after-coronavirus.html (검색일: 2021.01.21.).

Witte, Gritt and Tomy Romm. 2020. "As coronavirus cases rise, red-state governors resist measures to slow the spread, preach 'personal responsibility'." *Washington Post* Oct., 18. https://www.washingtonpost.com/national/as-coronavirus-cases-rise-red-state-governors-resist-measures-to-slow-the-spread-preach-personal-responsibility/2020/10/18/bb95176e-0fc3-11eb-b1e8-16b59b92b36d_story.html (검색일: 2020.12.29.).

Zamarripa, Ryan. 2020. "5 Ways the Trump Administration's Policy Failures Coumpounded the Coronavirus-Induced Economic Crisis." *Center for American Progress* June 3. 1-11.

제6장   중국의 코로나19 거버넌스에 대한 인식과 특징

허재철(대외경제정책연구원)

I. 서론

2019년 12월 중국 후베이성(湖北省) 우한시(武汉市)에서 처음 집단 감염이 보고된 코로나바이러스감염증-19(COVID-19, 이하 코로나19)는 이후 전 세계로 급속히 확산됐다. 이로 인해 수많은 인명 피해가 발생했고, 경기 침체와 보호무역주의 대두, 고용 불안 등으로 인해 전 세계의 경제가 커다란 충격을 받았다. 뿐만 아니라 코로나19의 감염 확산은 미중 경쟁 심화와 글로벌 밸류 체인(Global Value Chain, GVC)의 변화, 비대면(Untact) 문화 확산 등 국제질서와 사회문화에도 적지 않은 영향을 끼쳤고, 이는 여전히 진행 중에 있다.

그런데 아이러니하게도 코로나19가 처음으로 보고된 중국에서는 다른 나라들에 비해 감염확산이 비교적 신속히 안정화되었고, 이 덕분에 중국은 2020년 세계에서 유일하게 플러스 경제성장(GDP +1.9%)(IMF 2020)을 기록한 주요 국가가 되었다. 또한 미지(未知)의 코로나19로 조성된 사회적 불안이 중국공산당과 시진핑 체제의 위기로 이어질 것이라는 초기의 예상과는 달리, 코로나19 사태를 계기로 중국의 경제규모가 오히려 기존 예상보다 빠른 2028년에 미국의 경제규모를 따라잡을 것이라는 예측마저 나오고 있다(BBC 2020).

그런데 이러한 결과를 가져온 중국의 코로나19 거버넌스에 대해서 상이한 평가가 나오고 있다. 한편에서는 코로나19 감염 확산에 대한 중국책임론을 강조하며 중국의 방역 거버넌스에 대해 부정적 인식을 나타내고 있고(Financial Times Apr. 15. 2020), 다른 한편에서는 중국의 방역 거버넌스가 매우 효과적이라고 평가하는 긍정적 인식도 존재한다(THE HINDU 2020; 新浪网 2020).

본 연구는 먼저 중국에서의 코로나19 경과 및 현황을 살펴보고,

중국의 코로나19 방역 거버넌스에 대한 중국 국내외의 인식과 중국의 방역 거버넌스에서 나타난 특징을 분석한다. 그리고 이러한 분석 결과가 우리에게 주는 시사점에 대해 국제정치학적 시각에서 고찰해 보고자 한다. 중국의 코로나19 방역 거버넌스에 대해서 그동안 언론 기사들을 통한 단편적인 분석들이 진행된 바 있지만(THE DIPLOMAT June 20. 2020; April 09. 2020), 중국 국내 및 국제사회가 중국의 거버넌스에 대해 어떻게 인식하고 있는지 체계적으로 분석한 글이 없다는 점에서 본 연구는 흥미로운 접근이라고 할 수 있다. 게다가 코로나19 감염이 여전히 진행 중인 가운데 최근의 상황을 반영한 분석이라는 점에서 의의가 있으며,[1] 또한 중앙과 지방, 정부와 민간, 방역과 경제, 공익과 프라이버시 등 다양한 관계를 통해 중국 방역 거버넌스의 특징을 살펴본다는 점에서도 의미가 있다고 하겠다.

이를 위해 II절에서는 2020년 1월 이후 중국에서의 코로나19 감염 사태 경과와 현황, 그리고 중국 정부의 방역 조치에 대해서 살펴본다. 이어 III절에서는 중국의 코로나19 방역 거버넌스에 대한 중국 국내 및 국제사회의 인식을 주요 언론 보도와 SNS, 주요 인사의 기고문 등을 통해 살펴본다. 그리고 IV절에서는 다양한 관계를 중심으로 중국의 코로나19 방역 거버넌스에서 나타난 특징을 분석하고, V절에서는 이러한 분석 결과가 주는 함의와 시사점에 대해 국제정치학적 시각에서 고찰한다.

---

1 코로나19 발생 초기의 상황을 바탕으로 중국의 방역 거버넌스에 대해 분석한 글은 다음을 참고. Wei et al.(2020); He, Shi and Liu(2020); 김현주(2020); 진샨샨(2020); 양갑용(2020).

II. 중국의 코로나19 현황 및 경과

1. 중국의 코로나19 현황[2]

2020년 1월 중국에서 코로나19 감염이 확산하자, 코로나19에 대한 정보 부족과 급격한 감염 속도로 인해 중국 내에서는 공포와 혼란 상황이 조성됐다. 하지만 중국 정부의 공격적인 방역 조치와 사회 전체의 적극적인 대응에 힘입어 약 1개월 후 대규모 확산이 초보적으로 억제되었고, 약 2개월 후에는 중국 본토에서 일일 신규 감염자 수가 한 자릿수 이내로 감소했다. 또한 약 3개월이 지난 후에는 최초 집단 감염 지역인 우한시와 후베이성에서의 감염 상황이 거의 안정화 단계로 진입했다.

중화인민공화국 국가위생건강위원회(中华人民共和国国家卫生健康委员会, 이하 국가위생위)가 2021년 4월 6일 발표한 자료에 따르면(中华人民共和国国家卫生健康委员会 2021.4.6.), 2021년 4월 5일 중국의 31개성(자치구, 직할시)에서 보고된 추가 확진자는 24명으로 중국 본토 발생은 15건,[3] 해외 유입 사례는 9건이었다. 이에 따라, 2021년 4월 5일 현재, 중국 본토의 코로나19 감염자는 244명(중증 2명)이고, 의학적 관찰을 받고 있는 무증상 감염자는 304명이며, 누적 확진자는 90,329명, 누적 사망자는 4,636명(사망률 5%)으로 보고되었다.

---

2   다음의 자료를 근거로 작성함. 新华社(2020.6.7.).

3   미얀마와의 국경 지역에 있는 중국의 윈난(雲南)성 루이리(瑞麗)시에서 2021년 3월 28일, 미얀마인 1명이 처음 코로나19 양성 판정을 받은 이후 이 지역 주민들에 대한 전수 검사 과정에서 4월 5일까지 모두 48명이 양성 판정을 받았음. 이에 따라 중국 정부는 루이리시를 고위험 지역으로 지정하고 이 지역 주민에 대한 백신 접종을 서두른 바 있음(경향신문, 2021.4.6.).

그림 6-1 2021년 4월 7일 현재, 전 세계 코로나19 감염 상황

출처: COVID-19 Dashboard by the Center for Systems Science and Engineering (CSSE) at Johns Hopkins University (JHU), https://coronavirus.jhu.edu/map.html (검색일: 2021.4.7.).

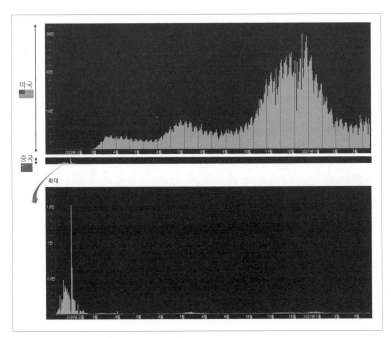

그림 6-2 미국과 비교한 중국의 코로나19 일일 확진자 추이(2020.1~2021.4)(상), 중국의 코로나19 일일 확진자 추이 확대(2020.1~2021.4)(하) (단위: 명)

출처: COVID-19 Dashboard by the Center for Systems Science and Engineering (CSSE) at Johns Hopkins University (JHU), https://coronavirus.jhu.edu/map.html (검색일: 2021.4.7.)의 자료를 바탕으로 저자 재구성.

같은 날, WHO에 의해 집계된 전 세계 코로나19 감염 상황을 보면, 코로나19 누적 확진자 수는 131,020,967명(사망자 수 2,850,521명)인데, 그 중 미국이 30,372,016명(사망 551,391명)으로 가장 많은 인명 피해가 발생했고, 그 다음은 브라질로 12,953,597명(사망 330,193명), 이어 인도 12,589,067명(사망 165,101명), 러시아 4,589,540명(사망: 100,717명) 순이다. 이를 고려하면 중국은 코로나19 집단 감염이 처음 보고된 곳이지만, 상당히 신속하게 심각한 상황으로부터 벗어났다고 할 수 있다.

2. 중국의 코로나19 경과

중국의 코로나19 감염 사태 경과는 크게 5단계로 나누어 볼 수 있다.

먼저, 1단계는 2019년 12월 27일부터 2020년 1월 19일까지로 코로나19 감염에 대한 긴급 대응 시기라고 할 수 있다. 이 시기 중국은 후베이성 우한시에서 원인불명의 폐렴 사례에 대한 정보가 입수되자 관련 조사 및 확산 방지 조치를 취했고, 세계보건기구(WHO) 및 미국 등 국가에게 감염 정보를 통보하였으며 세계에 코로나19 게놈(genome) 서열 정보를 공표했다. 이런 가운데 우한시에서 국지적인 집단 감염 사례가 지속 발생했고, 다른 지역에서도 우한과 관련한 확진 환자가 발생하면서 중국 당국이 본격적인 방역 활동을 전개했다.

2단계는 1월 20일부터 2월 20일까지로, 감염 확산세가 초보적으로 억제된 시기이다. 이 시기 중국 전역에서 신규 감염자가 급속히 증가함에 따라 방역 및 통제가 매우 어려운 상황이 나타났다. 이에 중국은 바이러스 전파 통로를 차단하기 위해 우한시 및 후베이성과 연결된 교통 시설을 전격 차단한 후, 이들 지역에 대한 전면적인 봉쇄를 실시했다. 또한 중국공산당 중앙은 1월 25일 전염병에 대응하기 위한 업무 영도소조(中央应对疫情工作领导小组, 조장: 리커창)를 조직했고, 후베이성 등 감염 상황이 심각한 지역에 중앙지도팀을 파견하는 등 중앙이 직접 개입하는 모습을 나타냈다. 한편, 우리의 행정부 격인 국무원은 '연합방역, 연합통제(联防联控)' 시스템을 구축하고 방역과 동시에 경제활동의 정상화를 추진하고자 했다. 이 시기 중국의 코로나19 방역은 모든 국가의 자원과 역량을 총동원하여 후베이성과 우한시를 긴급 지원하는 형태를 보였다. 이와 같은 전방위적이고 강도 높은 방역 활동이 우한시와 후베이성을 포함한 전국에서 전개되면서 코로나19의 감염 확산세가 초보적으로 억제되기 시작했다.

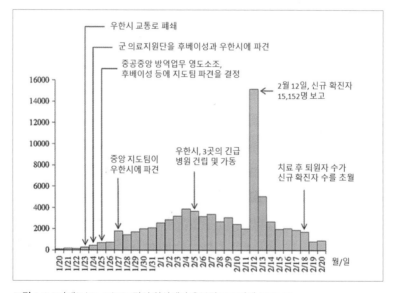

그림 6-3 2단계(1/20~2/20): 감염 확산세가 초보적으로 억제 (단위: 명)

출처: 新华社, "(受权发布)《抗击新冠肺炎疫情的中国行动》白皮书." 2020년 6월 7일, http://www.xinhua net.com/politics/2020-06/07/c_1126083364.htm (검색일: 2021.4.7.)의 자료를 바탕으로 저자 편집.

3단계는 2월 21일부터 3월 17일까지로, 신규 확진자 수가 점차 감소하여 한 자리 수를 기록한 시기이다. 후베이성과 우한시에서의 급속한 확산세는 억제되고, 후베이성을 제외한 중국 전역의 감염 상황이 전체적으로 안정세를 보이게 됐다. 3월 중순의 일일 신규 확진자 수는 한자리 수 이내로 통제되었고, 전염병 발생 및 방역 상황이 호전됨에 따라 중공중앙은 방역과 경제사회 발전, 생산현장의 질서 있는 회복을 목표로 정책 방향을 전환하기 시작했다.

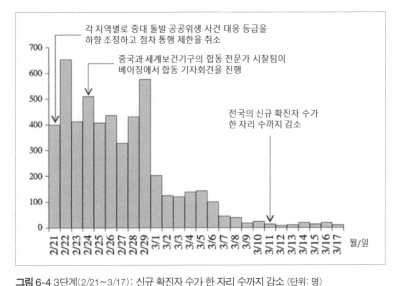

그림 6-4 3단계(2/21~3/17): 신규 확진자 수가 한 자리 수까지 감소 (단위: 명)
출처: 新华社, "《受权发布》《抗击新冠肺炎疫情的中国行动》白皮书." 2020년 6월 7일, http://www.xinhuanet.com/politics/2020-06/07/c_1126083364.htm (검색일: 2021.4.7.)의 자료를 바탕으로 저자 편집.

4단계는 3월 18일부터 4월 28일까지로 우한시와 후베이성에서 신규 확진자가 0명을 기록하는 한편, 외부에서 중국 국내로 유입되는 감염 사례는 꾸준히 증가한 시기이다. 감염 확산이 안정화되면서 우한시 및 후베이성과 연결되어 있던 교통로에 대해서도 통제가 해제됐다. 이 시기 우한시에서 코로나19로 입원한 환자수가 0명을 기록했지만, 다른 지역에서 산발적인 감염 사례가 여전히 나타났고, 해외에서 유입되는 감염 사례가 증가하면서 해외 유입이 국내 전염의 통로가 됐다. 이에 중공중앙은 외부 감염 유입을 막고 내부적으로 감염 재확산을 막기 위한 방역 대책을 세우는 한편, 경제활동 재개를 분야별로 추진하면서 경제 회복을 본격적으로 추진했다.

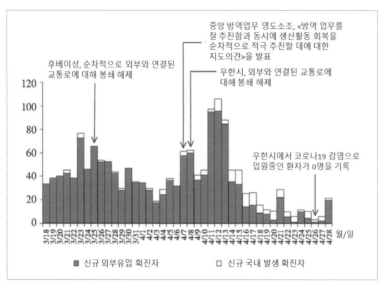

그림 6-5 4단계(3/18~4/28): 우한시와 후베이성의 신규 확진자 0명, 외부 유입 증가

출처: 新华社, "(受权发布)《抗击新冠肺炎疫情的中国行动》白皮书." 2020년 6월 7일, http://www.xinhua
net.com/politics/2020-06/07/c_1126083364.htm (검색일: 2021.4.7.)의 자료를 바탕으로 저자 편집.

마지막으로 5단계는 4월 29일 이후로서 전국적으로 방역 업무가 일상화된 시기라고 할 수 있다. 이 시기 중국 국내의 코로나19 감염은 전체적으로 안정화된 상황 속에서 일부 국지적인 집단 감염이 산발적으로 나타는 형태였고, 외부에서 유입되는 감염 사례는 통제되는 상황이었다. 이렇게 감염 상황이 지속적으로 호전되면서 전국적으로 경제

활동 정상화와 학업 재개, 그리고 방역 업무의 일상화가 추진되었다. 즉 이때부터 중국에서의 코로나19 비상 상황은 종료되고, 방역의 일상화와 일상생활을 정상화가 이루어졌다고 할 수 있다.

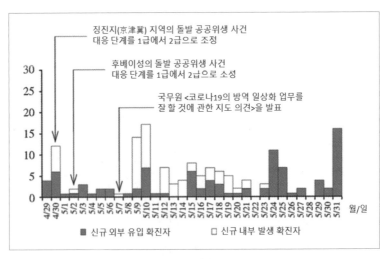

그림 6-6 5단계(4/29~): 전국 방역 업무의 일상화 (단위: 명)

출처: 新华社, "(受权发布)《抗击新冠肺炎疫情的中国行动》白皮书." 2020년 6월 7일, http://www.xinhuanet.com/politics/2020-06/07/c_1126083364.htm (검색일: 2021.4.7.)의 자료를 바탕으로 저자 편집.

III. 중국의 방역 거버넌스에 대한 인식

중국이 다른 국가들에 비해 코로나19 감염의 비상 상황에서 비교적 신속히 벗어났지만, 중국의 방역 거버넌스에 대한 국제사회의 인식은 긍정적이었다고 평가하기 힘들다. 특히 중국 국내와 국제사회의 인식은 확연하게 대비되는 양상으로 나타났다.

이 절에서는 국제사회의 주요 언론매체와 각종 보고서 등을 바탕으로 중국의 코로나19 거버넌스에 대한 중국 국내외의 인식에 대해 살펴봤다.

1. 국제사회의 인식

2020년 1월부터 9월까지 미국과 영국, 일본, 한국의 주요 언론매체에 게재된 중국의 코로나19 관련 사설을 수집하여, 중국의 코로나19 거버넌스에 대한 이들 매체들의 인식을 살펴봤다. 미국 언론매체 중에서는 뉴욕타임즈(*The New York Times*, NYT)를 살펴봤고, 영국 언론매체 중에서는 파이낸셜타임즈(*Financial Times*, FT)를, 그리고 일본에서는 닛케이(日経)와 아사이(朝日), 요미우리(読売), 산케이(産経), 마이니치(毎日) 신문, 한국에서는 조선일보, 중앙일보, 동아일보, 한겨레, 경향신문을 살펴봤다. 영문 매체에서는 "covid-19", "china", "governance"를 포함하고 있는 사설을 대상으로 분석했고, 일문 매체에서는 "新型コロナ", "中国", "対策"을 키워드로 하는 사설을 대상으로 분석했다. 그리고 한국 언론에서는 "코로나"와 "중국식 방역"을 키워드로 하는 사설을 분석 대상으로 했다.

먼저 뉴욕타임즈는 중국의 방역 거버넌스를 '은폐', '공격적', '억압' 등의 표현을 사용하며 부정적으로 평가하는 경향을 보였다. 그러면서 미국의 코로나19 상황이 심각한 데에는 트럼프 행정부가 중국이 보인 이러한 노력조차도 하지 않은 데 있다고 하며, 중국과 미국의 방역 거버넌스에 대해 모두 비판적인 자세를 보였다. 반면, 한국과 타이완, 싱가포르 등의 국가 및 지역의 대응 조치에 대해서는 상대적으로 긍정적으로 인식하는 모습을 보였다.

"중국에서 코로나19에 감염된 80%의 사람들이 이미 감염된 다른 가족들로부터 감염됐다는 사실이 알려졌을 때, 중국 정부는 그들이 사랑하는 사람들과 안전한 거리를 유지할 수 있도록 대규모 격리 시설을 지었다. (중략) 미국에서는 그러한 조치가 계획조차 세워져 있지 않다."(NYT, March 19, 2020)

"정치적 위험이 있을 때에도 신속하고 대담한 행동을 취하려는 의지는 위기 상황에 있어서 분명히 가장 중요한 리더십의 요소 중 하나이다. 발병을 은폐하려는 중국의 노력이나 너무 오랫동안 코로나19를 과소평가하려던 트럼프 대통령의 자세가 재앙적이었음이 분명히 드러났다."(NYT, April 30, 2020)

"코로나19 발병을 어느 정도 통제하고 있는 모든 국가들은 미국에서 시도되고 있는 어떤 조치보다도 훨씬 공격적인 방법을 실시해 왔다. 중국과 한국, 그리고 싱가포르에서 당국은 엄격한 추적과 격리, 검역을 동반하는 종합적인 검사 시스템을 신속하게 구축했다. 미국에서는 그러한 노력이 여전히 구축 중에 있고 속도도 느리게 진행되고 있다."(NYT, May 1, 2020)

　　파이낸셜타임즈의 인식도 뉴욕타임즈와 크게 다르지 않았다. 중국의 방역 거버넌스가 신속하지 못했고, 사실을 은폐하려 했으며 권위주의적이라고 비판했다. 심지어는 중국의 방역 거버넌스에서는 생명을 경시하는 모습조차 나타났다고 비난했다. 그럼에도 불구하고 중국 국민들의 대응 조치에 대해서는 찬사를 보냈고, 상대적으로 타이완의 방역 거버넌스에 대해서는 긍정적으로 인식했다.

"코로나19에 대응하기 위한 중국인들의 대처에 대해서 동정과 감탄을 금할 수 없다. 과학자들의 바이러스 조기 발견, 병원 건립, 의료진의 헌신, 감염확산을 막기 위한 조치 등은 모두 칭찬받을 만하다. 그러나 (중국)정부는 가능한 한 빨리 책임을 져야 한다."(FT, February 19, 2020)

"의사 리원량과 7명의 다른 의사들은 새로운 바이러스에 대해 의학적 단체 토론을 했다는 이유로 소환됐다. 그들은 최대 15일 동안 구금이 됐다. 이것은 법치가 아니다."(FT, February 19, 2020)

"중국공산당의 거버넌스 시스템은 코로나19에 대응하는 데 있어 신속하지 못했다. 그 결과 더 큰 문제에 직면했다."(FT, February 19, 2020)

"중국과 러시아, 인도, 브라질 및 유사한 정권에서 코로나19와 싸우는 과정에서 목격된 생명 경시는 충분한 증거이다."(FT, April 15, 2020)

"중국이 미국에 기초적인 방역 장비를 공수할 것이라는 것은 불과 1년 전만 해도 상상하기 어려운 일이었다. 20세기가 미국의 세기였던 것처럼, 만약 21세기가 아시아의 세기로 판명된다면 팬데믹은 아마 그 전환점으로 기억될 것이다."(FT, May 14, 2020)

"중국의 코로나19 사태 대응에서 기술의 힘이 부각됐다. 감염자에 대한 모니터링 및 추적, 신속한 바이러스 게놈 분석 및 컴퓨터 모델 생성에 이르기까지 방역 대책은 디지털 플랫폼 위에서 구축됐다. 중국은 이번 사태를 막기 위해 첨단 디지털 기술을 갖춘 권위주의 체제의 힘을 활용했다."(FT, May 15, 2020)

한편, 일본의 언론은 뉴욕타임즈나 파이낸셜타임즈와 비슷한 논조이면서도 좀 더 비판적인 시각을 분명히 나타냈다. 중국의 코로나19 방역 거버넌스를 '은폐'와 '경직', '강권적' 등의 표현으로 묘사했고, 반면 타이완의 방역 거버넌스에 대해서는 긍정적으로 인식했다. 뉴욕타임즈나 파이낸셜타임즈와 차별화된 의견으로는 중국의 대응이 일정정도 감염 확산을 억제하는 데 효과를 거두었다는 점은 인정하면서도 이것이 결코 모범적이라고는 인식하지 않았다는 점이다.

"국민의 건강과 안전을 둘러싼 의료정보와 비평이 봉쇄되고 있다. 이런 사회는 정상적이지 않고, 질서 안정에도 도움이 되지 않을 것이다", "중국공산당 정권이 언론의 통제를 강화하고 있다. 신형 코로나 바이러스가 확산하고 있는 심각한 사태를 맞아, 감시와 통제를 더욱 강화하고 있다."(朝日新聞, 2020.2.21.)

"도시봉쇄나 교통기관의 정지, 사람의 이동 제한이 감염의 확대를 방지하는 데 효과가 있었다는 것은 틀림없다. 최첨단기술로 개인을 감시하고 이동 이력까지 파악하며, 군과 당조직을 총동원하여 철저히 규제하고 있다. 이러한 방법은 중국이기 때문에 가능한 것이다. 구미(欧米)에서는 긴급사태 선언 등 법적인 절차가 필요한 반면, 공산당 일당 지배의 중국은 민주적인 프로세스를 거치지 않고 강경 조치를 취할 수 있다. 하지만 중국 방식이 우수하다고는 할 수 없다."(読売新聞, 2020.3.28.)

"잊어서는 안 되는 것은 경직된 관료조직과 정보를 은폐하는 체질이 초동 조치를 늦게 만들었고, 세계적인 감염 확대로 이어지게 했다는 것이다."(読売新聞, 2020.3.28.)

"신형 코로나바이러스와의 싸움에서 유리한 것은 어떤 정치체제일까? 권위주의 체제에 의한 강권적인 봉쇄가 효과적이라는 주장이 있는 반면, 민주적이고 투명한 대책이 성공을 가져온 경우도 있다. 나라의 고유한 사정도 있기 때문에 결론을 내는 것은 쉽지가 않다. 다만 민주사회의 전형적인 사례로서 타이완의 시도에 주목할 만한 가치가 있다."(朝日新聞, 2020.5.25.)

"신형 코로나바이러스의 펜데믹으로 각국 정부가 감염자의 치료와 방역, 경제 대책 등으로 분주한 가운데, 중국공산당 정권이 패권을 확대해 나가고 있다. 시진핑 국가주석이 이끄는 동 정권은 대규모 민주화 운동이 일어난 홍콩에서 민주파에 대한 억압을 본격화하고 있고, 남중국해에서는 영유권 다툼이 있는 주변국에 대해서 고압적인 태도로 해양진출을 강행하고 있다. 신형 코로나의 상황에 맞춰 기회를 보고 있는 중국의 움직임에 우려가 높아지고 있다."(産経新聞, 2020.5.4.)

중국의 코로나19 방역 거버넌스에 대한 한국 언론의 인식도 크게 다르지 않았다. 통제와 권위주의, 불투명, 관료주의, 공격적 등의 개념을 사용하며 중국의 거버넌스에 대해 비판적인 시각을 나타냈다. 서구나 일본의 언론과 비교하여 특징적인 것은 시진핑 주석의 리더십에 대한 의문을 부각시켰다는 점과 상대적으로 중국식 방역 거버넌스의 장점이나 효과에 대해서도 과감하게 인정하는 부분이었다. 동시에 일본의 언론이 모범적인 방역 거버넌스의 사례로 타이완을 주로 언급했던 것과는 달리, 한국 언론에서는 이른바 K-방역으로 불리는 한국의 사례에 대해 긍정적으로 평가했다는 점이다.

"급조한 당중앙 '신종코로나바이러스감염병영도소조'를 이끄는 리커창 총리가 조장으로 현장을 찾고, 중앙영도소조와 역할이 헷갈리는 중앙지도조를 이끄는 쑨춘란 부총리가 연일 현장을 시찰하는데 시 주석은 회의 석상에서 얘기하는 모습만 관영 CCTV에 등장한다. 권력의 분산에 앞서 책임의 분산으로 비쳐진다. 시 주석이 이번 사태를 두고 책임을 다하지 못한 사람을 엄벌에 처하겠다고 한 건 자아비판에 앞서 희생양의 양산을 예고한다."(조선일보, 2020.2.8.)

"중국에선 중앙정부의 과도한 통제와 권위주의가 지방정부의 투명성을 가로막아, 초기 진압의 기회를 날려버리는 데 결정적 구실을 했다. 코로나19의 첫 발병이 중국 정부 공식 발표보다 훨씬 앞설 것이란 관측이 유력한 건, 상부 보고를 위해 사실을 감추는 데 급급한 중국식 관료주의의 단면을 보여준다. 500만 명이 사는 도시 전체를 완전 봉쇄하고 공장과 학교, 다중이용시설을 전면 폐쇄하는 공격적인 방역 정책은 분명 효과적이었지만, 철저한 상명하복의 통제 사회였기에 가능한 일이었다. 시진핑 국가주석이 10일 우한을 방문해 감염병과의 전쟁에서 전환점을 돌았다고 선언했지만, 이미 중국 정부의 신뢰는 심각하게 추락했다."(한겨레, 2020.3.18.)

"코로나19는 우한에서 출발, 중국 전역과 홍콩, 한국, 일본, 이란, 이탈리아, 스페인, 미국, 영국, 프랑스, 독일 등지로 퍼져나갔다. (중략) 그 과정에서 기존 관념이 전복되고, 각국의 기존 이미지는 전도됐다. 중국식 사회주의는 그 단점과 장점을 함께 보여주었다."(경향신문, 2020.4.10.)

"구미 민주주의 국가들의 코로나19 대처는 실망스러웠다. 지도자들은 허둥댔고, 정치는 분열했으며, 정책은 무력했다. 대조적으로 중국의 대처는 과감했으며 나름 유효했고, 마침내 코로나19에 대한 '승리'를 선언했다. 중국 모델을 추종하듯 몇몇 나라에서 권위주의로의 퇴행은 공공연했다. 견제 없는 비상조치권이 강화됐고, 언론의 자유는 심각하게 위축됐다. 코로나19로 말미암아 구미 민주주의의 위기는 더

그림 6-7 해외 언론에서 나타난 중국의 코로나19 방역 거버넌스에 대한 인식

출처: 저자 작성.

욱 깊어지고, 대안으로서의 중국은 급부상할 기세였다. 만약 한국이 없었다면 말이다. 민주주의의 끝 모를 추락, 그리고 중국식 권위주의의 비상(飛上)에 브레이크를 건 것이 바로 대한민국이다."(중앙일보, 2020.6.29.)

2. 중국 내부의 인식

중국 후베이성 우한시중심병원에서 근무하고 있던 의사 리원량(李文亮)은 2019년 12월 30일, 사스 감염으로 보이는 정보를 접한 뒤 SNS 채팅방을 통해 의대 동급생과 관련 정보를 공유했다. 이에 대해 중국 공안은 리원량을 허위사실 유포 혐의로 2020년 1월 3일 소환하여 경고 및 훈계 조치를 내렸다. 그 후 병원으로 복귀하여 의료 활동을 하던 리원량은 1월 9일 병원에서 코로나19에 감염된 환자를 진찰하다가 자신도 코로나19에 감염되었고 병세가 악화되어 2월 7일에 사망했다. 그

그림 6-8 리원량의 죽음과 코로나19에 대한 은폐를 비판하며 중국의 온라인에서 전개된 '不能, 不明白' 운동
출처: 구글 이미지 캡처.

의 죽음이 알려지자 중국의 인터넷에서는 그에 대한 추모와 함께 코로나19 발생에 대한 정부의 은폐 행위를 비판하는 여론이 들끓었다.

이렇게 2월 중순까지 중국 내에서는 코로나19의 위험성을 처음으로 알리다가 사망한 의사 리원량을 추모하는 분위기가 대부분이었고, 중앙정부보다는 지방정부의 초기 대응 미숙을 지적하는 의견이 다수를 차지했다. 동시에 외국에서도 코로나19 감염자가 확산되자, 중국 국내에서는 외국에 대해 미안한 감정을 나타내거나 걱정하는 목소리가 나타나기도 했다.

하지만 2월 중순경부터 코로나19의 세계적 유행에 대해서 중국만이 책임을 져야 하는 문제가 아니라는 의견이 확산하기 시작했다. 당초 우한시나 중국 주요 도시의 상황을 주로 전하던 뉴스 사이트에서도 일본과 한국, 이탈리아 등 해외의 상황을 전하는 기사들이 증가했고, 이러한 감염 확산에는 모든 국가들이 책임을 가지고 있다는 의식이 나타났다. 예를 들어, 환구시보(環球時報)는 2월 25일 사설을 통해 감염 상황이 심각한 국가들은 코로나19의 확산을 막기 위해서 중국과 같이 국가 총동원 체제로 더욱 엄격하게 봉쇄정책을 펼쳐야 한다고 주장했다(環球時報 2020).

그리고 중국의 경험을 바탕으로 감염 확산이 심각한 국가에 대해 강력한 봉쇄와 통제가 필요함을 주장하던 분위기는 어느새 중국공산당의 방역 체제를 예찬하는 분위기로 바뀌기 시작했다. "중국에는 강력한 조직과 동원력, 집행능력이 있다", "우한에서와 같이 10일 안에 병원을 세울 수 있는 것은 중국뿐이다", "미국은 중국과 같은 감염 확산 방지대책을 펼칠 수 없다"[4] 등의 내용이 온라인상에서 유통됐다. 게

---

4   "新冠肺炎证明了中国制度的优越性." https://baijiahao.baidu.com/s?id=16608678074
    49192941&wfr=spider&for=pc (검색일: 2021.3.2.); "在这次新冠肺炎疫情阻击战中,中

그림 6-9 10일 만에 건설되어 중국의 방역 거버넌스에 대한 우월성을 선전하는 재료로 사용되고 있는 우한시 훠선산(火神山) 병원의 건설 과정

출처: 好看视频(2020.2.15.).

다가 4월 8일 코로나19의 최초 발원지로 알려진 우한시에 대한 봉쇄가 해제되는 등 중국 내에서 코로나19 감염 확산이 점차 안정화되는 반면, 유럽과 미국 등 해외에서의 감염 확산이 급속도로 심각해지자 중국의 방역 거버넌스에 대한 우월성을 주장하는 여론이 대세를 이루게 됐고, 이러한 분위기는 지금까지 이어지고 있다.

한편, 중국 관방이 자국의 코로나19 거버넌스를 어떻게 인식하고 있는지는 주(駐)영국 중국 대사의 언론 기고문에서 명확히 나타난다 (FT, April 28 2020).

중국 대사는 코로나19의 확산은 금세기 인류가 직면한 가장 심각한 도전이고, 바이러스와의 전쟁에서 어떻게 승리할 것인가 하는 것은 모든 나라와 정부가 대답해야 하는 문제라고 하면서 이에 대한 중국의

国的制度优势得到了验证." http://blog.sina.com.cn/s/blog_48669fe20102z6c4.html (검색일: 2021.3.2.).

대답은 세 가지라고 밝혔다.

첫째, 세계인의 건강과 복지를 보호하는 것은 자기 국민을 보호하는 것만큼이나 중요하다는 것이다. 시진핑 국가주석의 리더십 아래 중국은 바이러스와의 전쟁에서 가장 종합적이고 철저하며 엄격한 조치를 취함으로써 질병의 확산을 억제하여 세계를 위한 시간을 벌었다고 주장했다.

둘째, 중국에서의 선도적인 성공은 바이러스를 물리치기 위한 국제적인 자신감을 강화시켰다는 것이다. 코로나19는 당분간 정부의 중요 현안으로 계속 남겠지만, 중국은 경제 활동을 정상 궤도에 올려놓기 위해 계속해서 개혁을 심화하고 세계를 향해 국내 시장을 더욱 개방하며, 세계적 공급망이 안정적으로 운용될 수 있도록 노력하고 있다고 주장했다.

마지막으로 바이러스로부터 안전한 나라는 없기에 세계가 하나로 뭉치지 않는 한 이 싸움에서 이길 수 없다는 것이다. 중국은 발병 초기부터 개방적이고 투명하며 책임감 있는 정신으로 국제공조를 펼쳐왔다고 주장한다. 중국은 기록적인 시간 안에 바이러스의 병원체를 식별하고, 세계보건기구(WHO)와 완전하게 유전적 염기서열을 공유했으며, 15개국에 17개 팀의 의료전문가를 파견하고, 영국 등 150여 개 국가 및 국제기구와 경험을 공유했다는 것이다.

그럼에도 최근 낙인 찍기 공략에 의해 중국은 자료를 은폐했다는 비난을 받고 있고, 심지어 일부는 중국에 사과와 보상을 요구하고 있다고 억울함을 호소했다. 그러면서 편견과 무지에서 태어난 이 '정치적 바이러스'는 코로나19 위기를 극복하기 위해 필요한 노력들을 분산시키고 있으며, 심각한 대유행 앞에서 국제 공조는 선택이 아니라 필수라고 주장했다.

이와 같이 중국의 코로나19 방역 거버넌스에 대해서 국제사회와 중국 내부의 인식은 완전히 상반되어 나타나고 있다. 국제사회에서는 중국식 방역 거버넌스가 일정한 성과를 얻었음에도 불구하고 이것을 모범적인 사례라고 인식하지 않으며, 오히려 폐쇄적이고 강권적인 거버넌스라고 비판하고 있다. 반면, 중국 내부에서는 결과를 근거로 중국의 방역 거버넌스에 대해 찬양하는 분위기가 압도적이고, 이는 중국의 체제 우월성에서 기인한다고 인식하고 있다.

IV. 중국의 코로나19 거버넌스 특징

앞서 살펴본 바와 같이, 코로나19에 대응한 중국의 방역 거버넌스에 대해서 국제사회와 중국 국내의 인식 및 평가는 완전히 상반된다. 그런데 이러한 인식과 평가는 비교적 단편적이고 감정적인 측면이 강해서 중국의 코로나19 방역 거버넌스를 심도 있게 평가했다고 보기 어렵다. 이에 이 절에서는 앞서 중국 국내외의 인식에서 더 나아가 다양한 '관계'를 중심으로 중국의 방역 거버넌스에서 나타난 특징에 대해 살펴본다.

1. 유연성을 통한 경직성 유지

일반적으로 유연성과 경직성은 서로 상반되는 관계의 개념으로 인식된다. 그런데 코로나19에 대응하는 과정에서 중국은 유연성을 통해 경직성을 유지하는 다소 아이러니컬한 거버넌스를 보였다.

국제사회가 코로나19에 대한 중국의 대응을 폐쇄적이고 강압적이며, 권위주의적이라고 인식하게 된 직접적인 계기는 의사 리원량에 대한 처우에 있었다. 이는 비단 국제사회뿐만이 아니라 중국 국내에서도 리원량의 죽음이 중국 국민들을 분노하게 만든 중요한 계기가 됐다. 리원량이 사망한 후 온라인을 중심으로 그에 대한 애도와 정부에 대한 비판이 중국 국내외에서 이어지자 중국 정부는 관련 내용에 대한 검열과 통제를 시작했다. 초기에는 기존과 같이 경직된 자세를 보인 것이다. 하지만 분위기가 점차 심각해지자 중국 정부는 국가감찰위원회를 중심으로 조사팀을 조직하여 리원량 사건에 대한 철저한 조사를 약속하며 민심 수습에 나섰다. 그리고 중국 정부는 2020년 3월 20일에 조사 결과를 발표했는데, 리원량에 대한 처벌 과정에서 부적절한 측면이 있었다고 밝히며 이와 관련된 일선 파출소의 관계자에 대해 징계 조치를 내렸다. 이에 따라 우한시의 공안기관은 리원량에 대해 내렸던 훈계 조치를 철회했고, 리원량을 출두시켜 조사를 벌인 해당 파출소의 부소장 등 2명에 대해서도 경징계 처분이 내려졌다. 또한 해당 기관 및 관계자들은 리원량의 유족들에 대해서도 사과를 했다. 중국 정부는 초기의 경직된 자세에서 벗어나 과감하게 유연한 대응을 한 것이다. 이로 인해 리원량의 죽음으로 들끓던 민심의 분노는 중앙정부가 아닌 일선 파출소의 실무자와 지방정부의 대응으로 향하게 됐고, 덕분에 중국 정부는 공산당의 장기집권이라는 경직성을 이어갈 수 있게 됐다. 중국 공산당 및 정부는 유연성을 발휘하여 이반된 민심을 수습하면서 중국 공산당 일당독재라는 경직성을 이어가는 데 성공한 것으로 보인다. 하지만 이러한 유연성은 언론의 자유 보장과 같은 근본적인 변화가 아닌 체제 유지를 위한 임시방편적 대응이라는 점에서 '꼬리 자르기', '초점 흐리기'라는 비판을 면치 못하고 있다.

2. 중앙정부의 강력한 개입

한편, 중국에서 중앙정부와 지방정부의 관계는 시기에 따라 변천을 이어왔다. 개혁개방 이후 중앙과 지방의 관계는 지방에 대한 중앙의 개입을 점차 줄이고 지방의 자율성을 확대하는 방향으로 발전해 왔다. 하지만 이번 코로나19에 대응하는 과정에서 이에 역행하는 현상이 나타났다. 즉, 중앙정부가 코로나19에 대응하기 위해 전면에 나섬에 따라 지방정부의 자율성이 위축되는 모습이 나타난 것이다.

우한시에서 감염 사태가 심각해지자 중국공산당 중앙정치국 상무위원회는 회의를 소집하여 리커창(李克强) 총리를 조장으로 하는 〈감염병 대응업무 영도소조(應對疫情工作領導小組)〉를 설치했다(央視網新聞 2020.1.25.). 이때부터 이 영도소조가 우한시 및 중국 전역의 코로나19 사태를 수습하기 위한 중앙의 컨트롤타워 역할을 했다. 이와 함께 중앙정부는 순춘란(孫春兰) 부총리를 조장으로 하는 중앙지도조(中央指导组)를 조직하여 후베이성과 우한시에 파견함으로써 중앙이 직접 지역 현장에서 코로나19 사태를 진두지휘했다.

또한 중공중앙 및 중앙정부는 코로나19에 대한 책임성 인사를 단행하여 후베이성 당서기였던 장차오량(蒋超良)을 면직 처분하고 그 후임에 잉융(應勇) 상하이 시장을 임명했으며, 우한시 당서기였던 마궈창(馬国强)을 대신하여 왕중린(王忠林) 지난(濟南)시 시장을 임명했다(搜狐网 2020). 이렇게 중앙의 개입이 강화되자 코로나19에 대응하기 위한 지방정부의 거버넌스는 자연히 위축될 수밖에 없는 현상이 나타났다.

하지만 이에 대해서는 상이한 평가가 나오고 있다. 중앙집권적 거버넌스로 인해 지방정부의 자율성이 위축되면서 경직되고 신속하지

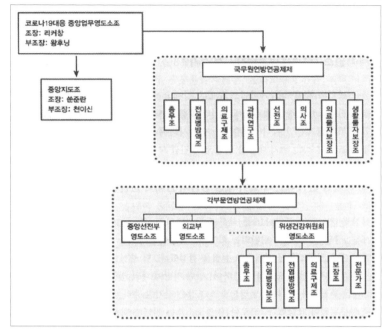

그림 6-10 중국 중앙정부의 코로나19 방역 조직 체계

출처: 진산산(2020, 88).

못한 대응을 초래했다는 평가가 있다. 반면, 코로나19에 대한 중앙정부의 강력한 개입은 위기 상황에 따른 일시적인 현상이며, 이러한 비상조치로 인해 오히려 코로나19에 대한 보다 효율적인 대처가 가능했다는 긍정적인 평가도 있다.[5]

---

5   Sebstian Heilmann은 중국의 거버넌스가 "crisis mode"와 "normal mode"구분되어 있다고 주장한다. 그의 말대로 거버넌스의 위기 모드와 평시 모드가 다르다면, 코로나19 과정에서 나타난 현상이 지방의 자율성 확대에 대한 역행 또는 답보가 아니라 위기 모드로 인해 잠시 보류되었다고도 해석할 수 있다. https://www.jstor.org/stable/26593077?seq=1#metadata_info_tab_contents, 검색일: 2020.10.5; 허재철 외(2020, 53)에서 재인용.

3. 공익 우선과 프라이버시의 위축

코로나19는 인간의 생명에 대한 직접적인 위협과 함께, 거의 모든 국가들에게 공통된 사회적 과제를 던져 주었다. 코로나19 감염 확산을 막기 위한 방역 업무와 개인의 사생활, 즉 프라이버시 보호 사이에서 어떻게 적절한 균형을 찾을 것인가에 대한 고민이었다. 철저한 방역을 통해 공공의 이익을 보호하는 것과 개인의 기본적 권리인 프라이버시권을 보호하는 것 사이에서 모순이 발생할 수밖에 없었기 때문이다.

한국의 경우, 코로나19 감염 사태 초기에는 과도한 개인정보가 수집 및 노출되면서 사회적 논쟁거리가 됐다. 시민들 사이에서는 코로나19에 감염되는 것보다 동선(動線)이 공개되는 게 더 무섭다는 불평마저 나오기도 했다. 이에 따라 질병관리본부는 사생활 보호를 위한 관련 기관의 권고를 반영하여 '확진자의 이동 경로 등 정보공개 안내' 지침을 만들어, 감염자의 직장명과 세부 주소 등 과도한 개인정보가 공개되지 않도록 했다.

개인의 프라이버시를 더욱 중시하는 유럽의 상황도 한국과 크게 다르지 않았다. 초기에는 중국의 강력한 도시 봉쇄와 감시 추적 시스템에 대해 비판했던 유럽도 감염 상황이 심각해지자, 많은 유럽 국가들이 도시 봉쇄와 코로나19 추적 앱 도입을 시행했다.

사회주의 국가인 중국에서도 방역이라는 공공이익을 위해 프라이버시가 침해되는 현상이 발생했다. 예를 들어, 아래는 중국의 베이징시 위생건강위원회(北京市卫生健康委员会) 홈페이지에 게시된 확진자 관련 정보이다.

"1번 환자: 남성, 26세, 주소는 펑탕구(丰台区) 루꺼우차오(卢沟桥) 다툰춘(大屯村)이며, 직장은 새로 생긴 북수가윤시장(北水嘉伦市场) 지하1층 A구역 "옛 정주(老郑州) '烩面馆'" 직원이다. 6월 15일 지역의 핵산검사에서 음성이 나왔고, 6월 16일부터 20일까지는 외출하지 않았다. 6월 21일부터 미각과 후각이 감퇴되고, 무기력과 코막힘 증상 등이 발생하였다. 6월 22일 확진자와 밀접접촉한 자로서 전용차량으로 집중격리지로 옮겨졌으며, 핵산검사결과 양성으로 나와 120구급차로 베이징시 펑타이 중의양방병원(丰台中西医)으로 옮겨졌다. 6월 25일 확진되었으며, 임상분별상 경증으로 판명되었다."[6]

중국에서는 개인의 프라이버시가 방역, 즉 전체의 이익을 위해 침해되는 사례가 적지 않게 나타났지만 개인보다는 전체의 이익을 더욱 중시하는 사회주의 문화의 특성으로 인해, 유럽이나 미국 등과는 달리 커다란 사회적 논쟁으로 번지지는 않았다. 전반적으로 전체를 위해 사적 권리의 위축을 받아들이는 사회적 분위기가 형성되어 있었기 때문이다. 이로 인해 중국 정부는 사회적으로 큰 저항 없이 과감한 방역 작업을 추진하여 비교적 신속히 감염 사태를 안정화시킬 수 있었지만, 개인의 권리 보장이라는 측면에서는 중국 사회가 갈 길이 여전히 멀다는 점 또한 드러났다고 할 수 있다. 심지어 국민을 상대로 수집한 광범위한 빅데이터가 향후 중국을 더욱 감시사회로 만들어 갈 것이라는 우려도 제기되고 있다.

---

6   베이징시위생건강위원회(北京市卫生健康委员会), http://www.beijing.gov.cn/wjwh/ztzl/xxgzbd/gzbdyqtb/ 202006/t20200626_1932775.html (검색일: 2020.7.1.); 허재철 외(2020, 212)에서 재인용. (해당 내용은 현재 중국 현지 홈페이지에서 삭제된 상태임)

4. 사구(社区) 조직의 활약

개혁개방 이전의 중국에서는 농촌의 인민공사와 도시의 각종 단위(單位, 직장)가 중국 사회를 관리하는 주요한 역할을 담당했다. 하지만 농촌에서는 인민공사가 해체되고 중국이 본격적으로 사회주의 시장경제를 시행하면서 다양한 민영 기업(직장)들이 생겨나게 됐다. 이에 따라 기존의 인민공사와 단위를 중심으로 한 중국의 사회 서버넌스는 새로운 조직이 필요하게 됐는데, 그 역할을 담당하고 있는 것이 사구(社区)이다. 사구는 영어의 'Community'로 번역되는데, 일정한 지리적 범위 안에 일정한 인구를 가지고 있고, 거주민 사이의 공동 의식 및 이익을 공유하고 있으며, 밀접한 사회적 왕래가 있다는 특징을 가지고 있다.[7]

2020년 2월 10일, 시진핑 주석은 베이징의 방역 현장을 방문한 자리에서, 사구가 방역 과정에서 중요한 역할을 해야 한다고 하면서 방역 역량을 사구로 이전할 것에 대해 주문했다. 이후 중국의 코로나19에 대응 과정에서 이러한 사구의 역할은 더욱 부각됐는데, 국가의 행정력이 미처 닿지 못하는 곳에서 사구의 역할이 빛났다. 특히 사구지원자(社区志愿者, Community volunteer)의 역할이 컸는데, 사구지원자란 사구를 범위로 하는 무보수의 자발적 봉사자들을 말한다. 이들은 평상시 사구 내의 치안과 방범, 사회적 약자들에 대한 무료봉사 등을 담당해 왔는데, 이번 코로나19 사태에서는 아파트 단지에 대한 외부인 출입 통제, 격리자 또는 노약자에 대한 음식 배달 등 방역 일선에서 중요한 역할을 담당했다.

하지만 지원자들의 방역 능력에 한계가 있었고, 결국 이러한 사구

---

7   百度百科, "社区", https://baike.baidu.com/item/%E7%A4%BE%E5%8C%BA/904140 ?fr=aladdin (검색일: 2021.4.16.).

그림 6-11 코로나19 방역 과정에서 중요한 역할을 한 사구지원자(社區志愿者, Community volunteer)

출처: 바이두 이미지 캡처.

및 사구 내 조직과 지원자의 활동이 중국 정부 및 공산당과 밀접한 관련을 맺고 있어 자발적인 시민 조직, 풀뿌리 조직이라고 하기에는 한계가 있다고 할 수 있다.

5. 적극적인 방역·백신 외교

중국은 코로나19 감염 사태를 전화위복(轉禍爲福)의 기회로 삼고자 적극적인 방역과 백신 외교를 전개했는데, 이것이 중국식 방역 거버넌스의 또 다른 특징이라고 할 수 있다.

　코로나19 감염이 처음 중국에서 보고되어 급속히 확산되자, 국제사회는 중국에 대한 위로와 함께 전염 가능성을 걱정하며 경계감을 감추지 않았다. 그리고 코로나19 감염이 중국의 국경을 넘어 전 세계로 확산하자 이 감정은 당혹감과 중국에 대한 원망 및 분노로 바뀌었다.

이에 코로나19 감염 사태에서 비교적 신속히 벗어난 중국은 국제
사회에 적극적으로 방역물자 및 의료 인력을 지원함으로써 분위기 반
전을 꾀했다.

중국은 자국 내 코로나19 상황이 안정화된 2020년 4월 10일에 이
미 127개의 국가와 4개의 국제기구에 의료용 마스크와 방호복, 검사
키트 등의 의료 물자를 지원했고, WHO에 2,000만 달러를 기부했다.
또한 이탈리아, 세르비아, 캄보디아, 파키스탄, 이란, 라오스, 베네수엘
라, 필리핀, 미얀마, 카자흐스탄, 러시아 등 코로나19로 심각한 영향을
받고 있는 국가들에 대해 의료 전문가팀을 파견하여 방역 지원에 나섰
다.[8] 이러한 방역 외교는 세르비아, 파키스탄, 캄보디아 등 국가들로부
터 적지 않은 호평을 받았다.

방역외교에 국가 지도자들도 적극 나섰는데, 시진핑 주석은 2020
년 2월과 3월 약 두 달 동안 '전화외교'의 방식으로 22명의 외국 지도
자 및 국제기구 책임자와 26차례 통화했다.[9] 이를 통해 한국이나 이탈
리아, 프랑스, 스페인 등 국가들의 정상들에게 위로를 전했고, 빌 게이
츠 등 해외의 유력 인사들에게 코로나19 예방 및 통제에 대한 국제적
협력을 표명했다.

또한 다자회의에도 적극 참여하여 시진핑 주석은 2020년 3월 26
일 개최된 G20 코로나19 대응 정상회의(화상회의)에 참석하여 국제사
회의 공동대응을 강조했고, 2020년 4월 14일 리커창 총리도 '아세안
+3' 코로나19 대응 특별 정상회의에 참석하여 중국의 경험을 공유하
고 국제사회에 대한 적극적인 지지를 약속했다.

---

8   人民畵報 블로그, https://blog.naver.com/touchchina/221998253411 (검색일:
     2021.4.16.).

9   위의 자료.

최근에는 〈표 6-1〉에서 보는 바와 같이 백신 확보에 어려움을 겪고 있는 개도국에게 백신 제공 및 협력을 적극적으로 전개하면서 자국

표 6-1 개발도상국에 대한 중국의 백신 외교 현황

지역	국가	공급일	공급량(도스)
아시아	부탄	-	-
	몰디브	-	-
	네팔	-	-
	방글라데시	-	-
	스리랑카	-	-
	미얀마	1/31	30만[1]
	인도네시아	12/7, 1월	300만
	파키스탄	2/1	50만
	캄보디아	2/7	60만
	라오스	2/8	30만
	브루나이	2/9	규모 미공시
	필리핀	2/28	60만
	몽골	-	-
	합계	-	**530만 이상**
아프리카	세이셸	1/10	5만[2]
	모리셔스	-	-
	이집트	2/7, 2/23	규모 미공시[2]
	적도기니	2/10	규모 미공시
	짐바브웨	2/15	15만
	합계	-	**20만 이상**
중동	바레인	-	-
	오만	-	-
	아프가니스탄	-	-
	터키	12/30	300만(3상)[3]
	요르단	1/9	(3상)[3]
	시리아	2/4	15만
	합계	-	**315만 이상**
중남미	바베이도스	-	-
	도미니카	-	-
	도미니카 공화국	-	-
	수리남	-	-
	과테말라	-	-
	멕시코	10/31	(3상)[3]
	칠레	2/1	400만
	브라질	2/2	(3상)[3]
	페루	2/7	100만(3상)[3]
	합계	-	**500만 이상**

주: 1) 중국의 대 미얀마 백신 지원 결정이 난 상태이며, 실질적인 지원은 아직 이루어지지 않음.
2) 세이셸과 이집트는 아랍에미리트를 통해 중국 백신을 지원 받음.
3) 페루, 브라질, 요르단, 터키, 멕시코는 3상 시험을 전제로 백신을 지원 받음. '3상'은 3상 시험을 진행한 국가를 의미함.
출처: 노윤재·문지영(2021, 11-12)의 자료를 바탕으로 저자 재편집.

의 백신 물량 확보에만 힘쓰고 있는 미국이나 유럽과 차별화된 모습을
부각시키고자 노력하고 있다.

V. 함의 및 시사점

2020년 1월 중국 후베이성 우한시에서 본격적으로 집단 감염이 시작
된 코로나19는 이후 중국과 전 세계에 급속하고 광범위하게 전파됐다.
이로 인해 수많은 인명 피해와 막대한 경제적 손실이 발생했고 새로운
문화가 생겼으며, 미중 사이의 경쟁과 대립이 더욱 첨예화되는 결과를
초래하기도 했다.

코로나19 감염 사태는 국제정치의 시각에서 봤을 때 중요한 의미
를 갖는다. 앞서 언급한 바와 같이 미중 사이의 경쟁과 대립을 심화시
켰을 뿐만 아니라, 미국과 중국을 비롯한 주요국들의 거버넌스에 대해
새롭게 조명해 보는 계기를 제공해 주었기 때문이다.

중국에서 처음 코로나19 감염이 보고됐을 때, 코로나19에 대한 정
보 부족과 급속한 전파 속도 등으로 중국은 대혼란에 빠졌다. 이에 대
해 국제사회는 중국이 코로나19 팬데믹(pandemic)으로 인해 정치체
제의 붕괴를 겪을 수 있다고 전망하기도 했다. 그런데 예상과는 달리
중국에서의 팬데믹은 약 5개월여 만에 안정화된 반면, 주요 선진국을
비롯한 전 세계가 코로나19 팬데믹으로 인해 대혼란에 빠지는 상황이
벌어졌다. 후진적이고 강압적인 사회체제라고 비판을 받아 오던 중국
은 비교적 신속히 팬데믹으로부터 벗어난 반면, 선진적이고 민주적인
거버넌스를 자랑하던 미국과 유럽, 일본 등 선진국은 좀처럼 팬데믹에
서 벗어나지 못한 체 심각한 피해를 겪어야 했다. 특히 21세기 국제정

치의 핵심 키워드라고 할 수 있는 미중 경쟁의 두 당사국인 미국과 중국의 상황은 극명하게 대비됐다.

이를 계기로 중국 자신은 물론, 국제사회는 중국과 서구 선진국의 거버넌스를 새롭게 조명하기 시작했다.

중국은 중앙집권적이고 강압적인 형태의 코로나19 방역 거버넌스를 전개했고, 모든 국가 역량을 총동원하여 일사분란하게 대응함으로써 감염 사태를 비교적 조기에 수습할 수 있었다. 특정 지역에서 소규모 집단 감염이 발생할 경우, 그 지역을 포함한 도시 전체의 모든 사람들을 대상으로 대규모 전수 PCR 조사를 하며 강력한 방역을 실시해 오고 있다. 그리고 백신 개발 및 접종에도 국가적 역량을 총동원하여 2021년 3월 1일 현재, 중국에서 개발한 4종의 백신(시노팜 백신 2종과 시노백, 칸시노)이 국제사회에서 접종되고 있고, 10종의 백신에 대한 추가 임상실험이 진행되고 있다(노윤재·문지영 2021). 중국은 2020년 7월 22일부터 일부 백신에 대한 긴급사용을 승인하여 의료계 종사자 등 고위험군을 대상으로 백신 접종을 시작했고, 2020년 12월 15일부터는 전 국민을 대상으로 한 백신 접종에 돌입했다. 그 결과 2021년 4월 21일 현재, 중국에서는 2억 회분 이상의 접종이 이뤄진 것으로 알려진다(中华人民共和国国家卫生健康委员会 2021.4.21.).

이렇게 중국식 방역 거버넌스가 객관적으로 커다란 성과를 드러낸 것은 사실이다. 하지만 그 과정에서 방역이라는 공공이익에 밀려 개인의 프라이버시권이 침해되고, 중앙정부의 강력한 개입에 의해 지방정부의 자율권이 위축되는 부작용도 나타났다. 또한 사구(社區) 조직이 코로나19 방역 과정에서 중요한 역할을 담당하면서 민관(民官) 협력의 긍정적 거버넌스를 보여주기도 했지만, 이는 민간의 자발적 참여와 풀뿌리 운동이라기보다는 관이 주도하고 민이 따르는 형태이자 반관(半官)의 성격을 띤 조직이라는 지적도 있다. 그리고 중국이 방역 외교와 백신 외교를 전개함으로써 개도국으로부터 적지 않은 호응을 거뒀음에도, 개도국에 대한 원조의 성격보다는 미국에 대응하기 위한 자기진영 확대의 목적이 큰 것 아니냐는 의구심을 불러일으키기도 했다. 이는 중국의 소프트파워가 여전히 부족함을 나타내는 것일 수도 있다.

한편 세계 최강대국인 미국의 거버넌스는 이번 코로나19 사태를 겪으면서 무력함과 많은 기술적 문제점을 노출했고, 이로 인해 국제사회로 하여금 미국식 거버넌스에 대한 의구심을 갖게 만들었다.

이렇게 코로나19 사태를 계기로 기존 패권국인 미국의 거버넌스와 새롭게 부상하고 있는 중국의 거버넌스에 대해 물음표가 달리면서 새로운 거버넌스 모델이 부각될 수 있는 공간이 열리게 됐다. 실제로 K-방역으로 대변되는 한국식 거버넌스나 타이완의 거버넌스가 주목을 받은 바 있으며, 최근에는 높은 백신 접종률로 집단면역에 다가서고 있는 이스라엘이 주목을 받고 있다. 우리의 입장에서는 한국식 거버넌스를 자산으로 좀 더 체계적이고 전략적인 중견국 외교를 전개할 수 있는 환경이 조성됐다고 할 수 있다. 이제 남은 것은 우리가 얼마나 이 기회를 잘 활용할 수 있을 것인가로 보인다.

참고문헌

김현주. 2020. "코로나 사태와 중국 거버넌스의 위기."『성균차이나브리프』8(2): 35-40.

양갑용. 2020. "코로나19 대응과 국가 거버넌스: 한중 방역 경험."『성균차이나브리프』8(3): 77-82.

진산산. 2020. "코로나19 방역의 중국 전략: 총체적 거버넌스."『성균차이나브리프』8(3): 83-90.

허재철 외. 2020.『코로나19 이후 중국의 분야별 변화와 시사점』. 대외경제정책연구원, 20-14.

경향신문. 2021. "중국 40여일만에 코로나19 고위험지역 지정…윈난성 접경지 전체 백신접종 확대." 2021.4.6. http://news.khan.co.kr/kh_news/khan_art_view.html?artid=20210 4061704001&code=970204 (검색일: 2021.4.6.).

노윤재·문지영. 2021. "인도와 중국의 코로나19 백신 개발 및 외교 동향과 시사점." KIEP 세계경제 포커스. https://www.kiep.go.kr/gallery.es?mid=a10102030000&bid=0004 (검색일: 2021.4.21.).

BBC. 2020. "Chinese economy to overtake US 'by 2028' due to Covid." https://www. bbc.com/news/world-asia-china-55454146 (검색일: 2020.12.15).

COVID-19 Dashboard by the Center for Systems Science and Engineering (CSSE) at Johns Hopkins University (JHU), https://coronavirus.jhu.edu/map.html (검색일: 2021.4.7.).

FT. 2020. "Coronavirus is also a threat to democratic constitutions." April 15. https://www.ft.com/content/961b33ae-7efc-11ea-8fdb-7ec06edeef84 (검색일: 2020.12.15.).

_____. 2020. "China has valuable lessons for the world in how to fight Covid-19." April 28. https://www.ft.com/content/ad61f0ea-8887-11ea-a109-483c62d17528 (검색일: 2020.9.25.).

He, Alex Jingwei, Yuda Shi and Hongdou Liu. 2020. "Crisis governance, Chinese style: distinctive features of China's response to the Covid-19 pandemic." *Policy Design and Practice*. https://www.tandfonline.com/doi/ full/10.1080/25741292.2020.1799911 (검색일: 2020.12.16.).

IMF. 2020. "World Economic Outlook, October 2020: A Long and Difficult Ascent." https://www.imf.org/en/Publications/WEO/Issues/2020/09/30/world-economic-outlook-october-2020 (검색일: 2020.12.15.).

THE DIPLOMAT. 2020. "China and COVID-19: A Central-Local 'Chess Game'." June 20. https://thediplomat.com/2020/06/china-and-covid-19-a-central-local-chess-game/ (검색일: 2020.12.16.).

_____. 2020. "China's Early COVID-19 Missteps Have an All-Too-Mundane Explanation." April 09. https://thediplomat.com/2020/04/chinas-early-covid-19-struggles-have-an-all-too-mundane-explanation/ (검색일: 2020.12.16.).

THE HINDU. 2020. "WHO official commends Asia's handling of coronavirus." https://www.thehindu.com/news/international/who-official-commends-asias-handling-of-coronavirus/article32897440.ece (검색일: 2020.12.15.).

Wei, Yujun, Zhonghua Ye, Meng Cui and Xiaokun Wei. 2020. "COVID-19 prevention and control in China: grid governance." *Journal of Public Health*. https://academic.oup.com/jpubhealth/advance-article/doi/10.1093/pubmed/fdaa175/5911705 (검색일: 2020.12.16.).

百度百科. "社区." https://baike.baidu.com/item/%E7%A4%BE%E5%8C%BA/904140?fr=aladdin (검색일: 2021.4.16.).

北京市卫生健康委员会. http://www.beijing.gov.cn/wjwh/ztzl/xxgzbd/gzbdyqtb/202006/t20200626_1932775.html (검색일: 2020.7.1.).

人民畫報 블로그. https://blog.naver.com/touchchina/221998253411 (검색일: 2021.4.16.).

搜狐网. 2020. "湖北 武汉一把手同时调整，释放了什么信号." 2.13. https://www.sohu.com/a/372784052_220095 (검색일: 2020.10.5.).

"新冠肺炎证明了中国制度的优越性." https://baijiahao.baidu.com/s?id=1660867807449192941&wfr=spider&for=pc (검색일: 2021.3.2.).

新浪网. 2020. "世界卫生组织赞扬中国防疫：做到这三点令人震撼." http://k.sina.com.cn/article_6145283913_16e499749020015q8t.html (검색일: 2020.12.15.).

新华社. 2020. "(受权发布)《抗击新冠肺炎疫情的中国行动》白皮书." 6.7. http://www.xinhuanet.com/politics/2020-06/07/c_1126083364.htm (검색일: 2020.9.26.).

央视网新闻. 2020. "党中央成立应对疫情工作领导小组." 1.25. https://baijiahao.baidu.com/s?id=1656707342720638956&wfr=spider&for=pc (검색일: 2021.2.7.).

"在这次新冠肺炎疫情阻击战中，中国的制度优势得到了验证." http://blog.sina.com.cn/s/blog_48669fe20102z6c4.html (검색일: 2021.3.2.).

中华人民共和国国家卫生健康委员会. 2021. "截至4月5日24时新型冠状病毒肺炎疫情最新情况." 4.6. http://www.nhc.gov.cn/cms-search/xxgk/getManuscriptXxgk.htm?id=2b4ef890372e4769ba6f0e7667ba87cf (검색일: 2021.4.6.).

中华人民共和国国家卫生健康委员会. 2021. "国务院联防联控机制2021年4月21日新闻发布会介绍新冠疫苗接种有关情况." 4.21. http://www.nhc.gov.cn/xwzb/webcontroller.do?titleSeq=11376&gecstype=1 (검색일: 2021.4.21.).

好看视频. 2020. "火神山速度诠释中国新高度：哪有基建狂魔，只有十万火急咬牙坚持." 2.15. https://haokan.baidu.com/v?vid=6613372519430355118 (검색일: 2020.9.25.).

環球時報. 2020. "社评: 疫情正在扩散的国家须更坚决行动." 2.25. https://opinion.huanqiu.com/article/9CaKrnKpzr6 (검색일: 2021.3.2.).

경향신문. 2020. "[김진호의 세계읽기]다시 우한이 궁금한 건, '팬데믹 그 후'의 미리
　　보기라서다." 4월 10일자.

조선일보. 2020. "[데스크 칼럼] 신종 코로나 창궐 앞에서 국가지도자들이 할 일." 2월 8일자.

중앙일보. 2020. "(김선혁 칼럼) 코로나 방역 한국모델 핵심은 국가·시민사회 간 신뢰·협업…
　　정치권 각성해야." 6월 29일자.

한겨레. 2020. "[박찬수 칼럼] 감염병, 리더십의 시험대." 3월 18일자.

FT. 2020. "What the coronavirus crisis tells us about Chinese governance." February 19.

_____. 2020. "Coronavirus is also a threat to democratic constitutions." April 15.

_____. 2020. "Covid-19 looks like a hinge in history." May 14.

_____. 2020. "Covid-19 response can result in the health systems we need." May 15.

NYT. 2020. "The Epic Failure of Coronavirus Testing in America, China and South Korea
　　offer lessons in how to curb this pandemic." March 19.

_____. 2020. "In a Crisis, True Leaders Stand Out." April 30.

_____. 2020. "We the People, in Order to Defeat the Coronavirus." May 1.

朝日新聞. 2020. "(社説)中国とウイルス 情報の自由奪う危うさ." 2.21.

_____. 2020. "(社説)コロナと台湾 民主の成功に学びたい." 5.25.

産経新聞. 2020. "[世界の論点]覇権拡大進める中国." 5.4.

読売新聞. 2020. "[社説]新型コロナ 中国の対応は模範にはならぬ." 3.28.

제7장　　　　일본의 코로나19 대응 거버넌스:
　　　　　　국내정치와 국제정치 거버넌스
　　　　　　평가 및 한계

이기태(통일연구원)

I. 들어가며

2019년 말 돌연 중국에서 출현한 것으로 보이는 신종코로나바이러스(이하 '코로나19')는 순식간에 전 세계로 퍼지면서 첫 사망자 보고 이후 약 9개월 만에 100만 명 이상의 생명을 빼앗았다. 21세기에 새롭게 등장한 감염병 중에 코로나19의 사망자 수와 확대 속도는 가히 놀랄 정도이다.

코로나19의 전 세계적 확산과 관련된 많은 사회적 현상은 다양한 분야의 연구자들에게 큰 관심을 불러일으켰다. 하지만 아직 코로나19의 종식이 보이지 않고, 관련 연구가 진행 중인 상황에서 특히 정치학 분야에서 일본 정부의 대응에 관한 정치사회적 설명과 대응체계를 분석한 연구는 아직 많지 않다. 따라서 현재 일본의 코로나19 대응 거버넌스를 구체적으로 조사하고, 체계적으로 분석하는 연구가 필요하다.

2020년 코로나19 발생 이후 2021년 상반기까지 한국 내에서 일본의 코로나19 대응에 관한 적지 않은 연구가 발표되었다. 호사카 유지(2020)는 코로나19에 대한 방어와 제거정책, 일본 정부 조직과 정책결정자들의 능력 차원에서 일본 정부의 코로나19 정책을 분석하였다. 최은미(2020b; 2021)는 일본의 코로나19 대응을 국가의 위기관리 유형 차원과 정책결정과정 차원에서 분석하였다. 김영근(2020)은 코로나19 대응을 재해 거버넌스로 규정하고 한일 비교분석을 통해 일본의 코로나19 대응이 단절된 거버넌스 및 정책의 효율성이라는 한계로 말미암아 재난 상황을 연출하였다고 주장한다.

한국과 정치외교, 경제, 사회문화 등 다양한 분야에서 밀접한 관계에 있는 일본이기 때문에 일본의 코로나19 대응 관련 거버넌스를 분석할 필요가 있다. 한일의 밀접한 관계 때문에 일본의 위기 상황이 한국에 영향을 미칠 가능성이 있으며, 한일 양국의 위기 대응 거버넌스가 서로에게 주는 시사점이 있기 때문이다. 따라서 일본의 코로나19 위기 대응에 대한 정확한 이해를 높일 수 있는 관련 연구가 더욱 확대될 필요가 있다.

또한 일본의 코로나19 대응 거버넌스는 국제정치 분야에서의 위기 및 위기관리의 한 형태라는 측면에서 바라볼 수 있다. 코로나19는 인류의 생명을 위협하고 있으며, 일본의 핵심적 위협이라고 생각했던 북한 핵/미사일 등 전통적 안보 영역이 아닌 비전통안보, 새로운 영역의 안보라는 의미의 신흥안보, 신안보 영역 차원에서 분석할 필요가 있다. 코로나19는 정보의 부족과 불확실성, 비예측성의 위기 상황이다. 따라서 일본에서 코로나19를 국가적 차원에서 다루고 있는 위기관리 및 국제정치 영역 차원에서 대응하는 거버넌스 분석이 필요하다.

이와 같은 상황을 염두에 두고 본 연구에서는 일본 아베(安倍晋三) 정부(2012년 12월~2020년 8월)와 스가(菅義偉) 정부(2020년 9월~2021년 6월)의 코로나19라는 국가적 위기 상황에 대응하는 정책결정 과정을 분석하고, 일본 나름의 코로나19 대응 거버넌스의 특징을 도출하는 것을 목적으로 한다. 그리고 본 연구에서는 일본의 코로나19 대응 거버넌스를 정부 내 관계, 중앙정부와 지방정부 관계, 국제관계와 같은 3가지 차원에서 분석하고자 한다.

먼저 제2절에서는 2020년 1월 일본 내 코로나19 감염자 발생 이후 2021년 5월까지 일본 내 상황을 1-4차 유행 시기로 나누어 설명하고, 이에 대한 일본 아베, 스가 정부의 대응을 간략히 서술한다. 제3절에서는 코로나19 대응 거버넌스를 국내정치 차원에서 분석한다. 즉 아베 정부와 스가 정부의 중앙정부 및 자민당 내, 그리고 긴급사태선언을 둘러싼 중앙정부와 지방정부 간 거버넌스를 분석한다. 제4절에서는 일

본의 코로나19 거버넌스를 국제정치 차원에서 분석한다. 즉 외국인 입
국제한 정책과 관련된 한일, 중일관계를 분석하고, 일본 정부가 주도
하고자 하는 코로나19 관련 국제협력 거버넌스 실태 및 현황을 분석한
다. 마지막 제5절에서는 일본의 코로나19 대응 거버넌스의 평가 및 전
망을 제시한다.

II. 일본의 코로나19 상황과 일본 정부의 대응

1. 일본의 코로나19 상황

1) 제1차 유행 시기(2020년 3월~5월): 미즈기와 대책과 1차 긴급사태선언
2020년 1월 16일 코로나 바이러스의 첫 번째 감염자가 일본 내에서 확
인되었다. 아베 수상은 첫 감염자 발생 4일 후인 20일 열린 국회 시정
방침연설에서 레이와(令和)의 새 시대를 역설하였지만, '코로나'라는
단어를 꺼내지 않았다. 이후 아베 정부는 코로나19를 감염증법의 '지
정감염증'으로 지정하였으나, WHO가 긴급사태선언을 발령한 1월 31
일에 열린 참의원 예산위원회에서 야당으로부터 보다 강력한 조치를
취하는 '신감염증' 지정 요구에 대해 거부하였다. 아베 정부는 1월 시
점에서 긴급사태선언 발령을 상정하고 있지 않았다.

　　이러한 아베 정부의 코로나19에 대한 '낙관론'을 바꿔버린 것이
요코하마항에 정박한 대형 크루즈선 '다이아몬드 프린세스호' 승객에
서 감염자가 발견된 후 선내에서 집단감염이 발생한 것이다. 크루즈선
승객 3,700명 중 최초 검사에서 31명 중 10명의 감염이 확인되었다. 아
베 정부는 선외 감염 확대를 막기 위해 승무원 및 승객들을 선내에 14

일간 머물도록 했다. 하지만 선내 감염은 확산되었고 후생노동성에 따르면 7월 12일 시점에 크루즈선 감염자는 712명으로 증가하였고, 13명의 사망자가 나왔다. 이와 같이 일본의 코로나19 대책은 다이아몬드 프린세스호 내 집단감염에 대응하면서 국내 감염방지대책도 요구되는 엄중한 상황에서 시작되었다.

일본 정부는 중국 우한시를 중심으로 코로나19가 확산되자 1월 29일 오전, 우한 공항에서 자국민을 태운 첫 전세기를 출발시키는 등 미국과 더불어 가장 먼저 전세기를 투입하였다. 또한 30일에는 아베 총리를 본부장으로 하고 각료 전원을 구성원으로 하는 '신형코로나바이러스감염증대책본부(이하 '코로나19 대책본부')'를 설치하면서 범정부 차원에서 대응에 나섰다. 또한 2월 1일부터 2주 이내 중국 후베이(湖北)성에 체류한 적이 있는 외국인의 입국을 거부하는 등 코로나19 유입 차단을 위한 조치를 취했다.

이러한 일본 정부의 발빠른 조치는 코로나19 초기 확산을 저지하는 데 일정한 기여를 한 것으로 평가할 수 있다. 하지만 여러 한계도 나타났다. 먼저 전세기를 동원해 일본인을 귀국시켰지만 격리 수용할 수 있는 시설을 확정하지 못한 상태였고, 급하게 마련한 호텔 객실이 부족한 상태에서 일부 귀국자가 객실을 공유하면서 무증상 감염자와 함께 쓰는 상황이 발생하기도 했다.

코로나19 문제가 확산되면서 아베 수상은 1월 23일 국회에서 '미즈기와(水際)' 대책 강화를 표명하였다. 미즈기와 대책은 입국하는 관문인 공항 및 항만에서 검역 등을 통해 전염병의 국내 유입을 차단하는 것을 말한다. 하지만 코로나19 확진자는 계속적으로 증가하였다. 1월 중순 첫 확진자가 발생한 이후 3월 말까지 두 달여간 평균 40~50여 명으로 보고되던 확진자 수는 3월 말, 4월 초에 들어서부터 도쿄, 오사카 등 대도시를 중심으로 연일 수백 명씩 증가하였다. 결국 아베 총리는 4월 6일 도쿄와 오사카를 포함한 7개 지역에 '긴급사태'를 선언하였다(최은미 2020a, 1).

3월 하순까지의 '제1차 유행'에서는 고령자시설과 병원에서 대규모 클러스트(cluster, 집단감염)가 산발했다. 이에 따라 일본 정부는 2월 15일 코로나19의 일본 국내 유행에 대비해 기존 미즈기와 대책 중시 자세를 전환하고 검사와 치료를 할 수 있는 의료기관 확충 등 중증환자를 줄이기 위한 대책(클러스터 대책)으로 전환하였다(호사카 2020, 66). 도쿄도에서는 6월 말까지 사망한 325명 중 52%가 병원 및 시설 내 감염이었다. 오사카부에서도 6월 중순까지 사망자 중 45%는 병원 내 감염과 관련이 있다.

한편 코로나19 유행 초기 일본 정부는 확진자 선별을 위한 PCR 검사 능력을 향상시키기 위해 노력하였다. 이에 따라 3월 1일 시점에서 1일 4,000건 정도의 PCR 검사능력은 6월 1일에는 약 26,000건으로 증가했다. 중증 환자가 되기 쉬운 사람을 빠르게 진단하고 치료함으로써 사망자 수를 감소시키는 효과를 보았다는 평가도 있다(『朝日新聞』 2020.9.30).

하지만 전반적으로 첫 확진자가 발생한 1월 중순부터 '긴급사태' 선언이 이어지기까지 80여일간 국내 확진자가 4,800여 명(크루즈선 712명 포함)을 넘어섬으로써 일본의 대응은 '감염 확산의 저지'와 '사회적 불안감 종식'이라는 양 측면을 모두 충족시키지 못한 것으로 여겨진다. 더욱이 올림픽 연기 발표(3.24.) 이후 급증한 확진자 수는 "올림픽 개최를 위해 확진자 수를 의도적으로 낮췄다"는 의혹에 힘을 더했다(최은미 2020a, 3).

이후 5월 25일 니시무라 야스토시(西村康稔) 경제재정·재생상은 긴급사태선언을 전면 해제하며, 재발령 기준에 대해 "최근 1주일간 신규 감염자가 인구 10만 명당 5명 이상" 등을 제시하면서 재발령 시 기준은 최초 발령보다 더욱 엄격하다고 설명하였다.

2) 제2차 유행 시기(2020년 7월~8월): '방역'과 '경제'의 양립 모색

2020년 5월 23일 후쿠오카(福岡)현 기타규슈(北九州)시에서 의료기관을 중심으로 집단감염이 발생하면서 제2차 유행이 시작되었다. 그리고 7월 중순에 들어서면서 증가한 검사수와 함께 하루 평균 500명이 넘는 확진자가 발생하였다. 7월 말에는 일일 신규확진자 수가 1,000명을 돌파하였다.

아베 정부는 2차 유행 시기 초기에 긴급사태발령을 검토하지 않았고, '위드 코로나(with COVID19)' 관점에서 '방역'과 '경제'의 양립을 고민하였다. 이러한 가운데 국내 경제활성화를 촉진하기 위해 7월 22일부터 여행장려캠페인 '고투 트래블(Go To Travel)'이 실시되었고, 대규모 이벤트 인원제한(5,000명 이하)을 8월 말까지 유지하는 등 사회경제활동을 단계적으로 회복시키면서 방역과 경제를 양립시키는 방안을 제시하였다.

또한 기존에 유료로 진행하던 코로나19 검사를 부분적으로 무료화하였고, 확진자 접촉자들에게 코로나19 검사를 지원하는 등 기존 대응에서 진일보한 정책을 시행하였다. 또한 의료비는 기본적으로 본인 부담이지만, 의료기관이나 검사기관에서 일하거나 관련된 업무를 진행하면서 감염된 경우 의료비 전체를 국가에서 지원하도록 마련되었다.

이 시기 8월 28일 아베 총리가 건강을 이유로 사임을 표명하면서 9월 16일 출범한 스가 내각은 아베 내각이 추진하였던 기존의 방역과 경제 양립의 방침 지속을 결정하였다.

3) 제3차 유행 시기(2020년 11월~2021년 3월): 2차 긴급사태선언

2020년 11월부터 제3차 유행이 시작되었고 2021년 1월에도 일일 확진자 및 사망자, 확진율이 최고치를 갱신하면서 1월에는 일일 확진자 수가 7,000명대를 기록하였고 누적 확진자 수도 30만 명을 넘어섰다. 이러한 가운데 경제활성화 대책이었던 '고투 캠페인'이 일시 중단(12.28-1.11.)되었다.

2021년 1월부터 확진자가 크게 증가하면서 1월 7일 도쿄를 비롯한 수도권과 확진자가 많은 대도시권(도쿄, 사이타마, 치바, 가나가와)을 중심으로 다시 비상사태가 선포되었다. 1월 14일에는 도치기, 기후, 아이치, 교토, 오사카, 효고, 후쿠오카가 긴급사태선언 대상지역으로 추가되었다. 2차 긴급사태에서는 감염리스크가 높은 경우에 집중적으로 대처한다는 방침 아래, 음식점 영업시간 단축, 저녁시간 외출 자제, 재택근무 실시, 이벤트 개최요건 강화 등이 제시되었다(최은미 2021, 156). 2021년 2월 들어 긴급사태를 1달 연장하면서 일일 확진자 수가 확실히 감소세에 들어섰으며 3월에 1,000명 내외로 감소하면서 일본 정부는 3월 21일까지 비상사태를 유지하기로 결정하였다.

4) 제4차 유행 시기(2021년 3월~6월): 3차 긴급사태선언 및 '만연방지 등 중점조치' 실시

스가 총리는 4월 25일 도쿄도·오사카부·교토부·효고현에 대한 세 번째 긴급사태를 선언했다. 두 번째 긴급사태를 해제한 지 한 달밖에 안지났지만, 감염력이 강한 영국형 변이바이러스(N501Y) 출현으로 코로나19 상황이 새로운 단계로 진입했기 때문이다. 5월 초 황금연휴가 있는 상황을 고려해서 긴급사태선언을 하였지만, 코로나19 확산세를 억제하지 못했다. 이에 일본 정부는 긴급사태선언을 5월 31일까지로 연

장하고, 5월 12일부터 아이치현, 후쿠오카현, 5월 16일부터 홋카이도, 히로시마현, 오카야마현을 새롭게 발령 대상으로 추가하기로 결정하면서 긴급사태가 적용되는 지역이 총 9개 광역지방자치단체로 늘어났다.

또한 긴급사태선언에 준하는 '만연방지 등 중점조치(이하 '중점조치')' 대상 지역에는 6월 13일을 기한으로 군마현, 이시카와현, 구마모토현이 추가되면서 중점조치 대상도 10개 현으로 증가하였다. 중점조치는 2021년 2월 '코로나 바이러스 대책의 특별조치법'개정으로 신설되었으며 긴급사태선언이 내려지지 않아도 집중적인 감염대책을 가능하게 하는 것이다. 중점조치는 여러 측면에서 긴급사태선언과 차이를 보이는데, 먼저 대상지역이 긴급사태선언은 도도부현 단위로 내려진다면 중점조치는 정부가 대상으로 한 도도부현 지사가 시정촌 등 특정 지역을 한정할 수 있다. 적용 기준과 관련해서는 긴급사태선언은 감염 상황이 가장 심각한 '스테이지'가 기준이 된다면, 중점조치는 '스테이지 3'이 기준이지만, 감염이 국지적으로 급속히 확산되고 있는 상황에서는 '스테이지 2' 적용도 가능하다. 이러한 중점조치가 내려지는 경우는 신규 감염자 수 등의 상황을 바탕으로 도도부현에서 감염 확대의 우려가 있고, 의료 제공에 지장이 발생할 우려(병원 침대 및 의료진 부족)가 있다고 인정될 때이다.

이러한 코로나19상황에서 2021년 5월 20일 기준으로 일본 내 누적 감염자 수는 70만 명을 넘어섰고, 일일 확진자 수는 5,816명, 사망자 수는 12,000명을 넘어섰다. 한편, 일본 내 백신 접종률은 OECD 37개 국가 중에서 가장 낮은 수치를 나타내고 있으며, 2021년 4월 29일까지 일본에서 한 차례 이상 코로나19 백신을 접종한 사람은 29만 명으로 전체 인구 1억 2,600만 명의 2.0%에 불과하다(『경향신문』 2021.5.5.).

표 7-1 '긴급사태선언'과 '만연방지 등 중점조치'의 차이

	긴급사태선언	만연방지 등 중점조치
대상지역	- 도도부현 단위	- 정부가 대상으로 한 도도부현 지사가 시정촌 등 특정 지역을 한정할 수 있음
적용기준	- 감염상황이 가장 심각한 '스테이지 4'에 상당하는지 여부	- 스테이지 3 상당의 적용을 상정 - 감염이 국지적, 급속히 확대되고 있는 경우는 '스테이지 2' 적용도 가능
		조치를 취하는 요건
		- 도도부현에서 감염 확대의 우려 - 의료 제공에 지장이 발생할 우려

2. 아베 정부의 대응 거버넌스 및 평가

아베 정부는 '아베 1강'이라는 장기 정권을 유지하였지만 정책결정과정에서 여러 문제를 나타냈다. 정부의 역할은 사회에 필요한 정책을 입안하고 실시하는 것이며, 그 과정에서 과학적인 분석과 합의형성과정이 필요하다. 하지만 아베 정부는 신속한 의사결정은 눈에 띄었지만, 과학적 분석과 합의형성과정에는 소홀하였다.

지금까지 과학적 분석 없이 정책결정이 이루어져도 국민생활에 불이익이 발생하는 경우는 적었다. 하지만 코로나19 대책은 국민의 생명 위험 등 생활에 중대한 영향을 끼치고 있다. 코로나19를 둘러싼 정책결정과정의 문제에 대해 검토한다.

아베 정부에서 나타난 과학적 분석과 합의 형성을 결여한 대표적인 예는 각 가정에 면마스크 2장씩 배포하는 이른바 '아베노마스크'이다. 코로나19 확대로 2020년 1월 하순부터 마스크 부족이 나타나면서 아베 총리는 3월 5일, "마스크 공급을 발본적으로 강화한다"라고 표명

하였다. 정부는 당초 요양시설 등 필요성이 높은 곳에 마스크를 공급한다는 방침이었지만, 관저 관료가 "전 국민에게 면마스크를 배포하면 불안감은 싹 사라진다"라고 건의했고, 아베 총리는 그 아이디어를 받아들였다. 아베 총리의 의향으로 마스크 조달을 대대적으로 시작했지만 수천만 장의 마스크를 단기간에 확보하기는 어려웠고 불량품이 속출했다. 게다가 마스크를 제조해본 적이 없는 사업자가 선정되면서 사업선정의 불투명성도 지적되었다.

다음으로 지적되는 것은 아베 총리가 2월 말에 돌연 요청한 초중고교의 일제 휴교였다. 문부과학성은 교내에 감염자가 확인된 경우 지역 전체에 임시휴교하도록 전국 교육위원회에 통지했지만, 홋카이도와 오사카부에서 일제 휴교를 실시하면서 전국 일제 휴교로 확대되었다. 그동안 전국 일률적으로 일제 휴교를 실시하는 필요성과 일제 휴교 실시로 인한 장점과 단점에 대한 분석과 설명은 거의 없었다.

중앙정부로부터의 갑작스러운 요청이었기 때문에 학교관계자, 학생, 보호자에게 준비 기간은 없었고 많은 지방자치체, 특히 감염자가 적은 지자체는 곤혹스러웠다. 게다가 학교교육에 책임을 지고 있는 문부과학대신은 의사결정과정에서 제외되었다. 아베 총리는 "일제 휴교는 정치적 판단이며, 자신이 책임을 진다"고 강조하였지만, 과감한 지도자를 연출하는 정치적 행동에 지나지 않았다.

코로나 감염 상황을 조사하는 PCR검사에서도 문제가 나타났다. 코로나19 초기에 일본은 유럽 및 미국과 달리 감염폭발이 발생하지 않았고 사망자 수도 비교적 적었다. 여기에는 일본인의 위생관념과 생활습관도 영향을 끼쳤다(이명찬 2021, 161). 특히 아베 정부가 내세운 밀폐, 밀집, 밀접의 3가지 '밀(密)'을 피하자는 '3밀' 개념이 사회에 잘 침투되었다(Suzuki 2020, 27). 2월 25일 후생노동성 클러스트대책반이 설치되었고 집단감염의 공통점을 찾아내서 유형화한다면 보다 유효한 행동양식을 제시할 수 있다는 논의가 시작되었다. 그리고 3월 1일 후생노동성은 코로나19의 감염확대 예방책으로 '신형코로나바이러스의 집단감염을 방지하기 위해'를 발표하면서 집단감염의 공통점을 제시하면서 집단감염 방지를 강조하였다. 그리고 3월 28일 아베 총리가 기자회견에서 '3개의 밀'을 피하도록 국민들에게 요청하였다.

하지만, 한국이나 대만처럼 SARS나 MERS로 심각한 피해를 받지 않았던 일본은 충분한 준비가 되어 있지 않았다. PCR 검사 건수가 처음에 1일 1,500건 정도에 머물렀던 것이 상징적이다. 아베 총리는 4월 6일, PCR검사의 실시능력을 월 1만 건에서 2만 건으로 높이는 목표를 제시했다. 목표를 내세웠지만 1개월 후에도 목표는 달성할 수 없었다. '코로나19 대책본부' 산하 '신형코로나바이러스감염증전문가회의(이하 '전문가회의')'는 5월 4일, 검사체제가 정비되지 않고 외국과 비교해서 PCR검사 실시 건수가 적다는 분석결과를 발표했다. 아베 총리는 같은 날 "인적인 정체도 있었다. 실시 건수가 적은 것은 그 때문이다"라고 말했다.

'인적인 정체'라는 것은 PCR검사가 필요한지 여부의 판단에서 검체회수, 결과연락, 입원조정까지 담당하는 보건소의 업무가 너무 많다는 것과 검사인원부족, 검사원이 사용한 방호복과 의료용 마스크 부족 등이다. 아베 수상은 안이하게 목표를 높이면서 국민에게 기대를 안겨주었지만, 보건소와 검사 상황을 충분히 확인한 가운데 PCR 검사의 실시 건수를 바로 증가시킬 수 없다는 점을 밝히지 않았다.

또한 '전문가회의'의 효용성에 대한 비판이 존재하였다. '전교 일제 휴교'와 '아베노마스크' 결단이 전문가의 조언에 근거하지 않은 아베 수상의 독단이었음이 밝혀졌다. 일본의 코로나19 문제를 진두지휘하고 있는 '전문가회의'는 2020년 2월 14일, 수상관저의 '코로나19 대책본부' 산하에 설치되었다. 이 시점에 아베 정부는 코로나 상황을 심각하게 생각하고 있지 않았다. 중국 등으로부터의 입국 금지 조치를 취하지 않고, 감염 확대가 진행되는 가운데서도 시진핑(習近平) 중국국가주석의 국빈방문도 예정대로 진행하고 도쿄올림픽도 무사히 개최할 수 있다고 생각하였다. 따라서 전문가회의는 '평시'의 심의회 및 자문회의와 같이 학회 중진이 조언을 주는 역할에 머무를 수밖에 없었다.[1]

아베 정부는 코로나19로 침체된 내수경제를 부양하기 위해 2020년 6월부터 '고투 트래블' 캠페인을 시작하였다. 한국에서 일시적으로 실시했던 소비쿠폰과 유사하게 외식과 숙박업, 여행패키지 등을 결제하면 정부가 일정액의 보조금을 주는 방식이었다. 보조금 액수가 1박에 수만 엔에 이를 정도로 큰 액수라 폐업 위기에 몰려 있던 숙박업계 매출이 증가하고 매진사례가 이어질 정도로 소비진작에 효과를 보았다. 하지만 2차 유행 이후에도 코로나19가 확산됨에도 불구하고 캠페인을 중단하기보다는 확대하면서 사실상 코로나19 확산을 부추겼다는 평가도 나온다. 이후 고이케 유리코(小池百合子) 도쿄도지사의 요청으로 수도권은 고투 트래블 대상에서 제외되었다.

3. 스가 정부의 대응 거버넌스 및 평가

10월에 2차 확산세가 줄어들자 스가 정부는 고투 캠페인을 재추진하

---

1   2020년 6월 24일 니시무라 경제재생담당대신은 전문가회의의 '폐지'를 전문가회의와 상의 없이 일방적으로 선언하였고, 전문가회의 멤버는 내각부에 설치된 유식자회의의 산하 분과회로 재편되었다. 이러한 사태는 '정치와 과학'의 균형을 둘러싼 논의를 일으켰다(鈴木 2020, 25).

였고, 1차 캠페인에서 제외했던 도쿄 출발 및 도착 여행도 지원대상에 포함하면서 전국 여행을 장려하였다. 하지만 평균 300~400명대 확진자가 나오는 상황에서 소비쿠폰을 주면서 여행과 외식을 장려하니 코로나19 확산은 가속을 거듭하였다. 11월 초 일일 전국 확진자가 1,000명을 넘어서도 고투 캠페인은 계속되었고 정부는 도쿄도에 중단을 위한 협의를 요청하였다. 결국 12월에 확산세가 수도권, 오사카부뿐만 아니라 전국적으로 거세지면서 확진자가 연일 최고치를 경신하던 12월 14일에 고투 캠페인을 중단하기로 결정하였다.

스가 정부는 아베 정부가 코로나19 방역에 힘을 썼던 것과 달리 전 세계적으로 백신 확보 및 접종이 시작되면서 방역과 더불어 백신 관련 대응에 힘을 쏟기 시작했다. 2021년 5월 현재 일본 내 백신 접종률은 전체 인구의 2.8%에 머물고 있다. 이는 선진국 가운데 가장 낮은 비율이다. 그런데도 일본 정부는 올림픽이 개최되는 7월 전까지 3,600만 명의 백신접종을 마친다는 목표를 고수하였다.

스가 정부는 긴급사태 연장을 발표한 5월 7일 기자회견에서 고령자 3,600만 명을 대상으로 하루 백신 접종 횟수를 100만 회분까지 끌어올리면서 7월까지 백신 접종을 완료한다는 계획을 세웠다. 하지만 하루 평균 17만여 명에 그치면서 정부 조사에서 지자체 251곳, 14%는 7월 말 접종 완료가 불가능하다는 답변을 보냈다. 또한 아직 대규모 백신 접종 인력과 장소가 채 확보되지 않은 상황이고, 예약 시스템도 혼란이 이어지고 있었다. 고령자들의 예약이 인터넷 대신 전화로 몰리면서 일부 지역에서는 급증한 통화량을 감당 못해 연결이 일시적으로 차단되기도 했다. 이러한 상황에서 의사 노조는 도쿄올림픽 강행은 너무 무책임하다며 정부에 취소 요청서를 제출하였다.[2]

백신 접종 현장에선 일본 정부가 만든 시스템, 후생노동성의 HER-

SYS(감염자 등 정보 관리 지원 시스템), V-SYS(백신 접종 원활화 시스템), 내각관방의 VRS(예방 접종 기록 시스템) 등이 제대로 작동하지 않는다고 불만을 토로했다. 가뜩이나 통상적인 업무에 코로나로 일이 늘어난 지자체 공무원은 미비하고 쓰기 불편한 시스템으로 스트레스를 많이 받았다. 예를 들어 V-SYS는 지자체의 실시간 수요를 파악하지 못하고, 개개인의 백신 접종 상황을 기록하는 VRS 시스템은 '접종권'에 기재된 정보를 잘 읽어내지 못했다. VRS 시스템이 "바코드를 읽을 수 있다"고 해서 각 지자체가 인쇄 회사와 계약해 바코드를 인쇄했지만, 실제로 VRS 시스템은 바코드를 인식하지 못했다.

2021년 5월 시점에서 일본은 백신 개발과 확보에서 뒤처진 상태이다. 일본에서 백신 접종이 시작된 것은 OECD 가입국 37개국 중에서 33번째였다. 미국, 유럽, 중국, 러시아의 백신이 이미 실용화 단계에 들어섰지만, 일본 국내 생산은 임상시험 단계에 머물러 있다. 새로운 감염병 백신은 국가 안보와 직결된다는 측면에서 일본 정부는 세계와 경쟁할 수 있는 백신 기업 육성과 해외 생산제품을 일본 국내에서 제조할 수 있는 환경 정비를 국가전략 차원에서 시도하고자 모색하고 있다.

사실 일본은 1980년대까지 수두, 일본뇌염, 백일해 등 백신 제조 기술을 미국 등에 공여했던 백신 선진국이었다. 현재 코로나19 백신 주도권 전쟁에서 패한 일본의 제약사들은 2021년 내에 백신 출시를 목표로 했다. 하지만 백신 양상의 관건은 '후생노동성 승인'과 '임상 3단계' 실시 여부이다. 일본에서는 예방접종 부작용 집단 소송으로 1992년 도쿄고등법원에서 국가배상판결이 내려졌다. 또한 백신 공급과 관

---

2   아사히신문이 2021년 5월 17일 발표한 여론조사에 따르면 스가 총리가 코로나 확산 상황에서도 도쿄올림픽 개최 강행 의지를 밝히는 것에 대해 43%가 '취소', 40%가 '재연기'를 주장해 전체의 83%가 개최 반대 입장을 나타냈다(『朝日新聞』 2021.5.17.).

련해서 후생성 담당 과장이 1996년 업무상 과실치사혐의로 유죄판결
을 받으면서 후생노동성의 관료주의가 심화되었고, 이것은 후생노동
성의 더딘 승인 절차로 나타나고 있다.

또한 일본 내에서 3,000명 이상 참여할 3단계 대규모 임상시험 참
여자 모집 역시 문제이다. 일본 제약회사들도 임상시험 참가자 모집의
어려움을 호소하는 가운데 공명당이 스가 총리에게 백신 조기 승인제
도 적용을 요청하면서 공적개발원조 자금을 활용해 해외에서 임상시
험 참가자를 찾게 해달라고 건의한 것도 이런 배경이다.

III. 일본의 코로나19 대응 거버넌스와 국내정치

1. 중앙정부 내 코로나19 대응 거버넌스

일본 정부의 코로나19 관련 위기관리대응체제를 '구조 및 행위자' 측
면에서 분석할 필요가 있다. 아베 정부의 정책결정과정과 위기관리대
응체제 분석을 통해 총리(관저) 중심의 구조로 되어 있음을 알 수 있
다. 아베, 스가 총리의 위기관리 유형은 '반응적, 제한적' 위기대응이었
다. 여기에는 도쿄올림픽 개최문제, 아베노믹스 등 방역과 경제라는 양
자선택 차원에서 중요한 요인이 있었다.

일본에서 코로나19에 대한 대응은 '코로나19 대책본부'를 중심으
로 이루어졌다. 사태 초기에는 후생노동성을 중심으로 한 대응이 이루
어졌으나, 이후 상황 악화에 따라 내각관방 중심의 관리체제로 바뀌게
된 것이다. 또한 2020년 2월 16일 이후 대책본부 아래 '전문가회의'를
개최하면서부터 코로나19 관련 의학적 견해와 조언을 얻고 있다. 이

를 통해 국내 첫 확진자가 발생한 1월부터 정부 차원의 대책본부가 설치되었으나, 약 한 달이 되어서야 '감염대책에 대한 기본방침(2.25.)'이 발표되고, 약 두 달이 되어서야 '법적 기반이 마련(3.26.)되는 등 실질적인 컨트롤타워의 역할을 하지 못하였다(최은미 2020a, 4-5).

방역과 경제를 모두 잡으려는 아베 정부의 목표는 정부와 자민당 간 정책결정과정에서 여러 문제점을 나타냈다. 대표적인 예를 든다면 전 국민 급부(현금지급)를 둘러싼 정책결정 프로세스였다. 당초 코로나19 대책의 영향으로 수입이 감소하면서 엄중한 상황에 놓인 세대에 현금을 지급하려고 했지만, 연립여당인 공명당의 강한 요청을 받아들여 '엄중한 상황에 놓인 세대에 일률적으로 30만 엔 지급'에서 '전 국민에게 일률적으로 10만 엔 지급'으로 방침을 전환하였다. 문제는 '현금 지급 대상과 금액'이 아니라 '정책결정의 프로세스'였다.

아베 총리와 기시다 후미오(岸田文雄) 자민당 정조회장은 4월 3일, 엄중한 상황에 놓인 세대에 일률적으로 30만 엔을 지급한다는 방침에 일치하였고, 7일에는 현금지급을 뒷받침하는 제1차 추경예산을 각의결정하였다. 하지만 사이토 데쓰오(齊藤鐵夫) 공명당 간사장이 이것을 비판하였고 야마구치 나쓰오(山口那津男) 공명당 대표가 연립이탈의 가능성도 시사하면서 전 국민에 대한 일률적인 10만 엔 지급으로의 방침 전환을 요청하였다. 이에 아베 총리는 추경예산의 각의결정을 4월 20일에 다시 해야만 했다.

그 결과 한시라도 빨리 실시가 요구되었던 긴급경제대책이 보정예산의 각의결정 변경으로 늦어졌다. 이러한 사태의 근본적 원인은 정부여당을 통한 합의 형성이 되지 않았다는 점이다. 원래 경제정책의 핵심이 되는 보정예산은 경제재정자문회의에서 논의해서 그와 동시에 연립여당 간에 조정되어야 한다.

보정예산은 내용적인 측면에서도 문제가 많았다. 코로나19 대책으로 우선 PCR검사 확충 등 의료대책이 요구되었지만, 제1차 보정예산에 책정된 것은 백신 개발을 포함해서 3천억 엔이었다. 한편 관광진흥에 1조 8천억 엔, 디지털화에 9천억 엔이 책정되었다. 제2차 보정예산에서야 겨우 의료제공체제 강화에 3조 엔이 책정되었다.

일본 정부의 정책결정과정에서 결여된 것은 데이터에 근거한 분석과 검토를 진행하면서 총리와 담당대신의 합의형성을 도모하고 내각이 신속히 의사결정을 하는 것이었다. 아베 정권의 정책결정 프로세스를 보면 통치기구로서 정책결정과정을 점검하는 시스템이 작동하지 않았다.

일본은 1994년 선거제도개혁, 2001년 중앙성청 재편에 따라 수상이 지도력을 발휘할 수 있는 체제가 정비되었다. 수상이 지도력을 발휘한 대표적인 예인 고이즈미(小泉純一郎) 정부에서는 경제재정자문회의를 통해 정책결정과정의 투명성을 향상시켰지만, 제2차 아베 정부에서는 투명성이 상당히 저하되었다.

코로나19 대책에서는 중요 회의의 의사록이 작성되지 않았다는 점도 문제였다. 아베 정부는 전문가와 관료로 구성된 전문가회의를 개최하면서 상세의사록(회의록)을 작성하지 않아 정책결정에 어려움을 겪었다. 아베 정부는 코로나19 상황에 따라 '역사적 비상사태'를 선포하였는데 이것은 2011년 동일본대지진 당시 민주당 정부가 회의 기록을 남기면서 대책의 시시비비를 가려 후대에 교훈을 남기려고 한 이후 두 번째로 선포한 것이다. 하지만 아베 정부는 회의록을 작성하지 않았고 심지어 기록보관조차 하지 않았다. 총 12명의 감염 전문가로 구성된 전문가회의는 코로나 관련 모든 정책을 추진하고 이끌어왔던 자문기구인데 의사의 설명과 자료는 공개되어 있지만, 각 참석자의 자세한 발언은 기록되지 않았으며 보관조차 되어 있지 않았다. 이것은 향후 일본의 역사적 사태의 검증을 방해한 사례로 남을 것이다.

한편 자민당 내에서도 코로나19 관련해서 다양한 정책제언을 제시하였다. 자민당의 코로나19 관련 대책본부가 제안한 내용을 보면 다음과 같다. 제1차 제언(2월 6일)은 미즈기와 대책의 철저, PCR 검사체제의 정비, 제2차 제언(2월 27일)은 근무형태의 수정, 휴교대응 철저, 마스크 등 자재의 안정 확보, 제3차 제언(3월 24일)은 국내 의료제공체제 정비, 백신·치료약의 개발 촉진, 제4차 제언(6월 30일)은 재유행에 대비한 의료체제의 재구축, 고용대책 실시 등이 주요 내용이었다.

코로나19 상황 악화는 국가위기를 초래하며, 자민당은 다양한 정책제언 제시와 함께 헌법개정안에 코로나19 대응 강화를 위한 방안을 포함시키려고 하였다. 코로나19의 감염 확대로 긴급 상황에 대비할 필요의 중요성을 국민들이 이해하기 쉽게 할 필요성이 대두되었다. 따라서 자민당은 평화헌법 내에 '긴급사태조항' 창설안을 포함하려고 하였다.

코로나19 상황에 따라 자민당 내에서는 감염병을 긴급사태의 적용대상으로 하는 개정안의 수정을 요구하는 목소리가 높아졌다. 자민당 헌법개정추진본부는 2018년 3월 아베 수상(자민당 총재)의 지시에 따라 (1) 자위대 근거규정 명기, (2) 긴급사태대응, (3) 참의원선거의 합구(合區)해소, (4) 교육의 충실과 같은 4개항의 헌법개정안을 결정하였다. 이러한 가운데 코로나 바이러스 감염 확대가 계속되면서 시모무라 하쿠분(下村博文) 선거대책위원장이 회장을 겸임하는 '바이러스 진정 이후의 사회상을 논의하는 의원연맹(이하 '의원연맹')'은 당개정안 수정을 요구하는 제언을 검토하였다. 2018년 3월에 정리한 당개헌안에서 긴급사태 대응은 거대지진 등 대규모 자연재해를 상정하고 있지만 코로나19와 같은 감염병 유행 대응에 대해서는 상정하고 있지 않다. 의원연맹은 헌법에 긴급사태조항이 없는 상황에서 이대로 방치하는 것은 정치의 부작위이기 때문에 '감염증의 대규모 만연'에도 대응할 수 있도록 감염병의 유행도 긴급사태의 적용범위에 추가하는 것을 제안하였다.

2. 중앙정부와 지방정부 간 거버넌스

아베 정부의 후생노동성과 도도부현(지방정부) 사이에서 코로나 대응을 둘러싸고 의사소통이 원활하게 진행되지 않았다. 코로나19 초기에 PCR검사를 늘리면 경증상자와 무증상자가 증가함에도 불구하고 지자체가 요양자용 호텔과의 계약을 갱신하지 않으면서 요양소가 부족한 상황이 발생했다. 지자체가 이러한 상황을 인식하고 있다면 좋았겠지만, 중앙정부가 초기 단계에 요양호텔을 확보할 필요성을 지자체에 조언하지 않았다는 것이 문제였다.

일본 정부는 2020년 4월 7일 처음으로 긴급사태선언을 발령하였고, 5월 25일 전문가회의 의견을 받아들여 긴급사태선언을 전면 해제하였다. 하지만 이후로도 일본 전역에 바이러스 확산이 거세졌지만, 일본 정부는 여러 차례 긴급사태선언을 주저하였다. 이런 상황에서 각 지자체들은 독자적으로 대응하였다. 도쿄도와 오사카부는 주류를 제공하는 음식점 등에 대해 영업시간 단축을 요청였고, 오키나와현과 기후현, 아이치현 역시 8월 6일부터 긴급사태를 선언하였다.

이 과정에서 일본의 중앙정부와 지방정부 간 코로나19 대응을 둘러싼 긴장과 갈등 양상이 나타났다. 대표적으로 요시무라 히로후미(吉村洋文) 오사카부 지사는 아베 정부의 늑장 대응과 대조되는 활발한 정보 제공으로 주목받았다. 특히 요시무라 지사는 아베 총리가 5월 4일 긴급사태선언을 연장하면서 해제요건을 제시하지 않자 '무책임하다'고 비판하였다. 해제조치는 오사카부 지사의 권한이고 각 지자체가 독자적 판단을 하는 것이 기본 구조라고 주장하였다(최영진 2020, 11).

스가 정부가 들어선 이후에도 중앙정부와 고이케 도쿄도지사 간 갈등 상황이 나타났다. 2020년 11월 21일, 스가 정부는 코로나19 대책본부 회의를 통해 '고투 트래블'사업을 코로나19 재확산이 심각한 지역에 한해 일시 중단하기로 결정하였다. 그리고 대상 지역 선정에 대한 우선적인 판단은 자치단체 지사에게 맡긴다고 밝혔다. '고투 트래블' 사업은 7월 22일 도쿄도를 제외한 46개 도부현에서 시작되었고, 이후 코로나19 확산세가 주춤하면서 10월 1일부터 도쿄도도 대상에 들어갔다. 고이케 지사는 도쿄도가 대상에 들어갈 때는 중앙정부가 결정한 것이기 때문에 중단 여부 결정을 지자체에 맡기는 정부 방침은 사실상 책임 회피라고 비판하였다.

중앙정부와 지방정부 간 코로나19 대응 거버넌스는 병상 확보에서도 문제점으로 나타났다. 일본의 국내총생산에 대한 총 의료비 비율은 10.7%(2017년 기준)로 경제협력개발기구(OECD) 가입국에서 6번째로 높은 수준이다. 거액의 세금과 보험료가 의료에 투입되고 있음에도 불구하고, 새로운 감염병에 대한 대비는 소홀했다. 중앙정부와 지방정부는 제1차, 제2차 유행을 경험하면서 제3차 유행까지 시간이 있었음에도 불구하고 전략적으로 병상 확보 조치를 강구하지 않았다. 도도부현이 정부 기준을 참고로 세운 병상확보계획은 허점을 보이면서, 감염확대지역에서는 병상 확보 문제가 대두되었다.

IV. 일본의 코로나19 대응 거버넌스와 국제정치

1. 코로나19와 중일, 한일 관계

일본은 코로나 바이러스의 국내 침입을 막기 위해 외국인 입국제한 정책을 실시하였고, 먼저 중국의 후베이성에서 입국하는 사람들의 입국제한부터 실시하였다. 앞서 언급한 '미즈기와 대책'의 일환으로 2020년 2월 1일부터 후베이성을 경유하는 외국인의 입국을 거부하였는데 당시 아베 정부는 감염자가 후베이성에 몰려 있었고, 과도한 입국 제한은 일본 경제에 좋지 않은 영향을 준다고 인식하였다. 즉 일본의 최대 무역상대국이 중국인 상황에서 중국인 입국 제한 확대는 일본 경제에 부정적인 영향을 끼친다는 논리였다. 또한 시진핑 중국 국가주석의 4월 방일을 앞두고 있었기 때문에 중국을 자극하지 않으려는 목적도 있었다. 그렇지만 일본 정부의 입국자에 대한 철저한 방역이 이루어지지 않았다는 비판도 있었다.

일본은 3월 9일부터 한국에 대한 무비자 입국을 금지하고, 발급된 비자의 효력을 정지했다. 이에 한국 정부도 같은 날부터 사증 면제 조치를 전면 중단했다. 이후 일본은 4월 3일부터 한국 등 159개국 체류 이력이 있는 모든 외국인을 대상으로 '특단의 사정'이 없는 한 입국 금지 조치를 취하면서 한일 간 인적 교류는 사실상 중단됐었다.

이러한 일본의 조치는 한일관계 악화 상황에서 일본의 일방적인 조치로 한국 내에서 비판이 일어났다. 하지만 일본의 조치는 한국에게만 적용된 것이 아니며, 중국을 비롯한 다른 국가들에게 동일하게 적용되었다. 한일관계 악화와 더불어 양국 간 불신이 코로나19의 상대국 대응조치에서도 감정적인 형태로 나타나게 만든 것이다.

이러한 한일 정부 간 불신 상황에서도 지방 간 방역 정보의 민간 교류는 이어졌다. 4월 중순부터 돗토리현에서 코로나19 확진 환자가 발생하기 시작했다. 돗토리현 중부의사회는 상호 교류관계에 있던 강원도 원주시 의사회에 감염 확산방지 정보와 자료를 제공해 달라고 요청하였다. 이에 따라 원주시 의사회는 코로나19 대응 지침과 드라이브 스루 검사 지침서, 선별진료소 운영 방법, 진료 수칙 등을 돗토리현 중부의사회에 전달해 돗토리현에서는 드라이브스루 검사를 시행하였다 (최영진 2020, 16).

한국과 일본의 상호교류 중지는 특히 비즈니스 교류까지 막대한 영향을 미쳤으며, 양국은 비즈니스라는 상호 실용적인 형태의 교류를 추진하기 시작했다. 한국과 일본은 10월 6일 '기업인 특별입국절차'에 합의해 8일부터 시행하였다. 한일 양국 정부는 3월부터 상호 기업인 입국 제한 조치를 시행하면서 경제 교류에 지장이 발생하였다. 일단 한정된 숫자의 입국을 허용하고 점차 입국 허용 인원을 늘려갈 예정이다. 또한 상대국을 방문하는 기업 출장자는 출국 전 자국에서 받은 코로나 검사에서 음성 판정을 받았음을 증명하는 확인서와 체류 장소 관련 증빙서류 등을 제출한 뒤 상대국 도착 직후 검사에서 다시 음성 판정을 받으면 '2주 자가 격리'가 면제된다. 즉 기업인들이 '비즈니스 트랙' 제도 이용 시 특별 방역절차를 준수하면 일본 입국 후 격리 조치 없이 경제활동을 수행할 수 있도록 했다. 아울러 '레지던스 트랙'에도 합의하면서 장기 체류 목적의 한국 국민의 입국도 원활해졌다. 일본이 '비즈니스 트랙' 시행에 합의한 것은 싱가포르에 이어 한국이 두 번째다. 한일 양국은 7월 말부터 입국 제한 완화를 위한 협상을 진행해 왔고, 코로나 확진자가 계속 발생하는 상황에서 관광객 왕래는 협상 대상에서 제외되었다(『조선일보』 2020.10.5.).

결국 일본은 도쿄올림픽 개최 강행 및 중국 시진핑 국가주석의 방일 초청 노력, 한일 관계 악화라는 정치적 고려를 우선한 나머지 코로나19 방역에서 여러 가지 허점을 드러냈다. '정치와 과학'의 문제를 다시 한 번 생각하게 한 것이 일본의 코로나19 대응과 중일, 한일 관계였다.

2. 일본 주도 코로나19 관련 국제협력 거버넌스

일본은 코로나 발생 초기에 WHO의 대응이 미흡했다고 지적하면서 미중 대립이 격화하는 가운데 유럽 등과 국제협력을 통해 WHO 개혁을 추진하는 데 일본이 주도하겠다는 입장이었다. 또한 코로나19에 대응하는 백신과 치료약 개발과 관련하여 특허권을 공동관리하는 '특허권 연합' 구상 및 국제적 차원의 의료지원 등을 통해 개발도상국에게도 코로나19를 극복할 수 있는 기회를 주는 데 일본이 주도하겠다고 표명하였다.

아베 총리는 2020년 5월 25일 기자회견에서 바이러스에 대한 치료약과 백신을 투명성 높은 국제적인 틀 아래에서 개발도상국도 사용할 수 있도록 하는 '특허권 연합' 창설을 6월 예정인 G7정상회담에서 제안할 것이라고 언급하였다. 실제로 G7회의는 9월 이후로 연기되었지만, 아소 다로(麻生太郎) 부총리도 2021년 4월에 열린 G7재무장관 회담에서 같은 구상을 제안하였다. 세계 각국에서 코로나 상황이 악화되고 치료약과 백신 개발이 진행되는 가운데 개발도상국에서도 코로나 의약품이 순조롭게 사용되도록 아베 정부가 백신의 특허를 공동관리하는 '특허권 연합'을 주장한 것이다.

'특허권 연합'의 구체적 내용은 다음과 같다. 첫째, G7 국가 등이 자금을 거출해서 국제기금을 설립한다. 둘째, 국제기금은 다양한 제약 회사로부터 개발도상국을 위한 특허의 실시권을 사들인다. 셋째, 이를 기반으로 후발 제약회사 등에 치료약과 백신을 제조하도록 한다. 넷째, 제조된 치료약과 백신을 개발도상국에게 무상 혹은 염가로 제공한다. 즉 아베 총리가 제창한 '특허권 연합'은 복수의 제약회사의 치료약과 백신의 특허를 연합해서 일괄관리하는 것을 의미한다.

한편 스가 총리는 취임 후 첫 해외 방문국으로 2020년 10월 19일 과 20일에 베트남, 인도네시아를 방문하였다. 베트남과는 코로나19 극복을 위한 비즈니스 트랙 운용 개시, 40억 엔 규모의 의료 물자 및 기자재 지원 등 인도적 지원에 합의하였고, 인도네시아와는 코로나19 극복을 위해 500억 엔의 재정지원 차관을 공여하고 의료, 보건, 경제협력을 진전시켜 나가기로 합의하였다(최은미 2020c, 35).

코로나19 대응과 관련해서 국제사회에서는 WHO의 대응에 대한 비판이 서구 민주주의 국가들을 중심으로 발생하였고, 특히 WHO 사무총장과 중국과의 밀접한 관계를 주목하였다. 일본 내에서도 일본의 국제기구에서의 영향력 저하와 함께 WHO 개혁을 위한 일본의 역할을 강조하게 되었다. 2020년 6월 요미우리신문의 7가지 제언 중 6번째 '국제협조의 기운 회복'에서는 WHO 개혁을 일본 주도로 추진해야 한다고 주장하였다. WHO의 초기 대응 과정에서 미국은 중국이 WHO를 지배하고 있다고 주장하면서 탈퇴를 선언하는 등 WHO가 미중대립의 영향으로 기능 불능에 빠지는 상황을 방지하고 WHO의 정치적 중립성을 지키기 위해 일본이 WHO 개혁에 앞장서야 한다는 것이다. 이를 위해 국제기구에서 근무하는 일본인 직원을 늘려서 발언력을 높이는 것이 중요하다고 한다. 일본은 WHO에 대한 임의거출금으로 세계에서 4번째로 많지만, 직원은 약 50명에 머물러 있다. WHO에 대한 관여가 강해지면 해외의 감염병 정보를 보다 빨리 파악하고 자국의 정책에 반영할 수 있기 때문에 계획적인 인재 육성이 필요하다는 것이다 (『読売新聞』2020.6.22.).

한편 스가 총리는 2020년 9월 26일, 뉴욕에서 열린 UN총회 연설에서 코로나19를 국제협력으로 극복하고, 도쿄올림픽을 2021년 여름에 인류가 질병에 승리했다는 상징으로 개최한다는 결의를 표명하였다. 구체적으로 일본이 치료약과 백신 개발을 지원하고 공평한 공급을 실현하기 위해 '특허권 연합'을 제안하고 있다고 소개하였다. 개발도상국에게 의료·보건 분야에서 1700억 엔이 넘는 대외지원, 경제재건을 위해 2년간 최대 5000억 엔의 엔차관을 실시할 것을 어필하였다. 또한 코로나19 대응과 관련해서 미국 등으로부터 비판의 목소리가 높아지고 있는 WHO의 개혁에도 언급하면서 "UN에는 중립·공정한 거버넌스가 더욱 요구된다"라고 지적하였다. 이와 같이 일본은 WTO 사무총장 선거 등 향후 국제기구에서 중국, 한국 등을 견제하면서 일본 주도의 국제협력 거버넌스를 형성하려는 움직임을 보이고 있다.

V. 나가며: 일본의 코로나19 거버넌스의 평가 및 전망

일본 정부는 2020년 도쿄 올림픽 개최와 중국 시진핑 방일을 목표로 팬데믹 상황에 발빠른 대처를 하지 못했다. 즉 긴급조치를 늦게 시행하는 소극적 대응과 지방정부의 보건 능력 한계로 코로나19 감염병이 빠르게 확산되었다(조한승 2020, 9). 특히 중앙정부의 수상 측근 및 후생노동성 관료의 대처방안 차원에서 사전 준비 부족이 여실히 드러났다. 그뿐만 아니라 중앙정부와 지방정부 간, 그리고 정부 부처 간 협조체제가 미흡했으며 의사 등 전문가 의견을 신속하게 수용하지 않았다. 일본은 초기에 강력한 봉쇄조치보다는 단기적 긴급조치를 발동하였으며, 긴급사태선언과 같은 강력한 봉쇄조치 시행에서도 여러 시행착오 및 신속한 결정이 이루어지지 않았다.

일본의 코로나19 대응 거버넌스에 대한 평가 및 전망을 다음과 같이 할 수 있다.

첫째, 정치와 과학의 문제이다. 아베 총리는 8년간의 장기집권에서 일본 경제 회복 및 보통국가화를 통한 '강한 일본'을 추구하였고, 2020년에는 시진핑 국가주석의 국빈 방문 실현과 도쿄올림픽의 성공적 개최를 외교와 경제적으로 성과를 이루고자 하였다. 하지만 코로나19가 아베 정부의 예상치 못한 변수로 등장했고, 시진핑의 국빈 방문과 도쿄올림픽 개최는 연기되었다. 이러한 과정에서 중국을 통한 국내 유입을 차단하지 못하는 등 정치적 판단 하에 코로나19 대응에 만전을 기하지 못한 측면을 지적할 수 있다.

둘째, 한국과 같은 감염병대책본부(CDC)가 존재하지 않았고, 이러한 중앙 컨트롤타워 부재는 코로나19 상황에서 체계적이고 전문적인 대응을 위한 정책결정에서 문제점으로 나타났다. 특히 가장 큰 문제는 위기 상황에 대응하는 전문적인 체제와 제도가 정비되어 있지 않은 상황에서 총리관저 중심의 결정권한이 집중되는 탑-다운(top-down)식의 의사결정이 이루어졌다는 점이다. '전문가회의'가 있었지만 '전문가회의'에서의 논의와 과학적 근거보다 정치적 판단이 앞서는 양상이었다(최은미 2020a, 16-17). 이러한 문제점은 스가 정부의 긴급사태 추가 선언과 관련해서 일관성 없는 모습을 보인 사례에서 여실히 드러났다. 2021년 5월 13일, 일본 정부의 코로나19 대책회의에서 홋카이도, 히로시마, 오카야마 3곳에 대한 긴급사태가 결정되었다. 이것은 긴급사태 추가 선언이 없을 것이라는 정부 방침을 회의에 참석한 의료 전문가들의 강한 반발 속에 변경된 것이다. 정부 방침이 전문가 자문 과정에서 바뀐 것은 처음이었다. 즉 코로나19 발생 이후 1년도 더 지난 시점에서 전문가들의 의견이 적극적으로 반영되어 정책변경이 이루어졌다는 것이다. 이러한 상황을 인식하고 일본 정부는 코로나19에 대응하기 위해 국가안전보장국 내 실무조직인 '경제반'에 전염병 전문가를 위기관리 조직에 투입하면서 이 조직을 확대 재편하였다. 향후 한국과 같은 질병관리본부(현재 질병관리청)와 같은 중앙컨트롤타워를 신설한다는 계획이다.

셋째, 그럼에도 불구하고 코로나19의 국제적 협력 네트워크 구축을 위한 일본의 지속적인 의지를 엿볼 수 있다. 코로나19 이후 중국은 공공외교 차원에서 개발도상국을 중심으로 한 보건의료 지원협력을 강화하고 있다. 일본은 눈에 띄는 중국의 존재감을 인식하면서 포스트 코로나 이후 향후 관건은 개발도상국, 그 중에서도 아프리카에 대한 보건의료체제의 정비라고 인식한다(北岡 2020, 32). 코로나19 이전에도 일본은 정부개발원조(ODA)와 자위대의 비전통안보 영역 지원 활동, 국제 긴급 원조 활동 등을 통해 감염병 대응 활동을 지속적으로 추진해왔다. 따라서 향후에도 일본은 국제사회의 공감을 형성하기 위한 노력이 필요하며, 일본의 지혜와 경험을 살려 효과적이고 독자성 높은 지원을 목표로 하고 있다. 즉 포스트 아베 이후에도 일본은 '적극적 평화주의'의 기치 아래 대외전략을 모색하는 '이념'과 '전략'을 아우르는 지원을 전개할 것으로 예상된다.

참고문헌

김영근. 2020. "코로나19 재해 거버넌스에 관한 한일 비교분석."『아시아연구』23(2): 47-74.

여시재 성과보고서. 2020. "COVID-19 대응과 포스트 COVID-19의 과제." 7.29~7.30.

이명찬. 2021.『일본인들이 증언하는 한일역전』. 서울: 서울셀렉션.

조한승. 2020. "코로나19와 글로벌 보건 거버넌스 그리고 미국."『민족연구』76: 4-27.

최영진. 2020. "환동해의 범유행 감염병, 대응조치와 시스템 위험 및 감염재난 협력체제 구축: 코로나19의 사례를 중심으로."『아시아연구』23(4): 1-22.

최은미. 2020a. "코로나19(COVID-19)사태에 대한 일본의 위기관리대응과 향후전망." 아산정책연구원『이슈브리프』2020-13(2020.4.17.).

_____. 2020b. "코로나19 대응을 통해 본 국가의 위기관리 유형 연구: 일본 사례를 중심으로."『일어일문학연구』115: 67-86.

_____. 2020c.『스가 내각 출범을 통해 본 일본의 정치변동과 향후전망』. 서울: 아산정책연구원.

_____. 2021. "일본의 코로나19 대응과 정책결정과정."『일본연구』87: 147-168.

호사카 유지. 2020. "일본 정부의 코로나19 정책 고찰."『민족연구』76: 62-94.

Suzuki, Kazuto. 2020. "Japan's Enigmatic Covid-19 Response." *Global Asia* 15(3): 26-30.

北岡慎一. 2020. "世界に向けた日本の保健・医療イニシアティブ."『外交』62: 32-37.

鈴木一人. 2020. "感染症との闘いを左右した政治と科学のバランス."『外交』62: 24-31.

『조선일보』

『경향신문』

『朝日新聞』

『読売新聞』

제8장　코로나19 팬데믹과 러시아의 대응

신범식·조대현(서울대학교)

I. 머리말

2021년 4월 13일을 기준으로 세계에서 1억 3800만 명이 코로나19에 감염되었고, 그 중 7850만여 명이 완치되었으며, 297만여 명이 사망하였다. 세계를 강타한 코로나19 팬데믹은 지구상 가장 넓은 나라 러시아에서도 예외가 아니었다. 2020년 1월 31일 첫 확진자가 나온 이후 러시아의 신종 감염병에 대한 대응은 한동안 성공적인 듯 보였지만, 러시아는 세계에서 가장 많은 코로나19 감염자가 속출하는 나라 중의 하나가 되었다. 2021년 4월 초 현재 러시아에서 461만여 명의 확진자가 발생하였고, 423만여 명이 완치되었으며, 10만 2천여 명이 사망하였다.

신종코로나 감염병이 발발한 초기에 러시아의 대응은 철저한 차단으로 성공적인 듯이 보였다. 하지만 초기의 대응 성공은 3월 말을 지나면서 완전히 다른 국면으로 전환되면서 기억에서 사라졌으며, 이후 코로나19가 급속히 확산하는 가운데 러시아가 코로나 팬데믹의 열점 중의 하나로 부상한 것을 두고 혹자들은 이것이 러시아 대응체계와 한계뿐만 아니라 보건체계의 취약점에 대한 방증이라고 비판하기도 하였다.

하지만 팬데믹에 압도된 것처럼 보이던 러시아 모스크바에서 들려온 놀라운 소식은 코로나19 팬데믹 확산세가 완화된 가운데 전격적인 헌법 개정과 나발니(A. Navalny) 독살 관련 음모론이었다. 사실 러시아의 감염병 대응과 관련된 초기 성공 및 이후 전반적 실패의 상황은 하바롭스크 주지사 체포와 관련된 시위 발생 등과 같은 국내정치 상황과 맞물리면서 푸틴을 정점으로 한 러시아 정치체제의 변동을 유발하는 시발점으로 작동할 수도 있을 것이라는 조심스러운 안팎의 기대로 연결되기도 했다. 하지만 푸틴 대통령의 기존 임기를 무위로 돌리는 개헌을 추진하였는데, 이와 관련하여 러시아 국내정치에서 적잖은 대립과 반대의 목소리들이 높아질 가능성이 있었지만, 푸틴의 개헌은 무난하게 성공한 것으로 보인다. 이로써 푸틴 대통령은 자신의 후계구도에 대한 모든 잡음을 일소하고 러시아는 비민주성을 대가로 하는 정치체제의 안정성을 강화하는 방향으로 정권을 유지하려는 의도를 비교적 분명히 한 것으로 보인다.

또한 팬데믹 상황은 우크라이나 동부 돈바스 지역에서의 무장 갈등의 장기화는 물론 벨라루스의 대통령 선거에 대한 불복종 시위의 확산 그리고 키르기스스탄의 정권 교체 등의 변화와 겹쳐지면서 새로운 미국 바이든 행정부의 출범과 함께 유라시아 지역 정치체제의 변화에 대한 전망과도 연결되었다. 그리고 팬데믹은 러시아의 대외정책 환경에도 중요한 도전 요인들을 생산하고 있는 것으로 보인다. 이 같은 코로나19 팬데믹과 관련된 다양한 도전과 더불어 러시아 국내외 정치의 변화무쌍한 동태는 팬데믹으로 인한 불안정성을 더욱 증폭시키면서 포스트 팬데믹 러시아를 전망하는 데 많은 어려움을 안겨주고 있다.

따라서 본 장에서는 코로나19 팬데믹 이후 러시아의 정치체제의 변화를 전망하기에 앞서 우선 러시아가 팬데믹에 대해 어떤 전략으로 대응했으며, 그에 따라 어떤 대응체제를 구축하고 어떤 정책을 추진했는지를 살필 것이다. 그리고 그 성과는 어떠했는지를 정치적 관점에서 평가해 보고자 한다. 이러한 관찰은 러시아의 코로나19 대응체제를 통해 포스트 팬데믹 러시아를 전망하는 데 유용한 준거점을 제시해 줄 것이며, 특히 러시아의 코로나19에 대한 대응 과정이 국내외 정치 과정에 어떤 영향을 주고받았는지를 이해하는 데 도움을 줄 수 있을 것이다.

II. 코로나19 대유행과 러시아의 대응

1. 코로나19 발발과 러시아 초기 대응

1) 러시아 코로나19 발생 및 확산

중국에서 신종코로나 감염병이 발발한 직후 2000년 1월 31일 러시아에서도 튜멘과 자바이칼스크에서 각각 1명의 확진자가 발생하였고 (Bloomberg 2020), 이후 하루만에 6명이 더 확진 판정을 받았다. 코로나19 감염자가 발생하자 러시아 정부는 중국과의 국경 통행금지를 선언하고 러시아와 중국 사이를 오가는 국제선 항공노선의 운행을 중지하였다. 그리고 아이폰 등 중국산 제품의 수입을 전면적으로 중단하였다. 인적 교류의 가능성과 관련해서도 양국 사이에 예정되어 있던 투자 포럼 등과 같은 행사들을 전면적으로 취소하였다. 이는 러시아가 코로나19의 확산을 방지하기 위하여 중국으로부터의 이동을 강력하게 통제하는 정책을 추진했음을 보여준다. 평상시 러시아와 중국의 전략적 협력관계가 전면적으로 고양되고 있던 것과는 대조적으로 러시아는 비교적 신속하고 단호한 대(對)중국 관문 차단 및 통제 정책을 시행한 것이다.

2월 4일 러시아 정부는 우한에서 입국한 러시아인들을 시베리아 튜멘에 위치한 시설에 2주간 격리할 것이라고 밝혔으며, 이후 항공우주군 비행기를 투입하여 중국 우한 및 허베이성 등에 진출해 있는 러시아인들을 자국으로 대피시켰다. 이 같은 러시아의 적극적인 조치들은 성과를 거두는 듯하였다. 이후 2월에 러시아 내 코로나19 확진자는 더 이상 발생하지 않은 것으로 알려졌다.

하지만 3월 2일 다시 1건의 확진 사례가 보고되었으며, 3월 12일

27건, 16일 59건으로 점차 확진자 수가 늘어났으며, 23일 132건으로 100건 이상의 확진 사례가 이어지면서 심상치 않은 확진자 보고가 이어졌다.[1] 이후 러시아 내 신규 확진자 수가 폭증하였으며, 4월, 특히 4월 8~19일간 매일 수천 명의 신규 확진 사례가 보고되었으며, 5월에는 만 명 이상이 확진되면서 1차 대유행의 정점을 찍었다. 5월 12일 10,899명을 기점으로 5월 중순 이후 확진자 수가 감소하기 시작하여 다시 수천 명대로 낮아졌다. 이 같은 안정세는 8월 중에 지속되면서 러시아 코로나19 신규 감염자 수는 5,000명대에서 4,000명대까지 감소하였다.

하지만 가을에 러시아에 코로나19 2차 대유행이 시작되어 9월 초부터 확진자 수가 다시 5,000명대를 넘어서면서 9월 중순 이후 확진자 수의 가파른 상승세가 지속되었다. 10월 6일에는 11,481명의 확진자가 발생하여, 1차 대유행의 정점을 지나 가파른 상승세를 지속하였다. 2차 대유행의 정점은 12월 24일 기준 29,499명으로 보고되었으며,

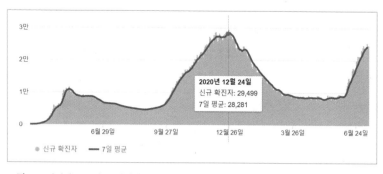

그림 8-1 러시아 코로나19 확진자 추이
출처: JHU CSSE COVID-19 Data.

---

1   이후 러시아 내 코로나19 신규 확진자 수는 세계보건기구(WHO)에서 발표한 자료(WHO COVID-19 Global Data)를 바탕으로 작성함.

이후 확진자 수는 지속적으로 하락하였지만, 4월 13일 현재 8,044명을 기록하여 아직 1일 8천 명대 수준에서 내려오지 못하고 있는 상황이다 (그림 8-1 참조).

2) 러시아 관문 통제 전략에 기반한 초기 대응

2020년 1월 코로나19 확진자가 최초로 발생한 이후 러시아는 중국을 중심으로 하는 초기 게이트키핑(gate-keeping) 전략을 통하여 바이러스 확산을 효과적으로 저지하는 것으로 보였다. 앞서 언급한 것처럼 러시아 정부는 코로나19가 확산되기 시작한 1월 말부터 △여행 및 입국 제한, △코로나19 검진 체계 확립 추진, △원거리 수업 및 교육, 문화 기관 폐쇄, △도시 폐쇄, △장기 휴가 권장 등을 통해 강도 높은 코로나19 확산을 통제하기 위한 조치를 실시하였다.

러시아는 신속하게 여행 및 입국 제한 조치를 취하였는데, 1월 23일부터 중국과의 국경을 통제하는 한편, 중국과의 문화 교류, 공직자들의 출장을 제한하는 것을 시작으로, 3월에는 유럽(프랑스)행 철도, 홍콩행 항공 노선을 제한하는 등 육로와 항로 운행도 제한하였다. 이에 따라 러시아 대사관과 영사관에서 발행하던 비자(e-비자 포함)의 발행도 중단되면서 외국인들의 러시아 입국이 차단되었다. 3월 23일 러시아는 일부 수도 간 직항 노선을 제외하고 항공노선의 운행을 제한하였으며, 외국민들의 출국과 러시아인들의 송환 조치를 실시하였다(Ria Novosti 2020).

또한 러시아는 코로나19 검진 체계 확립을 추진하였는데, 러시아 내 코로나 확진 사례가 발생한 다음날인 1월 24일부터 코로나19 검진 체계 구축을 위한 신속한 노력을 전개하였다. 3월 23일 러시아는 4종의 검진 체계를 자체 개발하여 지역별로 코로나19 확진자 검진에 나섰으며, 25일 기준 141개 국가연구소에서 코로나19 검사를 실시 중이라고 밝혔다. 당시 러시아의 코로나19 검사 수는 세계에서 가장 많은 축에 속하였다(Our World in Data 2020).

그리고 러시아는 원거리 수업 및 교육을 실시하고 문화 기관의 운영을 중단시켰다. 러시아 교육 당국은 신학기 개학을 연장하다가 3월 14일과 15일 필요한 경우 원거리 수업을 허용하는 방침을 발표하였다. 3월 17일 문화부는 박물관, 극장, 서커스 등 모든 문화시설의 폐쇄를 선언하였으며, 24일 정부는 지방 정부에 나이트클럽, 어린이 오락 시설, 식당 혹은 카페에서의 물담배 흡연 등을 금지하는 결정서를 채택하였다.

특히 러시아는 유럽에서의 코로나19 확산세가 심각한 상황과 자국 확산세의 강도가 높아짐에 따라 도시의 폐쇄 조치도 실시하게 되었다. 3월 28일 체첸공화국을 시작으로 29일 모스크바, 30일 이르쿠츠크, 아스트라한, 상트페테르부르크 시 등이 지역 간 경계를 폐쇄하거나 국민들의 이동을 제한하기 시작하였다. 이어 나머지 지역들도 이동 제한 혹은 이동을 부분적으로 제한하는 조치를 실시하였다. 〈그림 8-2〉에서 짙은 부분은 자택에서 이동금지명령(Stay-at-home order)이 내려진 곳이며, 옅은 부분은 이동이 부분적으로 제한되거나 혹은 이동 제한이 권고된 곳으로, 러시아 전역이 이동제한 조치를 강하게 채택하였음을 볼 수 있다.

또한 러시아 정부는 장기 휴가 명령 조치를 취하였는데, 푸틴 대통령은 3월 30일에서 4월에는 5일간 유급휴가를 명령하는 대통령 결의안에 서명하였으며, 4월 1일 유급휴가일을 4월 30일까지로 연장하며 직장 내 코로나19 확산 가능성의 차단을 시도하기도 하였다.

그림 8-2 러시아 각 지역 내 이동 제한 조치
출처: https://zona.media/coronagraph

2. 초기 대응의 실패와 새로운 대응체계의 모색

1) 확진자 폭증과 초기 대응 실패

앞서 살펴본 바와 같이 4월 초 러시아 내 코로나19 확진자 수가 폭증하면서, 국내 2차 감염의 확산을 막는 데 실패한 것으로 간주되었으나 일각에서는 확진자의 폭증을 러시아의 신속하게 구축된 코로나19 검사체계의 가동에 따른 것으로 보려는 시각도 존재했다. 러시아 방역 당국은 4월 코로나 확진자 수 증가를 코로나19 검사의 수준 개선으로 인한 확진율(확진자 수/검사 수)의 상승으로 설명하였다. 실제로 러시아는 가장 신속하게 코로나19 검사체계를 확립하고 유럽에서 가장 많은 검사를 실행한 나라로 보고되었다. 러시아의 적극적인 검사는 러시아 신규확진자의 급격한 증가를 설명하는 부분적인 원인이 된다.

물론 이러한 설명도 일정 부분 타당성을 가진다. 하지만 러시아의 코로나19 대유행의 전개 과정 전반을 보면 러시아 정부의 초기 코로나

19 대응전략은 확실한 한계를 지닌 것으로 확인되었다. 러시아의 코로나19 대응을 위한 노력이 신속하고 체계적이었지만, 1차 대유행을 막기에는 역부족이었다고 할 수 있을 것이다(정민현·민지영 2020, 4).

4월부터 본격화된 러시아의 코로나19 1차 대유행은 크게 정책적 판단 및 전략의 착오, 러시아의 광활한 영토와 지방 간 대응 역량의 큰 편차, 안전수칙의 위반과 같은 이유에서 기인한 것으로 설명될 수 있을 것으로 보인다.

우선, 러시아의 게이트키핑 전략과 관련된 판단 착오와 한계이다. 러시아가 관문통제를 통하여 조기 코로나19 확산을 방지하려고 하였으나, 이는 다음과 같은 한계를 지닌 전략이었음이 드러났다. 가장 큰 문제는 관문통제 전략에 따른 대책의 지역별 밀도가 동질하지 않았다는 점이다. 중국발 코로나19 방지에는 나름의 성과를 나타냈으나, 서유럽발 코로나19에는 취약한 모습을 보였다. 러시아 정부는 코로나19 초기에 중국과 아시아권에서 귀국한 러시아인은 엄격하게 검사 및 격리하는 한편, 서유럽에서 귀국한 러시아인들은 느슨하게 검사하면서 이들을 통한 2차 전파가 본격적으로 이루어졌고 이로써 게이트키핑 전략의 결정적인 취약점을 자초하게 되었다. 이는 곧 러시아 정부의 대응 미숙으로 드러났으며, 코로나19 확진자가 크게 늘어나는 결정적 결과로 귀결되었다.

한편 러시아의 코로나19 초기 대응과 관련하여 러시아 국내외적으로 강력한 방역 통제 조치가 이루어진 것으로 알려졌으나, 러시아의 광활한 영토와 중앙과 지방의 사회경제적인 차이로 인하여 중앙과 지방의 지역적인 코로나19 대응역량에도 큰 편차가 있었다는 점도 주목해야 할 것이다. 〈그림 8-3〉에서 보는 바와 같이 중앙과 지방의 불균질한 방역 대응능력으로 지역별 편차가 크게 나타나면서, 대도시와 상대

그림 8-3 러시아 지방별 코로나19 확산 비교
출처: 러시아 보건부 코로나19 페이지.[2]

적으로 취약한 시베리아 지역 내 감염이 높은 것으로 나타났다. 중앙과
지방 그리고 지방 간 이 같은 대응역량의 편차는 러시아 내부에서 효
과적이고 전방위적인 방역체계를 구축하는 데 커다란 장애가 되었던
것이다.

그리고 안전수칙 위반과 관련하여 러시아 정부는 초기에 주로 관
문을 통제하는 데에 집중하였으며, 관문 내부의 사회적 통제에 따른 감
염병 확산을 막는 데에는 성공적이지 못했다. 러시아 보건당국은 지속
적으로 국민들이 자가 격리와 사회적 거리두기 등 예방 준칙을 따르지
않고 있다는 점을 지적하여 왔다. 특히 러시아의 경우 1차 대유행 시 신
규 환자의 45%는 무증상자로 나타났으며, 이들에 대한 감염 경로 파악
이 어려운 가운데, 관문통제에 집중하고 사회적 통제에 한계를 보인 것

2   https://covid19.rosminzdrav.ru/?gclid=CjwKCAjwjbCDBhAwEiwAiudBy4GWSRcZ
LBX7-QODWMc3roRtxZDeYnwYIhibM_eJV-ee1IlZbSImmhoClLYQAvD_BwE (검
색일: 2021.04.06.).

은 무증상자에 의한 2차 전파 대응에 실패한 중요한 원인으로 꼽힌다.

결국 러시아의 코로나19 1차 대유행은 대외적인 관문통제에 집중하면서 유럽 방면 관문통제를 허술하게 했던 초기의 판단 착오와 러시아 내부 지방의 대응역량의 편차에 대한 안일한 고려 그리고 사회 내부의 통제에 대한 국민적 협조의 미약과 같은 허점에 제대로 대응하지 못한 정책적 실패의 결과로 보는 것이 타당해 보인다.

2) 새로운 코로나19 대응전략으로서의 백신 개발

1차 대유행의 참담한 결과와 관련하여 러시아 정부가 대응 전략의 전환을 고려하게 된 것은 자연스러운 일일 것이다. 러시아의 체제적 특성상 기존 방식으로 코로나19에 대한 대응이 유효하지 않다는 판단에 따라 러시아 정부는 집단면역에 신속하게 도달하기 위한 방편으로 백신 개발에 진력하는 전략으로 전환하게 되었다. 러시아 정부의 미숙한 대응은 푸틴 정부에 커다란 타격이 될 수밖에 없는 상황에서 러시아 정부의 백신 개발은 절실한 대책이 될 수밖에 없었다.

이 같은 상황에서 러시아 정부는 8월 11일 코로나19 백신 개발 및 공식 등록을 발표하면서 전 지구적으로 이목을 끌었다. 러시아 보건부는 코로나19에 장기 면역 체계를 생성하는 최초의 코로나 백신인 '스푸트니크V'의 개발을 가말레야 센터에서 성공하였으며, 이를 공식 백신으로 등록하였다고 발표하였다(Tass 2020b).

러시아 정부는 이 백신을 국내 사용에만 국한하지 않고 대량 생산 체제의 구축을 통하여 전 세계 10~15개 지역에 공급할 것이라고 밝혔다. 이에 대하여 케냐 등 일부 아프리카 국가들과 베네수엘라 등 러시아와 우호관계에 있는 국가들이 러시아로부터의 백신 수입 의사를 피력하였으며, 이란도 러시아와 함께 백신을 공동생산할 계획임을 밝혔다.

한편 전미보건기구 측에서는 WHO가 러시아로부터 코로나19 백신을 평가할 수 있는 충분한 정보를 받지 못하였다고 주장하며 효용성을 의심하는 입장을 표명하였고, 서방의 주요 의료기관들은 러시아의 백신이 충분한 임상시험을 통한 안정성 검사를 거치지 못한 점을 들어 그 적용의 위험성을 경고하고 나섰다(Al Jazeera 2020).

하지만 러시아가 백신 전략에 흔들리지 않고 진력하고 있는 데에는 정치적인 고려 이외에도 다른 러시아만의 논리가 작동하고 있다. 코로나19 팬데믹과 같은 상황에서 처음부터 정상적 백신 개발 과정을 다 준수하기 어렵다는 판단이 그것이다. 사실 이런 논리는 러시아에서만이 아니라 미국이나 유럽에서도 작동하고 있었다. 트럼프 대통령도 백신 개발을 위한 '초고속 작전(Operation Warp Speed)'을 강하게 추진하였으며, 유럽연합(EU)이 개발 중에 있는 백신들에 대한 사전 구매 계약을 체결하면서 부작용에 대한 면책조항을 허용하였다는 것은 모두 이러한 비상 상황에서의 백신의 효용이 그 부작용보다 크다는 합리적인 판단에서 비롯된 조치들이라 할 수 있다. 게다가 코로나바이러스의 빠르고 용이한 변이(mutation)는 완전하지 못한 효과라도 기본적인 안정성만 보장된다면 신속하게 접종하는 것이 유리할 것이라는 판단은 더욱 힘을 얻는다.

스푸트니크V 개발과 관련된 논쟁은 서방과 러시아의 백신 개발에 대한 철학과 제도적 절차의 차이를 확연히 드러낸다. 러시아는 서방의 2상에 해당되는 안정성 실험을 마친 뒤 공식적으로 등록하고, 이후에 서방의 3상에 해당하는 임상실험을 진행하는 것이 백신 개발의 적절한 절차라는 입장을 가지고 있다. 이런 차이는 러시아 백신의 임상 결과가 학술지에 실리기까지 계속되었다. 2020년 11월 서방의 학술지(Lancet)에 실린 스푸트니크V 백신의 효능은 91.4%로 보고되었고, 이는 미국 모더나 백신의 94.1%와 거의 유사한 수준이다. 이 두 백신 모두 접종자 10명 중 9명에게는 효과가 있다는 뜻이다.

사실 러시아의 백신 개발의 경험은 이번에 급작스럽게 거둔 성과는 아니다. 전통적으로 감염병에 대한 연구의 기초가 탄탄한데다가 지난 2014년 에볼라 바이러스가 유행했을 때에 이에 대한 백신도 신속하게 개발한 경험을 가지고 있다. 물론 이 백신은 러시아 방식의 사용허가 후 실험(서방 기준으로 3상 실험)을 진행하기 전에 에볼라 바이러스 확신이 종식되면서 빛을 보지는 못했다. 그 외에도 지카바이러스 등에 대한 백신도 개발한 경험을 가지고 있으며, 이러한 다양한 경험에서 사용된 백신 개발 플랫폼이 스푸트니크V 개발에서 효과적으로 작동했다고 전해진다.[3]

벡터 기반의 백신인 스푸트니크V 이후에도 러시아는 후속 백신 개발에 계속하여 매진하고 있다. 스푸트니크V 이후 '벡토르 센터'의 에피박코로나(EpiVacCorona), '추마코프 센터'의 코비박(KoviVak) 백신이 러시아에서 새로운 백신으로 등록되었다. 그 외에도 1회 접종용 '스푸트니크V 라이트'도 국가 등록을 위한 시험 단계(서방 기준의 임상 2상)에 들어가 있는 상황이다. 그리고 코로 흡입하는 '스모로디니체바' 백신도 개발하고 있는 것으로 알려져 있다.[4] 이는 독감백신이 여러 종류를 구비하여 예상되는 유행에 따라 해마다 적절한 독감백신을 공급하는 계획과 마찬가지로 러시아는 코로나19 사태의 장기화에도 대비하는 백신 전략을 추진하고 있음을 보여주는 대목이라 할 것이다.

---

3   바이러시아21 기사. http://www.buyrussia21.com/news/articleView.html?idxno=32506

4   바이러시아21 기사. http://www.buyrussia21.com/news/articleView.html?idxno=33889

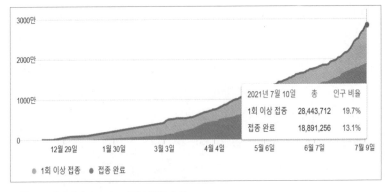

그림 8-4 러시아의 코로나19 백신 접종 추이

출처: Our World in Data.

3) 스푸트니크V에 대한 민간인들과 의사의 인식 차이

러시아 백신에 대한 신뢰도는 미국을 위시한 서방과 러시아 사이에 벌어지고 있는 지정학적 경쟁과 연관이 없다고 보기는 어렵다. 이러한 여파는 러시아 국민들에게도 영향을 미쳤다. 푸틴 대통령도 바로 스푸트니크V 접종에 나서지 않아 백신에 대한 불신을 키운 부분도 있다.

2021년 3월 초 로이터(Reuters)가 보도한 여론조사에 따르면, 러시아인 중 2/3가 스푸트니V 백신을 접종하지 않을 것이며, 이와 비슷한 수의 응답자들은 코로나19를 인공적으로 만들어진 생체 무기라고 인식하는 것으로 나타났다. 레바다센터(Levada Center)가 50개 지역 1,601명을 대상으로 실시한 설문에서 62%가 스푸트니크V 백신 접종을 원치 않았으며, 특히 18~24세 응답자들이 스푸트니크V 접종을 강하게 거부하는 것으로 나타났다. 또한 응답자 중 71%가 코로나19를 생체 병기로 개발되었다고 생각하고 있으며, 위와 같이 답한 응답자 중 40~54세 사이가 가장 많았다. 나머지 23% 정도만이 코로나19를 자연적으로 발생하였다고 응답하였다(Reuters 2021b).

하지만 레바다센터와 의사 커뮤니티인 "브라치"(Brach.Rf)에서 진행한 여론조사에서 러시아 의사들은 외국 백신보다 스푸트니크V를 신뢰하는 것으로 나타났다. 이 설문조사는 2021년 3월 23~29일간 2,000명의 의사를 대상으로 진행되었으며, 응답자 중 69%가 스푸트니크V를 신뢰하며, 이미 이를 접종하였거나 접종할 계획이라고 밝혔다. 한편 다른 러시아산 백신인 코비박(KoviVak)에 대한 의사들의 신뢰도는 48%, 에피박코로나(EpiVacCorona)는 41%를 기록한 것으로 알려지고 있다. 러시아 의사들의 화이자(Pfizer) 백신에 대한 신뢰 수준은 28%, 모더나(Moderna)는 20%, 아스트라제네카(AstraZeneca)는 13%를 기록한 것과 비교해 볼 때에, 자국 백신에 대한 높은 신뢰를 보이고 있는 것이 드러났다. 설문을 진행한 레바다센터는 외국 백신에 대한 러시아 의사들의 신뢰가 낮은 이유가 외국 백신에 대한 정보가 잘 알려지지 않아 의사들이 입장을 가지고 있지 않는 경우가 많기 때문이라고 설명하였다(The Moscow Times 2021c).

한편 스푸트니크V 접종이 시작되자 오래지 않아 해당 백신에 대한 러시아 내부는 물론이고, 유럽의 인식도 빠르게 바뀌어 갔다. 스푸트니크V의 임상실험 결과가 세계적 학술지에 보고되면서 세계 각국의 러시아 백신에 대한 관심이 고조되고 있으며, 세계 각지에서 스푸트니크V를 생산하면서 지구상 유통되고 있는 가장 안정적인 백신 중의 하나로 자리 잡아가고 있다. 〈그림 8-4〉에서 보이듯이 러시아 내에서도 백신 접종자가 이미 20%를 넘어서고 있으며, 최근 들어 영국의 아스트라제네카 백신의 특이 혈전증상 부작용과 관련하여 안정성 문제가 대두되면서 스푸트니크V에 대한 전 세계적인 수요는 높아가고 있다. 독일도 유럽의약안전청의 승인만 나면 가장 먼저 스푸트니크V를 수입하기 위한 구매계획을 적극 추진하고 있는 것으로 알려져 있다.

초기 대응의 실패와 대조적으로 러시아의 백신 개발과 관련된 전략은 전반적으로 성공한 것으로 보인다. 하지만 1일 신규 확진자가 8천 명대에서 안정되는 듯하다가 6월 들어 3차 대유행으로 가면서 다시 2만 명을 넘어서고 있는 상황은 러시아의 백신 개발에 따른 집단면역의 전략에 대한 평가를 내리기에는 아직 이르다는 점을 분명히 보여주고 있다고 할 수 있다. 러시아 정부는 백신 접종 속도를 높이기 위한 전략에 부심하고 있는 것으로 알려지고 있다.

III. 러시아 정부의 코로나19 대응을 위한 정치·경제적 대응

1. 러시아의 코로나19 대응 거버넌스

1) 러시아의 코로나 대응 체제

코로나19 사태가 발발하면서 러시아 정부는 총리를 위원장으로 하는 코로나19 대응 위원회를 수립하였다. 러시아는 코로나19 발생 초기인 3월 14일부터 미하일 미슈스틴(Mikhail Mishustin) 러시아 총리를 위원장으로 하는 코로나19 대응을 위한 정부 조정위원회를 설치하였다.[5] 러시아 정부는 과거 보건부와 소비자권익보호복지감독국(Rospotrebnadzor)을 중심으로 이루어지던 보건, 의료 관련 현안에 대

---

5 2020년 3월 14일부터 발효되는 623번 명령안(Распоряжение от 14 марта 2020 года №623-р в действующей редакции) http://static.government.ru/media/files/PsDwh2WN1pUfwTbSCN4jGAxSdR9kc4x.pdf (검색일: 2021.04.06.); 2020년 3월 14일부터 발효되는 285번 결의안(Постановление от 14 марта 2020 года №285 в действующей редакции) http://static.government.ru/media/files/eCfUXFXgh0IogAySHbQNlz8B4MeQA4E0.pdf (검색일: 2020.04.06.).

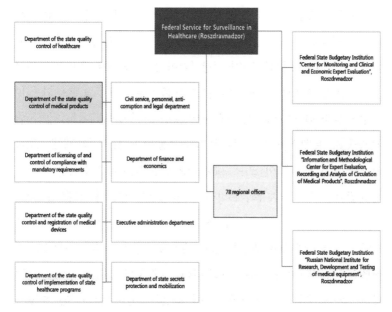

그림 8-5 러시아보건감독위원회(Roszdravnadzor) 조직도 (2019년 10월 기준)
출처: 러시아보건감독위원회(Roszdravnadzor) 홈페이지.

응해 왔으나, 코로나19 대응 조치를 마련하기 위한 모든 정부 부처의 정밀한 조율이 필요해지자 총리를 위원장으로 하는 정부 차원의 조정위원회를 설치하게 된 것이다.[6] 코로나19 대응을 위한 정부 조정위원회는 코로나19 확산 방지를 위한 감염자 상황 관찰 및 공유 시스템 구축, 제한 조치, 방역, 백신의 개발과 접종 등 러시아의 코로나19 방역 전반을 관장하는 기관으로 알려져 있다. 한 가지 흥미로운 사실은 푸틴 대통령이 이 조직에 관여하지 않는다는 것이다. 이것을 대통령과 총리가 업무를 분담하는 국가 체제의 성격과 관련된 러시아식 이원집정부

6　"Михаил Мишустин возглавил Координационный совет по борьбе с к оронавирусом." 러시아 정부 사이트 http://government.ru/news/39151/ (검색일: 2021.04.07.)

제적 성격으로 이해해 볼 수도 있겠지만, 푸틴 대통령이 가지는 부담감이 작용했음이 분명하다.

하지만 러시아의 코로나 대응의 실제적인 조치들과 관련된 업무는 보건부 산하 러시아연방 보건감독위원회(Roszdravnadzor)와 소비자권리건강감독위원회(Rospotrebnadzor)를 중심으로 여전히 이루어지고 있다. 보건감독위원회는 보건 관련 통제 기능을 수행하는 조직으로, 중앙본부 9개 부서, 80개 지역 사무소로 구성되어 있다. 이 외에도 의료 및 연구 관련 기관은 보건부 산하 기관의 지시에 따라 코로나19의 검역, 치료, 연구업무를 진행하고 있다.

2) 러시아의 코로나19 대응 지침

러시아는 자국 내 본격적으로 코로나19가 확산되자 결의안과 정부 명령을 발표하였으며, 이들을 지속적으로 개정하면서 체계적으로 코로나19를 통제하고자 하였다. 이러한 러시아 정부의 코로나19에 대한 대응 노력에 대해서는 글 말미의 〈부록〉의 표로 정리하였다.

3) 러시아의 코로나19 대응에 대한 평가

이 같은 러시아의 코로나19 대응체계가 전반적으로 효과적인 대응력을 발휘했다고 보기는 어려운 것이다. 왜냐하면 이 같은 대응체제는 러시아의 확진자 수가 폭증하면서 의료 노동자들의 업무 부담이 커지는 상황을 효과적으로 통제하지 못했으며, 열악한 환경 및 처우 문제, 부족한 물자, 코로나19 확진 사례 증대에 따른 역량 분배 등에서 한계를 보여주었기 때문이다. 가령, 2020년 5월 15일의 발표에 따르면 러시아 의료진 감염자 수는 수천 명에 달하며, 최소 180명이 사망한 것으로 알려졌다. 모스크바의 병원에서는 의사 중 75%가 코로나 확진 판정을 받은 곳도 있었다(뉴스1 2020). 6월 18일 러시아 보건감독청은 코로나19 대처 과정에서 의료진 489명이 사망하였다고 발표하였다(연합뉴스 2020a). 또한 코로나19 백신 개발 과정에서 임상실험에 군인들이 참가한 것으로 알려졌으며, 러시아 백신개발연구소 측은 공식적으로는 임상실험이 지원을 받아 이루어졌으며, 부작용이 보고되고 있지 않다고 밝힌 바 있다(동아시아이언스 2020).

러시아 의료진의 헌신적인 코로나19와의 전쟁은 사투에 가까운 싸움이었으나, 정부는 한계 상황 속에서 보다 낳은 대응체제의 구축을 위한 노력을 보여주지 못하였다. 전반적으로 보아 러시아의 코로나19 대응체제는 초기 대응에서 아주 높은 점수를 받기에는 여러 면에서 한계를 드러냈다고 할 수 있다. 따라서 러시아가 백신 개발에 대해 걸었던 기대는 어떤 다른 것보다 더욱 절실했을 것으로 추측해 볼 수 있다.

2. 코로나19의 정치적 타격과 대응

1) 초기 대응 실패에 따른 정치적 타격

러시아의 코로나19 확산에 대한 초기 대응의 실패는 정부 내 코로나 확진자 수도 급속히 늘어나면서 러시아의 방역망에 중요한 허점이 있음이 드러나면서 여실해졌다. 러시아 고위 공직자들의 코로나19 감염은 러시아 중앙정부의 코로나19 대응에 안일함을 나타내는 사례로 눈여겨볼 만하다.

5월 초 러시아의 총리와 장, 차관들이 코로나19 확진 판정을 받으면서 정부 내에서 코로나19 방역망의 효용성이 의심되는 상황에 직면하게 되었다. 푸틴 대통령을 대신하여 코로나19 대응을 지휘하던 미슈스틴 총리가 코로나19 확진 판정을 받았으며, 야쿠셰프 건설부장관,

페스코프 크렘린궁 대변인 등 정부 요직의 인사들이 코로나에 연이어 감염되었던 것이다. 이러한 상황에서 코로나19의 대응 전면에 나서지 않으면서 피신 중인 푸틴 대통령에 대한 국민들의 불신이 이어지면서 푸틴의 정치적인 입지도 타격을 입은 것으로 보였다.

한편 코로나19 초기 대응이 실패함에 따라 러시아의 주요한 국가 행사, 특히 국가주의를 강조하는 러시아에서 애국주의를 강조하기에 가장 중요한 행사인 5월 승전기념일 행사가 연기되었다는 것은 러시아 정치에서 나름의 중요한 의미를 가지는 것으로 보아야 할 것이다. 러시아 최대 국가행사인 제2차 세계대전 승전기념일 행사도 당시 코로나19가 안정세에 접어들 것을 희망하였던 6월 중순으로 미루어졌으며, 러시아와 긴밀한 관계를 맺고 있는 독립국가연합(CIS) 수장들만 초청하여 행사를 치를 것이라는 정부 발표도 있었다.

2) 위기 상황과 러시아 정치문화의 작용

일반적으로 러시아 정치문화에서 국가의 역할은 대단히 중요하다. 소련 붕괴 이후 러시아의 체제전환 과정에서 국가의 다중적 위기가 발생한 상황에서도 시민들은 국가의 역할에 대한 기대를 버리지 않았다. 이러한 러시아적 정치문화는 푸틴주의에 입각한 현재 러시아 정체체제의 등장에 중요한 기반이 되었음은 주지의 사실이다(Holmes 2010). 소련 붕괴 이후 정치, 경제, 사회적 혼란을 경험한 러시아인들은 푸틴 대통령 집권 이후 위기가 있을 때마다 국가가 개입하여 위기 상황을 극복할 것이라는 기대를 표명하였고, 푸틴 대통령은 비교적 그러한 요구에 잘 부응해 왔다. 따라서 코로나19 위기상황에서 러시아 국민들의 국가의 역할과 대응에 대한 높은 기대치는 여과 없이 표출되었다. 특히 푸틴 대통령과 쇼이구 국방부장관 등은 이러한 비상사태를 효과적으로 극복할 수 있을 것이라는 국민의 지지를 한 몸에 받고 있는 대표적인 인물들이다. 따라서 일부 러시아인들은 강력한 정부 조치에 대해 순응적인 태도를 보이기도 하였다.

이러한 기대로 인하여 코로나19 초창기 러시아 정부는 강력한 봉쇄 조치를 취하는 등 국민들의 기대에 부합하는 조치들을 시행하였으나, 앞서 언급한 게이트키핑 전략의 한계로 초기 대응 조치는 큰 효과를 보지 못하고 실패하였다. 결과적으로 4월 코로나19 확진자 수 폭증으로 국민들은 정부에 비판적인 태도를 취하면서 푸틴 대통령의 정치적 기반이 타격을 입는 상황이 전개되었다. 러시아 야권의 지도자 나발니의 정열적인 시위 조직 활동과 하바롭스크와 같은 저항적 지방에서의 시위 발발은 엘리트와 중앙에 대한 불신, 불만의 감정으로 공유되었으며, 이러한 부정적인 감정은 정부의 통제에 저항하는 형태로 나타났다. 마스크 미착용, 정부가 요청하는 방역수칙의 미준수 등은 정부의 역할에 대한 기대에 대한 실망이 저항적인 형태로 나타난 저항의 일종으로 이해될 수 있을 것이다.

3) 국내정치적 연계 – 하바롭스크 주지사 체포와 국내적 저항

코로나19 팬데믹 와중에 진행된 러시아 지방선거와 함께 주목하여야 할 사건으로 러시아 연방정부가 세르게이 푸르갈(Sergei Furgal) 하바롭스크 주지사를 체포하면서 이 지방을 중심으로 벌어진 중앙에 대한 저항이 지속되었다는 점을 들 수 있을 것이다. 지난 2004년과 2005년 하바롭스크와 주변 지역 다수의 사업가 살인에 연루된 혐의로 하바롭스크 지사를 체포하여 구금한 데 대하여 하바롭스크 지방 주민들은 저항과 시위를 계속하였다. 이 시위들은 이전 지방에서 분출된 불만의 표시와 비교하여 강도와 지속성에서 차별화되는 차별성을 드러내 주었

다. 이에 대하여 다수의 정치 분석가들은 러시아 국내정치의 지형에 영
향을 끼칠 수 있는 저변의 움직임을 표출한 것으로 평가하기도 하며
(Bryan & Perevezentseva 2021; Makarychev et al. 2020), 향후 추이에
대한 관찰이 요구되는 지점이다.

한편 2019년 9월에 치러진 러시아의 지방선거에서 푸틴 대통령이
크게 패배한 상황에서 2020년 9월 치러진 러시아의 지방선거는 집권
당인 통합러시아당이 승리하면서 통합러시아당의 지지가 공고하다는
점을 다시 한번 확인하게 되었다(연합뉴스 2019; 2020b). 특히 한 개
지역을 제외한 모든 지역구의 통합러시아당 출신 현임 주지사들이 재
선에 성공하면서 각 지방에서 통합러시아당의 지지가 확고한 것으로
나타났다. 하지만 스몰렌스크에서는 자유민주당 출신 오스트로브스키
가 전체 투표율 중 58%를 득표하면서 주지사직을 유지하는 정도가 주
목할 만한 상황이었다.

선거 이전인 2020년 8월 20~26일 여론조사 기관인 레바다센터
(Levada Center)에서 진행한 여론조사에서도 러시아인들은 하바롭스
크에서 진행 중인 집회를 긍정적으로 보고 있는 것으로 알려졌다. 여론
조사에 응답한 러시아인 중 75%는 하바롭스크 집회에 대해 인지하고
있으며, 전제 응답자 중 집회를 긍정적으로 보는 응답자는 47%, 중립
32%, 부정적 16%로 나타났다. 또한 응답자 중 32%가 연방정부가 광
범위한 지지를 받는 정치인을 제거하려 한다고 밝혔으며, 30%가 푸르
갈이 법을 어겨 구속된 것이며 푸르갈의 구속에 연방정부가 정치적 의
도를 지니지 않았다고 응답하였다(Levada Center 2020).

하바롭스크를 중심으로 나타나고 있는 연방정부에 대한 시위 집
회는 2021년에도 이어졌으며, 2021년 1월 야권 지도자인 알렉세이 나
발니(Alexey Navalny)의 즉각 석방을 요구하는 집회로 확대되며 주요

도시의 나발니 석방 및 연방정부 비판 집회에 호응하는 모습을 보였다. 이는 러시아 국내정치의 지형에 영향을 끼칠 수 있는 저변의 움직임을 표출한 것으로, 선거 결과, 지속적인 집회 개최와 여론조사를 통하여 이러한 움직임이 하바롭스크 지역 내외의 지지를 받는 것을 확인할 수 있다.

4) 전격적 개헌 – 푸틴 대통령 장기집권의 길

하바롭스크 집회가 이루어지는 가운데 푸틴 대통령과 러시아 엘리트들은 권력 유지를 위한 개헌에 착수하였다. 푸틴 대통령은 2019년 12월부터 개헌을 언급해 왔으며, 2020년 1월 러시아 하원에 개헌안이 제출되었다. 하원에 제출된 개헌안에는 권력 구조를 개편하는 내용이 담겼으며, 특히 대통령의 연임 횟수를 2회로 제한하고, 하원에 총리 및 장관 임명 전 승인 권한 부여, 상원에 헌법재판소장 및 부소장, 대법원장 및 부원장의 임명 전 승인 및 대통령 요청에 따른 해임 권한을 부여하는 내용이 담겼다. 이외에도 국내적으로 연금 및 최저임금을 보장하는 내용과 동성 결혼을 인정하지 않는 내용이 담겼으며, 대외적으로는 러시아의 기본법에 위배되는 국제기구의 결정에 관하여 러시아 헌법재판소가 이행 여부를 판단하는 조항도 포함되었다(러시아 헌법 2020). 상하원에 제출된 개헌안은 하원의 찬성 383표, 반대 0표, 기권 43표로 통과되었으며, 상원은 찬성 160표, 반대 1표, 기권 3표로 상하원 모두 개헌안을 채택하였다. 또한 헌법재판소도 헌법에 위배되지 않는다며 지지하였다(심성은 2020, 3-4).

　러시아 내 코로나19가 확산되면서 4월 22일로 예정되었던 개헌 승인 국민투표가 6월 25일에서 7월 1일로 연기되었다. 러시아 정부는 우편투표를 동원한 개헌을 추진하였으며, 7월 2일 선거관리위원회가 개표를 마무리하여 개헌에 78%가 찬성한 것으로 나타났으며, 지역별로 네네츠 자치구(Ненецкий автономный округ)를 제외하고 모든 연방 주체가 개헌에 찬성하였다. 연방정부와 여당에 반감이 높았던 하바롭스크 변경주(Хабáровский край)에서도 개헌안 찬성표를 던진 비중은 62.28%를 기록하였다(러시아 중앙선거위원회 2020). 국민투표에서 압도적인 찬성을 기록한 개헌안은 7월 3일 푸틴 대통령의 행정명령 서명 이후 7월 4일부터 발효되었다.

헌법에서 규정된 대통령 임기 2회 제한 조항 중 이전 대통령들의 재임 기간을 초기화하는 내용에 따라 푸틴 대통령의 재임 기간이 백지화되면서 푸틴 대통령은 2024년에 있는 대통령 선거에 다시 출마할 가능성을 열게 되었다. 이번 개헌은 코로나19로 개헌 반대, 반푸틴, 반정부 집회가 이루어지기 어려운 가운데 기습적으로 행해진 것으로, 러시아 야권의 강력한 비난을 받았으며, 서구 국가들은 우려를 표명하기도 하였다. 또한 자신의 임기를 제한하는 조항의 한계를 제거함으로써 종신 집권의 길을 열었다는 평가와 현 임기의 마지막 시기까지 레임덕을 방지하고 자신의 선택지를 최대한 넓혔다는 평가를 받았다(Trudolyubov 2020; Russell 2020; Teague 2021).

5) 코로나19로 인한 위기의 동학과 결과

코로나19로 러시아는 사회경제적 타격을 입었으며, 푸틴 대통령도 러시아 내 코로나19 확산 초기 칩거에 들어서면서 그의 강력한 정치 이미지에도 상처를 받았다(Gershkovich 2020). 이외에도 미슈스틴 총리, 페크소프 대변인 등 러시아의 주요 정치인들이 코로나19 확진 판정을 받으면서 러시아의 대응에 허점이 드러나기도 하였다(BBC 2020; Tass 2020a).

  한편 러시아의 엘리트들은 방역과 경기 회복을 구실로 정치적 영
향력을 높이고 통제를 강화할 수 있는 기회로 코로나19 상황을 활용
하였다. 중국과 같이 코로나19 확진자 추적을 위하여 전국적이고 대
대적인 개인정보 수집(김정진 2020)이 이루어진 것은 아니지만, 러시
아도 일부 지역에서 코로나19 확진자 추적을 근거로 개인정보를 수집
한 것으로 알려졌다. 러시아는 2020년 코로나19 확산 시 자가격리자
의 정보를 수집하는 '사회적 모니터링(Social Monitoring)'이라는 이
름의 어플리케이션을 발표하였다. 노턴 로즈 풀브라이트(Norton Rose
Fulbright)에 따르면, 해당 어플리케이션은 GPS, 블루투스, 카메라를
비롯한 모든 스마트폰 설정에 접근하는 권한을 허용하여야 사용할 수
있는 것으로 알려졌다. 또한 공식적으로 중앙화 서버에 개인정보를 저
장하는지는 밝혀지지 않았다(Norton Rose Fulbright 2020). 러시아 국
제정치위원회의 니콜라이 마르코트킨(Nikolai Markotkin)은 이번 코
로나19 사태로 인하여 프라이버시와 안보 간의 균형의 무게중심이 개
인정보에서 안보로 이동되었다고 평가하였다. 또한 포스트코로나 사
회는 전체적인 디지털 통제를 위한 정부의 욕구를 꺾을 수 있는 새로
운 메카니즘을 마련할 것으로 기대하였으나, 그 역시 코로나19로 러시
아 정부가 개인의 삶을 모니터링할 수 있는 전례 없는 권한을 가지게
되었음을 지적한다(Markotkin & Chernenko 2020). 아직 러시아 정부
가 개인정보를 어떻게 활용하였는지 상세히 알려지지 않았으나, 코로
나19 방역을 근거로 위치 추적 등 개인정보 및 사생활에 대한 열람도
가능해지면서 이를 활용하여 자신의 정적을 제거하거나 정치적인 입
지를 강화하는 수단으로 활용할 가능성도 있어 보인다.
  또한 러시아는 코로나19 1차 확산 대응에는 미숙함을 보였으나,
전 세계적인 코로나19 팬데믹 초기 대응 실패 직후부터 코로나19 백

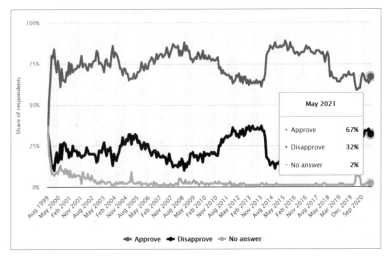

그림 8-6 푸틴 대통령의 지지율 추이

출처: Statistica. https://www.statista.com/statistics/896181/putin-approval-rating-russia/

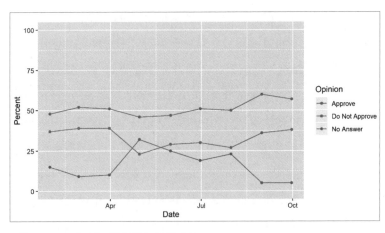

그림 8-7 2020년 미슈스틴 총리의 지지율 추이

출처: Statistica. https://www.statista.com/statistics/896181/putin-approval-rating-russia/

신 개발에 착수하고 국내 사회경제적 문제에 강력하게 대응함으로써
푸틴 대통령과 러시아 정부의 강력한 이미지와 지지율을 다시 회복

할 수 있었다는 점에 주목할 필요가 있다. 자국 내 코로나19가 대유행하기 시작한 지 5개월 만인 2020년 8월 가멜리야 국립전염병연구소가 개발한 러시아 최초의 코로나19 백신인 스푸트니크V(Sputnik V)가 러시아 보건부에 등록되었다. 또한 코로나19로 인하여 국제적인 농산품 생산과 교역이 감소하면서 국내 농산품 가격이 증가하자 나비울리나(Nabiullina) 러시아 중앙은행 총재의 반대에도 푸틴 대통령은 2020년 12월 식품가격 상한제를 도입하기도 하였다(Financial Times 2020). 실질적으로 러시아 연방정부의 코로나19 대응 조치는 지역별, 경제적 문제를 해결하지 못한 것으로 드러났으나, 국내외에서 러시아는 코로나19 대응에 강력한 이미지를 구축하였다고 평가된다. 특히 코로나19 확산과 방역 조치가 이루어지던 2020년 3~10월 푸틴 대통령의 지지율은 63%에서 69%로 올랐으며, 미슈스틴 총리의 지지율도 같은 기간 51%에서 57%로 푸틴 대통령과 함께 6% 동반 상승하였다. 또한 해외에서도 러시아의 감시와 통제, 코로나19 백신 과정에서 과도한 임상 실험 진행에도 우려를 제기하였으나, 서구에 비하여 러시아가 코로나19에 더욱 효과적으로 대응하고 있는 것으로 언론에 묘사되었다(Gulina 2020).

결국 러시아의 백신 개발 전략은 적어도 국내정치적으로 효과를 거둔 것으로 볼 수 있다. 그리고 이러한 러시아의 코로나19 팬데믹에 대한 대응은 이후 러시아의 국내정치적 불안을 넘어서는 돌파구로서 전격적인 개헌을 단행하는 과정에서도 전반적으로는 긍정적으로 작용한 것으로 보인다. 이는 러시아 국민들이 대체로 위기 시에 기존 정권에 대한 지지를 보이는 성향과도 연관지어 생각해 볼 수도 있겠으나, 그보다는 러시아가 전반적으로 코로나19에 대해 적절히 대응하고 있다는 극내적인 평가가 작동한 것으로 보는 것이 타당해 보인다.

3. 러시아의 경제적·사회적 대응

1) 코로나19로 인한 경제적 충격

2020년 3월 코로나19 확산 초기 러시아는 경제 기반과 인구 1,000명
당 병상 수가 8.2개를 기록하며 보건 분야가 상대적으로 양호한 국가
로 평가받았으나, 장기적으로 코로나19로 인한 유가 하락으로 경제
기반의 취약성이 드러날 것이라는 전망이 있었었다(정영식 외 2020,
4-13).

　　러시아에서 코로나19 확산을 막기 위한 봉쇄가 이루어지고, 서구
의 제재와 루블화 약세, 유가 하락이 이어지면서 러시아의 경제 지표가
크게 악화되었다. 러시아 중앙은행이 발표한 자료에 따르면, 2020년

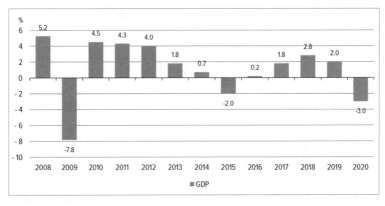

그림 8-8 러시아의 연도별 GDP 추이

출처: 러시아은행. http://www.cbr.ru/collection/collection/file/35399/rb_2020.pdf

러시아의 GDP 성장률은 −3%를 기록하였으며, 이는 국제금융위기가
있었던 2008년 GDP 성장률인 −7%보다는 낮은 수준이지만, 대러시
아 제재의 효과가 본격적으로 드러난 2015년의 −2%보다는 높은 수

치이다. 러시아은행은 2020년 자국 경기 침체가 코로나19 확산 초기 전망치와 다른 신흥 국가들의 경기 침체보다 훨씬 양호한 수치를 기록하였다고 평가하였다(Bank of Russia 2021).

한편 고용과 임금 및 빈곤율을 살펴보면, 코로나19가 러시아인들의 삶에 직접적인 영향을 끼친 것으로 나타났다. 안톤 코티아코프(Anton Kotyakov) 러시아 노동부장관은 코로나19 확산과 확산 방지를 위한 봉쇄 조치로 2020년 러시아 실업률이 전년 대비 1%p 하락한 5.9%를 기록하였다고 발표하였다. 코티아코프 장관은 2020년 러시아의 실질임금은 전년 대비 3.5% 감소하였다고 밝혔으며, 이는 지난 10년 내 가장 낮은 수치이다. 또한 2020년 1~9월간 러시아 빈곤율은 13.3%를 기록하였으며, 전년 대비 0.2%p 증가하였다(Realnoe Vremya 2021; World Bank 2021).

또한 러시아 물가 상승도 러시아인들의 삶의 질을 떨어뜨리는 요인 중 하나로 나타났다. 러시아의 연간 인플레이션은 코로나19가 국내에 본격적으로 확산되기 시작한 4월 3.10%를 시작으로 3% 이상을 기록하였으며, 11월에는 4%대를 넘어서기 시작했다. 품목별로 살펴보면, 농산품의 가격이 크게 상승하였으며, 2020년간 1~11월 사이 설탕 가격은 전년 대비 70%, 해바라기유는 24%, 파스타는 10% 상승했다. 이에 러시아 정부는 식품 가격 상한제를 도입하였으나, 여론조사에서 국민들은 물가 상승이 가장 큰 문제라고 인식하는 것으로 알려졌다(The Moscow Times 2021a). 2021년 1월과 2월 인플레이션이 러시아은행의 전망치보다 높게 나타나자 러시아은행은 기준 금리를 0.25% 인상한 4.5%로 결정하였다. 이는 2018년 이후 첫 금리 인상이었다(The Moscow Times 2021b).

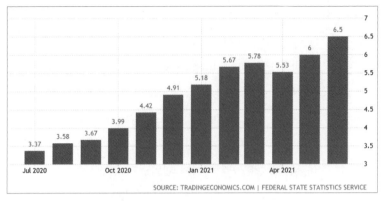

그림 8-9 러시아의 연간 인플레이션 추이

출처: Trading Economics. https://tradingeconomics.com/russia/inflation-cpi

2) 러시아 정부의 사회·경제적 대책

2020년 6월 러시아 정부는 보건부 차원의 코로나19 대응을 위한 우선
과제를 발표하였으며, 지난 봉쇄 기간 손실에 대한 지원책과 봉쇄 조
치 해제를 발표하였다. 코로나19 확진을 받았던 미슈스틴 총리는 5월
31일 업무에 복귀하였으며, 러시아 정부는 코로나19 확산을 막기 위
한 새로운 대안을 논의하였다. 6월 6일 러시아 보건부는 〈2020년 보건
분야 우선과제〉에서 국민들에게 높은 수준의 코로나19 치료와 예방을
지원할 것을 선언하였다(러시아 보건부 2020). 또한 러시아는 코로나19
발생 당시 초기 금융시장 충격 완화에 주력하였으나, 코로나19 사태가
장기화됨에 따라 실물 충격 및 노동시장 안정화 방안을 강구하여 피해
산업 목록을 작성하고 이와 관련된 지원책을 내놓았다(표 8-1 참고).

　　러시아 정부는 코로나19 확산을 막기 위하여 도시 봉쇄, 전 국민
유급휴가제를 진행하였으나, 5월 12일부터 다시 정상적인 경제 활동
을 재개하였다(The Moscow Times 2020a). 또한 푸틴 러시아 대통령
은 당시 연설을 통하여 유급휴가 종료를 선언하였으며, 코로나19와의

표 8-1 러시아 산업부문별 코로나19 피해 분야

	산업분류	코로나19 피해 산업의 하위 부문
1	운송(9)	△기타 육상여객운송 △자동차화물운송 △항공여객운송 △항공화물운송 △항공우주운송 보조활동 △공항운영 △항공운송서비스 △항공업 수행 △기타 항공 관련 활동
2	오락(5)	△창의·예술·연예 활동 △영화상영 △박물관 △동물원 △민속공예
3	스포츠(3)	△스포츠, 여가, 레저 △웰빙 △요양
4	관광(1)	△관광서비스
5	호텔(1)	△단기숙박
6	요식(1)	△식품·음료
7	교육(2)	△보충교육 △보육
8	행사(1)	△회의·전시회
9	가사(3)	△수리 △세탁 △미용
10	보건(1)	△치과
11	소매거래 (15)	△경자동차 전문점 거래 △기타 경자동차 거래 △운송용 자동차 전문점 거래 △기타 운송용 자동차 거래 △자동차 부품 및 액세서리 거래 △오토바이 및 관련 부품 거래 △기타 오토바이 액세서리 거래 △비전문매장의 내구재 거래 △정보통신장비 전문점 거래 △기타 가전제품 전문점 거래 △문화·오락 상품 전문점 거래 △기타 소매 전문점 거래 △시장·노점에서 섬유, 의류, 신발 거래 △시장·노점에서 기타 소매 거래 △자동 거래
12	대중매체 (7)	△TV 및 라디오 △인터넷 출판물 △뉴스매체 △신문인쇄 △책 출간 △신문발행 △잡지 및 정기물 출판

출처: 정민현·민지영(2020).

전쟁은 지속 중이라는 점을 강조하였다. 6월부터 러시아 정부는 기업, 산업, 가계로 나누어 경기부양책을 추진하고 있으며, 향후 가계 소득을 보전하는 방법도 고려하였다(정민현·민지영 2020). 러시아는 코로나19로 위축된 경제를 활성화시키기 위하여 광범위한 제공을 지원하였다. 러시아의 경제 활성화 정책은 다음과 같다.

표 8-2 러시아 산업부문별 코로나19 피해 분야 지원책

지원책			주요 내용	예산 규모
기 업	기업 대출 및 보조금		△급여지급을 위한 무이자 대출(보증)	3,050억 루블
			△급여대출 이자율 2%(2020년 6~12월간)	570억 루블
			△2/3 신규 대출 이자납부액 지원	2,100억 루블
			△기업 급여지급 보조금	12,130루블* 최저임금
	중소 기업 지원	납세기한 연기	〔피해 산업〕△6개월간 모든 세금 납부기간 연장(부가가치세 제외) *6개월간 세금은 2020년 10월부터 2021년 9월까지 분할 납부 가능	640억 루블
			△6개월간 보험료 납부기한 연장	920억 루블
			〔전체 산업〕△최저임금을 상회하는 임금에 대한 보험요율 축소(30% → 15%)	3,500억 루블
		대출조건 완화	△8.5% 특혜금리 확대 (조건완화, 영세기업 포함, 무역거래대금 및 투자금 재융자 가능)	5,180억 루블
			△지역보증기관(보증수수료 0.5% 인하)	
			△소액금융기관 지원 ● 소액대출 연체료 미부과 ● 대출조건 완화(세금, 수수료 임금에 대한 연체금 고려하지 않음) ● 대출금을 급여지급에 사용할 가능성 고려 ● 소액금리 6% 적용 ● 대출금 상환 연장기간 6개월	
	임대료 납부기한 연기		△〔중소기업〕2020년 국가 또는 지역 시설 임대료를 2021년에 납부	
			△〔피해 산업〕민간시설 임대료(주거시설 제외) 납부기한 6개월 연장	
산 업	피해 산업	여행사· 항공	△2020년 '여행지원'준비펀드 납부금 면제	
			△환불 불가능한 항공 위약금과 코로나19 발병국으로부터 자국민 운송비 지원	
			△항공사 임대로 인하 △항공사 및 공항에 소득 손실 보상	
		여행·호텔	△대출이자 상환 지원 △6개월간 납세기간 연기	
		문화·레저	△문화기관 자금 유지 △온라인 엔터테인먼트 무료(온라인 박물관, 전시회, 연극, 영화 등)	
		제약· 의료기기	△전염병 검사·치료 기기 또는 제품 생산 자금지원	265억 루블
	행정 부담 완화	운송부문	△52개 분야 면허 검사 취소 △2020년까지 17가지 면허 및 승인 자동 연장 △2020년 정부 계약체결 간소화, 공공조달규모 유지 △정부조달요건 완화 △27개 유형 허가가 자동으로 갱신 또는 인증 마감일 연기(의료·제약, 공학 부문 등) △전력 및 산업 안전 분야 승인 취소 △코로나19 확산 방지에 참여하는 의료기관 면허 재발급 간소화 △일반의약품 온라인 판매 △필수 수입품을 위한 신속통관(green corridor) △수입품 인증 간소화 △특혜상품에 대한 원 산지 증명 면제 △화물차량 중량 제한 해제 △시내 운송차량 적제 제한 일시적 해제 △의약·의료제품, 식품에 대한 관세 면제	

지원책		주요 내용	예산 규모
행정 부담 완화	운송부문	△자동차 기술검사 빈도 축소 △기술검사 개혁 2021년 3월 1일로 연기 △유지보수 수준 불량에 대한 벌금 면제 △글로나스 시스템 갖춘 운송수단의 새로운 요건 적용 2021년 5월 31일로 연기 △위험물질 운송차량 필수인증은 2022년 1월 1일로 연기 △운전시험 신규규칙 도입 2021년 4월 1일로 연기 △차량 설계 수정에 관한 새로운 규칙 발표는 2021년 2월 1일로 연기	
산업	포괄 지원	비식품 부문 사업운영 비용 절감	△세금·관세 검사 취소 △6개월간 기술제품에 러시아 소프트웨어 설치 의무 연기 △2020년 체결된 정부계약에 대한 벌금 및 위약금 면제 △유제품 라벨링 도입기한 2021년으로 연기	
		시스템 형성 기업	△1년간 운영자본 지원과 일자리 유지를 위한 특별대출금리 제공 △기타 조치: 주요 기업 업무 모니터링, 필요한 경우 대상지원, 스트레스 테스트	
		은행규제 및 재정분야	〔유동성〕△모기지 리스크에 대한 보험료 감소 △러시아은행 롬바르드 목록에 모기지 채권을 포함 △신용한도 이자 0.5%에서 0.1%로 인하 △주식 및 부채 증권 3월 1일 기준으로 은행 대차대조표에 반영	
			〔자본〕△2020년 3월 1일 환율 기준 자본준비율 계산 △피해 산업 기업 대출 서비스는 기존 수준 유지	
			〔규제완화〕△신용평가가 일정 7월 1일 이후로 변경 △주문 및 감독 요청 실행기한 1개월 연장	
		소득감소를 경험한 지역	△신속한 보조금 지급, 지역과의 계약에 따른 의무 불이행 책임완화 △상업대출에 대한 요건 완화	2,695억 루블
		파산으로부터 보호	△주요 기업 또는 피해 산업 기업의 파산 중지(중재재판소는 파산선고 활동 중단, 채무자 재산 압류절차 중지)	
가계	소득지원		△3월 20일부터 7월 1일까지 귀국자들 병가신청 절차 간소화 △65세 이상의 근로자들은 자가격리 조건으로 병가 신청 △2020년 병가급여는 최저임금 12,130루블 수준으로 확대 △6개월간 사회 지원 및 혜택은 자동 갱신 △참전용사와 재향군인에게 급여 지급 △아이가 있는 가족에게 3개월간 추가 수당 지급 ● 1~3세 아이 양육가정에 수당 지급(1.5세 미만의 첫 자녀에 대한 최소 수당 두 배 지급) ● 18세 미만 자녀를 둔 실업자에게 수당 지급(3~16세 미만의 자녀가 있는 가족에게 수당 일시금으로 지급, 3~7세 자녀를 둔 빈곤가정에 월별 수당 지급) △소득이 30% 이상 감소한 가족에 대출 및 모기지 상환기한 6개월 연기 △코로나19 관련 의료인력 급여 인상 △실업급여 50% 증액 △부모가 실업한 가족에 3개월간 추가수당 지급 △기타 조치: 임시고용 조직, 고용주에게 코로나19로 인해 해고된 근로자 급여 지급액 보상, 창업인 지원, 고급직업 훈련, 원격 학습 프로그램 개발	

주: 예산이 모든 항목에 제시되어 있지는 않아 항목별로 공개된 예산규모를 통해 총액과 항목별 비중을 알 수 없는 상황임. 다만 정부가 실제 지급한 지원금액은 점차 확대되고 있음.
출처: 정민현·민지영(2020).

IV. 러시아의 백신 외교

1. 글로벌 수준의 인정 투쟁

러시아는 발 빠르게 자국 백신인 스푸트니크V를 개발하여 긴밀한 관계에 있는 국가들에 공급을 약속하면서 백신 외교를 추진하였으며, 이러한 행동이 국제사회 내 러시아의 이미지 개선에 도움이 되었다는 평가가 있다(King and Dudina 2021, 5-6). 러시아는 화이자와 모더나 공급망 구축이 어려운 국가들을 대상으로 스푸트니크V 백신을 공급하여 왔으며, 중남미, 중앙아시아, 남아시아 국가들은 러시아의 스푸트니크V와 중국의 시노백(Sinovac) 등의 백신을 수입하였다. 또한 일부 유럽 국가들도 코로나19 백신 수급이 어려웠던 접종 초기 러시아 백신 도입을 검토하기도 하였다.

러시아는 세계보건기구(WHO) 내에서 스푸트니크V 인정을 위한 절차에 착수하였다. 지난 2021년 1월 초 러시아는 6개월 이내에 세계보건기구 인증을 받을 것이라고 밝혔으며, 스푸트니크V를 개발한 가말레야 국립 전염병미생물학센터는 2020년 12월 WHO 백신 인증 요청 서류를 제출한 바 있다(연합뉴스 2021). 최근인 2021년 6월 초 러시아직접투자기금(RDIF)은 WHO가 2개월 이내로 스푸트니크V를 승인할 것이라는 기대를 밝혔으나, 여전히 WHO는 하나의 공장에서 바이알 병에 백신을 담아내는 공정을 지적하면서 우려를 표명했다. 러시아 측은 이러한 우려에 대하여 이미 해결된 상황이라는 입장을 밝혔다(Reuters 2021d; 2021e).

WHO 이외에도 스푸트니크V에 회의적인 반응을 보였던 유럽연합에서도 러시아는 인증을 받기 위한 노력을 경주 중이다. 특히 푸틴

그림 8-10 러시아 스푸트니크V 백신의 사용 및 생산 승인국

출처: https://www.gzeromedia.com/the-graphic-truth-russias-bid-to-vaccinate-the-world (검색일: 2021.04.06.)

대통령과의 정상회담에서 유럽 주요국 정상은 스푸트니크V 도입에 긍정적인 신호를 보냈다. 2월 초 푸틴 대통령과 앙겔라 메르켈(Angela Merkel) 독일 총리는 통화에서 코로나19 대응과 백신 분야 협력 가능성을 논의한 바 있다(Deutsche Welle 2021a). 3월 초 유럽의약청(EMA)도 스푸트니크V의 검토를 시작하였으며(EMA 2021a), 3월 31일 푸틴 대통령, 메르켈 총리, 마크롱(Macron) 프랑스 대통령은 EU 내 스푸트니크V 도입 가능성을 논의하였다(Deutsche Welle 2021b). 2021년 6월 23일 EMA는 WHO와 함께 임상시험 물질에 대한 최종 승인을 검토하는 한편, 일부 공장에서 발생한 교차 오염의 가능성도 확인한 것으로 알려졌다. EMA도 WHO와 같이 스푸트니크의 승인을 계속 미루어오고 있다(EMA 2021b).

2. 지역(region) 수준의 코로나19 백신 생산과 확산 노력

유라시아 지역 내 국가들은 지역 차원에서도 러시아의 스푸트니크V를 공동 생산하는 데 합의하기도 하였다. 탈공산주의 지역 내 공동시장 창출을 위해 출범한 유라시아경제연합(EAEU)은 코로나19 시대에 경기 침체에 대한 공동 대응뿐만 아니라 보건 분야까지 협력을 확대하기로 합의하였다. EAEU 회원국 정상들은 코로나19 백신을 비롯하여 전략적 중요성을 지닌 약품을 공동 생산하기 위한 행동 계획을 마련하기로 하고, 전략적 의약품 생산체계를 지역적 수준에서 구축하고 있다. 이러한 협력은 유라시아 지역 내 코로나19가 본격적으로 확산되기 시작한 2020년 4월부터 시작되었다. 당시 EAEU 회원국 정상들은 각 회원국들이 코로나19에 대응하기 위한 의약품을 보유하고 있는지 검토하였으며, 원활한 대응을 위하여 중요 약품을 함께 생산할 것에 합의하였다. 2020년 8월 러시아에서 스푸트니크V가 개발되자 접경국인 카자흐스탄을 시작으로 스푸트니크V의 승인과 생산, 도입을 검토하는 국가들이 늘어났다. 2021년 2월 8일 유라시아경제위원회(EEC)는 회원국 간 코로나19 백신 공동 생산에 합의하였다. 당시 EEC는 스푸트니크V를 생산 중인 카자흐스탄과 벨라루스를 비롯하여, 아르메니아, 키르기스스탄에서도 스푸트니크V 생산 시작을 검토하고 생산에 나섰다. 4월 7일 EEC는 의약 산업 분야의 회원국 간 협력 확대를 위한 행동 계획을 마련 중이며, 스푸트니크V의 공동 생산도 이 계획에 포함되어 있다는 점을 재확인하였다(Belta 2021; Eurasian Economic Comission 2021). 또한 공식적으로 코로나19 확진자가 없다고 밝히고 있는 투르크메니스탄도 지난 1월에 스푸트니크V 긴급사용을 승인하였다 (Reuters 2021a). 이러한 러시아의 백신 외교를 보면서 알렉산더 쿨리

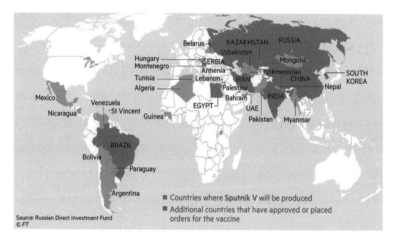

그림 8-11 스푸트니크V 생산 지역

출처: *Financial Times*, 2021.02.17. https://www.ft.com/content/316b77c1-e640-4d53-8dec-547b1b5651d8 (검색일: 2021.04.06.).

(Alexander Cooley)는 코로나19 상황에서 백신은 지정학적 도구가 되었으며, 러시아가 백신을 통하여 지정학적 영향력을 확대하고 있다고 설명하였다(Cabar 2021).

　중남미 국가들도 백신 공급의 다각화를 위하여 러시아의 스푸트니크V를 도입하고 있다. 중남미 국가 중 스푸트니크V 백신을 승인한 국가는 알파벳 순으로 아르헨티나, 볼리비아, 과테말라, 기아나, 온두라스, 멕시코, 니카라과, 파라과이, 베네수엘라에 이른다(CNN 2021). 이 중 아르헨티나는 최초로 스푸트니크V를 자국 내에서 생산할 것이라고 밝혔다(Reuters 2021c). 중남미 국가에 대한 러시아의 백신 지원을 소프트파워(Soft Power)의 확대로 보는 의견이 있다. 제이페츠(Victor Jeifets)는 중남미에 스푸트니크V를 수출하는 것은 러시아가 이데올로기나 무기를 수출하는 국가가 아닌 생존에 필요한 의약품을 보내는 국가로 보이는 기회가 되었다고 평가하였다(The World 2021).

　결국 러시아는 자국이 생산한 백신 등의 성과를 바탕으로 보건 및 의약 분야에서의 지역적 및 지구적 협력에서 러시아의 존재감을 확인하는 데 부분적으로 성공을 거두고 있다. 특히 구소련권 및 구사회주의권 국가들에서의 러시아 백신에 대한 수용성은 비교적 높은 것으로 나타나고 있다. 이외에도 중남미에서의 러시아 백신에 대한 수용성은 꽤 높은 것으로 나타나고 있다. 하지만 러시아 백신 스푸트니크V에 대한 유럽의약청의 심사는 계속 지연되고 있으며, 이는 미국과 유럽의 자국 백신에 대한 우선적 사용정책과 무관하지 않아 보인다. 쿨 리가 지적한 백신 민족주의의 발현은 러시아에 대한 복잡한 서구의 태도와 연계되면서 한층 복잡한 양상을 띠고 있는 것으로 보인다.

V. 맺음말: 포스트팬데믹 러시아 정치의 미래

이 글은 러시아의 코로나19 팬데믹에 대한 대응 과정을 추적함으로써 그 성공적 대응과 한계에 대하여 설명해 보았다. 전반적으로 러시아의 초기 대응이 성공을 거두었던 것은 전통적인 관문통제 정책을 통해서였다. 하지만 잘못된 판단에서 기인한 아시아 방면과 유럽 방면의 차별적 대응은 유럽의 대유행의 여파로부터 러시아를 지키지 못한 결정적 요인이 되었다. 이 같은 러시아의 초기 대응 실패는 러시아의 대응전략의 기조를 백신 개발 전략으로 전환시키는 계기가 되었다. 이러한 일련의 과정은 국내정치적으로 나발니 등 야권의 활발한 시위 활동과 하바롭스크의 저항 등과 같은 도전적 요인이 있었음에도 불구하고 푸틴 체제가 코로나19로 야기된 위기 관리에 일정정도 성공적이었음을 보여주고 있다. 어쩌면 코로나19 팬데믹은 러시아에서 푸틴 체제의 기득권에 저항하는 야권 세력의 결집과 동력을 약화시킨 결과를 가져온 것이 아닌가라는 평가가 있다. 물론 이런 평가도 가능하겠지만, 나발니 중독과 같은 상황은 러시아의 강경파 정치세력의 비민주적 대응방식이 코로나 상황을 적극적으로 활용해 유리한 결과를 얻어냈다는 해석이 조금 더 신빙성을 높게 보도록 만드는 측면이 있다. 그 내막을 잘 알기는 어렵지만, 결국 코로나19 팬데믹을 통해 정치적으로 푸틴 체제는 국민투표 72%의 지지를 획득하면서 개헌에 성공하여 체제의 공고화를 이룬 것으로 평가해 볼 수 있을 것이다.

　하지만 코로나19 팬데믹이 러시아에 끼친 사회·경제적 충격은 적지 않았다. 러시아에 대한 제재가 시작된 지 6년을 넘어가는 상황에서 발생한 코로나19 팬데믹은 러시아 사회의 취약계층을 강타하였고, 제재에 적응하면서 러시아 경제 전반에 일고 있던 활력을 꺾기에 충분했다. 2020년 1월 세계은행은 러시아의 2020년 경제성장률을 1.6%, 2021년 경제성장률을 1.8%로 전망했으나, 2020년 10월에는 각각 −5.0%, 2.8%로 조정하였다. 러시아는 코로나19 상황이 심각해지자 모든 국경 출입을 차단하고, 전 국가 유급휴가라는 초유의 제도를 도입해 전염병 확산을 막으려 했으나 사실상 초기 대응에 실패하였으며, 러시아 중앙은행은 기준 금리를 역대 최저인 4.25%까지 낮추면서 양적완화를 통한 경기 부양을 시도하였지만, 그 효과는 즉각적으로 나타나지 않았다. 특히 러시아는 인플레이션에 대한 취약성을 가진 경제구조를 가진 것으로 알려져 있는데, 2021년 5%대를 돌파하고 7%를 향해가고 있는 인플레이션 비율은 러시아 경제의 사회적 효과에 있어서 커다란 도전이 될 수 있을 것이다. 선거와 개헌 등의 정치적 성공이 경제적 성과 및 삶의 질 개선으로 뒷받침되지 못하는 한, 푸틴 체제의 안정성을 낙관하기가 쉽지는 않을 것이다. 경제적 성과의 한계는 2021년 고공행진을 계속하고 있는 고유가 덕분에 일정정도 보완되고 있는 것

은 사실이다. 하지만 글로벌 탈탄소 에너지전환의 흐름이 거세지고 있
는 상황에서 고유가 상황을 중장기적으로 전망하고 경제정책을 꾸리
기에는 도전 요인이 만만치 않아 보인다.

이 같은 러시아의 고민은 결국 푸틴과 정치 엘리트들로 하여금 대
외정책에서의 가시적 성과에 더욱 집착하게 할 가능성이 있다. 코로나
19 팬데믹 이후 코로나19 방역을 이유로 우크라이나 인력이 분쟁지역
의 체크포인트 등에서 철수하면서 동부 분리주의자들과의 교류가 줄
어들고 있으며, 점차 돈바스에 대한 우크라이나 정부의 영향력이 감소
하는 상황에서 러시아가 분리주의자들을 지속적으로 지원하여 그 영
향력을 유지 혹은 확대해 갈 경우 러시아와 서방 간의 중요한 관심사
가 될 수 있다. 이를 빌미로 러시아는 코로나 사태로 버거운 미국과 서
방에 이런저런 양보를 얻어내려 할 가능성이 있다. 최소한 돈바스 지
역에서 코로나19 방역과 치료는 러시아의 지원을 받지 않는 한 어려운
과제로, 러시아에 대한 분리주의자들의 의존은 더욱 심화될 수밖에 없
는 상황이 전개되고 있다. 우크라이나는 코로나19로 인하여 사회, 경
제적인 어려움에 처한 상황에서 러시아 이상의 영향력을 발휘하여 동
부를 관리하기는 어려워 보인다.

하지만 벨로루스 내 정치적 불안정은 러시아의 새로운 취약점으
로 부각될 수 있다. 유럽 최후의 독재자로 불리는 루카셴코의 재집권에
대한 국민의 불만이 표출되었으며, 지속적 시위가 발생하였는데, 푸틴
대통령은 벨로루스 내 불안정이 지속될 경우 보안군 투입을 지원하겠
다는 의사를 밝힌 바 있다. 특히 지난 14일 푸틴 대통령과 루카셴코 대
통령 간 정상회담에서 푸틴 대통령은 불안정을 해소하기 위한 보안군
투입 지원에 대해 재차 언급하였으며, 벨라루스 측에 15억 달러 융자
를 약속하기도 하였다. 우크라이나에 이어 벨라루스의 정치체제 변동

이 발생할 경우 러시아 및 푸틴 정권의 안보 환경이 국제정치적으로나 국내정치적으로 크게 도전받게 되는 상황이 연출될 가능성이 높기 때문에 러시아가 벨라루스의 정치적 불안정성을 좌시하기는 어려워 보인다. 푸틴 대통령은 벨라루스 사태와 관련하여 내정을 존중하는 원칙에 대한 준수를 유럽 국가들에게 촉구하고 신중한 반응을 보이고 있지만, 다양한 경로로 이 상황을 안정화시키기 위한 노력을 기울이고 있는 것으로 알려지고 있다. 벨라루스 사태는 코로나19 팬데믹 이후 탈소비에트 국가적 체제 특성을 유지해 온 벨라루스는 물론 러시아에서의 정치체제 변동 압력으로 작동할 수 있는 가능성이 있기 때문에, 이를 잘 관리하는 것은 러시아에 매우 중요하다.

한편 러시아의 스푸트니크V는 국내정치적으로 푸틴 체제에 긍정적 영향을 미쳤으며, 대외적인 러시아의 영향력을 확대하고 그 위상을 높이는 데에도 긍정적으로 작용하고 있는 것으로 보인다. 러시아는 중국과 같은 수준은 아니지만 러시아 백신의 생산과 보급을 위한 국제적 노력을 조직화하기 위한 노력을 경주하고 있으며, 이는 코로나19 때문에 수비적 입지가 강화되는 것으로 보였던 러시아를 지구 무대에서 주목받는 행위자가 되도록 만드는 데 기여하였음이 분명하다. 하지만 백신 외교의 성과가 미국과 중국의 전략경쟁의 와중에서 변수로 작동할 만큼 커다란 영향을 미친 것으로 보기는 어렵다. 결국 러시아의 백신 외교의 성과는 국제적 명성을 얻는 데 기여하고 국내정치적 안정에 기여한 것이 사실이지만, 동시에 러시아가 가진 국제정치 구도에서의 한계가 무엇인지도 동시에 드러내 주었다고 할 수 있을 것이다.

참고문헌

김정진. 2020. "코로나19 방역에서 드러난 프라이버시권 침해 문제." 『중국전문가포럼』 (8월 31일) url: https://www.emerics.org:446/issueInfoView.es?article_id=39395&mid=a 20200000000&board_id=4&search_option=&search_keyword=&search_year=&sear ch_month=&currentPage=9&pageCnt=10 (검색일: 2021.07.01.)

심성은. 2020. "러시아 개헌의 주요내용과 시사점." 『의회외교 동향과 분석』 46: 2-4.

정민현·민지영. 2020. "러시아의 코로나19 확산 동향과 경제회복 전망." 『KIEP 세계경제 포커스』 3(19).

정영식 외. 2020. "코로나19 확산과 신흥국의 취약성 분석." 『KIEP 오늘의 세계경제』 20(13) (4월 23일).

뉴스1. 2020. "러시아 의료진 감염자 수천명, 최소 180명 사망." (5월 15일) url: https://www. news1.kr/articles/?3935809 (검색일: 2020.10.07.)

동아사이언스. 2020. "러시아 코로나 백신 임상시험 돌입…군인·의료진 50명 대상." (6월 17일) url: http://dongascience.donga.com/news.php?idx=37524 (검색일: 2020.10.07.)

바이러시아21. 2020. "러시아, 내달부터 독감과 신종 코로나 백신 접종에 나선다는데… 절박한 속사정은?" (8월 30일) url: http://www.buyrussia21.com/news/articleView. html?idxno=32506 (검색일: 2021.04.01.)

_____. 2021. "(러시아 백신은 지금) 면역지속 기간은 5년? – 코로 주입하는 새 백신 개발." (4월 11일) url: http://www.buyrussia21.com/news/articleView.html?idxno=33889 (검색일: 2021.04.01.)

연합뉴스. 2019. "러 지방선거서 여당 16개 지역수장 '싹쓸이'…모스크바선 고전." (9월 9일) url: https://www.yna.co.kr/view/AKR20190909174000080 (검색일: 2021.07.01.)

_____. 2020a. "러시아 의료진 약 500명, 코로나19 대처 과정서 사망." (6월 18일) url: https://www.yna.co.kr/view/AKR20200618181200080?input=1195m (검색일: 2020.10.07.)

_____. 2020b. "러시아 지방선거 여당 크게 승리… "공천 주지사 후보 모두 당선.""(9월 14일) url: https://www.yna.co.kr/sitemap/articles/2020/09/14-1.htm (검색일: 2021.07.01.)

_____. 2021. "러시아 'WHO가 러 '스푸트니크V' 백신 상반기에 인증 기대.'" (1월 8일) url: https://www.yna.co.kr/view/AKR20210108165700080 (검색일: 2021.04.06.)

Al Jazeera. 2020. 'Not enough info' to evaluate Russian coronavirus vaccine: Live." (August 12) url: https://www.aljazeera.com/news/2020/08/residents-coronavirus-turned-live-200810231422019.html (검색일: 2020.08.19.)

Bank of Russia. 2021. The Bank of Russia's Work: Results in Brief - 2020. (July 6) url: http://www.cbr.ru/collection/collection/file/35399/rb_2020.pdf (검색일: 2021.07.03.)

BBC. 2020. "Coronavirus: Russian PM Mishustin tests positive for virus." (April 30) url: https://www.bbc.com/news/world-europe-52491205 (검색일: 2021.07.01.)

Belta. 2021. "EAEU countries to jointly produce COVID-19 vaccine." (Febrary 08) url: https://eng.belta.by/society/view/eaeu-countries-to-jointly-produce-covid-19-vaccine-137250-2021/ (검색일: 2021.04.06.)

Bloomberg. 2020. "Russia Reports First Coronavirus Cases, Restricts China Flights." (January 31) url: https://www.bloomberg.com/news/articles/2020-01-31/russia-reports-first-coronavirus-cases-restricts-china-flights (검색일: 2020.08.19.)

Bryan, James & Anastassiya Perevezentseva. 2021. "Elite response to protest in authoritarian settings: evidence from Russia." *Democratization* 28: 1133-1151.

Cabar. 2021. "Vaccine Diplomacy in Central Asia: Geopolitics, Business and Soft Power." (March 13) url: https://cabar.asia/en/vaccine-diplomacy-in-central-asia-geopolitics-business-and-soft-power (검색일: 2021.07.04.)

CNN. 2021. "Russia's Sputnik V vaccine expands its reach in Latin America." (March 03) url: https://edition.cnn.com/2021/03/03/americas/sputnik-latin-america-spreads-intl-latam/index.html (검색일: 2021.07.04.)

Deutsche Welle. 2021a. "Angela Merkel says 'every vaccine is welcome' after Sputnik V results." (Febrary 02) url: https://www.dw.com/en/angela-merkel-says-every-vaccine-is-welcome-after-sputnik-v-results/a-56432676 (검색일: 2021.04.06.)

_____. 2021b. "Merkel, Macron, Putin discuss Sputnik V vaccine." (March 31) url: https://www.dw.com/en/merkel-macron-putin-discuss-sputnik-v-vaccine/a-57056985 (검색일: 2021.04.06.)

Eurasian Economic Comission. 2021. "Joint manufacture of vaccines to be included in plan to ensure EAEU medicine safety." 04.07. url: http://www.eurasiancommission.org/en/nae/news/Pages/07-04-2021-1.aspx (검색일: 2021.07.04.)

European Medicines Agency. 2021a. "EMA starts rolling review of the Sputnik V COVID-19 vaccine Share." (March 04)

_____. 2021b. Highlights of Management Board: June 2021 meeting Share. (June 23) url: https://www.ema.europa.eu/en/news/highlights-management-board-june-2021-meeting (검색일: 2021.07.04.)

Financial Times. 2020. "Russia's biggest retailers cap food prices after Kremlin intervention." (December 17) url: https://www.ft.com/content/f7ba9b95-0b14-4742-acc6-418fc06c0496 (검색일: 2021.07.02.).

Gershkovich, Evan. 2020. "As the Coronavirus Contagion Grows in Russia, Putin's Strongman Image Weakens." *The Moscow Times* (May 14). url: https://www.

themoscowtimes.com/2020/05/14/as-the-coronavirus-contagion-grows-in-russia-putins-strongman-image-weakens-a70257 (검색일: 2020.08.16.)

Gulina, Olga. 2020. "Russia's Regions Take the Lead in COVID-19 Response." Wilson Center (April 27) url: https://www.wilsoncenter.org/blog-post/russias-regions-take-lead-covid-19-response (검색일: 2021.07.02.)

Holmes, Leslie. 2010. "Legitimation and Legitimacy in Russia Revisited." *Russian Politics from Lenin to Putin*. Srpinger. 101-126.

King, Elizabeth J. and Victoria I. Dudina. 2021. "COVID-19 in Russia: Should we expect a novel response to the novel coronavirus?" *Global Public Health*, March: 1-14.

Levada Center. 2020. ПРОТЕСТЫ В БАШКИРИИ И В ХАБАРОВСКОМ КРАЕ (September 10) url: https://www.levada.ru/2020/09/01/protesty-v-bashkirii-i-v-habarovskom-krae/ (검색일: 2021.07.01.)

Makarychev, Andrey S., Goes, Maria. and Kuznetsova, Anna. 2020. "The Covid Biopolitics in Russia: Putin's Sovereignty versus Regional Governmentality." *Mezinárodní vztahy* 55(4): 31-47.

Markotin, Nicolai & Elena Chernenko. 2020. "Developing Artificial Intelligence in Russia: Objectives and Reality." Carnegie Moscow Center (May 08) url: https://carnegiemoscow.org/commentary/82422 (검색일: 2020.08.21.)

Norton Rose Fulbright. 2020. "Contact Tracing Apps in Russia - A new world for data privacy." (May 15) url: https://www.nortonrosefulbright.com/-/media/files/nrf/nrfweb/contact-tracing/russia-contact-tracing.pdf?revision=801f066d-714b-4148-81ea-d6febc766899&la=ru-ru (검색일: 2021.07.02.)

Our World in Data. 2020. "Coronavirus (COVID-19) Testing." (October 15) url: https://ourworldindata.org/coronavirus-testing) (검색일: 2020.10.01.)

Realnoe Vremya. 2021. "Russian household incomes at 10-year low due to COVID-19." (Febrary 3) url: https://realnoevremya.com/articles/5186-russian-household-incomes-at-10-year-low-due-to-covid-19 (검색일: 2021.04.06.)

Reuters. 2021a. "Turkmenistan registers Russia's Sputnik V vaccine, says RDIF." (January 18) url: https://www.reuters.com/article/health-coronavirus-russia-vaccine-turkme-idUSR4N2IW009 (검색일: 2021.04.06.)

_____. 2021b. "Over 60% of Russians don't want Sputnik V vaccine, see coronavirus as biological weapon: Reuters poll." (March 02) url: https://www.reuters.com/article/us-health-coronavirus-russia-poll-idUSKBN2AT2XK (검색일: 2021.04.06.)

_____. 2021c. "Argentina to begin Sputnik V vaccine production after getting Russian OK." (June 03) url: https://www.reuters.com/business/healthcare-pharmaceuticals/argentina-begin-sputnik-v-vaccine-production-after-getting-russian-ok-2021-06-02/ (검색일: 2021.07.04.)

_____. 2021d. "Russia expects WHO to approve Sputnik V vaccine within two months -RDIF." (Juen 04) url: https://www.reuters.com/world/europe/russia-expectswho-approve-sputnik-v-vaccine-within-2-months-rdif-2021-06-04/ (검색일: 2021.07.04.)

_____. 2021e. "WHO cites concerns about Russian Sputnik V plant, which says issues resolved." (June 23) url: https://www.reuters.com/business/healthcare-pharmaceuticals/who-review-finds-issues-with-one-russian-sputnik-v-manufacturing-plant-2021-06-23/ (검색일: 2021.07.04.)

Ria Novosti. 2020. "Россия ограничила авиасообщение со всеми странами из-за коронавируса." (March 23) url: https://ria.ru/20200323/1568989250.html) (검색일: 2020.10.01.)

Russell, Martin. 2020. "Constitutional change in Russia More Putin, or preparing for post-Putin?" European Parliamentary Research Service. May 2020. url: https://www.europarl.europa.eu/RegData/etudes/BRIE/2020/651935/EPRS_BRI(2020)651935_EN.pdf (검색일: 2021.07.01.)

Tass. 2020a. "Kremlin spokesman Peskov confirms he has contracted COVID-19." (May 12) url: https://tass.com/politics/1155411 (검색일: 2021.07.01.)

_____. 2020b. "Russians may get full access to COVID-19 vaccine in about 12 months." (August 15) url:https://tass.com/society/1189955 (검색일: 2020.08.19.).

Teague, Elizabeth. 2021. "Russia's Constitutional Reforms of 2020." _Russian Politics_ 5(3): 301-328.

The Constitution of The Russian Federation(러시아헌법). 2020. url: http://www.constitution.ru/en/10003000-01.htm (검색일: 20201.07.01.)

The Moscow Times. 2020a. "Putin Eases Nationwide Virus Lockdown as Russia Becomes 3rd Most-Infected Country." (May 11) url: https://www.themoscowtimes.com/2020/05/11/putin-eases-nationwide-virus-lockdown-as-russia-becomes-3rd-most-infected-country-a70240 (검색일: 2020.08.19.)

_____. 2020b. "Putin Urges Food Price Cap As Russian Economy Falters." (December 16) url: https://www.themoscowtimes.com/2020/12/16/putin-urges-food-price-cap-as-russian-economy-falters-a72378 (검색일: 2021.04.06.)

_____. 2021a. "Russians See Rising Prices as Country's Biggest Problem – Poll." (March 09) url: https://www.themoscowtimes.com/2021/03/09/russians-see-rising-prices-as-countrys-biggest-problem-poll-a73176 (검색일: 2021.04.06.)

_____. 2021b. "Russia Hikes Key Rate for First Time Since 2018." (March 19) url: https://www.themoscowtimes.com/2021/03/19/russia-hikes-key-rate-for-first-time-since-2018-a73302 (검색일: 2021.04.06.)

_____. 2021c. "More Russian Doctors Trust Coronavirus Vaccine – Poll." (April 01) url: https://www.themoscowtimes.com/2021/04/01/more-russian-doctors-trust-coronavirus-vaccine-poll-a73441 (검색일: 2021.04.06.)

The World. 2021. "Russia expands 'soft power' in Latin America with Sputnik vaccine." (March 02) url: https://www.pri.org/stories/2021-03-02/russia-expands-soft-power-latin-america-sputnik-vaccine (검색일: 2021.07.04.)

Trudolyubov, Maxim. 2020. "Breaking Presidential Term Limits in Russia and Beyond." Wilson Center(June 30) url: https://www.wilsoncenter.org/blog-post/breaking-presidential-term-limits-russia-and-beyond (검색일: 2021.07.01.)

World Bank. 2021. The World Bank in Russia (April 06) url: https://www.worldbank.org/en/country/russia/overview (검색일: 2021.07.02.)

Министерство здравоохранения Российской Федерации(러시아 보건부). 2020. Публичная декларация приоритетных направлений Министерства здравоохранения Российской Федерации на 2020 год (июля 06) (검색일: 2020.10.02.)

_____. 2021. Коронавирус – симптомы, признаки, общая информация, ответы на вопросы — Минздрав России

Правительство Российской Федерации(러시아 정부). 2020. "Михаил Мишустин возглавил Координационный совет по борьбе с коронавирусом." (марта 14) http://government.ru/news/39151/ (검색일: 2021.04.07.)

Правительство Российской Федерации. 2020. Постановление от 14 марта 2020 года №285 в действующей редакции http://static.government.ru/media/files/eCfUXFXgh0IogAySHbQNlz8B4MeQA4E0.pdf (검색일: 2020.04.06.)

Правительство Российской Федерации. 2020. Распоряжение от 14 марта 2020 года №623-р в действующей редакции http://static.government.ru/media/files/PsDwh2WN1pUfwTbSCN4jJGAxSdR9kc4x.pdf (검색일: 2021.04.06.); 2020년 3월 14일부터 발효되는 285번 결의안

ЦИК России(러시아중앙선거위원회). 2020. Общероссийское голосование по вопросу одобрения изменений в Конституцию Российской Федерации (July 1) url: http://www.vybory.izbirkom.ru/region/region/izbirkom?action=show&root=1&tvd=100100163596969&vrn=100100163596966&region=0&global=1&sub_region=0&prver=0&pronetvd=null&vibid=100100163596969&type=232 (검색일: 2021.07.01.)

〈부록〉 러시아 정부의 코로나19 팬데믹 대응 문서

일자	문서 종류	문서명	주요 내용
2020.01.24.	결의안	THE RESOLUTION OF THE FEDERAL SERVICE OF THE RUSSIAN FEDERATION ON SUPERVISION IN THE SPHERE OF CONSUMER PROTECTION AND WELLBEING OF THE PERSON AND CHIEF STATE HEALTH OFFICER OF THE RUSSIAN FEDERATION	• 코로나19 신규 확산에 대한 초기 대응 관련 • 지방 차원의 코로나19 방역 계획 승인 및 재정 지원 • 법인과 개인 사업자 등 대중교통에 있는 영업장, 대중교통의 방역 강화 • 코로나 바이러스 확산 방지를 위한 정부 기구 차원의 방역 계획 초안 작성 • 코로나 바이러스 감염 환자 수용 및 응급 치료를 위한 연구 수행 • 코로나 바이러스 치료, 진단을 위한 노동 근로자 훈련 • 대규모 환자 발생 시 의료 기관을 재편하는 계획 마련 • 행정부 내 방역을 질병 정보 제공 • 중국 유학생들의 질병 관찰 및 증상 발생 요소 시 지방 보건감독국에 통지
2020.03.02.	결의안	THE RESOLUTION OF THE FEDERAL SERVICE OF THE RUSSIAN FEDERATION ON SUPERVISION IN THE SPHERE OF CONSUMER PROTECTION AND WELLBEING OF THE PERSON AND CHIEF STATE HEALTH OFFICER OF THE RUSSIAN FEDERATION	• 코로나 확진 증상이 보이는 사람의 상황 보고 및 격리 • 지역 내 확진 상황 보고 및 향후 상황 전망 • 코로나 확진 국가에서 귀국한 국민들과의 '항리인' 확보 • 정부 기구 내에게 주택 내 코로나19 확진 증상 호소시, 특히 60대 이상의 1차 의료 처치 방안 마련 • 코로나 취약층의 60대와 20~60대 만성 기록자, 심장질환자들이 정부를 구체적으로 파악 • 환자 발생시 치료를 할 수 있도록 의료 기관이 준비 태세 정비
2020.03.13.	결의안	Resolution of the Federal Service of the Russian Federation on supervision in the sphere of consumer protection and wellbeing of the person and Chief state health officer of the Russian Federation of March 13, 2020 No. 6 "About additional measures for decrease in risks of distribution of COVID-2019"	• 세계적인 코로나19 확산 기운데 러시아 영토 내 코로나19 확산을 위험으로 인식한다는 점을 재확인 • 유럽 국가에게 2주 이내 귀국하였거나, 한 달 이내에 해외여행을 한 사람에게 코로나19 검진 • 법인과 개인사업자들이 고용한 노동자들에게 확산 방지를 위한 방역 조치 강화 및 비대면 업무 권고 • 원거리 교육 실시 및 대중 집회 제한 • 무증상자에 대한 연구 실시 • 코로나19 진단과 관련하여 각 지방 러시아 소비자권리건강감독청(Rospotrebnadzor)에 일일보고
2020.03.18.	결의안	Resolution of the Federal Service of the Russian Federation on supervision in the sphere of consumer protection and wellbeing of the person and Chief state health officer of the Russian Federation of March 18, 2020 No. 7 "About providing isolation mode for the purpose of prevention of distribution of COVID-2019" (as amended on 18.09.2020)	• 외국인들이 공항을 통해 입국 및 경유할 경우 코로나19 음성을 확인하는 문서를 지참 • 러시아 국민들이 항공으로 입국하는 경우 검역 양식을 작성하고 검역소에서 검역 실시 • 귀국 후 14일 이내 코로나19 검염으로 인한 통원이 의심될 경우 의료기관을 찾지 않고 집에서 신고 • 코로나19 진단 및 자가 격리 상황에 대한 임일 관찰과 관련하여 각 지방 러시아 소비자권리건강감독청(Rospotrebnadzor)에 일일 보고
2020.03.19.	정부 명령	Order of the Ministry of Health of the Russian Federation of March 19, 2020 No. 198n "About temporary procedure for the organization of work of the medical organizations for the purpose of implementation of measures for prevention and decrease in risks of spread of new koronavirusny infection of COVID-19"(as amended on 15.09.2020)	• 코로나 바이러스 확산 방지와 확진자 수 감소를 목적으로 하는 조치의 시행 • 코로나19 상황 및 조치 안내를 위한 콜센터 운영 • 코로나19 진단, 치료 방법 공유를 위한 원격 세미나 개최

일자	문서 종류	문서명	주요 내용
2020. 03.30.	결의안	Resolution of the Federal Service of the Russian Federation on supervision in the sphere of consumer protection and wellbeing of the person and Chief state health officer of the Russian Federation of March 30, 2020 No. 9 "About additional measures for non-admission of distribution of COVID-2019" (as amended on 27.07.2020)	• 14일의 자가격리 관찰 감독 • 대중교통 및 사람이 많이 모이는 공간에서 개인 보호기구 및 장비(마스크 등) • 호흡기 증상 징후가 있는 사람, 확진자와 접촉한 사람, 코로나19 감염 위험이 있는 근무지에서 근무한 보건 노동자 등의 코로나19 검사 의무화 • 대중교통, 공공장소에서 최소 1m의 거리두기 실행
2021. 03.31.	정부 명령	Order of the Government of the Russian Federation of March 31, 2020 No. 373 "About approval of Provisional rules of accounting of information for the purpose of prevention of spread of new koronavirusny infection (COVID-19)" (as amended on 05.06.2020)	• 코로나 확산 방지 목적으로 개인정보를 활용하는 기관 정보 승인 • 러시아 보건부가 코로나 확진을 막기 위하여 개인정보를 운영하는 것을 결정 • 지방 부처의 코로나19 정보를 연방정부 부처에 제공
2020. 04.02.	대통령령	Presidential decree of the Russian Federation of April 2, 2020 No. 239 "About measures for ensuring sanitary and epidemiologic wellbeing of the population in the territory of the Russian Federation in connection with spread of new koronavirusny infection (COVID-19)"	• 4월 4일부터 4월 30일까지 유급휴가일로 지정 • 이동 제한이 부분적 해제
2020. 04.18.	대통령령	Presidential decree of the Russian Federation of April 18, 2020 No. 274 "About temporary measures for settlement of legal status of foreign citizens and persons without citizenship in the Russian Federation in connection with threat of further spread of new koronavirusny infection (COVID-19)" (as amended on 23.09.2020)	• 코로나19 확산 상황에서 러시아 내 외국인 및 무국적자의 지위 관련 • 외국인의 거주 등록 의무화
2020. 04.28.	대통령령	Presidential decree of the Russian Federation of April 28, 2020 No. 294 "About prolongation of action of measures for ensuring sanitary and epidemiologic wellbeing of the population in the territory of the Russian Federation in connection with spread of new koronavirusny infection (COVID-19)"	• 5월 6~8일간 유급휴가
2020. 05.28.	결의안	Resolution on the approval of the sanitary and epidemiological rules of the joint venture 3.1.3597-20 and the Prevention of new coronavirus infection (COVID-19)	• 코로나19 확진 경로 추적 • 진단을 통해 얻은 정보를 분석, 전망에 활용 • 대중에게 코로나19 확산을 막는 교육 실시
2020. 08.06.	정부 명령	Order of the Government of the Russian Federation of August 6, 2020 No. 1191 "About procedure for calculation of the periods of the work granting the right to early purpose of insurance pension on old age according to Items 1, 2 and 20 parts 1 of article 30 of the Federal law "About Insurance Pensions", to the health workers providing medical care to patients with new koronavirusny infection of COVID-19 and suspicion of new koronavirusny infection of COVID-19"	• 코로나19 환자를 치료하는 의료기관 보건 노동자들의 근로 시간을 정하고 연금을 보장

제3부　　글로벌 거버넌스와 중견국 외교

제9장   코로나19 시대의 글로벌 질서와 외교

이상현(세종연구소)

I. 서론

전 세계는 지금 코로나19 팬데믹과 사활을 건 전쟁을 수행 중이다. 중국 우한에서 처음 시작된 코로나19는 2021년 6월 현재 세계적으로 확진자 1억7천3백만여 명, 사망자 373만여 명(사망률 2.2%)을 기록하고 있다. 한국 국내 확진자는 14만 3천여 명, 사망자는 1,971명이다.[1] 사망자 수로 보면 코로나19는 2000년대 이후 발생한 감염병 가운데 에볼라 1만 1,300명, 사스 770명, 메르스 850명을 훨씬 뛰어넘는 심각한 수준이다.[2] 이러한 심각한 피해 때문에 일부 논자들은 코로나 이후는 그 이전과 근본적으로 다른 세계질서가 도래할 것이라는 뜻에서 코로나 이전인 BC(Before Corona)와 코로나 이후인 AC(After Corona)로 구분하기도 한다. 과연 코로나19는 세계 역사의 양상을 근본적으로 바꾸는 게임 체인저(game changer)일까? 국제정치 질서 면에서 보면 코로나19는 이미 그 이전부터 진행되던 변화를 더욱 첨예하고 심각하게 촉진한다는 의미에서 리처드 하스(Richard Haass)가 말하듯 역사의 가속페달(accelerator)이라고 보는 것이 더 맞을 듯하다. 코로나19 이전부터 시작된 강대국 정치의 귀환, 글로벌 거버넌스·다자주의의 퇴조, 전후 자유주의 국제질서를 지탱해온 레짐의 붕괴, 미중 전략경쟁 등 기존 추세의 가속화는 국제정치적으로 많은 변화를 초래할 전망이다.

코로나19 팬데믹은 국제질서의 거버넌스와 관련된 두 가지 대립되는 내러티브를 제기한다. 코로나19는 국제보건의 위기일뿐 아니라

---

1   『연합뉴스』. "세계 코로나 19 현황."2021.06.05. https://www.yna.co.kr/view/GYH20210605000400044?input=1363m

2   "Visualizing the History of Pandemics."Visual Capitalist 웹사이트. https://www.visualcapitalist.com/history-of-pandemics-deadliest/ 자료 참조.

세계화 및 글로벌 거버넌스의 심각한 위기를 극명하게 보여준다. 오늘날 글로벌 사회경제 인프라는 허브와 스포크(hub-and-spoke)의 네트워크로 간주될 수 있는데 핵심적 기능은 대규모 허브에 집중돼 있다. 예를 들면 금융 관련 활동은 미국에 집중되고, 생산 관련 활동은 중국에 집중돼 있다. 이러한 구조는 규모의 경제와 전문화의 혜택을 통해 효율을 극대화하는 시스템이지만 동시에 고도의 연결성으로 인한 재앙적 리스크를 내포한다. 핵심적 기능과 역할이 고도로 집중화되고 전체 네트워크가 긴밀히 연결된 체제에서는 미국이나 중국 같은 중심 허브에 쇼크가 올 경우 충격이 신속하게 퍼져서 시스템 전체가 마비되는 현상을 초래한다. 이번 코로나19가 바로 그러한 쇼크에 해당한다. 이러한 특성상 포스트-코로나 시대에는 국제적으로 두 가지 상반된 조류가 등장할 가능성이 있는바, 첫째는 여행이나 무역, 금융, 디지털, 데이터 흐름 등에서 글로벌 연결성을 줄이려는 방향이고, 둘째는 글로벌 협력과 다자 거버넌스를 더욱 강화하려는 움직임이다. 향후 국제사회는 코로나19 같은 시스템 리스크를 줄이기 위해 서킷브레이커(circuit breakers) 장치를 고안하거나, 중심 허브가 작동하지 못할 경우를 대비하여 금융이나 식량, 의료시설 등 가치사슬의 유휴여력(redundancy)을 구축할 것으로 전망된다(Dervis and Strauss 2020).

코로나19 이후 외교 분야의 변화도 예상된다. 우선 비대면 외교의 증가와 온라인 원격 외교가 크게 늘어날 전망이다. 이에 따라 신뢰할 수 있는 각종 비대면 회의, 온라인 논의 시스템의 안정적 확보가 중요해졌고, 불필요한 인적 왕래와 대면 만남의 횟수가 줄어들 것으로 예상된다. 그에 따라 대면 외교에서나 가능한 미묘한 감정적, 정서적 친밀감이나 효용이 줄어드는 것을 보완할 방법에 대한 연구가 필요해질 것으로 보인다. 특히 다수의 인원이 대면으로 모이는 다자외교의 경우 일

정 부분 전면적인 방식의 변화가 불가피해 보인다. 예를 들면 2020년
은 핵확산금지조약(NPT) 50주년이 되는 해로서 4월경에 거창한 NPT
검토회의가 계획돼 있었지만 검토회의는 2021년 봄으로 연기되었다.
2020년 개최 예정이던 도쿄 올림픽은 해외참가자를 받지 않는 조건으
로 2021년 7월로 연기되었다. 하지만 국제사회와 일본 정부는 코로나
팬데믹 상황에 따라 올림픽의 안전한 개최 방법을 모색하느라 고심 중
이다. 이 외에도 외교와 학술, 경제, 문화, 관광 등 우리의 일상생활에
도 과거에는 상상하지 못했던 여러 가지 변화들이 닥쳐오고 있다.

II. 코로나19 팬데믹의 국제정치적 영향

1. 코로나19와 국제정치 질서의 변화

코로나19 팬데믹은 개개인의 일상적 삶은 물론 국제관계의 여러 차원
에서 이전에는 예상치 못했던 다양한 변화들을 초래하고 있다. 우선
코로나19로 사람과 물자의 자유로운 이동이 차단되면서 나타난 가장
뚜렷한 징후로는 세계화의 후퇴 및 반세계화 정서의 부각을 들 수 있
다. 세계화는 경제적 상호의존을 심화시킨 동시에 코로나19 바이러스
의 급격한 확산의 주요 원인이다. 세계화와 신자유주의는 글로벌 경제
전체적으로 효율성을 최우선시하여 슬랙(slack, 유휴경제력)의 최소화
를 초래한다. "재고는 기본적으로 악이다(Inventory is fundamentally
evil)"라는 애플(Apple) CEO 팀 쿡(Tim Cook)의 말처럼, 오늘날 대부
분의 기업은 필요한 부품을 창고에 쌓아두는 비용을 지불하는 대신 필
요할 때 세계시장에서 즉시 조달한다. 즉, 물류와 교역이 자유로운 상

황에서는 각국이 비교우위를 가지는 상품에 특화하고, 노동분업과 상
호의존도 심화되는 것이 자연스런 현상이다. 이런 방식은 정상적 상황
에서는 문제가 없지만 유휴경제력이 너무 적을 경우 위기가 오면 전체
시스템이 붕괴하는 결과로 이어지기 쉽다.[3] 포스트-코로나 시대에 각
국이 수출을 통제하거나(핵심 의료물자나 전략물자) 생산시설의 국내
유치(리쇼어링)를 강화할 경우 세계화의 전반적인 퇴조는 불가피하다.

　코로나19 이후 예상되는 또 다른 국제정치적 변화는 국제제도와
레짐의 무력화 현상 심화다. 이번 코로나 팬데믹 대응에서 세계보건
기구(WHO)의 초기 어설픈 대응과 중국 편향적인 자세는 이미 기능
을 잃어가고 있는 국제기구와 글로벌 거버넌스의 현주소를 잘 보여준
다. 국제제도와 레짐, 다자주의 거버넌스의 약화는 코로나19 이전부터
이미 진행되어 오던 현상으로서 레짐 붕괴(regime meltdown)라고도
불리는 상황이다. 근간에 일어난 일만 들어봐도, 미·러 중거리핵전력
(INF) 조약 폐지, 미·이란 핵합의인 JCPOA 탈퇴, 미국의 파리기후협
약 탈퇴, 북한과 이란으로 인한 NPT 체제의 약화, 자국이익 우선주의
및 보호주의로 인한 자유무역(free trade) 레짐의 약화, 길거리 시위와
포퓰리즘으로 인한 민주주의의 위기 등 다양한 분야에 걸치고 있다.
국제레짐 붕괴의 가장 최근 사례는 미국의 영공개방조약(Open Skies
Treaty) 탈퇴 선언이다. 영공개방조약은 미국의 제안으로 냉전의 양대
축인 북대서양조약기구(NATO)와 바르샤바조약기구(WTO) 회원국 등
34개국이 참여해 1992년 조인됐는데, 안전상의 이유 외에는 자국 내
에서 조약 비준 국가의 비무장 정찰 비행을 허용하는 내용을 담고 있

3　유휴경제력(economic slack)이란 경제적 생산능력 중에서 쓰이지 않는 부분으로서, 산
　업생산 능력이나 주택, 고용 등이 얼마나 사용되지 않고 유휴 상태로 남아 있는지를 표
　현하는 개념이다(Farrell and Newman 2020).

다. 이는 비무장 상호감시를 허용함으로써 군사적 신뢰구축을 돕는 한편 무분별한 무기 개발을 서로 자제하자는 목적도 포함한다. 미국은 러시아가 미국에서의 정보 수집을 위해 이 조약을 활용하면서 자신들은 미국의 정찰 비행을 방해하고 있다고 주장하고 있다. 대표적인 국제기구인 유엔은 상임이사국 5개국 간의 이견으로 코로나19 관련 갈등 중단 협의에 실패했을 뿐 아니라, 중국은 미국의 회비 10억 달러 연체, 미국은 중국이 UN을 조종한다며 상호 비난을 이어가고 있다. WHO의 중국 편향에 불만을 토로한 트럼프 행정부는 WHO 탈퇴를 선언했으며, 코로나 와중에도 2021년 대외원조 예산을 21% 삭감하기로 결정한바, 이는 세계보건 프로그램 지원금의 35% 삭감을 포함하며 WHO 지원금의 50% 삭감에 해당한다. 미 월스트리트저널(WSJ)은 코로나19 대응 국면에서 세계보건기구(WHO)가 정치적 편향성을 보였다고 비판하며 미국의 지원중단 필요성을 제기한 바 있다. WSJ은 논설위원실(the Editorial Board) 명의의 사설에서 코로나19 대응 과정에서 WHO의 실패에 대한 비난 대부분은 거브러여수스 사무총장에게 책임이 있다고 지적했다.[4] 미중 간 감정적 대립과 비판 속에 WHO는 '우한보건기구(Wuhan Health Organization)'라는 조롱 담긴 표현까지 등장했다. 국제무역기구(WTO)의 호베르투 아제베두 사무총장은 WTO가 중국의 개도국 지위를 유지하며 특별대우를 해줬다고 압박하는 등살에 조기 사임을 발표했다.[5]

국제경제 차원에서는 경제적 침체로 인한 세계 대공황 도래 가능성을 주목해야 한다. 글로벌 무역의 감소와 공급망 붕괴, 사회적 거리

---

4   "World Health Coronavirus Disinformation." *The Wall Street Journal*, April 5, 2020.
5   "미-중 싸움에 등 터진 국제기구… 지구촌, 코로나에 해체 위기."『머니투데이』, 2020.05.19.

두기로 인한 국제 교역과 민생경제의 심각한 후유증은 이미 도처에서 나타나고 있다. 블룸버그는 주요 20개국(G20)의 2·4분기 경제성장률을 -11%로 전망했고, 최근 국제통화기금(IMF)은 올해 세계 경제성장률을 4개월 전 전망치보다 무려 6.3%포인트 삭감한 -3%로 수정 전망했다. 해외 수요위축과 공급망 마비는 과거 위기 시의 보루였던 우리나라 수출을 크게 약화시킬 것이 확실시된다. 실제로 1-3월 전년 동기 대비 -1.4%였던 수출은 코로나19의 주요국 확산과 함께 4월 1~20일 기간 -26.9%로 급락했고, 향후 실물·고용부문 침체가 금융·자산부문으로 전이되는 복합불황마저 우려된다(김인철 2020). 반면에 온라인 쇼핑이나 뱅킹 같은 언택트(untact, 비대면) 경제는 크게 부상했다. 사회적 거리두기로 인해 다중이 모이는 대면 접촉이 줄어들고 비대면 온라인 모임이 늘어나면서 넷플릭스, 구글 등 온라인 기업은 큰 혜택을 받고, "여행은 덜하고 줌은 더하는(Travel less and Zoom more)" 현상이 새로운 추세로 등장했다. 하지만 코로나19 사태로 미국을 비롯한 서구사회에서는 차제에 아예 비대면 시스템 구축·활용을 확대하거나 로봇을 활용한 생산 자동화 방향으로 가면서 코로나 국면에서 증가한 실업율 해소 부진 등 전반적인 경제회복의 지연이 예상된다. 글로벌 경제 침체는 빈곤국의 기근 팬데믹(hunger pandemic) 우려와 직결된다. 세계식량계획(WFP) 자료에 의하면 신속한 대응이 없을 경우 코로나19로 인한 경제적 충격으로 2020년 말까지 중·저소득국가 주민 2억 6천5백만 명이 심각한 식량위기(IPC/CH 등급 3 혹은 이상)에 봉착할 전망이다. 이는 2019년 말 1억 3천5백만 명에서 1억 3천만 명이 증가한 숫자로서, 이들 대부분은 내전 등 분쟁지역(7천7백만), 기후변화(3천4백만), 혹은 경제/금융위기(2천4백만)를 겪고 있는 지역에 해당한다.

마지막으로, 민주주의와 개인 프라이버시의 조화 문제를 생각할 필요가 있다. 이는 감염병 퇴치를 위한 국가의 개인 감시역량 강화에 대비한 개인 프라이버시의 문제로서 아시아 국가들의 공중보건 우위 시각과 서구 국가들의 프라이버시 중시 시각의 차이를 보여준다. 이번 코로나19 팬데믹 대응 과정에서 일부 국가들에서는 코로나 독재의 합리화, 보건을 빌미로 한 개인정보의 남용, 시민적 자유의 제한 같은 국내정치의 문제들이 드러났다. 이에 따라 '침해적 대중 감시체계(intrusive massive surveillance)'가 아닌 '민주주의적 감시체계(democratic surveillance)'는 가능한가 하는 근본적 문제 제기가 이어졌다. 한국은 국경폐쇄(출입국금지), 지역폐쇄, 경제활동 전면 중단, 주민이동 전면 중단 등 극단적이고 강압적인 조치를 취하지 않으면서도, 적극적인 검사·추적·격리, 사회적 거리두기 등 기본적이고 필수적인 방역조치를 통해 코로나19 사태 통제에 성공한 모범적인 사례로 꼽힌다. 하지만 한국형 방역모델의 성공에 만족하고 시민적 자유의 제한에 대한 비판—예를 들면 성소수자 관련 정보 공개—은 외면할 것인가 하는 민주주의 시각에서의 근본적 문제 제기도 경청할 필요가 있다. 이러한 비판은 한국 민주주의의 질적 성숙을 위한 장기적인 과제로서 고려할 가치가 있는 것이다.

2. 미중 패권경쟁 심화와 글로벌 리더십의 실종

국제정치 질서 면에서 더욱 심각한 문제는 미중 갈등 심화로 인한 글로벌 리더십의 약화와 탈-G2 현상 가속화 현상이다. 코로나19 발생 원인론을 둘러싼 미중 간 여론전, 심리전은 이미 진행 중이던 무역전쟁에서 환율전쟁, 과학기술 패권전쟁으로 확전될 전망이다. 코로나19와의 전쟁 와중에 미국 트럼프 행정부는 중국을 상대로 한 미국의 향후 전략 및 정책 방향을 담은 보고서를 공개했다. 동 보고서에서 미국은 중국에 대해 협력보다는 공개 압박과 사실상의 봉쇄전략 등의 '경쟁적 접근(competitive approach)'을 하겠다는 점을 분명히 함으로써 사실상 양국 간 '신냉전'을 선언한 것으로 평가된다(The White House 2020). 뿐만 아니라 미국은 코로나19에 대한 중국 책임론과 안보 위협 등을 거론하며, 경제번영네트워크(Economic Prosperity Network, EPN)를 비롯해 글로벌 공급망에서 중국을 고립시키기 위한 구상을 가속하며 동맹의 참여를 촉구하고 나섰다. 이에 따라 코로나19를 계기로 미중 간 디커플링 가능성 우려는 더욱 커졌으며 세계는 반중국과 친중국 진영으로 양분될 가능성이 점차 커지는 상황이다. 미중 패권경쟁의 심화는 강대국 정치, 각자도생의 각박한 국제정세를 초래해 초국가적 협력의 유인 부족으로 이어질 가능성이 크다.

미국의 기본적인 대중국 인식은 지난 40여 년간의 대중 포용정책이 중국을 긍정적인 방향—개방된 체제, 기존 국제질서 순응, 법치, 민주주의 가치 수용 등—으로 변화시키지 못하고 오히려 힘만 키워서 결국 오늘날 미국의 전략적 경쟁자로 만들었다는 실패론에 근거한다. 즉, 중국을 국제경제체제 속으로 견인하고 중국을 포용하면 기존 민주주의 규칙기반 국제질서에 순응하도록 해서 미국의 국익에 도움이 된다는 것은 잘못된 전제였다는 것이다. 중국은 미국의 관여 정책 하에서 최대의 혜택을 받은 국가이지만 갈수록 기존 국제체제와 룰에 순응하는 것이 아니라 중국 자신이 주도하는 국제질서를 창출하려는 방향으로 나가고 있다. 시진핑은 '위대한 중화민족의 부흥,' '중국몽' 슬로건을 앞세워 대외적으로는 더욱 공세적인 외교, 대내적으로는 더욱 강화되는 권위주의 체제를 공고히 하고 있다. 결국 시진핑의 이러한 정책은 오히려 미국에게 대중국 압박을 강화할 모든 구실을 제공했고, 공화·

민주 초당파적인 대중국 강경론으로 귀착된 것이다. 이러한 미국의 대중국 인식은 2017년 트럼프 행정부의 국가안보전략보고서(NSS)에 반영되었고, 2018년 마이크 펜스 부통령의 유명한 허드슨연구소 연설, 그리고 최근 이를 총정리한 백악관 보고서로 나오게 된 것이다.

백악관의 중국 전략 보고서는 우선 지난 40여 년간 미국의 대중국 관여정책에 대한 실망감으로 시작하고 있다. 즉, 미국은 중국에 대한 심층적인 관여가 정치·경제의 근본적 개방을 초래하고, 중국이 이를 통해 건설적이고 책임 있는 이해상관자로 변모하기를 기대했지만, 현실은 그 반대로 나아갔다는 것이다.

오늘날 중국이 제기하는 도전은 전방위적이다. 첫째, 우선 경제적으로는 중국이 취하는 국가주도 보호무역주의와 국가자본주의의 위험성이 있다. 미 무역대표부(USTR)의 판단에 의하면 중국은 거래하는 미국 기업에 대해 기술이전 강요, 미국 기업들에 대한 기술규제, 중국 기업들에 대해 미국 기업들로부터의 기술획득 강요, 불법적인 사이버 침해 묵인 및 지원 등 불공정한 관행을 지속하고 있다. 둘째, 미국적 가치에 대한 도전이다. 시진핑 시대 들어 부쩍 강조되기 시작한 '중국특색의 사회주의'는 마르크스-레닌주의 이념에다 민족주의, 일당독재, 국가주도 경제, 공산당에 대한 개인적 자유의 복속 등을 특징으로 한다. 국제적으로는 '인류운명공동체' 건설이라는 미명하에 다양한 프로파간다 수단을 광범위하게 활용할뿐 아니라 신장-위구르 지역 같은 소수민족 지역에 대한 탄압, 종교적 박해도 만연한 현상이다. 셋째, 안보적 도전이다. 중국 공산당은 타국 내정에 대한 불간섭, 분쟁의 평화적 해결 등을 주장하지만 황해(서해), 동·남중국해, 대만해협, 중-인 국경지역 등에서 선제적이고 강압적인 군사·준군사 행동을 실행하고 있다. 뿐만 아니라 민군융합(Military-Civil Fusion) 전략에 따라 중국 군대는 민간분야의 자원에 제약 없이 접근이 가능하다. 중국에서 정보통신 관련 사업을 하는 외국기업들은 국가사이버안보법(National Cyber Security Law)에 따라 중국공산당이 데이터에 접근할 수 있도록 데이터 현지화 조치를 따르라고 강요받고 있다.

이러한 현실을 감안한 미국의 대중국 전략은 우선 미중관계의 본질이 전략적 경쟁(strategic competition)이라는 점을 인정하고 적절한 방법으로 미국의 국익을 방어하는 것이라고 지적한다. 미국은 중국이 자유롭고 개방적인 규칙기반 국제질서를 더 약화시키려는 추가적인 행동을 용납하지 않을 것이라고 했다.

워싱턴 조야는 대체로 미국 행정부가 중국에 대해 가진 시각과 우려를 공유하는 한편, 중국을 겨냥한 대전략 구상을 위해 중국을 심층적으로 이해하려는 다양한 분석을 제시하고 있다. 국무부 정책기획국의 중국 보고서는 중국의 행태를 뒷받침하는 이념적 근원을 분석하면서 중국 행태의 지적 기원을 마르크스-레닌주의 이념에다 중국 민족주의에 대한 극단적 해석이 합쳐진 결과라고 분석하고 있다. 국내적으로는 권위주의, 경제적 독점과 강압, 세계적 수준의 군사력을 겸비한 중국 지도부는 인도-태평양을 시작으로 지역에 대한 영향력을 키우고 국제기구를 장악함으로써 글로벌 차원의 우위를 노리는 것으로 평가된다 (The Policy Planning Staff, Office of the Secretary of State 2020).

1946년에 조지 캐넌의 「소비에트 행태의 근원」(이른바 'X article')과 유사하게 중국 행태의 근원을 봐야 한다는 지적도 제기된다. 오늘날 중국을 이해하려면 두 가지 사실에 주목할 필요가 있는데, 첫째, 중국은 세계에서 유례없이 급격한 경제성장을 경험했고, 둘째, 중국은 갈수록 전제적으로 변해가는 중국공산당 1당이 통치하는 국가라는 점으로, 이러한 경험에서 중국의 경제발전 모델이 서구보다 더 우월하다는 자신감과 유례없는 권력의 집중화가 가능했다고 평가한다(Westad 2019). 아틀랜틱 카운슬이 발간한 '더 긴 전문(The Longer Telegram)' 은 시진핑의 중국이 등소평 이후의 중국과는 달리 더 이상 현상유지 국가가 아니라고 단언하면서 중국은 현재 권위주의적이고 강압적인 외교 정책을 채택하고 있으며 미국 주도의 자유주의 국제질서의 변개 를 추구하는 것으로 평가한다. 동 보고서는 중국공산당 내부는 시진핑 의 리더십에 대해 심각하게 분열되어 있으며, 공산당 전체를 하나의 목 표로 삼아 공격하는 것은 적절히 않고, 미국의 목표는 중국이 2013년 이전—즉 시진핑 이전의 전통적인 현상유지(status quo) 노선으로 복 귀하도록 하는 것이며, 그럴 경우 시진핑이 교체되는 것도 불가능하지 않을 것이라고 전망했다(Anonymous 2021).

미중 패권경쟁의 심화는 글로벌 외교의 유연성을 제약하고 불가 피하게 진영구조의 재현을 초래할 가능성이 있다. 한국 같은 중견국들 의 역할이 중요해질 것으로 보는 이유는 강대국 정치의 횡행은 일정 부분 강대국 정치가 간과하는 다자외교나 비전통 안보, 중견국 외교의 분야에서 틈새가 발생할 가능성이 있기 때문이다. 향후 외교의 양태 는 강대국 정치 같은 전통적 양식에다 디지털 외교라는 새로운 양식 이 보편화되면서 일종의 하이브리드 형태로 정착될 가능성이 커졌다. 코로나19라는 시대적 상황이 초래한 외교 양식과 내용의 변화는 코로 나19가 사라지더라도 일정 부분 미래의 외교에 영향을 미칠 가능성이 크다.

III. 포스트-코로나19 시대의 외교

1. 외교의 뉴노멀: 외교의 디지털화와 언택트 외교의 시대

외교는 기본적으로 외교관들이 서로 대면으로 만나는 형태로 이뤄진다. 실무 차원이든 정상외교이든 중요한 협상이나 어젠다는 양자, 다자 등 다양한 회의를 통해 다뤄지는 것이 통례이다. 하지만 코로나로 인해 정상적인 외교가 불가능해진 지금은 외교에서도 비대면, 언택트 외교라는 새로운 방식이 등장했다. 외교에서도 이른바 '줌플로머시(zoomplomacy, 화상회의 프로그램인 Zoom과 diplomacy의 합성어)'의 시대가 도래했다.[6] 코로나19로 각국이 빗장을 걸어 잠그면서 사람과 물자의 이동과 유통이 제한되자 외교관들의 만남도 어렵게 되면서 나타난 현상이다. G20 정상회의, 아세안+3 정상회의, NPT 50주년 검토회의 등 2020년 상반기에 예정되었던 굵직한 정상외교는 '화상회의'로 대체되었다. 비대면 회의가 일상화되면서 외교의 꽃이라 불리는 복잡한 의전이 생략되고 감염 위험을 줄였다는 긍정적 평가가 있는 반면, 화상으로는 하기 어려운 미묘한 협상의 밀고당기기가 사라졌다는 평가도 있다. 한국은 IT 선진국답게 가장 적극적으로 반응해서 화상외교 예산을 대폭 늘렸다. 이런 면에서 2020년은 줌플로머시의 원년이라 할 만하다. 화상외교는 국경을 넘는 만남에 따르는 수차례의 코로나19 진단 검사, 격리 기간에 따르는 불편함, 이동 중의 감염 위험 등을 일거에 해결해줬다.

　신종 코로나바이러스 감염증(코로나19) 확산 이후 외교의 형태는

6　"코로나로 세계 외교가도 '거리두기'… 줌플로머시가 뜬다."『세계일보』, 2020-09-05 http://www.segye.com/newsView/20200903528963

많이 달라졌다. 누구도 예측하지 못한 팬데믹 확산으로 외교가 마비되는 상황에서 시작된 화상외교가 '뉴노멀'로 자리 잡았다. 우리 정부는 3월 G20(주요 20개국) 특별화상정상회의, 4월 아세안(ASEAN)+3 화상정상회의 등 이미 상반기 굵직한 정상외교를 모두 화상으로 치렀다. 뿐만 아니라 2020년은 외교의 꽃으로 불리는 유엔총회가 화상으로 개최되는 첫해로 기록됐다. 과연 줌플로머시는 새로운 외교의 형태로 살아남을 수 있을까?

코로나19라는 미증유의 사태 속에서 화상외교는 '궁여지책'으로 등장했지만, 예상 외의 성과를 거뒀다는 평가를 받는다. 다니엘 샤피로 전 주이스라엘 미국 대사와 다니엘 라코브 이스라엘전략연구소 선임연구원은 지난 5월 외교전문지 『포린어페어스』에 기고한 글에서 4월 초 화상으로 잇따라 열린 석유수출국기구(OPEC)와 G20 에너지장관회의는 역사적인 감산 합의를 이끌어냈다며 줌플로머시가 실질적 결과를 도출한 사례라고 설명했다. 대한민국은 화상외교에 가장 적극적인 나라 중 하나다. 상반기 코로나19 확산 저지에 성공하면서 'K-방역'이 부상했고, 이를 홍보할 외교 채널이 필요했던 것과 무관치 않다. 문재인 대통령은 2020년 3월 G20 특별화상정상회의를 직접 제안하기도 했다. 한 외교관은 "코로나 시대 우리의 선진 보건의료체계가 K-방역으로 이어졌듯이, 대한민국의 앞선 IT가 화상외교에서도 앞서갈 수 있는 자산"이라며 "화상 시스템 구축이 ODA(공적개발원조)의 새로운 분야가 될 수도 있다"고 내다봤다. 이 같은 기대를 반영해 2020년 8월 31일 외교부가 국회에 제출한 2021년도 예산안에도 비대면 화상 외교 관련 예산이 총 167억 원으로 대폭 늘었다. 다량 동시 접속에도 흔들림 없는 서버 구축 등을 위해 필요한 예산이라는 설명이다.

하지만 줌플로머시가 대면외교를 대체할 수는 없다는 것이 외교가의 대체적인 반응이다. 특히 '주변 대화(side conversation)'를 할 수 없다는 것은 화상외교의 뚜렷한 약점이다. 화상회의에선 대체로 의제 만 바로, 간단하게 얘기하는 경우가 많다. 녹화되고 있는 회의 중에 진 솔한 얘기가 오가기는 쉽지 않다. 화상회의 시스템에서는 대놓고 만날 수 없는 사이끼리 '슬쩍' 만날 수 있는 장이 만들어지지 않는다. 2018 년 대법원 강제동원 배상 판결을 놓고 한·일 갈등이 최고조로 달아오 른 가운데서도 유엔총회를 계기로 문 대통령과 아베 신조 일본 총리가 만났던 것이나, ARF(아세안지역안보포럼) 외교장관회의에서 종종 성 사되는 남북 외교장관의 만남이 화상외교에선 불가능하다. 특히 국제 기구인 유엔이 일찌감치 화상 총회를 결정한 것과 달리 올해 각종 국 제회의 개최국들은 속앓이를 하고 있다. 화상외교로는 회의 개최로 얻 을 수 있는 홍보 효과 등 정치적 이익이 거의 없는 것이나 마찬가지이 기 때문이다.

2020년 G7 의장국인 미국의 도널드 트럼프 대통령은 당초 6월 열 릴 예정이었던 G7 정상회의를 대선 2개월 전인 9월로 연기하면서 정 상들을 캠프 데이비드에 초청하겠다고 했지만 결국 연기했다. 2020년 ARF 의장국인 베트남은 외교장관 회의를 9월로 연기하면서 대면 회 의 개최에 대한 희망을 마지막까지 버리지 못했다. 한국정부는 한국이 2020년 의장국인 한·중·일 정상회의 역시 대면회의 개최를 기본 원칙 으로 생각하는 것으로 알려졌다. 그러다 보니 하반기부터 양자외교는 조심스럽게 대면회의가 재개되는 추세다. 스티븐 비건 미 국무부 부장 관이 2020년 7월 한국을 다녀갔고, 뒤이어 양제츠 중국 공산당 정치국 위원이 다녀갔다. 정부는 이들을 위해 격리 면제 절차도 마련했다.

그럼에도 외교가에선 줌플로머시가 외교의 새 지평을 열었다는 점에는 이견이 없다. 주로 다자회의에 참석하는 직군의 한 당국자는

"결론을 내리기 어려운 다자회의나 국제 세미나의 경우 국내에서 화상으로 하니 회의에 따라서는 훨씬 효율적"이라고 말했다. 민감하지 않은 실무 사안을 처리하는 데도 오히려 낫다는 평가가 있다. 특히 사전 대화, 만찬 등으로 이뤄지는 복잡한 외교 의전을 생략할 수 있다는 것이 장점이다. 일각에선 이를 들어 코로나19 확산이 한풀 꺾인 뒤에도 줌플로머시가 일정 형태로는 외교가에 남을 가능성을 제기한다. 화상 외교가 국가 간 불평등 완화에 기여할지에는 의견이 엇갈린다. 화상외교 초반에는 제3세계 국가들 중 시스템을 구축하지 못한 국가들이 더러 있어, 이른바 '디지털 격차(digital divide)'가 발생한다. 베트남 외무성은 ARF 사전준비 회의인 고위관리회의(SOM) 당시 화상회의 시스템을 구축하지 못한 국가를 위해 외무성에 공용 시설을 마련한 것으로 전해졌다. 반면 화상 외교가 보편화되면 막대한 출장비를 들이지 않고 국제무대에 접근할 수 있다는 점에서 제3세계 국가들에는 좋은 기회가 될 전망이다.

　코로나19가 초래한 그간의 외교 분야의 변화를 아직 단정적으로 말할 수는 없지만 몇 가지 변화의 징후는 뚜렷하다. 첫째, 코로나19를 계기로 외교정책 결정과정에서 관료적 절차보다는 정무적 권한이 강화되는 현상이다. 예를 들면 대다수 국가들에서 해외 공관장에 직업 외교관보다는 정무직 공무원들이 임명되는 사례가 많아졌다. 이는 마치 9·11 테러 이후 정무적 판단하에 신속하고 과감한 외교정책 결정이 이뤄졌던 것과 유사하다. 이처럼 외교에 있어서 통상적인 정책결정보다는 정무적, 통치적 결정이 강화되는 현상은 당분간 지속될 전망이다. 둘째, 다자적 거버넌스에 대한 불만이 증가했다. 현재의 글로벌 거버넌스 체제는 국제관계의 역학관계를 제대로 반영하지 못하고 있으며, 주요 국제기구들은 갈수록 원래의 목적조차도 충족시키지 못하고 있다.

대부분의 국제기구들은 실용적이기보다는 정치적이며 비효율적이고 부패가 만연했다. 셋째, 정부 부서 중에서도 가장 변화에 둔감하다고 알려진 외교부가 갈수록 디지털 외교에 적응하는 사례가 증가했다. 대면 네트워킹이나 오프더레코드 방식에 길들여진 외교관들의 세계에서 디지털 외교는 생소하고 실망스러운 방식임에 틀림없다. 하지만 시간이 지나면서 디지털 외교는 실용적이고 효율적이면서 시간도 절약해주는 새로운 관행으로 일상화될 전망이다. 넷째, 향후 상당 기간은 외교예산 절감 압박이 있을 것으로 예상된다. 해외 출장이나 재외국민들의 수가 줄어들면서 과거처럼 대규모 예산이 투입되는 행사나 잦은 출장은 국민들의 지지를 받기 어렵게 될 전망이다(Robertson 2020b).

이러한 변화가 코로나19의 충격으로 인한 일시적 현상인지, 아니면 좀 더 근본적인 외교 형태의 변화인지는 아직 판단하기 이르다. 코로나19의 긴 터널을 벗어나려면 아직 멀었기 때문이다. 현재의 시점에서 우리가 할 수 있는 것은 이미 시작된 변화의 양상을 반영해 종착점을 향해 가는 긴 여정의 중간보고 정도가 될 것이다.

2. 팬데믹 시대 외교의 내용과 형식 변화

비록 코로나19 팬데믹이 종식되려면 아직 멀었지만 이러한 그동안의 추세를 감안할 때 팬데믹이 외교의 형식과 내용에 미친 영향을 잠정적이나마 정리해볼 필요가 있다. 19세기까지 외교의 공용어(*lingua franca*)는 프랑스어였다. 20세기에는 영어가 그 자리를 차지했다. 이제 21세기 외교의 공용어는 디지털 플랫폼과 도구의 활용으로 변했다. 따라서 포스트-코로나 시대 외교의 성과는 이러한 새로운 환경에 얼마나 신속히 적응하고 활용하는지에 달렸다고 할 수 있다(Labott

2021). 팬데믹이 적어도 당분간은 우리의 일상을 지배하는 뉴노멀이 될 것으로 가정한다면 외교의 기능도 새롭게 재규정될 필요가 있다.

우선 코로나19 팬데믹은 의도치 않게 공공외교의 새로운 지평을 열었다. 디지털 외교는 그동안 한정된 공간에서 소수의 외교관들 간에 열리던 공공외교 혹은 문화행사의 영역을 지구촌 전체로 확장하는 효과를 초래했다. 온라인으로 접속한 지구촌 관객들이 실시간으로 행사에 참관하는 것이 가능해진 것이다. 팬데믹으로 인해 가장 피해를 봤다고 여겨지던 각국 대사관의 국경절 행사는 오히려 지구촌 대중들을 포용하는 새로운 기회를 제공했다. 대부분 국가들의 대사관에서 가장 많은 예산을 투입해 대규모 내빈을 초청하는 이벤트성 국경절 행사는 온라인을 통해 훨씬 더 많은 청중들을 끌어들일 수 있었다. 예를 들면 주멕시코 미국 대사 크리스토퍼 란다우(Christopher Landau)는 독립기념일 축하연을 비디오로 제작해 실제 행사보다 예산을 크게 줄이면서도 조회수 80만 회를 상회하기도 했다((Labott 2021, 3).

물론 디지털 외교가 외교의 전통적인 방식을 완전히 대체할 수는 없다. 외교관들이 서로 만나서 악수를 하고 비공식 정보를 교환하거나 식사를 하면서 개인적 친분과 신뢰를 쌓는 것은 여전히 대체 불가인 외교의 방식이다. 외교는 공식적인 성명이나 발표문, 혹은 선언문처럼 겉으로 드러나는 자료뿐 아니라 외교관들 간의 개인적 대화나 친밀감, 공식 문건만으로는 느끼기 어려운 묘한 뉘앙스 차이 등에 의해서도 큰 영향을 받는다. 그런 복잡미묘한 외교적 상호작용이 줌플로머시로 인해 상당 부분 감소했다.

버추얼 외교의 또 다른 문제점은 기술 자체에서 발생한다. 우선 민감한 외교적 현안에 대한 논의가 안전이 확보된 통신망을 통해 이뤄지는지 여부가 중요하다. 팬데믹 초기에 비대면 회의 소프트웨어로 큰 인기를 끌었던 줌(Zoom)의 보안성 취약 논란이 발생한 것은 바로 이러한 이유 때문이다. 통신망 인프라 여건도 국가마다 다르다. 디지털 외교에서는 더 이상 상대방이 선진국인지 개도국인지가 중요하지 않다. 중요한 것은 디지털로 연결됐는지 안 됐는지가 관건이다. 디지털 연결성 여부가 부국과 빈국을 판단하는 새로운 기준이 되는 것이다. 오늘날 기술적으로 낙후되고 연결망에서 배제되는 것은 기근이나 취약한 재정, 효율적인 제도의 결여 못지않게 국가를 뒤처지게 만든다.

디지털 외교의 효용에 대한 긍정적 평가 못지않게 비판의 목소리도 존재한다. 대표적인 예로서, 트위터 외교는 대화가 아닌 독백(monologue)으로 퇴행하는 측면이 있고, 사이버 공간의 주목을 끌기 위해 위트는 번득이나 실질적 내용은 빈약한 경우도 있다. 미국 트럼프 대통령이 트위터를 자신의 정치 소통 플랫폼으로 활용한 것은 잘 알려진 경우이다. 트위터 외교는 지지자들과의 직접 소통을 매우 효과적으로 해주는 장점이 있는 반면 외교정책이 불가피하게 국내정치의 일부로 전락하는 부작용도 초래한다. 외교 분야에 전문성이 없는 일반 대중들이 소셜미디어 상에서 단순히 호불호로 외교정책에 대한 지지 혹은 반대를 결정하기 때문이다.

뿐만 아니라 코로나 인포데믹(infodemics)의 유행도 새로운 문제점으로 드러났다. 코로나 인포데믹, 즉 코로나 발생과 전파를 둘러싼 각종 괴담과 음모론은 소셜미디어 시대의 새로운 현상이다. 2020년 크리스마스에 미국 테네시주 내슈빌에서 발생한 폭탄 테러범이 5G 이동통신 전파가 코로나를 퍼뜨린다는 괴담을 믿고 통신사 건물을 공격했을 가능성이 있다고 한다. 코로나 괴담은 이뿐만이 아니다. 빌 게이츠가 백신으로 떼돈 벌려고 코로나 바이러스를 고의로 퍼뜨린 뒤 백신 접종을 하며 사람 몸에 마이크로 칩을 심어 세계를 통제할 것이란 괴담도 꽤 알려진 가짜뉴스 중 하나이다. 이러한 가짜뉴스 현상은 미국과 유럽 같은 선진국들에서도 예외가 아니다. 미국의 큐아논(QAnon, 극우음모론집단)은 '중국, 빌 게이츠, 대형 제약회사가 코로나바이러스를 만들어 살포했다'는 음모론을 퍼뜨리며 동조자를 모집하고 있다. 사우디와 전쟁 중인 예멘의 후티(Houthi) 반군은 사우디가 COVID-19에 감염된 마스크를 공중에서 살포하고 있다고 비난한다. 테러지원국 이란과 그의 대리인인 헤즈볼라는 코로나 바이러스는 미국이 개발하고 퍼뜨리는 생물무기(bioweapon)라고 선전한다. 이렇듯 빠르게 확산하는 COVID-19 관련 허위정보와 음모론은 극단주의자들의 바이오테러를 부추기고 있다. 유전공학 기술 발전으로 극단주의자(테러리스트)들의 생물무기 제조 가능성이 이미 높아진 상황이다(이대우 2020, 2-3).

코로나 팬데믹 시대에 외교관들이 갖춰야 할 새로운 자질 중 하나는 기존 외교의 관행에 대한 숙지와 더불어 매우 유연한 대응이 요구된다는 점이다. 외교정책 이슈에 대한 판단도 결국은 사람이 해야 하는 것이다. 예리한 사고력이나 명료한 문서작성, 사람들과의 관계를 관리하는 것 같은 외교관의 자질은 여전히 중요하다. 여기에다 미래의 외교관들에게는 성인지 감수성, 소통 능력, 전향적 분석 능력 등이 추가로 요구된다. 팬데믹 시대 원격 회합이 일상화되면서 언어와 문서를 통한 소통 능력은 더욱 중요해졌다. 외교관들의 긴밀한 접촉이 줄어들면서 정서적 공감능력은 중요성이 줄어든 반면 사실과 실질에 근거한 소통이 더 중요해진 것이다.

코로나로 인해 외교공관의 기능과 역할도 변하고 있다. 이번 팬데믹을 통해 영사업무의 중요성이 크게 부각되었다. 코로나 팬데믹 통제 차원에서 행해진 다양한 제약과 국경봉쇄 등 상황 하에서 자국의 국민을 보호하고 필요한 대민 서비스를 제공하는 데 영사관이 중요한 역할을 담당했다. 자국 정부의 위신을 상징적으로 과시하기 위해 대규모로 호화롭게 건설되는 대사관들은 앞으로 상당히 간소화되고 디지털 외교 역량을 강화하는 방향으로 개편될 전망이다. 코로나 팬데믹으로 촉발된 패닉 상황 때문에 당분간 외교의 동면기는 불가피할 것이다. 코로나가 초래한 변화에 적응할 기술의 진보나 경제수준 등이 부족한 국가들은 어려움을 겪게 될 수도 있다. 이는 현재의 다자주의 체제가 국가간 차이를 고려한 대응에는 적합하지 않다는 점을 말해준다. 이미 팬데믹 이전부터 서서히 약해져온 글로벌 거버넌스의 전반적 재점검이 필요하다는 점을 또한 시사한다.

포스트-코로나 시대의 세계에서 외교의 역할은 갈수록 중요해질 전망이다. 지구촌 인류의 삶을 위협하는 많은 요인들이 주로 초국가적 도전의 성격을 띠기 때문이다. 외교관들이 다뤄야 할 사안의 성격도 갈수록 복합적이고 초국경적인 것으로 변하고 있다. 더 나아가 사이버 안보, 인공지능, 데이터 분석, 재정금융 기술 등 고도의 전문성을 요하는 분야가 늘어남에 따라 과학과 기술이 외교에 통합되는 것이 하나의 추세이다. 이러한 추세는 전통적인 외교관 교육만을 받고 경력을 시작한 인재들이 전생애 경력주기 중 중간기에 재교육을 받아야 할 필요성을 시사한다(Burns, Grossman and Ries 2020, 41-43). 더 나아가 줌플로머시의 한계를 극복하기 위해 특정 임무지향적 환경에 대한 적응성을 높이기 위한 비디오외교 인프라를 개선하기 위한 방안도 강구되고 있다. 디지털외교 혁명은 단순히 커뮤니케이션 기술만을 의미하는 것이 아니라 3-D 게이밍, 딥러닝, 머신러닝, 인공지능과 로보틱을 외교에 적용하는 새로운 차원으로 연구되는 추세이다. 예를 들자면 디지털 외교 소프트웨어를 오픈 월드(open world)나 샌드박스(sandbox) 게임 형태로 만들어 외교관들이 비디오 컨퍼런스에 참여하는 중에 사적인 대화를 병행함으로써 가상현실 속에서도 개인적 친분을 쌓는 것이 가능하도록 만드는 것이다(Robertson 2020a). 오픈 월드는 사용자가 가상세계를 자유롭게 돌아다니며 구성 요소들을 의지에 따라 자유롭게 바꿀 수 있는 게임 디자인의 한 유형이다. 프리 롬(free roam) 또는 샌드박스 게임이라 불리기도 한다. 디지털 플랫폼과 전통적인 외교 프로토콜의 결합의 결과는 일종의 하이브리드 외교(hybrid diplomacy) 개념의 탄생으로 이어지는 추세이다.

한편, 외교의 내용 측면에서 코로나19 팬데믹은 백신외교, 좀 더크게 보면 과학기술외교의 중요성이 부각되는 계기가 됐다. 백신 개발을 위한 국제협력 참여, 개발된 백신을 신속히 확보해 자국민들에게 접종함으로써 집단면역을 조기에 달성하려는 노력 등이 백신외교의 성과에 따라 국가마다 편차를 나타내기 시작한 것이다. 백신 접종이 확산되고 팬데믹 상황이 어느 정도 진정된 국가들 사이에서는 조심스럽게 해외여행 재개 논의가 전개되고 있다. 백신여권을 통해 여행의 안정성을 확보하는 것이 가능해지면서 나온 새로운 현상이다. 백신여권이란 코로나19 백신 접종 사실을 증명할 경우 국가 간 이동을 자유롭게 허용하는 시스템을 지칭한다. 즉, 백신을 맞은 사람에게 각국 정부가접종 사실을 증명하는 상호 인증하는 문서를 발급해주고 이들에 한해국제 여행 등을 허용하자는 것이다. 예컨대 코로나19 백신 접종 속도가 가장 빠른 이스라엘의 경우 두 번째 접종이 끝난 사람들을 대상으로 그린패스(녹색여권, 이스라엘이 실제 활용하고 있는 백신여권의 명칭)를 애플리케이션 형태로 발급해주고 있다. 이 그린패스를 가진 사람은모든 격리 의무에서 벗어날 수 있고 별다른 제한 없이 음식점, 영화관,스포츠 경기장 등을 이용할 수 있다. 최근 가장 많이 논의되는 방식은QR코드 형태로 스마트폰 앱에 저장해 해외 통행증으로 활용하는 개념이다. IT 기업들은 블록체인 기술을 활용해 위·변조가 어려운 백신여권 시스템을 구상하고 있다. 우리나라는 2021년 4월 1일 스마트폰에서 백신 접종 사실을 확인할 수 있는 앱 '그린패스'를 공식 개통할 것이라 발표했다. 하지만 질병관리청이 추진하는 백신여권 앱이 조만간 공개될 예정인 가운데 우려의 목소리도 크다. 보안뿐 아니라 사용자 편의성과 상용화를 생각지 않은 모델이라는 지적이다.[7]

백신외교의 연장선상에서 백신민족주의(vaccine nationalism)와 백신다자주의(vaccine multilateralism) 사이에서 각 국가의 선택에 대한 논란도 전개되고 있다. 백신민족주의는 실상 백신 이기주의라는 비판이 제기되지만, 자국민의 안전과 보건을 최우선시하는 현상은 강대국, 약소국을 불문하고 이미 보편적 현상이 되고 있다. 이러한 백신 이기주의의 결과는 백신 격차이다. 이제 세계는 백신을 가진 국가와 못 가진 국가로 양분된다.

코로나19에 대해 집단면역을 달성하려면 어떤 집단에서든 최소한 70%의 구성원이 백신을 맞거나 항체를 형성해야 한다고 알려져 있다. 하지만 부국과 빈국들 간 백신 접종 상황은 현격한 격차를 보인다. 이러한 백신 격차를 해소하기 위해 필요한 것은 백신의 생산, 보급, 그리고 이를 위한 예산 지원이다(Shah 2021). 우선 세계는 효과적인 백신의 생산에 집중해야 한다. 현재까지 백신의 공급은 화이자나 모더나 등 백신 개발 기업들이 제조하거나 위탁계약 업체들이 만들어서 공급하고 있다. 바이든 미 대통령은 2021년 6월 말까지 8천만 도스를 해외 국가들에게 공급하고 EU는 1억 도스를 제공할 계획이다. 이러한 백신 기여는 분명 좋은 일이긴 하지만 글로벌 차원의 대규모 공급 수요

---

7 "질병청 백신여권 도입 초읽기… 상용화 두고 커지는 우려." 『iT조선』, 2021.04.14.
  http://it.chosun.com/site/data/html_dir/2021/04/13/2021041303186.html

를 감안할 때 지속가능한 방식은 아니다. COVAX 등 빈곤국에 백신을 공급하기 위한 국제적 노력에 협력함으로써 백신 생산가격을 낮출 수 있다. 생산 다음으로 중요한 것은 생산된 백신을 실수요자에게 보급하는 것이다. 특히 빈곤국의 경우 열악한 물류 인프라, 2차까지 접종해야 하는 현재의 방식, 그리고 초저온 냉동시설 필요 등은 극복해야 할 중대한 장애이다. 백신 접종 센터의 설립과 이를 지원할 전문인력의 훈련도 중요한 요소이다. 선진국의 경우 가정이나 직장에서 직접 접종하거나 해변이나 바 등 대중이 모이는 장소에서 접종하는 비통상적인 방식도 효과적인 것으로 드러났다. 마지막으로 백신 생산과 보급을 위한 재정 지원을 고려해야 한다. 현재 COVAX가 목표로 하는바 금년 내 빈곤국 인구 27%에게 접종을 완료하기 위해서만도 수십억 달러의 예산이 부족한 상황이다. 다행스럽게도 2021년 6월 2일 도쿄에서 개최된 공여국 회의에서는 부족한 자금 상당 부분이 충족되었다. 영국에서 개최된 G-7 회의에서는 추가적인 재정 지원 방안이 논의되었다. 2022년까지 전 세계 인구의 약 70%에게 백신을 보급하기 위해서는 대략 250억에서 500억 달러의 추가적인 재원이 필요할 것으로 예상된다. 이는 큰 금액이긴 하지만 코로나와 싸우는 과정에서 각국이 지출한 수조 달러에 비하면 거저나 마찬가지다.

　　최근에는 국제통화기금(IMF)이 개발도상국의 신종 코로나바이러스 감염증(코로나19) 대응 지원을 위해 6,500억 달러(약 730조 원) 상당의 특별인출권(SDR) 발행하는 방안을 검토하고 있는 것으로 알려졌다. 5년마다 진행되는 국제 준비자산 수요 평가에서 세계 각국의 코로나19 대응을 위해 SDR 추가 배분이 필요한 것으로 나타났기 때문이다. SDR은 IMF로부터 형식적으로는 '빌리'는 자금이지만 이를 다른 나라 중앙은행과 바꿔 외화로 받을 수 있다. 국가 부채에 포함되지 않는다. 따라서 개도국에 부담을 안기지 않는다는 게 장점이다. 그동안 SDR은 매우 제한적인 역할을 해 왔다. 지금까지 SDR은 총 네 번 사용됐고 가장 최근은 2008년 글로벌 금융위기가 발생했을 때였다. 당시 IMF는 2500억 달러 규모의 SDR을 발행했다. 블룸버그는 현재의 환율로 볼때 6,500억 달러의 SDR은 미국 재무부가 의회 승인 없이도 지지할 수 있는 최대 발행 규모라고 전했다.[8]

3. 코로나19 팬데믹과 한국 외교의 도전과 기회

위에서 살펴본바 코로나19로 인한 국제정치적 변화는 한국의 외교가 나아갈 방향에 대해서도 몇 가지 시사점을 준다. 향후 예측되는 변화는 외교의 형식과 내용이 될 것이다.

첫째, 우선 외교의 형식에서 사람들 간의 접촉을 가급적 줄이려는 비대면(untact) 경향은 외교에서도 나타날 가능성이 크다. 외교의 모달리티(modality) 변화는 이미 시작됐고, 한국은 이러한 변화에 적극 대응하여 리더십을 발휘하기에 유리한 위치에 있다. 비대면 외교의 상당부분은 IT 기술과 포럼 조직 및 운영 등에 기반하기 때문이다. 한국은이 분야에서는 이미 세계적으로 긍정적 평가를 받고 있다. 향후 대면외교의 비중은 크게 줄고 비대면 외교는 더욱 늘어날 전망이다. 이러한추세는 특히 다수의 관련자들이 한자리에 모여 특정 어젠다를 논의하는 다자외교에 영향을 미칠 가능성이 크다. 이미 코로나19로 인해 세계 각국의 정상과 외교관이 모이는 외교 행사도 연기되거나 화상회의로 변경되는 등 차질을 빚고 있다. 올해 예정된 외교 일정을 토대로 '다

---

8   "IMF, 특별인출권 730조원 조성 검토… 코로나 사태 대응 목적." 『조선일보』, 2021.03. 24 https://biz.chosun.com/site/data/html_dir/2021/03/24/2021032401352.html

자무대 역할 확대' 등 주요 업무 추진계획을 수립했던 외교부는 예상 밖 코로나19 변수로 인해 상황 변화를 주시하며 대책을 마련하는 데 부심하고 있다.

일정이 연기되거나 취소된 주요 다자외교 모임만 해도 상당수에 이른다. 핵비확산조약(NPT) 50주년을 맞아 2020년 5월 뉴욕에서 성대하게 열릴 예정이던 NPT 검토회의는 2021년 8월로 순연되었지만 그것조차도 제대로 개최될지 불투명한 상태이다. 2020년 6월 한국에서 개최될 외교 빅이벤트였던 '녹색성장 및 글로벌 목표 2030을 위한 연대'(P4G) 정상회의는 코로나19로 인해 2021년으로 연기됐다. P4G는 파리기후변화협약과 지속가능발전목표(SDG) 이행을 위한 글로벌 민관 파트너십 기구로, 한국 등 대륙별 중견국 12개국이 회원국으로 참여하고 있다. 뿐만 아니라 2020년만 해도 9월 유엔총회, 11월 아세안 관련 정상회의 등 외교 일정이 숨가쁘게 진행돼 마냥 연기하긴 어렵고 비대면 화상회의로 대체될 가능성이 크다.

외교 무대 외에도 민간의 각종 대면 회의나 포럼도 비대면 형식을 채용하는 추세이다. 매년 벨기에에서 열리는 브뤼셀포럼은 현재 온라인 웨비나 형식으로 진행되고 있다. 2020년 7월 포르투갈 리스본에서 열릴 예정이었던 세계정치학회(IPSA) 연례총회는 아예 2020년 회의를 건너뛰고 2021년으로 연기되었다. 이러한 추세는 코로나19가 진정되더라도 당분간 새로운 추세로 자리 잡을 가능성이 크다.

코로나19 팬데믹은 한국 사회에도 광범위한 변화와 혼란을 초래했다. 해외 및 국내 여행과 경제활동의 제약, 학교와 교회, 음식점, 헬스클럽과 사우나 등 다중이 이용하는 시설의 폐쇄는 우리가 일상생활에서 당연히 누리던 여러 가지 편익을 제약하고 있다. 초·중·고교뿐만 대학도 온라인 강의와 수업 체제에 적응하느라 한바탕 홍역을 치렀다.

둘째, 외교 어젠다의 변화를 신속히 파악하고 주도권을 선점할 필요가 있다. 코로나19 팬데믹은 현재 지구촌 최대의 관심사로서 국제관계의 여타 모든 이슈들을 빨아들여 묻어버리는 블랙홀과도 같다. 포스트-코로나19 시대에 국제사회 최대의 관심은 공중보건에 대한 관심과 글로벌 경제회복, 거버넌스와 다자협력체제의 보강, 미중 패권경쟁 심화의 파급 효과 등이 될 전망이다. 코로나19의 성공적인 방역으로 한국은 이른바 'K-방역'이라는 모범 사례를 창출한 것으로 국제사회의 주목을 받고 있다. 한국은 이처럼 제고된 한국의 위상을 활용, 유사입장 국가들의 중견국 리더십 확보 기회로 활용해야 한다. 미국, 중국의 글로벌 리더십에 대한 회의적 평가로 인해 중견국 외교는 역설적으로 더 좋은 기회를 맞고 있다. 한국은 코로나19 팬데믹을 국제보건, 방역 등 글로벌 이슈 분야에서 한국의 위상을 높일 수 있는 좋은 기회로 활용해야 한다(전봉근 2020, 15-21).

더 나아가 한국은 코로나19의 성공적 방역을 계기로 동북아 다자협력에 대한 새로운 조망과 동력 창출을 주도할 필요가 있다. 박근혜 정부의 '동북아 평화협력구상,' 문재인 정부의 '동북아플러스 책임공동체' 등이 제기한 연성·비전통안보 이슈에서의 동북아 다자협력을 지향한다는 정책은 중요한 국가 어젠다이지만 명분(rationale)과 실행은 거의 중단된 상태이다. 한국도 코로나19를 초국가적, 신흥안보 이슈에 대한 글로벌 협력과 리더십 발휘에 노력해야 할 필요성 인식의 계기로 삼아야 한다. 장기적으로 동북아 다자협력에 북한도 끌어들임으로써 한반도 평화번영에 유리한 여건을 조성한다는 장기적 전략을 추진해야 한다.

코로나19 팬데믹 시대의 외교 어젠다 개발에도 눈을 돌려야 한다. 한국의 외교가 전통적으로 관심을 집중했던 주변4강 외교, 남북관계,

동북아 지정학 등 획일화된 외교 어젠다를 벗어나 변화하는 국제질서의 맥락을 짚는 새로운 어젠다를 발굴해야 한다. 예를 들면 기후변화, 세계금융, 인공지능(AI)과 외교의 접목 등 새로운 융·복합적 이슈로의 전이가 불가피한 시대가 되었다. 구 외교의 방식은 각 이슈의 '머리'에 집중했다면 신 외교는 머리뿐 아니라 '관절'에도 집중해야 한다. 지정학, 경제/금융, 군사, 과학기술, 종교문화 등에서 AI/첨단 과학기술, 기후변화, 국가를 능가하는 기업 등의 벤치마킹을 고려해야 한다. 예를 들면 10년 내에 무인전쟁의 시대가 현재보다 더욱 가시화될텐데 그에 따른 외교의 양태가 무엇인지를 연구해야 하는 것이다. 외교의 담당 부서는 물론 외교를 연구하는 싱크탱크의 변화도 시대의 추세이다. 싱크탱크들이 관심도나 활용도가 높지 않은 주어진 연구과제를 획일적으로 생산해내던 시대는 끝났다. 이제는 외교가 고객지향적(targeted audience) 시대로 전환해야 하는 수많은 이유들을 어렵지 않게 발견할 수 있다. 수많은 정보의 홍수 속에서 꼭 필요한 정보를 필요한 고객에게 제공해야 하는 시대, 수많은 요구와 이해상관자들이 얽힌 시대에 필요한 외교 서비스를 제공해야 하는 것이 향후 시대의 요구이다. 외교 분야에서도 칸막이 부서 체제에서 팀제 클러스터, 타 분야 간 연관성 천착, 다양한 시나리오 개발 등 민간이 선도하는 다양한 테크닉들을 외교에 활용해야 한다. 외교에서도 빅데이터 활용, AI 기반 분석, 팀제 분석 및 집필, 시나리오 개발/보완, 결과물의 맞춤형 공유 등이 앞으로 한국 외교가 갈 방향이다.

셋째, K-방역의 성공, 그러나 백신외교의 실패라는 현실을 바탕으로 우리나라의 팬데믹 전략을 총체적으로 재점검하는 계기로 삼을 필요가 있다. 빠른 경제 회복을 목표로 전 세계가 참전한 '신종 코로나 바이러스 감염증(코로나19) 백신 전쟁'에서 한국은 완패했다. 현재까지 한국의 코로나19 백신 접종률은 2.3%로, 이스라엘(61.5%), 영국 (47.3%), 미국(35.7%), 유럽연합(EU·15.3%) 등에 크게 못 미친다. 느린 접종 속도만큼 경제 회복, 일상 복귀의 시점도 경쟁국들보다 늦어질 수밖에 없다. 전 세계적으로 백신 공급이 원활하지 못해, 백신 주권이 없는 한국은 마음대로 접종 속도를 높여 경쟁국을 따라잡을 수도 없는 상황이다. 한국의 접종률이 저조한 가장 큰 이유는 접종 물량을 조기에 확보하지 못한 정부의 실책 때문이라는 게 전문가들의 공통된 지적이다. 한국 정부는 먼저 접종을 시행한 영국의 뒤를 따라 11월 집단면역(인구 70% 면역) 획득을 목표로 하고 있지만, 그 사이에 발생한 코로나19 백신 글로벌 공급 불안 등으로 수급에 차질을 빚으면서 목표 달성도 점점 어려워지고 있다.[9]

싱가포르의 성공적인 백신 외교는 K-방역의 성공에 도취해 백신 구매에 뒤처진 한국에게 몇 가지 시사점을 준다. 코로나 초기 방역에 성공적이었던 한국의 백신 구매 및 접종은 선진국들에 비해 유난히 늦다. 우리나라의 코로나19 백신 접종률은 세계 최하위권이다. OECD(경제협력개발기구) 37개국 중 35번째다. 다른 나라는 마스크를 벗고 일상 회복을 기대하는 시기에 한국은 4차 대유행을 걱정하는 처지가 됐다. 방역 전문가들은 지난해 세계적으로 백신 확보 경쟁이 치열했던 초기 국면에 우리 정부가 판단을 잘못해 백신 확보에 적극적으로 나서지 못한 점이 아쉽다고 평가한다.[10] 한국에 비해 싱가포르는 동

---

9   『조선일보』, 조선비즈, 2021.04.14.https://biz.chosun.com/site/data/html_dir/ 2021/04/13/2021041302298.html?utm_source=chosun.com&utm_medium=referral &utm_campaign=chosun-main 하지만 최근 들어 한국의 백신 접종 속도는 매우 빨라져서 본고의 마지막 정리 시점인 2021년 6월 15일 현재 전 국민의 약 23%가 1차 이상 접종을 완료한 상태이다.

10 "韓, 백신 접종률 세계 최하위권… AZ 혈전 논란까지 발목."『머니투데이』, 2021.04.08.

아시아에서 제일 먼저 코로나19 백신을 구매하고 접종을 시작한 국가이다. 2020년 12월 14일 화이자-바이오엔테크 백신에 대해 정부가 사용을 승인했으며, 동 백신 1차분을 실은 화물기가 벨기에 브뤼셀을 출발하여 12월 21일 싱가포르에 도착했고, 12월 30일부터 접종을 시작했다. 이제 싱가포르는 2021년 9월까지 전 주민에 대한 접종을 완료할 계획이다. 싱가포르가 이처럼 재빨리 백신을 구매하고 접종을 시작하게 된 것은 확진자 발생 이전부터 가동된 범정부 태스크포스의 효율적인 대처가 있었기 때문이다. 물론 코로나19 발병 초기에 외국인 노동자 거주 숙소에서 폭발적인 감염 확산에 따른 위기감이 있었다. 범정부 태스크포스는 2003년 사스(SARS)로 엄청난 피해를 본 이후 대규모 감염병에 대처하기 위해 준비한 신속 대응체계이다. 싱가포르 정부는 국제사회에서 진행되는 백신 외교에도 적극 참여를 했다. 싱가포르는 백신 국가주의(Vaccine Nationalism)에 대한 대안으로 백신 다자주의(Vaccine Multilateralism)를 제시한다는 차원에서 COVAX Facility에 조기 가입했다. 아울러 COVAX Facility를 지원할 우호 그룹 창설을 제안하고, 이를 실행해 나가는 데에도 선도적인 역할을 수행했다(안영집 2021).

백신외교 실패라는 비판 속에서도 최근 개최된 한미정상회담에서는 백신 파트너십에 합의하면서 한국이 글로벌 백신 허브로 자리잡을 가능성이 커졌다. 5월 21일 워싱턴 DC에서 개최된 한미정상회담에서는 비록 추가적인 백신 물량 확보에는 성공하지 못했지만 코로나19 대응과 관련해 두 가지 중요한 성과를 거두었다. 첫째, 포괄적 글로벌 백신 파트너십 구축에 합의한 것이다. 한미 각국이 서로 강점을 발휘하는

https://news.mt.co.kr/mtview.php?no=2021040813363252325

분야의 협력을 통해 글로벌 차원의 코로나19 백신 공급을 대폭 확대하는 데 협력하기로 합의한 것이다. 이를 위해 양국 과학자, 전문가, 관료로 구성된 고위급 전문가 그룹을 발족시키기로 했다. 둘째, 한미 양국은 공동의 안보·번영 증진을 위한 핵심·신흥기술 분야의 파트너십 강화에 합의했다. 양국은 WHO 역량 강화 및 개혁에 협력하는 한편 글로벌보건안보구상(GHSA)과 개발도상국의 백신 확보를 위해 재정 지원을 하는 COVAX 선구매공약(Advanced Market Commitment, AMC) 기여 확대, 보건안보 파이낸싱 메커니즘 창설 등 관련 협력을 통해 글로벌 보건 안보 분야에서 책임 있는 중견국가로서 국제사회 기여를 확대하기로 했다. 정상회담 기간 중 한국 최대 제약업체 삼성바이오로직스가 미국 제약사 모더나와 코로나19 백신 위탁생산 계약에 합의한 것으로 알려졌다. 외국 제약사의 백신이 국내에서 생산되는 것은 아스트라제네카, 노바백스, 러시아의 스푸트니크V에 이어 네 번째다. 모더나 백신의 위탁생산 합의에 따라 백신의 국내 공급이 보다 신속해질 것으로 기대된다.

IV. 맺는말

세계화 시대 고도의 국제적 연결성은 통계학자들이 흔히 말하는 '팻테일(fat-tailedness)' 리스크를 증가시킨다. 통계적 용어로서 팻테일은 일반적인 확률 분포와 달리 꼬리 부분이 두꺼운 모양을 형성한다. 꼬리가 너무 뚱뚱해서 평균에 집중될 확률이 낮아지고, 평균에 근거해서 앞으로 벌어질 일을 예측하면 틀릴 확률이 높아질 수 있다는 뜻으로, 코로나19 같은 팬데믹이 어쩌다 오는 블랙스완이 아니라 일상적으로 발생할 수도 있다는 의미이다. 코로나19 팬데믹이 종식되더라도 우리의 일상과 국제질서에 초래된 변화는 상당 부분 뉴노멀로 정착될 가능성이 크다는 것이 다수 전문가들의 견해이다.

무엇보다도 코로나19는 전 세계 모든 국가, 모든 체제의 강점과 약점을 적나라하게 드러냈다. 국제질서의 강자로 통하는 선진국들도 참담한 피해를 비켜가지 못했다. 민주주의나 권위주의 같은 체제의 속성도 팬데믹 대응의 성패를 가르는 기준은 되지 못했다. 그렇다면 인류는 이번 코로나19 팬데믹을 계기로 어떤 교훈을 얻은 것으로 볼 수 있는가? 우선 코로나19 이후 국력(national power)의 새로운 요소로서 '회복력(resilient power)'의 의미를 새롭게 보게 되었다. 회복력이란 외부 충격을 견디는 능력뿐 아니라 '우아하게 실패하고 멋있게 회복하는(fail gracefully and recover nicely)' 능력을 포함한다(Friedman 2020). 코로나 초기 대응 실패를 성공적으로 극복한 국가들은 회복력이 우수한 체제의 특성을 지닌 것으로 봐도 무방하다. 또 다른 교훈은 코로나19를 계기로 국가든, 비국가 행위자이든 공중보건의 위기를 각자의 정치적 어젠다를 확장하는 목적에 활용하려 든다는 추세에 대한 경각심이다(Blanc and Brown 2020). 대체로 이미 만성적 분쟁지역에서 팬데믹의 충격은 더 심한 것으로 드러났다. 공중보건과 국민 안전이라는 가치보다 정파적 이익이 우선시된 공동체에서는 당연한 결과이다.

마지막으로 코로나19를 배경으로 미중 전략경쟁이 외교의 미래에 미치는 영향은 무엇인가를 간략히 살펴보자. 미중 패권경쟁으로 인해 팬데믹 대응 같은 글로벌 이슈 대응에서 미중의 리더십은 현격한 약화를 노정했다. 세계 여론조사 기관인 퓨리서치센터 조사에 의하면 미중의 코로나 대응에 대한 국제사회의 부정적 인식은 크게 증가했다.[11] 세계 최강인 두 나라가 코로나19 같은 중대한 글로벌 문제에서 정작 리더십을 발휘하지 못한 결과 한국 같은 '중견국의 순간'이 도래했다는 평가도 가능하다.

외교의 변화는 이미 시작되었다. 대면으로 행해지던 기존 외교의 상당 부분은 이미 비대면 방식으로 전환되었고, 일정 부분 성과를 거둔 것으로 평가된다. 비대면 외교의 도래는 외교의 프로토콜과 장시간 해외 여행, 각종 부대 행사와 관련된 비용도 크게 줄여줄 것으로 예상된다. 반면, 대면으로 형성될 수 있는 담당자 간 친밀감이나 개인적 케미스트리가 작동할 여지는 줄어들었다. 외교 분야에서 팬데믹으로 가장 큰 타격을 입은 것은 대규모 다자외교의 영역이다. 이미 비효율성과 부패, 자원의 낭비 등으로 비판을 받아온 다자외교는 코로나를 계기로 새로운 혁신을 요구받고 있다. 이미 주요국들의 외교부 예산은 상당한 감축 압박을 받고 있다. 코로나 팬데믹으로 조성된 디지털 외교는 포스트-코로나 시대에도 상당 부분 유지될 가능성이 크다. 이러한 득실을 잘 고려하여 외교의 새로운 모달리티(modality)를 만들어내는 것이 향후 외교의 중요한 과제가 될 것이다.

---

11 Silver, Devlin and Huang(2020). 이 조사에 의하면 미국, 캐나다, 스웨덴, 덴마크, 영국, 네덜란드, 벨기에, 독일, 프랑스, 스페인, 이탈리아, 일본, 호주, 한국 등 14개국 평균은 매우 비우호적이거나 약간 비우호적 비중이 73%에 달했다. Wike, Fetterolf and Mordecai(2020). 이 조사에서 미국이 코로나 대응을 잘했다고 응답한 비율은 15%, 트럼프 대통령을 신뢰한다는 비율도 16%에 그쳤다.

참고문헌

김숙현·강량·박병광·서동주·이수형. 2019. 『미중 패권경쟁에 대한 주변국의 입장과 대응』. 서울: 국가안보전략연구원.

김인철. 2020. "코로나19 이후 새로운 기회 잡으려면." 『파이낸스뉴스』, 04.30. (https://www.fnnews.com/news/202004291743263201)

김한권. 2019. "미중 전략적 경쟁의 전망과 한국에 대한 함의." 국립외교원 외교안보연구소 『주요국제문제분석』, 2019-22호.

안영집. 2021. "싱가포르의 백신 구매 외교, 접종 효과 및 시사점." 서울대학교 아시아연구소 『아시아브리프』 1(2).

이대우. 2020. "2021년 정세전망: 국제정세-팬데믹과 신흥안보." 세종연구소 『정세와 정책』, 2020년 특집호(통권 334호).

_____. 2019. "미국의 인도·태평양전략과 한반도." 세종연구소 『정세와 정책』(2019.7.2.).

이상현. 2018. "트럼프 행정부의 국가안보전략(NSS): 국제정세 및 한반도에 대한 함의." 『국가전략』 24(2).

_____. 2020a. "미국의 대중국 전략: '경쟁적 접근' 함의와 파장." 세종연구소 『정세와 정책』, 7월호.

_____. 2020b. "코로나19 국제정치와 글로벌 거버넌스." 세종연구소 『세종정책브리프』, 2020-04.

전봉근. 2020. "코로나19 팬데믹의 국제정치와 한국외교 방향." 국립외교원 국제문제연구소 『주요국제문제분석』, 2020-08.

정구연·이재현·백우열·이기태. 2018. "인도태평양 규칙기반 질서 형성과 쿼드협력의 전망." 『국제관계연구』 23(2).

Allison, Graham. 2017. *Destined for War: Can America and China Escape Thucydides's Trap?* New York: Houghton Mifflin Harcourt.

Anonymous. 2021. "The Longer Telegram: Toward a new American China strategy." Atlantic Council(https://www.atlanticcouncil.org/wp-content/uploads/2021/01/The-Longer-Telegram-Toward-A-New-American-China-Strategy.pdf).

Beckley, Michael. 2018. "The Power of Nations: Measuring What Matters." *International Security* 43(2).

_____. 2011/12. "China's Century? Why America's Edge Will Endure." *International Security* 36(3).

Blanc, Jarrett and Frances Z. Brown. 2020. "Conflict Zones in the Time of Coronavirus: War and War by Other Means." Carnegie Endowment for International Peace, December 17(https://carnegieendowment.org/2020/12/17/conflict-zones-in-time-of-coronavirus-war-and-war-by-other-means-pub-83462).

Burns, Nicholas, Marc Grossman and Marcie Ries. 2020. "A U.S. Diplomatic Service for the 21st Century." Harvard Kennedy School, Belfer Center for Science and International Affairs, November(https://www.belfercenter.org/sites/default/files/2020-11/DiplomaticService.pdf).

Burns, William J. 2019. "The Demolition of U.S Diplomacy: Not Since Joe McCarthy Has the State Department Suffered Such a Devastating Blow." *Foreign Affairs*, October 14 (https://www.foreignaffairs.com/articles/2019-10-14/demolition-us-diplomacy).

Campbell, Kurt M. and Mira Rapp-Hooper. 2020. "China is Done Biding Its Time: The End of Beijing's Foreign Policy Restraint?" *Foreign Affairs*, July 5 (https://www.foreignaffairs.com/articles/china/2020-07-15/china-done-biding-its-time).

Dervis, Kermal and Sebastian Strauss. 2020. "What COVID-19 Means for International Cooperation." *Project Syndicate*, March 6 (https://www.project-syndicate.org/commentary/global-cooperation-can-prevent-next-pandemic-by-kemal-dervis-and-sebasti-n-strauss-2020-03).

Farrell, Henry and Abraham Newman. 2020. "Will the Coronavirus End Globalization as We Know It?" *Foreign Affairs*, March 16 (https://www.foreignaffairs.com/articles/2020-03-16/will-coronavirus-end-globalization-we-know-it).

Friedman, Uri. 2020. "The Pandemic is Revealing a New Form of National Power." *The Atlantic*, November 15 (https://www.theatlantic.com/ideas/archive/2020/11/pandemic-revealing-new-form-national-power/616944/).

Huang, Yanzhong. 2017. "The Four Traps China May Fall Into." Blog Post, Council on Foreign Relations, October 30 (https://www.cfr.org/blog/four-traps-china-may-fall).

Jain, Ash and Matthew Kroenig. 2019. "Present at the Re-Creation: A Global Strategy for Revitalizing, Adapting, and Defending a Rules-Based International System." Atlantic Council Strategy Report.

Johnson, Keith and robbie Gramer. 2020. "The Great Decoupling." *Foreign Policy*, May 14 (https://foreignpolicy.com/2020/05/14/china-us-pandemic-economy-tensions-trump-coronavirus-covid-new-cold-war-economics-the-great-decoupling/).

Krach, Keith. 2020. "Keith Krach's May 2020 interview with Bloomberg's Kevin Cirilli." You Tube (https://www.youtube.com/watch?v=upV9gh8yMSY&list=PLXCqnF_IqmY6JVJEtF4nIYsffUW06jKAI&index=2&t=0s).

Labott, Elise. 2021. "Redefining Diplomacy in the Wake of the COVID-19 Pandemic." The Meridian Center for Diplomatic Engagement (https://www.meridian.org/wp-content/uploads/2020/10/Redefining-Diplomacy-Report-v3.pdf).

Lee, Hsien Loong. 2020. "The Endangered Asian Century." *Foreign Affairs*, June 4. (https://www.foreignaffairs.com/articles/asia/2020-06-04/lee-hsien-loong-endangered-asian-century).

Moon, Chung-In. 2091. "The Next Stage of the Korean Peace Process; Why Seoul Remains Optimistic After Hanoi." *Foreign Affairs*, March 14.

Pence, Mike. 2018. "Vice President Mike Pence's Remarks on the Administration's Policy Towards China." Hudson Institute, October 4. (https://www.hudson.org/events/1610-vice-president-mike-pence-s-remarks-on-the-administration-s-policy-towards-china102018).

Policy Planning Staff, Office of the Secretary of State. 2020. "The Elements of the China Challenge." November (https://www.state.gov/wp-content/uploads/2020/11/20-02832-Elements-of-China-Challenge-508.pdf).

Pompeo, Mike. 2020. "Communist China and the Free World's Future." Yorba Linda, California, The Richard Nixon Presidential Library and Museum, July 23 (https://www.state.gov/communist-china-and-the-free-worlds-future/).

Robertson, Jeffrey. 2020a. "Diplomacy after Covid: No looking back." Lowy Institute, October 21 (https://www.lowyinstitute.org/the-interpreter/diplomacy-after-covid-no-looking-back).

_____. 2020b. "Diplomacy and global governance after Covid-19: Prepare for change." The Lowy Institute, August 18 (https://www.lowyinstitute.org/the-interpreter/diplomacy-and-global-governance-after-covid-19-prepare-change).

Shah, Rajiv J. 2021. "COVID's Haves and Have-Nots: To End the Pandemic, Rich Countries Must Pay to Vaccinate Poor Ones." *Foreign Affairs*, June 4 (https://www.foreignaffairs.com/articles/world/2021-06-04/covids-haves-and-have-nots).

Silver, Laura, Kat Devlin and Christine Huang. 2020. "Unfavorable Views of China Reach Historic Highs in Many Countries: Majorities say China has handled COVID-19 outbreak poorly." Pew Reseaerch Center, October 6 (https://www.pewresearch.org/global/2020/10/06/unfavorable-views-of-china-reach-historic-highs-in-many-countries/).

U.S. Department of Defense. 2019. "Indo-Pacific Strategy Report: Preparedness, Partnership, and Promoting a Networked Region." June 1.

Walt, Stephen M. 2020. "How to Ruin a Superpower." *Foreign Policy*, July 23 (https://foreignpolicy.com/2020/07/23/how-to-ruin-a-superpower/).

Westad, Odd Arne. 2019. "The Sources of Chinese Conduct: Are Washington and Beijing Fighting a New Cold War?" *Foreign Affairs*, September/October (https://www.foreignaffairs.com/articles/china/2019-08-12/sources-chinese-conduct).

White House. 2020. "United States Strategic Approach to The People's Republic of China." May 20 (https://www.whitehouse.gov/wp-content/uploads/2020/05/U.S.-Strategic-Approach-to-The-Peoples-Republic-of-China-Report-5.20.20.pdf).

Wike, Richard, Janell Fetterolf and Mara Mordecai. 2020. "U.S. Image Plummets Internationally as Most Say Country Has Handled Coronavirus Badly: Ratings for Trump remain poor." Pew Research Center, September 15 (https://

www.pewresearch.org/global/2020/09/15/us-image-plummets-internationally-as-most-say-country-has-handled-coronavirus-badly/).

제10장   코로나19의 글로벌 보건 거버넌스와
한국: 중견국 보건외교 전략의 모색

조한승(단국대학교)

* 이 장의 초고는 『평화학연구』 22(2)(2021)에 게재되었음을 밝힙니다.

I. 머리말

글로벌 보건 거버넌스는 WHO(세계보건기구)를 중심으로 여러 국가의 보건당국, 보건사업을 펼치는 NGO, 보건증진 사업을 펼치는 자선재단, 연구와 교육을 담당하는 대학병원 및 연구기관, 의약품을 생산하는 제약회사 등을 중심으로 발전해왔다. 최근에는 보건 이슈가 개발협력이나 지식재산권과 같은 이슈들과 연계되면서 개발협력, 무역, 기술 등에 관련된 행위자들도 글로벌 보건 거버넌스에서 활동하고 있다. 이러한 노력의 결과 글로벌 보건 거버넌스는 천연두와 같이 인류를 괴롭혀온 감염병을 예방, 통제, 치료, 퇴치하는 사업을 전개하였고, 국제보건규칙(IHR)을 제정하여 방역에 대한 국제적 협력을 구체화했다.

하지만 2020년 코로나 팬데믹에 직면하여 글로벌 보건 거버넌스는 기대했던 역할과 기능을 원활하게 수행하지 못했다. 갑작스런 집단감염 앞에서 "글로벌 공공재로서의 보건" 인식은 유명무실해지고 행위자들은 각자 살길을 모색하기에 급급했다. 특히 패권경쟁을 벌여온 주요 강대국들은 협력보다는 감염병 확산의 책임 공방을 벌이며 상대방을 비난하는 수단으로 보건 이슈를 이용했다. 글로벌 보건 거버넌스의 중심에 있는 WHO 역시 특정 강대국에 편향되었다는 비판에 직면하여 신뢰성의 위기에 빠져버렸다. 미국, 유럽 등 여러 보건 선진국들은 갑작스런 보건위기에 따른 대규모 사회적 혼란에 직면하여 책임을 다른 행위자에게 전가하는 등 글로벌 보건 리더십을 보여주지 못했다. 반면, 한국, 대만을 포함한 일부 중견국들은 비교적 안정적으로 보건위기를 통제하고 시민의 적극적인 참여를 통해 피해를 최소화하는 모습을 보여줌으로써 국제적인 주목을 받고 있다.

최근 국제관계의 지정학 논의는 군사력, 영토 등 물질구조에 천착하는 고전지정학뿐만 아니라 이슈구조, 관념구조, 탈물질구조까지 복합적으로 수용하여 설명하는 이른바 복합지정학으로 발전하고 있다. 복합지정학의 관점에서 코로나 팬데믹을 통해 나타나는 보건 이슈를 둘러싼 국제관계는 기존의 물리적 힘과 영토적 공간을 중시하는 전통적 외교와 구분되는 신흥무대(emerging stage)로서의 보건외교의 가능성을 높이고 있다. 이러한 신흥무대의 외교에서는 강대국뿐만 아니라 중견국도 신흥이슈 영역에 특화된 전략을 개발하여 해당 이슈가 형성하는 의미의 흐름을 중개하고 동지 국가를 규합하며 새로운 규범을 형성하는 역할을 수행함으로써 강대국에 못지않은 영향력을 행사할 수 있다.

국제관계의 이러한 변화에 대응하기 위해 한국은 기존의 대륙세력과 해양세력의 중간적 위치에서 편승, 동맹, 중립 등과 같은 고전지정학적 외교 전략을 모색하는 차원을 넘어서 신흥이슈의 외교무대에 적용될 수 있는 복합지정학적 차원의 중견국 외교 전략을 발전시켜야 한다. 특히 코로나19 팬데믹을 계기로 부각되고 있는 감염병 및 보건 관련 외교무대에서 한국이 주도적 행위자로서 인정받고 영향력을 확대할 수 있는 보건외교의 전략을 개발해야 한다.

이러한 맥락에서 본 연구는 신흥무대로서의 보건외교의 특징을 살펴보고 중견국 한국의 보건외교전략 개발을 위해 고려해야 할 것이 무엇인지를 논의하는 것을 목적으로 한다. 이를 위해 먼저 코로나19 위기 상황에서 나타난 글로벌 보건 거버넌스의 문제점이 무엇인지 살펴보고 그 원인을 분석하는 한편, 포스트-코로나 시대의 글로벌 보건 거버넌스가 해결해야 할 과제들을 고찰한다. 또한 신흥무대로서의 보건외교 분야에서 중견국 외교의 성격과 주요 사례들을 살펴봄으로써 중견국 보건외교의 성공조건과 실패의 교훈을 제시한다. 끝으로 보건외교 분야에서 중견국 한국의 특징과 장점을 살펴보고, 앞으로 한국의 영향력과 위상을 제고하기 위해 어떠한 보건외교전략을 발전시켜야 할지를 논의한다.

II. 코로나 팬데믹과 글로벌 보건 거버넌스

1. 글로벌 보건 거버넌스의 실패 원인

인종, 민족, 종교, 이념, 빈부의 차이를 막론하고 누구든 질병에 걸릴 수 있다는 점에서 보건은 특정 행위자만의 문제가 아닌 인류 보편의 문제로 간주된다. 질병의 집단적 확산을 막고 이를 극복하기 위해서는 그러한 차이와 상관없이 협력해야 한다는 인식 하에 인류는 보건협력을 위한 여러 가지 제도와 규칙, 즉 글로벌 보건 거버넌스를 발전시켜 왔다. 글로벌 보건 거버넌스는 WHO를 중심으로 각국의 보건당국 및 민간 보건 행위자들의 협력을 통해 감염병의 확산을 막기 위한 다양한 사업을 벌여왔다. 질병 대응을 위한 국제적 행동 규칙을 제정하는 것으로부터 저개발국의 보건위생 환경의 증진을 위한 프로그램 개발, 그리고 치료약과 예방백신의 신속한 개발 및 폭넓은 보급을 위한 기금조성에 이르기까지 다양한 사업이 진행되었다. 그 결과 오랫동안 인류를 괴롭혀왔던 천연두 퇴치와 같은 위대한 업적을 이루기도 했다.

하지만 글로벌 보건 거버너스가 공공재로서의 보건을 추구한다고 해서 모든 행위자가 같은 이해관계를 가지는 것은 아니다. 각각의 행위자는 자신이 처한 상황에 따라 보건 증진의 우선순위를 서로 다르게 평가하기도 하고 때로는 다른 행위자와 경쟁하고 갈등을 벌이기도 한다. 2020년 코로나19에 대한 글로벌 보건 거버넌스의 대응은 한마디로 총체적 난국이었다. 글로벌 보건 네트워크의 중심 역할을 맡고 있는 국제기구인 WHO는 코로나 변종 바이러스의 심각성을 뒤늦게 판단했고 마스크 착용의 필요성에 대한 기본적 정보도 올바르게 전달하지 못했다. 개별 국가들의 대응도 실패의 연속이었다. 최초 발병지로 지목된 중국은 신종 감염병 발생 자체를 부정하거나 그 위험성을 축소하고 왜곡하여 국제사회가 사태 초기에 감염병 확산을 막을 수 있는 기회를 놓쳐버리는 결과를 초래했다. 세계 여론의 질타에도 불구하고 WHO는 중국의 이러한 태도를 옹호하는 발언을 이어나갔다. 사태 초기 미국과 서방의 일부 지도자와 주민들은 자국의 수많은 주민들이 감염병으로 사망하는 사태에 속수무책이었으나 그 책임을 다른 나라, 특히 중국과 동아시아에 돌리면서 자국우월주의와 외국인 혐오 분위기를 부채질했다.

지역 차원에서의 보건협력과 대응 시스템도 제대로 작동하지 못했다. 지역협력 네트워크가 가장 잘 발달된 유럽의 질병예방관리센터(ECDC)는 인플루엔자 감염병 감시 및 조기경보 네트워크를 오랫동안 운영해왔으며 2017년에는 질병감시와 대응능력 강화를 위해 시스템 개선사업까지 벌였으나(ECDC 2019), 정작 2020년 코로나19로 인한 혼란이 불거지자 유럽 국가들은 협력 네트워크는 거들떠보지도 않고 국경 차단과 도시 봉쇄에만 의존했다. 심지어 ECDC 본부가 위치한 스웨덴은 검증되지 않은 집단면역정책을 추진했다가 실패했다. 최초 발병지 중국과 인접한 국가들이 속한 동아시아에도 한중일 보건장관회담과 같은 보건협력 네트워크가 있었음에도 불구하고 정치, 안보, 무역 등에서의 상호 불신과 대결이 우선적으로 고려되어 보건협력대화는 고사하고 상대방의 입국제한조치를 비난하거나 인접국의 방역 노력을 폄하하는 일이 빈번했다. 급기야 글로벌 보건 거버넌스에서 가장 핵심적 행위자인 미국과 WHO는 서로 격한 발언을 주고받으며 상호 비난을 벌였고, 결국 트럼프 대통령이 WHO로부터의 탈퇴를 선언하는 상황까지 만들어졌다.

전 지구적 규모의 감염병 위기 상황에서 빠른 문제 해결을 위해서는 국가들 사이에 질병정보 공유, 방역 공조, 백신의 신속한 공급 등의 협력이 필수적이다. 그럼에도 불구하고 2020년 이후의 모습은 강대국들의 패권경쟁이 보건 분야로 전이되어 협력과 공조의 모습보다는 대결과 상호 비방의 모습이 더 부각되었던 것이 사실이다. 이런 상황에서 국가들은 자국중심적인 대응에 급급하였고, 서로 다른 이해관계를 조율해야 할 국제기구인 세계보건기구(WHO)마저도 신뢰성과 투명성을 의심받는 상황이 조성되었다.

코로나 팬데믹에 직면하여 글로벌 보건 거버넌스가 위기에 봉착한 이유는 여러 가지가 있겠지만, 정치적 차원에서 다음의 3가지 원인에 주목할 수 있다(조한승 2021). 첫째, 강대국 패권경쟁이 보건 영역에까지 전이되어 보건의 정치화가 심화되었다. 국제체계 수준에서 미국과 중국 사이의 패권경쟁이 군사, 교역, 기술 등 전 분야에 걸쳐 고조되는 상황에서 글로벌 공공재로 간주되는 보건 분야에서도 힘의 경쟁이 나타나고 있다. 1902년 세계 최초의 보건 관련 국제기구인 미주국제위생기구(ISBA) 설립을 주도했던 미국은 국제보건협력의 리더십을 행사해왔다. 하지만 보건실크로드 정책을 일대일로 전략의 핵심 사항으로 추진하고 있는 중국은 저개발국에 대한 공세적인 보건개발협력을 제공하면서 글로벌 보건협력에서의 영향력을 잠식해가고 있다. 주도국가와 도전국가 사이의 세력경쟁이 보건 영역으로 확대되면서 제로섬 시각에서 상대방의 방역 조치를 비난하고 백신 개발과 보급을 견제하는 모습이 나타났다. 그 결과 글로벌 보건 거버넌스가 추구하는 '글로벌 공공재로서의 보건' 개념은 외면되었고, 혼란 속에서 각국은 협력보다는 각자도생을 모색하였다.

둘째, WHO와 주요 국가 사이의 관계의 불협화음이 글로벌 보건 거버넌스의 신뢰를 떨어뜨렸다. 보건 분야에서 국제기구의 자율성은 안보, 금융 등 여타 분야보다 상대적으로 큰 편이다. 실제로 지난 20여 년 동안 WHO는 국가의 위임을 받은 대리인으로서의 역할보다는 글로벌백신연합(GAVI)과 같은 매개자를 내세워 글로벌 보건증진 사업을 기획하고 추진하는 독립적 행위자로서의 위상을 강화해왔다. 하지만 기구의 자율성 확대는 거버넌스 안에서 참여하는 국가들의 위상과 영향력에 따라 서로 다르게 해석될 수 있다. 특히 WHO 사무총장의 역할에 대한 논란이 대표적이다. 최근 WHO 사무총장의 선출방식이 기존의 단일후보 추인 방식에서 복수후보에 대한 총회에서의 다수결 선출로 변경되면서 글로벌 보건 정책에 대한 저개발국의 집단적 영향력이 커진 반면, 가장 많은 재정적 기여를 제공하는 미국은 이에 반발해왔다. 감염병 위기를 계기로 이러한 갈등이 폭발했다. 코로나 사태 초기 에티오피아 외무장관 출신인 테드로스 아드하놈 게브러여수스 WHO 사무총장이 지나치게 중국을 옹호한다는 이유로 미국은 WHO의 개혁을 주장하였고 급기야 탈퇴를 선언했다. 미국의 결정이 지나쳤다는 비판도 있었지만, WHO 사무총장이 중국에 대해 지나치게 저자세를 보였기 때문에 초기에 사태 확산을 억제하는 데 실패했다는 문제제기가 터무니없다고 말할 수는 어렵다.

셋째, 미국 트럼프 행정부의 보건안보 정책 실패가 글로벌 보건 거버넌스의 혼란을 부채질했다. 미국 질병통제예방센터(CDC)가 세계 각국의 질병대응 시스템의 모델이 되었을 만큼 미국은 일찍부터 공중보건을 국가의 중요 정책에 포함시켜왔다. 특히 오바마 행정부는 감염병 확산과 바이오 테러가 미국과 글로벌 안보에 심각한 위협이 될 것으로 예상하여 선제적으로 글로벌 보건안보구상(GHSA)을 추진하고 국가 안보회의(NCS) 글로벌 보건안보대응팀을 설치했다. 하지만 후임 트럼프 대통령은 이러한 정책이 세금낭비라는 인식을 가지고 보건안보 관련 정책을 중단 혹은 축소했다. 그 결과 NSC 보건안보대응팀은 해체되었고, CDC의 해외질병감시 인력이 대폭 감축되었으며, GHSA는 방치되었다. 심지어 오바마 정부에서 추진했던 보건용 마스크 증산 계획이 중단되어 코로나19 사태가 발생했을 때 마스크 대란이 발생하여 수많은 사람들이 감염되는 일이 만들어졌다. 이러한 보건안보 정책 실패에도 불구하고 트럼프 행정부는 그 책임을 중국과 WHO에 전가하여 국내 여론의 지지를 이끌어내려고 했다. 하지만 이미 글로벌 보건협력에서 미국의 주도적 지위는 심각하게 상처를 입었고, 글로벌 보건 거버넌스 전반의 위기는 가속화되었다.

2. 포스트-코로나 시대 글로벌 보건협력의 도전과제

코로나 사태에 직면하여 글로벌 공공재로서의 보건 개념이 위협받고 글로벌 보건 거버넌스는 심각한 위기에 봉착했다. 하지만 팬데믹을 통해 글로벌 보건협력의 필요성을 인류가 다시 확인했다는 점에서 오히려 글로벌 보건협력 외교에 보다 적극적으로 나서야 한다는 당위성이 입증되었다. 또한 예상치 못한 보건안보 위협에 인류는 놀라운 가능성도 함께 보여주었다. 일반적으로 백신 개발에 10~15년이 소요되지만 이번 코로나 사태에서 1년이 안 되는 시간에 백신이 개발되어 신속하게 보급되고 있다. 이는 신흥안보 위협요인이 사회 공동체의 네트워크

연계망을 따라 예상치 못한 재앙으로 전화(轉化)될 수도 있지만, 인간은 그러한 연계망을 통해 위기를 극복할 수 있는 능력과 기술도 발전시킬 수 있음을 보여준 것이다.

　신약 개발이 어려운 이유는 안전성을 확보하기 위한 임상실험에 많은 시간과 비용이 투입되기 때문이다. 따라서 약품을 개발의 기술력이 있는 대형 제약회사조차도 충분한 시장성이 보장되지 않으면 섣불리 개발에 뛰어들지 않는다. 심지어 사회적 상황이 바뀌어 시장성이 작아지면 신약개발 도중에 사업을 철수하기도 한다. 하지만 코로나 위기 상황은 이러한 장벽들을 일거에 뛰어넘었다. 전 세계 대부분의 국가에서 감염자와 사망자가 속출했기 때문에 신약 개발에 필요한 바이러스 정보를 대량으로 쉽게 얻을 수 있었다. 무엇보다 수요가 넘쳐났다. 주요 국가와 국제기구가 앞장서서 백신 개발을 위해 거대한 규모의 자금을 제약회사와 연구기관에 투입함으로써 백신 개발의 가장 큰 걸림돌인 시장성 문제가 빠르게 해결되었다. 미국의 워프 스피드(Warp Speed) 작전과 WHO가 주도한 코백스 퍼실리티(COVAX Facility)는 코로나 백신을 선구매하는 조건으로 제약회사와 계약을 체결하였다. 러시아와 중국은 자국의 제약기술을 국위선양의 도구로 사용하기 위해 국가가 주도하여 백신을 개발한 후 서방 기업의 백신보다 훨씬 저렴하게 저개발 국가에 제공하였다. 물론 개발기간이 짧아서 임상의 안정성 문제가 해소되지는 못했으나 이러한 노력 덕분에 백신접종을 통한 집단면역에 걸리는 시간도 역사상 가장 빠를 것으로 예상된다.

　코로나 위기를 극복하기 위한 각국의 분투가 벌어지고 있다. 이 과정에서 확인된 또 다른 희망의 가능성은 인공지능(AI), 빅데이터 등 신기술을 보건에 적용하는 경우 그 효과가 매우 크다는 사실이다. 코로나 백신이 개발되기 전까지는 코로나19 치료약에 의존할 수밖에 없었다.

2020년 2월 류마티스 관절염 억제제 올루미언트가 코로나 바이러스를 억제하는 효과가 있음을 발견하는 데 AI를 통한 약물발굴이 크게 기여했다. 또한 코로나 백신 투약을 관리하기 위해 미국은 오라클 글라우드의 머신러닝 기술을 사용하고 있으며(AIThority 2020), 영국은 백신 부작용 발견과 관리를 위한 AI를 개발하기 위해 150만 파운드를 투자하기로 결정했다(Mageit 2020). 이러한 사례들과 같이 AI, 빅데이터 등 첨단 디지털 기술을 제약산업에 적용할 경우 신약개발뿐만 아니라 환자 맞춤형 치료법 개발, 특수질병 발견 및 관리 등 새로운 가치 창출이 가능할 것으로 기대된다. 따라서 앞으로 글로벌 보건협력에서 기술과 보건의 결합이 차지하는 비중이 커지고, 국가 및 기업 사이에서 기술을 선점하고 시장을 확보하기 위한 경쟁과 연대가 심화될 것이다.

그러나 아직은 코로나19의 불안감이 더 크다. 코로나 백신이 개발되고 접종이 시작되었으나 백신을 확보하기 위한 경쟁은 또 다른 갈등의 불씨가 되었다. 부유한 나라들은 자국 국민들을 접종하고도 남을 만큼의 백신 물량을 확보하고 있는 반면 가난한 나라들은 여전히 백신을 구하지 못해 전전긍긍하고 있다. 이러한 백신 부익부 빈익빈 현상 속에서 "백신 민족주의"가 확산되고 있다. WHO가 코로나 팬데믹을 선포한 지 1년이 지난 2021년 3월 기준 백신 생산량은 전 세계 성인 인구의 80%를 접종할 수 있을 정도가 되었으나 실제로는 전 세계 성인의 20%를 차지하는 선진국이 백신의 절반 이상을 선점했다. 2021년 3월 기준 이스라엘의 백신 접종률은 60%이고 영국은 41%로서 2021년 말까지 선진국 대부분에서는 집단면역이 이루어질 전망이다. 하지만 후진국에서는 인구의 20% 미만이 백신 접종을 받게 될 것이다. 심지어 케냐 등 아프리카 저소득 국가에서는 2023년 중반까지 전체 인구 30%만이 접종을 받을 전망이다(Dahir and Mueller 2021).

코로나19 방역과 치료를 위한 기술을 공유할 것을 주장하는 목소리가 있지만 위기 앞에서 사실상 무시되고 있다. 2020년 6월 대부분 중남미, 남아시아, 아프리카 국가들로 구성된 40개 나라 지도자들은 WHO와 함께 '행동을 위한 연대 요청(Solidarity Call to Action)'을 발표했다(WHO 2020). 이들은 코로나19에 대한 대응은 글로벌 공공재로 간주되어야 하며, 저개발국에 대한 보건지원은 글로벌 보건위기를 해소하여 선진국에도 유익하기 때문에 백신개발의 기술과 지식을 공유할 것을 주장했다. 하지만 미국, 유럽 등 백신을 개발하고 있는 선진국들은 백신기술을 무조건 공유하게 되면 오히려 신약연구의 의지와 동기를 꺾어 궁극적으로 치료와 예방에 도움이 되지 않는다는 논리로 후진국들의 요구를 거부했다(U.S. Department of Health and Human Services 2020). 이러한 불평등한 백신공급에 대해 유엔 사무차장 위니 비아니마(Winnie Byanyima)는 "인명보다 수익이 우선시되는 백신 아파르트헤이트가 새로운 문제를 야기할 것"이라며 우려를 표시했다(Byanyima 2021).

코로나 팬데믹으로 흔들린 '글로벌 공공재로서의 보건' 인식을 다시 올바르게 세울 수 있느냐가 앞으로 글로벌 보건 거버넌스의 가장 큰 과제의 하나가 될 것이다. 그러한 노력의 하나로서 WHO, EU, 게이츠 재단 등이 주도한 ACT-A(Access to Covid-19 Tools Accelerator)는 코로나19 대응수단에 대한 접근성을 확대하는 내용이다. 이를 위해 WHO, CEPI(감염병대비혁신연합), GAVI 등 주요 글로벌 보건기관들과 일부 국가들은 백신의 공평한 분배를 위한 다자간 연합인 COVAX Facility를 추진했다. 이것은 백신 공동구매 개념으로서 20억 달러를 모금하여 2021년 말까지 20억 회 투여 분량의 백신을 개발, 공급하여 세계 20% 인구에 대한 접종을 이룬다는 내용을 담고 있다. 190여 개

국가들이 참여하고 있으며, 기금을 제공한 국가들은 일정 분량의 백신을 확보할 권리를 가지며, 나머지는 저개발 국가들에게 공급된다. 백신의 공급만으로 글로벌 보건의 모든 문제가 해결되지는 않겠지만 글로벌 공공재로서의 보건 개념이 여전히 작동하고 있음을 보여줌으로써 글로벌 보건 거버넌스가 추구하는 다자간 보건 연대의 신뢰성을 회복하는 데 기여할 것이다.

III. 중견국의 신흥무대 보건외교

1. 네트워크 시대 신흥이슈와 중견국 외교

코로나 팬데믹은 보건 영역에만 국한되지 않고 전 세계 국가와 사회 전반에 걸쳐 엄청난 위기를 초래했다. 주목할 점은 이러한 전대미문의 위기를 대처함에 있어 주요 강대국들이 보여준 행태가 대단히 실망스러웠다는 사실이다. 코로나19 팬데믹 상황에서 미국, 영국, 프랑스, 러시아, 중국, 일본 등 전통적 강대국들은 위기 극복의 리더십을 보여주기는커녕 서로를 비난하거나 자국 내 혼란과 불안감을 안정시키지 못해 전전긍긍했다. 이는 치명적인 신종 감염병을 포함한 신흥안보 위기 요인을 다루는 데 물리적 힘의 투사력을 강조하는 지정학적 접근이 한계가 있음을 보여주는 것이다.

　최근 신흥안보 위기에 대한 강대국 대응의 한계는 보건 이슈에서만 나타나는 것이 아니라 환경 등 다른 이슈 영역에서도 나타난다. 2015년 파리기후협약이 극적으로 타결되었지만 2017년 미국의 트럼프 행정부는 탈퇴를 선언했다. 그러자 국제사회는 글로벌 행위자들 사이의 상호이해와 협력을 통한 글로벌 공공재 형성의 흐름에 역행하는 것이라며 미국을 강하게 비판했고, 글로벌 무대에서 미국의 신뢰를 약화시킴으로써 결과적으로 미국의 글로벌 리더십을 저하시켰다. 바이든 행정부가 글로벌 환경 거버넌스에의 복귀를 공약으로 내걸고 당선됨으로써 환경이나 보건과 같은 글로벌 공공재에 관련된 분야에서는 힘을 우선시하는 고전적 지정학 논리가 그대로 적용되어서는 곤란하다는 인식을 확산시켰다.

이와 같이 글로벌 네트워크 시대 다양한 이슈와 행위자가 서로 복잡하게 연계되어 있는 상황에서 복합지정학이 주목받고 있다. 이 개념은 군사력과 영토적 조건과 같은 물질구조에 의해 결정되는 고전적 지정학과 달리 오늘날 네트워크 시대 신흥이슈의 구조는 권력에 대한 구성주의적 해석과 탈영토적 공간 개념이 고려되어야 하는 매우 복합적인 양상으로 나타난다는 점을 강조한다.[1] 물론 미국과 중국의 패권경쟁에서 나타나는 것과 같이 글로벌 행위자 상호관계에서 고전지정학의 힘의 논리가 여전히 커다란 영향을 미치고 있음을 부정할 수는 없다. 하지만 고전적 지정학에서 상정하는 물리적, 지리적 힘의 투사만이 국가의 영향력을 증대시키고 위상을 강화하는 유일한 접근방법은 아니다. 복합지정학의 관점에서 볼 때 보건, 환경, 기술, 재난, 사이버 등 신흥이슈에 관한 외교는 전통적인 힘 중심의 외교와 구분되지만 때로는 고전적 지정학이 강조하는 힘의 외교만큼이나 글로벌 행위자 관계에 커다란 변화를 불러일으킬 수 있다. 2020년의 코로나 팬데믹이 글로벌 차원에서 모든 이슈를 압도해버렸다는 사실이 이를 증명한다.

신흥무대의 외교에서는 물리적 힘의 관계가 강조되었던 전통적

---

1 복합지정학에 대한 보다 자세한 논의를 위해서는 김상배(2020)를 참조하라.

외교무대와 구분되는 권력게임이 이루어지기 때문에 그동안 강대국에 가려서 전면에 나서기가 어려웠던 중견국가의 역할과 위상이 주목받을 수 있는 기회가 만들어질 수 있다. 실제로 코로나 팬데믹에서 한국, 대만, 뉴질랜드 등 중견국들은 주요 강대국들에 비해 놀라울 정도로 효과적인 방역 능력을 보여주었고, 국제적으로도 높은 평가를 받았다. 이들 국가에서 도입된 드라이브 스루 검진, 스마트폰 활용 방역 정보관리, 마스크 실명제 도입 등은 신흥이슈에 대한 대응에서 국가가 얼마나 물리적인 힘을 가지고 있느냐보다는 얼마나 창의적이고 기민하게 대응하느냐가 국가의 위상에 더 큰 영향을 미친 사례들이다.

따라서 신흥이슈 영역에서 나름의 고유한 장점을 가지고 있는 국가는 비록 강대국이 아닌 중견국이라 할지라도 해당 이슈가 가지는 국제정치적 의미와 파급효과를 잘 반영하는 '영리한' 외교전략을 통해 강대국 외교의 틈바구니를 파고들어 새로운 활동 영역을 개척할 수 있다. 신흥이슈의 외교무대에서 중견국은 신흥이슈에 관한 경험과 지식을 여러 나라들이 공유하도록 유도하고(중개외교), 해당 분야에서 이해관계를 함께하는 나라들을 규합하여 새로운 연대를 이끌며(연대외교), 신흥이슈를 둘러싼 행동의 규범과 기술적 규칙을 창출하는 역할을 수행함으로써(규범외교) 국제무대에서의 위상을 높일 수 있다(김상배 2020). 이에 더하여 해당 분야에서의 성과를 자국의 다른 장점들과 결합하여 제3의 영역을 개척하고 이를 통해 새로운 국가이익의 창출을 모색할 수 있다.

2. 중견국 보건외교의 사례: 성공의 조건과 실패의 교훈

중견국은 외교의 신흥이슈로서 보건이 국제정치적으로 어떤 의미를 내포하고 있는지를 정립하고, 이해관계를 공유하는 다른 행위자들을 규합하여, 보건문제 해결을 위한 새로운 규범과 규칙의 설정을 주도함으로써 글로벌 보건외교무대에서 강대국 못지않은 위상과 영향력을 가질 수 있다. 그 대표적 사례로서 스웨덴의 지속가능개발과 보건의 연계 전략과 브라질의 보건협력을 통한 남남협력 리더십 함양 전략을 들 수 있다. 이들 나라는 고전적 지정학에서 구분하는 강대국이 아님에도 불구하고 국제적으로 특화된 자국의 장점을 보건협력 분야에 접목하여 기존의 고유영역에서뿐만 아니라 보건협력 분야에서도 상당한 영향력을 행사할 수 있게 되었고, 더 나아가 이를 활용하여 전통적 외교무대에서의 자국 위상을 높일 수 있는 발판으로 활용했다.[2]

　스웨덴은 1972년 유엔 인간환경회의를 수도 스톡홀름에서 개최했을 만큼 글로벌 환경 거버넌스에서 상당한 영향력을 발휘해온 대표적인 국가이다. 오늘날 국제개발협력의 모토가 된 '지속가능개발' 개념이 만들어지고, 수많은 환경관련 회의와 선언이 이루어지게 된 배경에는 스웨덴의 역할이 지대했다. 그런데 오늘날 스웨덴은 환경뿐만 아니라 보건협력 분야에서도 상당한 영향력을 가지는 나라로 인정받고 있다. 그 이유 가운데 하나는 스웨덴이 자국의 장점인 환경 의제를 보건협력 분야에까지 유연하게 적용하는 현명한 외교를 펼쳤기 때문이다.

　스웨덴은 환경의 의미를 기존의 자연환경에만 국한시키지 않고 질병, 인구, 이주와 같은 사회보건적 차원까지도 포괄하는 개념으로 확장하여 사회환경, 도시환경 등과 같이 일상적 삶을 둘러싼 요소들도 환경의 맥락에서 바라볼 수 있는 토대를 마련했다. 이를 바탕으로 보건협력 의제를 스웨덴이 강점을 보이는 '녹색정치'의 맥락 속으로 끌

2　양국의 보건외교에 대한 보다 자세한 논의는 조한승(2019, 105-139)를 참조하라.

어들였다. 그 계기는 1991년 스웨덴이 WHO의 국제건강증진회의를 스웨덴 동부의 항구도시 순스발(Sundsvall)에 유치한 데에서 비롯된다. 스웨덴은 개최국으로서 회의 의제를 '건강을 돕는 환경(Supportive Environment for Health)'으로 선정하여 회의를 주도했다. 그 결과 보건은 환경과 밀접한 관계에 있으며, 건강증진을 위해서는 환경개선이 필요하다는 내용의 선언문을 채택할 수 있었다(WHO 1991). 이를 통해 스웨덴은 환경 분야에서뿐만 아니라 글로벌 보건협력 분야에서도 입지를 확대할 수 있게 되었다.

스웨덴은 유엔의 새천년개발목표(MDG)와 지속가능개발목표(SDG) 가운데 보건개발협력에 관한 정부정책의 일관성과 전문성을 고양하기 위해 보건외교의 역량을 강화하는 정책을 꾸준히 펼쳤다. 스웨덴의 SDG 이행을 위한 정부의 역할과 임무 가운데 보건외교 분야를 포함하여 스웨덴의 보건외교의 목표, 활동방향, 파트너, 접근법, 모니터링 등에 관한 내용을 정책문서로 발표하는 한편(Government Offices of Sweden 2018), 세계 최초로 보건외교 무대에서 스웨덴 정부 입장을 대표하는 글로벌 보건대사(Ambassador for Global Health)를 임명하여 보건외교의 일관성과 전문성을 고양하고 다른 나라와의 협력을 이끌어내는 역할을 수행하도록 하였다.[3]

코로나 팬데믹에서 브라질의 상황은 매우 심각하지만 보건협력 분야에서 브라질은 상당한 영향력을 가지고 있다. 브라질은 20세기 초부터 보건 관련 국제협력에 적극 참여하여 WHO의 전신인 범미보건기구(PAHO)의 창립 회원국이었으며, 영토, 인구, 자원을 가지고 있기 때문에 남반구 저개발국의 보건개발협력 분야에서 브라질의 주도적

---

3   스웨덴은 2010년 세계 최초로 에이즈 대사를 임명했다. 2012년 이를 글로벌 보건대사로 명칭을 바꾸고 역할을 확대했다.

역할을 자타가 인정하고 있다. 이와 더불어 브라질이 보건외교에서 위상을 높일 수 있었던 것은 인권과 보건을 연계하는 전략에 성공했기 때문이기도 하다. 브라질은 1988년 민주화를 이루고 헌법에 "보건을 '인간의 권리'이자 국가의 의무"로 규정했다. 이어 1989년 2억 2천만 국민에 대한 통합보건시스템(SUS)을 도입했는데, 이는 당시 단일국가로는 최대 규모의 공공의료보장제도로 기록되었다.

브라질의 보건과 인권의 이슈 연계는 국내 복지정책에서뿐만 아니라 대외적으로 브라질 남남외교 전략의 든든한 규범적 토대가 되었다. 1990년대 브라질에 에이즈가 만연하자 브라질 정부는 에이즈 치료 복제약 제조시설을 만들고자 했으나 거대 제약사들은 지식재산권을 이유로 이를 반대했다. 그러자 브라질은 남아프리카공화국, 태국 등 에이즈로 고통받는 다른 저개발국들과 연대하여 에이즈 치료는 개인이나 개별 국가의 문제가 아니라 '인류 보편의 권리'라는 주장을 펴면서 국제여론의 지지를 이끌어냈다. 에이즈 치료 복제약 제조 허용을 요구하는 분위기가 확산되자 세계무역기구(WTO)에서 이에 대한 논의가 이루어졌고 결국 저개발국의 복제약 제조가 허용되었다. 이를 계기로 브라질은 에이즈 퇴치와 공중보건협력 분야에서 글로벌 리더로 인정받게 되었다(Galvao 2005).

브라질은 남반구에서 차지하는 주도적 위상을 확대하여 글로벌 차원에서도 주요 행위자로 인정받기 위한 노력을 펼쳤다. 브라질은 유엔 상임이사국 진출을 꾸준히 모색하면서 남미 국가들뿐만 아니라 아프리카, 아시아의 저개발국과의 연대를 강화하는 전략을 활용하고 있다. 이러한 남남협력 외교전략에서 보건외교는 매우 효과적인 수단이 되었다. 브라질은 에이즈 치료약뿐만 아니라 여러 저개발국에 만연한 열대성 감염병의 치료약에 대한 접근성을 확대하기 위한 글로벌 협력에 적극적으로 나서고 있다. 또한 2008년 남미보건위원회(South American Health Council) 수립, 2009년 포어(葡語)사용국공동체 (CPLP) 보건협력 프로젝트, 2012년 모잠비크 에이즈 치료약 공장 건설 등을 주도하여 글로벌 보건협력의 핵심 행위자로서의 지위를 공고히 했다.

위와 같은 사례들은 중견국이 어떻게 신흥무대 외교에서 자국의 영향력을 확대하고 국제적 지위를 높일 수 있는지를 잘 보여준다. 스웨덴의 경우는 자국의 장점인 환경정책과 보건협력을 결합하여 새로운 보건협력외교의 규범을 만들어내고 국제사회에 보건환경이라는 새로운 개념의 의미와 필요성을 전달하는 중개 역할을 수행했다. 또한 글로벌 보건대사와 같은 정책과 제도를 개발하여 글로벌 보건협력 분야에서 다른 국가와의 연대를 이끌어내는 창의성을 보여주었다. 브라질 역시 인권과 보건이라는 별개의 이슈를 보편성의 측면에서 연계함으로써 새로운 규범을 창출하였으며, 이러한 이슈연계를 통해 더 많은 행위자를 끌어들임으로써 감염병 치료약 협상과 같은 글로벌 보건협력에서 주도권을 행사했으며, 더 나아가 남남협력의 맹주로서의 지위를 강화할 수 있었다.

하지만 공교롭게도 코로나19에 대한 대응에서 스웨덴과 브라질 모두 커다란 혼란을 경험하고 감염병 대응에 실패하는 모습을 보였다. 스웨덴은 도시 봉쇄 대신 선택한 실험적 집단면역이 큰 성과를 거두지 못하고 오히려 노년층의 많은 희생을 초래하여 실패를 인정하고 집단면역 정책을 폐지했다. 브라질의 경우 2021년 3월 30일 기준 누적 확진자가 1천3백만 명에 육박하고, 누적 사망자는 32만 명을 넘어섰다. 이는 미국에 이어 두 번째로 많은 코로나 사망자 수치이며, 전 세계 코로나 사망자 282만 명의 10%에 달한다(WHO 2021). 국토의 상당 부분이 아마존 열대우림 지역인 브라질은 말라리아, 황열병, 지카 등 감염병에 관련한 높은 수준의 연구 능력을 가진 나라였음에도 불구하고 코로나19 팬데믹에서 그러한 능력은 전혀 발휘되지 못하고 코로나19 대응에 가장 실패한 나라의 하나가 되었다.

브라질의 방역 실패의 가장 큰 이유는 브라질 국내정치에서 비롯된다. 룰라 대통령과 지우마 호세프 대통령으로 이어진 13년 동안의 좌파 노동자당 정부가 물러나면서[4] 집권한 자이르 보우소나루(Jair Bolsonaro) 대통령은 브라질의 트럼프라는 별명으로 불릴 만큼 극우 성향의 정치 세력을 발판으로 삼아 정치적 영향력을 확대하였다. 그는 코로나 위기에 대한 대응에 있어서도 트럼프의 실패를 그대로 답습했다. 그는 경제침체를 우려하며 마스크 쓰기와 같은 기초적인 조치를 포함하는 코로나19 방역을 무시하여 혼란을 부추기는 행태를 보여 결과적으로 방역의 대실패를 초래했다. 이로써 그동안 브라질이 강점으로 내세웠던 인권으로서의 보건외교, 감염병 연구의 주도국 등과 같은 보건외교 분야에서의 명성은 빛을 바랬을 뿐만 아니라, 국제적으로도 브라질의 입지가 크게 실추되었다(France 24 2021).

이러한 사례를 통해 중견국의 신흥무대 외교의 교훈도 함께 얻을 수 있다. 물리적 힘과 지리적 특징을 중시하는 전통적인 외교와 달리 신흥무대 외교는 힘과 영토와 같은 물리적 특성이 상대적으로 영향을 덜 미치기 때문에 중견국이 얼마나 창의적인 발상을 가지고 접근하느냐에 따라 기회를 제공할 수 있다. 하지만 미국과 브라질의 코로나19 대응 실패 사례에서처럼 그러한 기회를 정치 지도자가 어떻게 받아들이고, 국내정치의 역학관계가 위기상황에 얼마나 유연하고 기민하게

---

4   2016년 지우마 호세프 대통령이 탄핵으로 물러난 후에는 부통령이었던 테메르가 대통령직을 승계했다. 테메르는 중도주의 노선의 민주노동당 소속이었다.

대응하느냐에 따라 신흥무대 외교의 성공과 실패가 갈릴 수 있다. 특히 인기영합적 정치적 행태로 인해 전문성이 훼손되는 경우 외교적 기반으로서의 신뢰성 상실을 초래할 수 있다.

일반적으로 전통적 외교의 핵심 수단인 강대국의 군사력과 경제력은 상당한 기간에 걸쳐 축적되는 것이기 때문에 정권 교체나 국제환경의 변화에도 불구하고 하루아침에 사라지는 것이 아니다. 하지만 상대적으로 신흥이슈 영역에서 중견국 외교의 핵심인 중개, 연대, 규범 외교 능력은 국제적인 외교안보 및 경제적 환경 변화에 따라 유동적으로 변화할 수 있으며, 국내정치 차원에서의 리더십 교체에 매우 민감하게 반응할 수 있다. 따라서 신흥무대 중견국 외교의 성공을 위해서는 해당 이슈영역에서의 전문성에 더하여 대내외적 조건에 전략적으로 대응할 수 있는 외교적 마인드를 함께 가지는 인적자원을 양성해야 한다.

IV. 한국의 중견국 보건외교의 방향과 과제

1. 한국의 글로벌 보건안보와 보건협력의 현황

한국은 반세기 만에 최저빈국에서 OECD의 주요 공여국으로 성장한 경제개발의 모범국가이다. 부존자원이 부족하고 경작면적이 상대적으로 좁은 한국이 빠른 경제성장과 집약적 국가발전을 이루기 위해서는 인적자원의 수준을 높이는 전략을 선택할 수밖에 없었다. 따라서 건강하고 교육수준이 높은 양질의 노동력을 양성하여 산업화와 근대화를 추진하는 전략을 펴나갔다. 이를 위해 한국은 적극적인 보건증진 정책을 추진하여 영유아 예방접종 사업, 구충사업, 국민 의료보험 제도 도입, 감염병 방역 체계 정비, 상하수도 시설 개선, 보건교육 및 훈련 등이 강력하게 전개되었다.

특히 2015년 메르스 사태를 경험하면서 한국은 감염병 대응에 대한 제도 개선과 WHO 외부평가 자발적 수검 등과 같이 감염병 대응에 대한 역량을 강화하기 위한 노력을 벌였다. 그 결과 2019년 글로벌 보건안보지수(GHSI)에서 한국의 보건안보위협 대응 능력은 종합 9위를 기록했을 만큼 선진국 수준의 보건안보 역량을 갖추게 되었다. 코로나 19에 대한 대응에서 나타난 것처럼 한국은 실시간 질병감시, 방역인력 훈련, 질병 데이터 관리, 긴급대응, 공중보건과 국가안보 연계, 국제보건규칙 준수, 국제적 책임 등에서 세계 최고 수준의 역량을 보여주었다. 코로나19 초기 드라이브 스루 검진과 같은 창의성을 발휘했고, 높은 수준의 정보통신 역량을 가지고 질병 관련 정보를 국민들에게 신속하게 제공하여 혼란을 억제했으며, 신속한 대량 검진이 가능한 진단키트를 신속하게 제조하여 미국 등 선진국에 제공하기도 했다.

이러한 높은 수준의 보건의료 역량을 바탕으로 한국은 보건안보, 보건개발협력 등 글로벌 보건 거버넌스에서의 역할을 확대해나갔다. 보건안보 분야에서 한국은 글로벌보건안보구상(GHSA), ASEAN 중심의 아시아태평양 보건안보협력 등에 참여하였다. 특히 2014년 미국 주도로 설립된 GHSA에서 한국은 창립회원이자 선도그룹 국가로 활약했고, 워싱턴 DC에 이어 서울에서 2015년 GHSA 2차 고위급 회담을 개최할 만큼 적극적이었다. 코로나 팬데믹이 전 세계로 확산되자 한국은 2020년 5월 유엔에서 캐나다, 덴마크, 카타르 등과 함께 글로벌 보건안보 우호국 그룹(Group of Friends of Solidarity for Global Health Security) 출범을 주도하여 보건안보에 대한 글로벌 차원에서의 논의 활성화를 위한 국제적 공조를 역설했다. 그리고 2020년 코로나 팬데믹이 고조되자 한국도 글로벌 보건안보협력 논의에 보다 적극적으로 참여하기 위해 글로벌 보건안보대사를 임명했다.[5]

보건개발협력 분야에서도 한국은 보건원조의 규모를 꾸준히 확대해왔다. 개발원조(ODA) 가운데 보건원조(다자원조 포함)가 차지하는 비율에서 한국은 2016년 기준 10.4%로서 OECD 핵심 공여국 가운데 9번째로 높은 수준이며, 북미와 유럽을 제외하고는 한국이 가장 높은 수준을 보였다. 보건개발협력을 위한 제도 역시 지속적으로 개선되어 왔다. 공적개발원조를 담당하는 한국국제협력단(KOICA)뿐만 아니라 인도적 차원에서 개도국 보건의료 지원과 해외교민 및 국내 외국인 노동자를 대상으로 보건 서비스를 제공하는 한국국제보건의료재단(KOFIH)이 2006년 보건복지부 산하에 만들어져 글로벌 보건 서비스를 담당하고 있다. 2015년부터는 서울대학교 병원이 아랍에미리트 등에서 병원을 위탁 운영하는 등 한국의 보건의료 기술과 운영에 관한 능력을 국제적으로 인정받고 있다.

2. 포스트-코로나 시대 한국 보건외교 전략 모색

1) 한국의 중견국 보건외교의 방향

코로나 팬데믹을 계기로 보건이슈가 외교의 신흥무대로서 주목을 받고 있다. 백신 도입이 뒤처졌음에도 불구하고 심각한 사회적 혼란을 차단할 수 있었다는 점에서 한국은 탁월한 방역 능력을 발휘하여 코로나 19 위기를 비교적 잘 극복하고 있다고 평가받고 있다. 그런 점에서 글

---

5   2020년 7월에 임명된 글로벌 보건안보 대사는 오명돈 신종감염병 중앙임상위원회 위원장과 이종구 서울대 의과대학 교수(前 질병관리본부장) 등 2명이며, 이들은 1년 임기의 무보수 명예직이다.

로벌 차원의 팬데믹을 계기로 한국은 보건외교 무대에서의 기회를 포착하고 한국의 보건외교 위상을 높이기 위한 전략을 개발해야 한다. 특히 중개, 연대, 규범 등의 차원으로 설명되는 중견국 외교 맥락에서 한국의 보건외교 전략이 보다 구체화되고 정교화될 필요가 있다.

중개외교의 차원에서 한국의 보건외교 전략은 글로벌 공공재로서의 보건 개념 하에서 여러 나라들이 보건협력이 상호 이익에 부합한다는 인식의 공유를 위해 한국이 주도적 역할을 수행하는 방향이어야 한다. 감염병 위기 상황에서 불가피한 국경 폐쇄, 교류 중단, 검역이 상호 교류의 불편함을 넘어서 국가 간 정치적 대립이나 여행객에 대한 비인간적인 대우, 혹은 외국인 배척과 혐오로 이어질 수 있음을 경계해야 한다는 논리를 개발해야 한다. 이러한 논리를 바탕으로 방역을 위한 긴급한 조치가 불가피한 경우라도 상호 양해가 가능하도록 국제적 소통 채널과 공동방역 매뉴얼 혹은 프로토콜 구축을 위한 논의를 제안할 필요가 있다.

연대외교의 차원에서 한국의 보건외교 전략은 글로벌 보건에 대한 국제적 행위자의 관심을 유도하고 신흥이슈로서 글로벌 보건안보 위협요인들은 상대를 잠재적인 적으로 간주하는 군사안보 혹은 무역전쟁과는 구분되는 것이며, 오히려 상호 협력과 이해를 통해서만 해결될 수 있는 것임을 강조하는 내용이어야 한다. 글로벌 네트워크의 시대에 각자도생의 접근보다는 방역과 백신 보급을 위한 협력이 중요하다는 논리를 개발하고 확대하기 위한 국제적 분위기를 형성해야 한다. 즉, 강대국 사이의 힘의 대결이 글로벌 보건협력을 가로막아서는 안 된다는 논리를 개발하고 이러한 인식을 함께 하는 행위자들과 연대를 강화하는 외교적 노력을 벌여야 한다.

규범외교의 차원에서 한국의 보건외교 전략은 글로벌 감염병 대응의 원칙을 형성하는 과정에서 한국이 보여준 신속검진과 개방적인 감염병 정보 관리가 감염병 확산을 억제할 뿐만 아니라 사회적 신뢰성을 높여 혼란을 최소화하는 데 효과적이었음을 상기시킬 필요가 있다. 이를 통해 한국이 글로벌 감염병 대응에 관한 논의에서 주도적인 위치에 자리매김할 수 있을 것이다. 또한 백신과 치료약의 개발 및 보급, 글로벌 보건개발협력 등에 관한 논의에서 한국이 비교우위를 가지고 있는 ICT, AI 등 첨단기술 활용에 관한 내용이 포함될 수 있도록 함으로써 기술주도 보건안보협력 모델을 한국이 주도하여 개발해야 한다.

유념해야 할 점은 위에서 언급한 중견국 보건외교의 각각의 차원은 서로 엄격하게 구분되는 개념이 아니라는 사실이다. 중개, 연대, 규범은 상호 연관되어 있으며, 우선순위를 정해 특정 사항만 선택하거나 배제할 수 있는 것이 아니다. 예를 들어 효과적 방역을 위해서 각각의 행위자 사이의 신뢰성이 강조되어야 한다는 원칙을 공유하는 국가들과 협력을 모색하는 노력은 규범외교의 성격을 가지면서 동시에 연대외교의 효과도 가진다. 더 나아가 이는 글로벌 공공재로서의 보건 개념에 대한 국가들의 인식을 제고하는 데 영향을 미칠 수 있기 때문에 중개외교의 의미도 내포한다. 따라서 중견국 보건외교를 성공적으로 발전시키기 위해서는 개별 차원에서의 성과를 신속히 다른 차원으로 연결시키는 접근이 필요하다. 이를 위해서는 보건의 전문성과 외교의 기술을 종합하여 시너지 효과가 발생할 수 있도록 정부 정책을 창의적이면서도 안정적으로 만드는 정책 리더십의 역할이 중요하다.

2) 보건외교의 다자적 접근 전략 개발

코로나19 위기에 대해 미국, 영국, 중국, 러시아, 일본 등 전통적 강대국들이 전개한 자국 중심주의적 정책이 감염병 대응에 효과적이지 못했음이 입증되면서 보건안보와 보건원조는 특정 강대국이 주도하는 일방주의 접근보다는 여러 행위자들의 협력을 이끌어내는 다자적 접근이 바람직하다는 주장이 힘을 얻고 있다. 글로벌 보건이 신흥이슈로 부각되고 강대국 주도의 접근에 제동이 걸린 상황에서 글로벌 보건을 위한 다자간 협력의 방향성과 접근법에 대한 다양한 아이디어가 쏟아져 나오고 있다. 그 내용을 살펴보면 개별 행위자들은 보건의 공공재적 성격을 앞세우며 포스트-코로나 시대의 글로벌 보건외교가 다자간 협력에 바탕을 두어야 한다는 다자협력에 동의하고 있지만 그것을 어떻게 구체화하느냐에 대해서는 자신이 다자적 보건외교협력의 중심 역할을 해야 한다는 논리를 개발하여 확산하고 동의를 이끌어내는 활동을 벌이고 있다.

　신흥 보건외교 분야에서 다자간 접근에 대한 아이디어가 봇물처럼 나오고 있으며, 이러한 논의에서 주도권을 가지고 우호세력을 규합하려는 노력이 전개되고 있다. 독일은 자국이 주도하는 다자주의 동맹(Alliance for Multilateralism) 이니셔티브를 기반으로 2020년 4월 "코로나19 극복을 위한 다자주의 동맹 공동선언"을 발표했고, 24개국이 여기에 참여했다. 전술한 것처럼 코로나19 대응 기술의 공유를 주장하며 제약 선진국들의 각성을 촉구한 WHO의 '행동을 위한 연대 요청(Solidarity Call to Action)' 성명 역시 같은 맥락에서 설명된다. 2020년 6월에 발표된 이 성명은 코스타리카가 주도하여 중남미, 아프리카, 남아시아 등 37개국이 참여했다. 앞서 소개한 것처럼 한국도 2020년 5월 유엔에서 글로벌 보건안보 우호국 그룹(Group of Friends of Solidarity for Global Health Security)을 카타르, 캐나다, 덴마크, 시에라리온과 함께 출범시켰다. 게이츠 재단과 같은 비국가 행위자도 다자간 보건협력에서 주도적 역할을 행사하고 있다. 코로나 백신의 개발과 보급을 위한 COVAX Facility를 이끌어낸 ACT-A(Access to Covid-19 Tools Accelerator)의 활동에 게이츠 재단의 출자기금이 커다란 기여를 했다 (Reuters 2020). 다자적 보건외교에서 WHO는 중심 역할을 강조하고 있다. 테드로스 아브하놈 게브러여수스 WHO 사무총장은 2021년 3월 한국을 포함한 23개국 정상 및 EU 상임의장과 함께 미래 팬데믹 대비를 위한 새로운 국제조약 마련과 글로벌 보건 시스템 강화를 촉구하는 공동서한을 발표하였다(CNBC 2021).

다자간 보건협력의 목소리가 커지고 있지만 백신의 공동개발과 기술공유와 같은 분야에서는 미국을 포함한 선진국들의 반대도 만만치 않다. 한국은 기본적으로 다자간 보건협력을 표방하고 있으나 백신 기술 공유와 같이 의견이 충돌하는 문제에 대해서는 어떤 이해관계를 가지고 있으며 어떤 행위자들과 연대해야 하는지에 대해서는 아직 뚜렷한 입장정리가 되어 있지 않다. 한국은 신약 개발의 잠재적 역량을 가진 나라이기 때문에 백신개발 기술공유 문제에서 저개발국의 주장이나 미국의 주장 가운데 하나를 선택하기에 애매한 측면이 있다. 따라서 이러한 민감한 문제에 대해 굳이 특정 입장을 지지하는 것이 꼭 바람직하다고 말할 수는 없다. 하지만 이 이슈가 글로벌 보건 거버넌스의 핵심 쟁점으로 부상하고 있다는 점에서 관련 논의를 심도 있게 분석하여 글로벌 공공재로서의 보건 개념과 한국의 국가이익의 공통분모를 발굴하여 이를 한국의 보건외교의 지향점으로 발전시키고 국제사회의 공감대를 이끌어내는 지혜가 필요하다.

향후 전개될 포스트-코로나 시대 글로벌 보건안보 및 보건협력 논의에서 한국이 추구하는 다자간 보건협력외교가 효과를 거두기 위해서는 다음과 같은 사항들이 고려되는 전략이 마련되어야 한다.

첫째, 코로나19를 포함한 보건안보 위기에 대한 대응은 글로벌 공중보건 증진과 자유민주주의 국제질서에 모두 부합하는 방식으로 이루어져야 한다. 이를 위해서는 보건안보 증진을 위한 국제협력이 강대국 패권경쟁에서 선택되어야 하는 조건이 될 수 없다는 기본원칙이 지켜져야 한다. 또한 보건은 특정 국가나 정치체제가 아닌 인류 보편의 가치라는 대전제 하에서 다자간 보건안보협력 네트워크에서 투명하고 개방적인 상호관계를 통해 행위자 사이의 신뢰성을 보장하는 제도를 수립해야 한다. 향후 보건안보협력의 제도화 과정에서 한국은 보건의 지나친 정치화를 경계하여야만 신흥무대로서의 보건외교에서 한국의 입지를 넓힐 수 있다.

둘째, 글로벌 보건 거버넌스가 원활하게 기능하기 위해서는 특정 국가 혹은 정치세력이 아닌 보건 전문기구인 WHO가 중심 역할을 수행해야 하며, 이를 위해서는 WHO의 국제적 신뢰성이 회복될 수 있는 개혁조치가 선행되어야 함을 강조해야 한다. WHO의 리더십이 특정 강대국이나 지역의 영향력 하에 놓이게 되는 것도 문제이지만, WHO의 행태에 불만이 있다고 해서 WHO를 고립시켜 글로벌 보건 거버넌스에서 WHO의 중추적 역할을 거부하는 것도 바람직하지 않다. 코로나 팬데믹과 같이 보건위기의 가공할 파급력을 고려할 때 다른 대안이 만들어지지 않은 상황에서 기존 거버넌스의 역할과 기능 자체를 부정하는 것은 인류 전체를 위험에 빠뜨릴 수 있다. WHO 중심의 보건 네트워크를 벗어나서 글로벌 보건 이슈를 논의하고 질병 정보를 수집·교환하는 것은 현실적이지 않다. 따라서 새로운 거버넌스를 구성하는 것보다는 WHO가 글로벌 보건을 위해 필수적인 역할을 충실하게 수행할 수 있도록 운영방식을 개선하고 리더십의 개혁을 위한 방안을 논의하는 것이 바람직하다. 이런 맥락에서 한국은 WHO 개혁의 필요성과 당위성 논리를 개발하여 논의의 중심에 자리매김하여 개선된 글로벌 보건 거버넌스에서 보다 핵심적 역할과 지위를 가질 수 있도록 준비해야 한다.

셋째, 저개발 국가에 대한 방역지원의 필요성을 강조하고, 백신 민족주의를 극복하기 위한 다자간 노력에 한국이 보다 적극적으로 나서야 한다. 코로나 백신의 보급으로 선진국에서는 집단면역이 빠르게 진행되고 있으나, 저개발국에서의 백신 보급은 매우 지체되어 있다. 코로나 변이 바이러스가 계속해서 출몰하고 있어 백신접종 속도가 늦은 저개발국에서는 백신의 효과가 크게 떨어질 가능성이 크다. 이는 다시 선진국 주민들의 건강을 위협하는 또 다른 위기를 가져와 글로벌 감염병 위기가 장기화되는 심각한 상황을 초래할 수 있다. 따라서 보건의료 환경이 열악한 남아시아, 남아메리카, 아프리카 등 저개발 국가에 대한 방역지원을 통해 백신접종이 신속하게 이루어질 수 있도록 만드는 노력이 글로벌 차원에서 이루어져야 한다. COVAX Facility가 만들어졌으나 이것만으로는 저개발국의 감염병 위기를 해소하기에 역부족이기 때문에 백신 공급에 대한 글로벌 차원의 공조를 위한 시스템을 구축하기 위한 논의가 시작되어야 한다. 한국은 코로나19의 신속한 검진과 방역에는 비교적 성공하였으나, 팬데믹으로부터 공동체의 기능을 회복시키기 위한 백신의 수급에는 매우 뒤처져 있다. 향후 글로벌 보건협력 네트워크의 개혁을 위한 국제적 논의에서 한국이 중요한 역할을 맡기 위해서는 백신 수급 문제를 신속히 해결해야 한다.[6]

---

6   COVAX Facility에 기금을 제공한 국가는 자국 인구의 20%를 접종할 수 있는 백신을 확보할 권리를 가지며, 나머지는 저개발 국가 주민들에게 공급된다. 저개발 국가에서의 코로나 위기를 신속하게 해소하기 위해 대부분의 선진국들은 COVAX 공급 물량 가운데 일정량을 확보할 수 있는 권리를 가지고 있음에도 불구하고 COVAX를 통한 1차 공급 물량을 모두 저개발 국가들에게 양보했다. 하지만 한국을 포함한 일부 선진국들은 자국의 백신 도입이 지체되면서 1차 공급 물량의 자국 몫을 확보하겠다고 발표했다.

3) 동아시아 보건협력 제도화 주도

한국은 글로벌 차원에서 다자간 보건협력외교를 추구하는 동시에 동아시아 지역 차원에서도 주변 국가들과의 보건협력을 위한 제도적 장치를 구축하는 데 중심적인 역할을 수행해야 한다. 중국과 동남아시아를 포함하는 동아시아 지역은 사스, 조류독감, 코로나19와 같은 다양한 신종 감염병의 발병지이며, 인구가 밀집되어 있고, 인접국가와 교류가 급증하고 있어 감염병과 가축질병의 확산에 매우 취약한 환경이다. 코로나19 사태에서 최초 발병지로 알려진 중국과 인접한 한국, 일본으로 빠른 속도로 감염 사례가 확산되는 데에서 확인되었다시피 인접국가와의 빈번한 접촉은 피할 수 없기 때문에 동아시아 국가들 사이의 감염병 예방과 방역 협력이 매우 중요하다.

그럼에도 불구하고 동아시아의 핵심 국가인 한국, 중국, 일본 사이의 보건협력을 위한 제도화는 매우 낮은 수준에 머물러 있다. 한중일 모두 WHO 서태평양 지역사무소에 속하여 WHO가 정한 원칙에 따라 감염병 관련 대응을 하고 있지만 이것만으로는 역내 보건위기에 신속하고 효과적으로 대응하기에 부족하다는 평가가 일반적이다(Lee 2013). 한중일 3개국 연례 보건장관회담이 2007년부터 개최되고 있으나 코로나19 사태에서 실질적인 역내 협력은 거의 이루어지지 않았다. 오히려 위기 상황에서조차 정치, 안보, 역사적 갈등 구조에서 벗어나지 못하고 인접국의 출입국 제한에 대해 민족적 감정을 내세우며 비난하거나 상대방의 방역 대책을 조롱하면서 자국의 방역대책이 더 우월하다는 식의 행태를 보였다.

동아시아 차원에서 보건협력이 제도화되고 실질적인 공조가 이루어지기 위해서는 보건안보 위협에 대한 협력은 역내 행위자 모두에게 이익이라는 컨센서스가 형성되어야 한다. 이를 위해서는 무엇보다 보건협력의 가치가 기존의 국가 간 갈등 구조와 분리되어 추구될 수 있어야 한다. 감염병 관련 정보를 마치 군사정보 다루듯이 인접국가에게 숨기고 왜곡하는 것은 방역에 도움이 되지 않을 뿐만 아니라 결과적으로 자국에게도 해를 끼치는 행위가 될 수 있다. 따라서 동아시아 보건협력이 구체화되기 위해서는 민족주의 감정이나 패권경쟁과 같은 정치적, 군사안보적 관점을 배제하고 보건안보는 공동의 이익이라는 인식이 확산되어야 한다.

보건안보에 대한 동아시아 국가들 사이의 공동의 이해관계를 증진하기 위해서는 동아시아 주민들이 공유하는 보건 관련 문제점을 함께 해결하는 접근이 요구된다. 동아시아 국가들은 식생활, 주거문화, 산업화 경로가 유사하기 때문에 인구밀집, 인구고령화, 비만 및 만성질환 급증, 대기질 악화 등 보건과 관련된 문제들을 유사하게 겪고 있다. 더 나아가 이러한 보건협력 네트워크에 중앙정부뿐만 아니라 지방정부도 참여하여 조류인플루엔자, 돼지열병, 돼지콜레라 등 가축전염병에 대한 정보도 신속하게 교환하고 대응책을 공동으로 모색할 수 있다면 개별국가 단위의 접근보다 사회적 비용을 훨씬 절감하는 효과를 거둘 수 있을 것이다. 한국은 이러한 문제를 공동으로 관리하기 위한 동아시아 보건협력 네트워크를 구축하고 제도화하는 데 주도적 역할을 수행할 필요가 있다.

4) 신흥가치 창출 가능한 보건외교 브랜드화

한국의 중견국 보건외교는 글로벌 보건안보 및 보건개발협력 분야에서 한국이 주요 행위자로 자리매김하는 것을 목표로 하는 동시에 보건외교를 통해 새로운 가치를 창출함으로써 발생하는 파급효과까지 고려해야 한다. 특히 4차 산업혁명 시대를 주도하는 신기술 분야를 보건 분야와 결합하는 방안을 개발하고 이를 한국 보건외교의 브랜드로 발전시킴으로써 보건 분야뿐만 아니라 기술, 무역 등 다른 분야에서도 한국의 경쟁력을 높일 수 있는 기회로 삼는 지혜가 필요하다.

앞서 소개한 것처럼 스웨덴은 자국의 강점인 환경정책을 바탕으로 보건외교를 지속가능개발과 접목시켜 '건강을 돕는 환경' 개념을 보편화시켰다. 한국도 우리의 강점인 모바일 정보통신 기술을 보건안보 및 보건개발협력과 접목시킬 수 있는 방법을 개발하여 이를 한국 보건외교의 브랜드로 발전시킬 수 있을 것이다. ICT(정보통신기술), AI(인공지능), IoT(사물인터넷), 텍스트마이닝(text mining) 등 신기술을 글로벌 감염병 대응 및 보건개발협력에 사용하여 방역 및 보건원조를 보다 효과적으로 시행할 수 있다. 캐나다의 인공지능 스타트업인 블루닷(BlueDot)은 심층신경망 딥러닝 기술을 통해 코로나19가 중국 우한 지역에서 퍼져나가던 시점에서 WHO보다 먼저 세계적 대유행의 가능성을 예측하여 주목을 끌었다(CNBC 2020). 한국도 긴급재난문자 알림 서비스와 같은 모바일 정보 네트워크 기술을 코로나19 방역에 선도적으로 도입하여 초기의 감염확산을 억제하는 데 큰 효과를 거두었다.

이러한 신기술을 바탕으로 의약품, 의료자원, 보건인력 등을 효율적으로 관리하는 시스템과 질병의 집단감염을 사전에 경고할 수 있는 모티터링 플랫폼을 개발하여 운영함으로써 한국의 보건안보 및 보건개발협력의 수준을 크게 높일 수 있을 것이다. 이러한 기술은 보건 분야에서만 활용되는 것이 아니라 기상, 농업, 교통, 식품, 물류 등 다양한 분야에 적용될 수 있다는 점에서 포스트-코로나 시대에도 한국의 글로벌 경쟁력을 높일 수 있는 신흥가치를 창출하는 중요한 자산이 될 것이다.

V. 맺음말

코로나 위기의 충격은 현재 글로벌 보건 거버넌스가 어떠한 문제를 가지고 있는지를 여실히 보여주었다. 치명적 바이러스의 급속한 확산에 따른 대규모 감염 상황에서 글로벌 보건 거버넌스의 핵심적인 행위자들은 기대한 역할을 수행하지 못하고 혼란을 거듭했다. 특히 미국, 중국, 유럽의 주요 국가들은 공공재로서의 보건을 위한 협력보다는 상대방을 불신하고 책임을 전가하여 자신의 정책 실패를 호도하는 모습을 보였다. 이들은 물리적 힘과 경제적 영향력을 가지고 있음에도 불구하고 글로벌 보건안보 위기를 극복하는 데 필수적인 리더십을 보여주는 데 실패했다.

하위정치(low politics) 영역으로 간주된 보건이슈가 모든 글로벌 문제들을 압도한 상황에서 주요 강대국들은 글로벌 위기에서 벗어나기 위한 협력과 공조를 추동하지 못하고 오히려 스스로 혼란에 빠져버렸다. 이러한 모습은 물리적 힘과 영토적 공간뿐만 아니라 이슈의 성격, 극복 대상에 대한 공동체의 관념 등이 국제관계에 상당한 영향을 미칠 수 있는 복합지정학 차원을 가진 신흥외교의 무대가 형성되고 있음 의미한다. 국가들 사이에 글로벌 보건 이슈를 다루는 외교 역시 신흥무대의 외교로서 강대국 중심의 전통적 외교무대와 차별성을 보인다는 점에서 중견국에게 새로운 기회를 제공할 수 있다.

하지만 아무리 신흥무대로서 보건외교가 전통적 외교와 차별되고 중견국의 역할이 부각될 수 있다고 하더라도 외교적 성공이 자동적으로 보장되는 것은 아니다. 자국의 장점을 발굴하고 이를 보건이슈와 연계하여 새로운 가치를 부여할 수 있는 창조적 사고가 필요하다. 또한 이러한 접근이 국내정치의 바람에 흔들리지 않고 지속될 수 있는 정책을 추진할 수 있는 정치적 리더십의 역할도 매우 중요하다. 코로나 팬데믹 상황에서 브라질 리더십의 정책 실패는 중견국 보건외교에 교훈을 제공한다.

백신의 보급으로 코로나19 위기는 차츰 극복될 것이다. 특히 주요 선진국에서의 위기가 어느 정도 안정되면 백신 수급의 어려움도 완화될 수 있을 것이다. 하지만 글로벌 보건 거버넌스의 문제점을 해결하기 위한 본격적인 논의는 이제부터가 시작이다. 다양한 아이디어가 등장하고 이해관계에 따른 연대와 견제가 이루어질 것이다. 한국도 신흥 보건외교 무대에서 새로운 주역으로 자리매김하기 위한 전략을 강구해야 한다. 보건안보 및 보건개발협력 분야에서 그동안 한국이 보여준 모범적 성과를 바탕으로 글로벌 보건협력 외교에서 한국은 새로운 의제를 개발하고 동지국가들을 규합하며 새로운 규범을 마련하는 역할을 통해 보건외교 무대의 신흥 강자로 부상할 수 있는 기회를 잡아야 한다.

특히 최근 글로벌 보건협력을 위한 다자주의 접근이 다시 강조되고 있다는 점에서 한국도 다자주의 보건외교에 적합한 구체적인 방안을 강구하고 한국의 주도적 역할을 위한 논리를 개발해야 한다. 또한 동아시아 지역 차원에서 실질적인 보건협력의 필요성이 커지고 있다는 점에서 감염병뿐만 아니라 비전염성 질병(NCD), 인구고령화, 도시화, 대기환경 등 동아시아 국가들이 공통으로 겪고 있는 문제들에 대한 논의를 제안하고 이를 주도하는 역할을 수행해야 할 것이다. 끝으로 한국이 상대적으로 강점을 가진 정보통신, 인공지능 분야를 보건안보 및 보건개발협력과 결합하여 이를 브랜드화함으로써 보건 이외의 다른 분야에서의 신흥가치도 창출할 수 있는 지혜를 모아야 할 것이다.

참고문헌

김상배. 2020. "신흥무대의 중견국 외교: 복합지정학의 시각." 김상배 편. 『신흥무대의 중견국 외교: 복합지정학의 시각』. 서울: 사회평론아카데미.

조한승. 2019. "신흥무대의 중견국 보건외교: 브라질, 스웨덴, 스위스 사례와 한국." 『한국과 국제정치』 35(4).

_____. 2021. "코로나 팬데믹과 글로벌 보건 거버넌스: 실패의 원인과 협력의 모색." 『세계지역연구논총』 39(1).

AIThority. 2020. "Oracle and NIH Collaborate on Cloud System to Support COVID-19 Vaccine Trials." (July 17).

Byanyima, Winnie. 2021. "Global Vaccine Apartheid is Unfolding: People's Lives Must Come Before Profit." *The Guardian* (January 29).

CNBC. 2021. "Global Leaders Call for a Pandemic Treaty, Saying Another Outbreak Is 'Only A Matter of Time'." (March 30).

_____. 2020. "How this Canadian start-up spotted coronavirus before everyone else knew about it." (March 3).

Dahir, Abdi Latif, and Benjamin Mueller. 2021. "Some Nations Could Wait Years for Covid Shots. That's Bad for Everyone." *New York Times* (March 22).

ECDC. 2019. *Single Programming Document, 2019-2021* (Stockholm: ECDC).

France 24. 2021. "Brazil's Bolsonaro increasingly isolated as Trump leaves." (January 14).

Galvao, Jane. 2005. "Brazil and Access to HIV/AIDS Drugs: A Question of Human Rights and Public Health." *American Journal of Public Health* 95(7): 1110-1116.

Government Offices of Sweden. 2018. *Sweden's Work on Global Health – Implementing the 2030 Agenda.*

Krisch, Nico. 2020. "COVID, Crisis and Change in Global Governance." *The Global* (April 17).

Lee, Kelley. 2013. "Health Policy in Asia and the Pacific: Navigating Local Needs and Global Challenges." *Asia & The Pacific Policy Studies* 1(1).

Mageit, Sara. 2020. "UK to Use AI for COVID-19 Vaccine Side Effects." *Healthcare IT News* (November 4).

Reuters. 2020. "Gates Foundation Adds $70 Million More Funding for COVID Vaccines for Poor." (November 12).

U.S. Department of Health and Human Services. 2020. "U.S. Statement on the Solidarity Call to Action for Global Access to COVID-19 Technologies." (May 29).

WHO. 1991. "Sundsvall Statement on Supportive Environments for Health." Third

International Conference on Health Promotion (Sundsvall, Sweden, June 9-15).

_____. 2020. "Making the Response to COVID-19 a Public Common Good – Solidarity Call to Action." (June 2).

_____. 2021. WHO Coronavirus (COVID-19) Dashboard, (March 30) (https://covid19. who.int/).

제11장   코로나19 팬데믹과 한국의 중견국
외교: 주권주의적 상호작용에
적용과 한계

강선주(국립외교원)

I. 서론

코로나19 팬데믹이 발생 2년차에 접어들었다. 2019년 12월 31일에 세계보건기구(WHO)가 처음 탐지하고, 2020년 3월 11일에 팬데믹으로 규정한 후 2021년 4월 말까지 212개 국가와 속령에서 1억 5000만 명 이상의 감염과 315만 명 이상의 사망을 발생시켰고, 여전히 진행중이다. 코로나19는 2003년 사스(SARS), 2009년 신종플루(H1N1), 2014년 서아프리카 에볼라(Ebola), 2015년 메르스(MERS), 2016년 지카(Zika)에 이어 21세기에 여섯 번째로 발생한 대규모 감염병인데,[1] 코로나19 이후에도 다른 감염병이 발생할 가능성을 배제할 수 없지만, 현재로서는 100년 전 스페인독감 이후에 최악의 감염병으로 기록될 전망이다.[2]

코로나19 팬데믹은 21세기의 발달한 의학에 비추어 인명 피해가 크다는 사실 외에도 이전의 감염병에서 발견되지 않는 특이한 현상을 수반하고 있다. 그것은 코로나19 팬데믹이 기본적으로 보건의료 문제이면서도 2차 세계대전 이후 그 어떤 사건보다도 짧은 시간 내에 전 세계적으로 두드러진 영향을 미쳤다는 점이다. 코로나19 팬데믹은 1930년대의 대공황 이후 최대 규모로 세계경제를 위축시켰고, 국내적으로 정치와 사회 전반에 불안정을 퍼뜨렸으며, 국가 외부적으로는 국가 존립의 위협과 갈등을 증가시켰다. 그리하여 코로나19 팬데믹의 충격은

---

1   발생에서 종식까지 약 2년의 통계로서, 2003년 SARS: 29개국 발생, 8,098명 감염, 774명 사망; 2009년 H1N1: 전 세계적 발생, 13만 명 이상 감염, 18,239명 사망; 2013-14년 MERS: 중동/북아프리카 12개국 발생, 1,040명 감염, 383명 사망; 2014-15년 Ebola: 기니, 라이베리아, 시에라리온 발생, 24,509명 감염, 10,096명 사망; 2015-16년 Zika: 브라질 및 아메리카 발생, 730,448 감염(무사망 장애).
2   통계 수치가 다양하지만 대체로 스페인독감(Spanish Flu)의 치명률이 2.5%(1918-1920년)라는 데에 합의가 모아지고 있다.

팬데믹이 종식된 후에 현재의 국제질서가 다른 국제질서로 전환될 것이라는 전망마저 나오게 할 정도였다(Kissinger 2020; Haas 2020). 국제관계에서 국제질서가 갖는 중요성, 그리고 국제질서 수립의 어려움과 완만한 변화 과정을 고려할 때에, 코로나19 팬데믹 이후에 국제질서의 변화를 전망한다는 것은 그만큼 코로나19 팬데믹의 충격이 심각함을 방증하는 것이다.

　모든 감염병이 국제관계에 심대한 충격을 수반하는 것은 아닌 데에 반해, 코로나19 팬데믹이 국제관계에 심대한 충격을 수반하는 상황을 두고 세 개의 문제의식이 발생한다. 첫째, 코로나19 팬데믹이 국제관계에 일으키는 변화를 어떻게 개념화할 것인가, 둘째, 코로나19 팬데믹으로 발생한 국제관계의 변화의 원인과 결과는 무엇인가, 그리고 마지막으로 코로나19 팬데믹이 발생시킨 국제관계의 변화가 국가들의 외교 행태, 특히 한국을 포함하여 소위 중견국의 외교 행태에 어떤 영향을 미치는가이다.

II. 코로나19 팬데믹의 국제관계 개념화: 국제체제 전환

코로나19 팬데믹이 국가의 존립을 위협할 정도였으므로, 코로나19 팬데믹이 발생시키는 국제관계상의 변화를 보건의 안보화(securitization of health)로 개념화하는 것이 일견 당연해 보인다. 그런데 코로나19 팬데믹이 보건의 안보화에 해당하는 것은 맞지만, 보건의 안보화가 코로나19 팬데믹이 발생시키는 국제관계상의 변화를 개념화하기에는 충분하지 않다. 그 이유는 무엇보다도 코로나19 팬데믹이 발생시킨 국제관계상의 변화를 안보화로 규정한다면 코로나19 팬데믹에 수반된 여러 변화들을 포괄하기 어렵기 때문이다. 코로나19 팬데믹에 의한 국제 관계상의 변화는 보건 영역으로 안보의 확장 이상으로 포괄적이다. 안보 대상으로서의 보건은 비전통 안보(non-conventional security)로 분류되는데, 비전통 안보는 국제관계의 일부이지 국제관계 전체는 아니다. 그리하여 감염병(코로나19 팬데믹)이 발생시키는 국제관계상의 변화를 안보화로 정의하는 것은 코로나19 팬데믹 이후의 국제관계에 대해 부정확한 인식으로 이어질 수 있다(Wenham 2019). 코로나19 팬데믹이 국제관계에 일으키는 변화에 대해 안보화를 넘어서는 개념화가 필요하다.

코로나19 팬데믹이 발생시키는 국제관계상의 변화를 포괄적으로 개념화하는 데에 "국제체제 전환"이 고려될 수 있다. 국제체제(international system of states)는 주권국가들로 구성된 정치공간(political space)이고 1648년에 등장하였다. 어떤 정치공간이든지 그를 조직하는 원칙과 제도에 기반해(foundational institutions) 있다(Holsti 1998). 정치공간의 기반적 제도는 (1) 정당한 행위자가 누구인지; (2) 행위자들이 기초해 있는 기본 원칙이 무엇인지; 그리고 (3) 그들의 상호 관계가 기초해 있는 주요 규범, 전제 및 규칙들이 무엇인지를 규정한다. 정치공간으로서 국제체제는 다른 형태의 정치공간인 제국, 도시 연합, 중세 유럽의 중첩적인 관할권과 구별되는 기반적 제도를 갖고 있다. 국제체제의 기반적 제도는 국가 행위자, 주권, 영토성이고, 거의 400년 동안 급격한 변화 없이 유지되어 왔다.

기반적 제도를 기준으로 한 국제체제 전환에 코로나19 팬데믹이 발생시키는 국제관계상의 변화를 비추어 보면, 코로나19 팬데믹이 가져오는 국제관계상의 변화를 국제체제의 전환으로 개념화하는 것도 부정확해 보인다. 코로나19 팬데믹이 국제체제적 전환의 변곡점이 되려면 기반적 제도의 변화를 수반해야 한다(Drezner 2020). 즉 코로나19 팬데믹이 국제체제의 행위자 구성, 세력 분포, 국가의 이익 계산에 변화를 가져오고, 궁극적으로는 국제체제에서 다른 정치공간으로 교체되어야 한다. 이러한 각도에서 볼 때, 현재까지 코로나19 팬데믹이 기반적 제도의 변화를 통한 국제체제 전환을 가져왔다고 주장할 근거는 충분하지 않다. 코로나19 팬데믹으로 인해 국가 행위자, 국가들의 세력과 이익의 분포가 새로이 정렬되지 않는다면 국제체제 전환이 일어났다고 보기 어렵기 때문이다. 코로나19 팬데믹이 단기간에 전 세계적으로 충격을 준 것은 사실이지만 국제체제의 기반적 제도에까지 충격을 준 것은 아닌 것이다. 국제체제의 주요한 구성 원칙에서 변화의 결여는 코로나19 팬데믹에도 불구하고 거시적으로 국제체제가 그대로 유지됨을 의미한다.

대신에 코로나19 팬데믹이 발생시키는 국제관계상의 변화를 국제체제의 절차적 제도(procedural institutions) 차원에서 개념화하는 것이 가능하다. 국제체제의 절차적 제도들은 국가 행위자들의 상호작용을 규율하는 반복되는 관습, 아이디어, 규범을 말한다(Holsti 1998). 국제체제의 절차적 제도는 국가들이 상호작용하는 방식을 규정하는 수단적인 성격을 갖고 있다. 유사한 관념, 합의된 규칙, 그리고 공유된 이해 등은 국가들의 상호작용을 제도화하고 국제체제가 안정적으로 작동하게 한다. 국제체제의 절차적 제도는 기반적 제도와 비교하여 2차적인 중요성을 갖고, 기반적 제도를 변화시키지 않고서도 변화할 수 있다. 그리하여 절차적 제도 차원에서의 변화로 국제체제 내에서 시기 구분이 가능하다.

절차적 제도를 기준으로 한 국제체제 전환은 코로나19 팬데믹이 발생시키는 국제관계상의 변화를 개념화하기에 적합하다. 절차적 제도 차원의 국제체제 전환은 코로나19 팬데믹이 가져오는 국제관계의 다양한 변화를 포괄할 수 있기 때문에 안보화보다도 적합한 개념화이다. 코로나19 팬데믹은 기반적 제도, 즉 국제체제에서 다른 정치공간으로의 전환은 아니지만 국가들의 상호작용 방식을 규정하는 절차적 제도 차원의 국제체제 전환으로 볼 수 있다. 코로나19 팬데믹은 기반적 제도를 변화시키지 않은 채 코로나19 팬데믹 발생 이전과 구별되는 상호작용 방식을 국가들에게 수용시키기 시작함으로써 국제체제의 새로운 시기로 안내한다고 말할 수 있다.

코로나19 팬데믹 이후 국제체제제에 새로운 시기가 시작된다고 보는 것은 최소한 1990년대 이후부터 국가들이 수용하고 익숙해진 상호작용 방식으로부터 이동을 의미한다. 1990년대 이후 국가들이 수용하고 익숙해진 상호작용 방식은 주권 약화의 허용, 세계화, 다자주의, 비영토성, 그리고 그에서 미국의 글로벌 리더십의 작동이었다. 코로나19 팬데믹은 세계화와 다자주의, 비영토성에서 발생하는 주권의 약화를 보상해 주는 혜택의 공유를 국가들에게 설득해 왔던 미국의 글로벌 리더십의 약화를 배경으로 주권, 자국 우선주의, 영토성을 강조하는 상호작용 방식을 재등장시킨 것이다. 이러한 절차적 제도 차원에서의 국제체제 전환이 코로나19 팬데믹으로 인해 처음 등장한 것은 아닐 수는 있다. 코로나19 팬데믹 이전에 국가들의 보다 내부지향적인 상호작용 방식으로의 전환이 시작되었는데, 코로나19 팬데믹이 그러한 전환을 가속화, 공개화한 것일 수 있다.

III. 코로나19 팬데믹과 국제체제 전환

1. 코로나19 팬데믹의 국제체제 충격 원인

코로나19가 21세기에 발생한 다른 감염병과 비교하여 절차적 제도 차원의 국제체제 전환을 가져오게 된 것은 신종 바이러스로서 코로나19의 감염병/의학적 특징의 기능이기보다는, 코로나19가 발생한 국내와 국제 차원의 정치, 경제적 맥락의 기능으로 볼 수 있다. 코로나19의 발생 이전에 이미 국제 정치와 경제 차원에서 변수들이 작용하고 있었고, 코로나19는 그러한 변수들의 효과가 하나로 모여지게 하는 매개변수로 작용하여 국제체제 전환이 발생한 것이다. 코로나19가 매개변수로 작용하게 된 국내와 국제 차원의 정치, 경제적 맥락은 다음과 같다.

첫째, 세계화에 수반된 부정적 효과에 대한 불충분한 대비이다. 코로나19 팬데믹은 과도한 세계화와 그의 잠재적인 부작용을 세계 각국이 방치하였기 때문에 발생하고 증폭된 문제이다. 세계화는 자유화, 개방화, 규제완화를 통해 재고와 저장비용을 최소화한 정시생산체제(just-in-time)를 구축하여 비용의 최소화뿐만 아니라 소비자가 필요할 때 상품을 24시간 제공할 수 있는 글로벌 단일 생산체제를 구축하였다. 그리고 세계화는 생산활동의 세계적 분산에 따른 경제활동과 여가 목적의 인간의 이동도 폭발적으로 증가시켰다. 매일 수백만 명이 제트기를 타고 전 세계로 이동하고, 개발도상국의 노동자들은 이주노동자가 되어 선진국들의 부족한 노동력을 보충해주는 역할을 수행하였다. 이러한 세계화는 다양한 국가의 다양한 계층에게 부와 발전이라는 긍정적인 효과를 가져왔다.

그런데 30년간 지속적으로 심화되어 온 세계화에 대한 국가들의 접근법은 편의주의적이었다고 할 수 있다. 즉 국가들은 세계화의 경제적 측면에 대해서는 깊은 이해와 인식을 발전시킨 반면 세계화가 내포한 경제·사회적 부정적인 효과에 대해서는 이해가 낮았다. 국가들은 글로벌 단일 생산체제에 편입되는 것은 동시에 세계화의 부정적인 효과의 네트워크에 편입되는 것임을 인식하지 못했다. 국제사회와 각국 정부는 세계화에 수반된 소득 불평등, 감염병, 기후변화와 같은 사회적, 자연적 문제에 대해서는 여전히 세계화 이전의 인식을 가지고 있었다(권혁주 2020). 세계화가 진전될수록 국가들은 세계화의 부정적인 효과의 네트워크에 편입되는 것을 인식하고 그에 대비했어야 하나 대부분의 국가들이 그렇지 않았다. 그러므로 코로나19 팬데믹의 뒤에는 세계화에 수반된 예상할 수 있는 부정적 효과에 대한 불충분한 대비라는 국가 정책의 실패가 있다.

둘째, 코로나19는 초국경적 감염병으로서 글로벌 협력을 요구했는데, 글로벌 협력이 작동하지 않았다. 감염병은 직접 관찰이 불가능한 상태에서 국경을 넘어 전파될 수 있으므로 감염병의 피해를 최소화하는 것은 개별 국가의 노력만으로는 충분하지 않고 글로벌 협력을 요구한다. 감염병의 초국경적 특성 때문에 감염병 관리는 이미 19세기 중반부터 외교 사안이었고, 국가 간 상호연결성의 증가로 감염병의 초국경 전파가 용이해졌다면 글로벌 협력은 더욱 필요하다.[3] 감염병에 대한 글로벌 협력은 감염병의 확산을 방지하기 위한 의학적 차원과 감염병 발생에 수반된 다른 문제에 대응하는 비의학적 차원으로 구성된다. 의학적 차원의 협력은 ▲감염 병원체에 대한 이해, ▲감염병의 의학적 관

---

3 1830-1847년 유럽에서 콜레라 창궐, 감염병의 초국경화가 초기 다자 감염병 거버넌스의 진화를 촉진하였다. 감염병 관련 국제법은 1851년 프랑스에서 개최된 국제위생회의(International Sanitary Conference)에서 시작되었다.

리(치료), ▲감염병의 전파 고리를 끊는 공중보건 전략에 관한 정보 작성 및 분석으로 구성된다. 비의학적 차원의 협력은 감염병 발생에 수반된 경제위기, 글로벌 협력을 위한 재원 동원, 법/규제 집행 등의 문제에 대한 조율을 포함한다. 감염병 대응을 위한 의학과 비의학 차원의 글로벌 협력이 진전되려면 ▲감염병이 발생한 국가의 시기적절하고도 신뢰할 만한 조치, ▲감염병으로부터 자국민을 보호하기를 원하는 주변 국가들의 책임 있는 행동, ▲국가들의 대응을 조율하는 국제 기제가 동시에 작동해야 한다. 감염병 대응 글로벌 협력에서 감염병 발생국의 조치는 주변 국가들이 감염병의 위험에 노출되는 것을 방지하는 데에 필요하고, 감염병 발생 주변국들은 감염병 발생국의 조치를 무효하게 할 수 있는 행동을 자제하여 글로벌 보건을 달성하는 데에 필요하다. 국제사회 전체 차원에서 제도화된 감염병 대응 기제는 국가들이 공통의 이해(understanding)에 기반하여 상시적인 대비를 가능하게 하는 장점이 있다.

21세기는 과거와 비교할 수 없을 정도로 국가 간 상호연결성이 높으므로, 코로나19가 빠른 시간 내에 전 세계로 확산될 가능성이 다대하여 글로벌 협력이 필수적이었다. 아무리 코로나19가 신종 바이러스라고 하더라도 국제사회는 감염병 대응 글로벌 거버넌스와 그를 통해 실제로 협력한 경험, 감염병에 대응할 수 있는 의학적 지식을 축적하고 있으므로, 글로벌 협력을 통해 코로나19의 피해를 작게 관리하는 것이 가능했다.[4] 그러나 공식적인 코로나19 발생 15개월 동안 전 세계적 피해 규모는 글로벌 협력이 작동하지 않았다는 증거이며, 그것이 의학 외

---

4   2014년 서아프리카 에볼라 위기에 WHO와 국제사회의 협력이 대표적이며, 과거에는 백신 개발이 10년 이상 걸렸지만 미국에서 코로나19 백신이 단 10개월 만에 개발되어 접종을 시작하였다.

적인 요인, 즉 국제 및 국내 정치와 제도적 실패에 의해 발생한 것으로
볼 수 있다.

코로나19 팬데믹에서 글로벌 협력이 작동하지 않은 이유의 하나
는 국제사회 전체 차원의 감염병 대응 기제인 세계보건기구(WHO)
와 국제보건규제(International Health Regulations, IHR)의 비효과적
인 대응이다. 1945년에 설립된 WHO는 과학에 근거한 감염병 봉쇄 노
력을 조율하고, 국가들에 모범 가이드라인을 제시하고, 감염병 예방,
탐지, 대응에 관한 유일한 조약 차원의 규정인 IHR상의 국가들의 의
무 이행을 모니터링한다. WHO는 저소득 국가들이 잠재적 감염병에
대비할 수 있는 국내 보건체제를 수립하는 데에 필요한 재원도 지원
한다. 감염병 대응에서 WHO의 역할은 국제공중보건비상사태(Public
Health Emergency of International Concern, PHEIC) 발령에서 시작
하는데, WHO는 코로나19에 대해 PHEIC 발령을 주저하다가 국제사
회의 압력을 받아 선포하였다. PHEIC 발령이 감염병 발생국에 낙인을
찍는 효과가 있기 때문에 감염병 발생국이 PHEIC 발령에 반대하는 경
우가 많고, 주변국들은 공포감에서 정당하지 않은 조치를 취할 인센티
브를 가질 수 있기 때문에 WHO는 PHEIC 발령에 신중하게 접근할 필
요가 있다(Giesecke 2019). 마찬가지로 WHO는 강대국 중국이 코로
나19 최초 발병국이어서 PHEIC 선포를 주저했다는 인상을 남겼다. 또
한 WHO는 코로나19에 관해 중국 정부가 제공하는 통제된 정보를 액
면 그대로 받아들여서 코로나19 차단을 위해 국가들이 취할 조치를 적
시에 제시하는 데에 실패하였고, 그나마 늦은 가이드라인도 중국 편향
적이고 일관되지 않았다.[5] 코로나19 팬데믹에서 WHO는 일관되지 않

5   WHO는 중국이 코로나19의 심각성을 축소 통보한 것은 문제 삼지 않았고, 대신 2020년
    1월 20일 이후부터는 중국의 '우한 봉쇄'조치에 집중하면서 중국이 코로나19 확산을 지

은 조치로 국가들이 WHO의 감염병 대응 능력을 신뢰하고 수용할 인
센티브를 제공하지 못했다. 그러므로 코로나19 팬데믹이 한창인 시점
에 코로나19가 종식된 후에 WHO를 개혁해야 한다는 논의가 일어난
것이 놀랍지 않다.

셋째, 코로나19 팬데믹이 강대국 정치(great power politics)와 결
합되었다. 코로나19는 강대국 중국에서 발원하고, 또다른 강대국 미국
을 최대 피해국으로 만들었다. 코로나19 팬데믹에 대해 글로벌 협력
이 작동하려면 코로나19의 발원국인 중국의 책임 있는 조치와 미국을
포함한 주변국들의 협조, 그리고 WHO의 효율적인 조율이 병행되었
어야 했다. WHO가 제대로 기능하였더라도 국제기구가 주권국가들에
영향을 미칠 수 있는 정도에는 한계가 있고, 실제로는 강대국의 리더십
이 필요하다. 그러나 강대국인 중국과 미국이 코로나19 팬데믹의 직접
적인 당사자가 된 것이 코로나19 대응의 글로벌 협력에 연쇄적으로 부
정적인 영향을 미쳤다. 강대국인 중국과 미국은 코로나19 팬데믹에서
협력과 리더십을 발휘하기를 거부했고, 다른 국가들은 강대국을 대신
하여 글로벌 협력을 추동하기 어려웠다. 코로나19 팬데믹에 강대국이
직접 관련되어 있어서 글로벌 협력이 더욱 작동하지 않았음은 강대국
이 위기 당사자이면서도 자발성과 리더십을 발휘하여 위기 대응에 성
공한 경우와 비교하면 쉽게 이해된다. 예를 들어서, 2008년 글로벌 금
융위기는 미국에서 발원하였지만 미국이 G20 정상회의를 소집하는
등 글로벌 리더십을 발휘하여 1930년대의 대공황이 재현되는 것을 방
지하는 데에 성공한 바 있다.

연시키기 위해 예외적인 조치를 취했음을 칭찬하고 세계가 모방할 것을 시사하기까지
하였다. 반면에 다른 국가들이 코로나19를 차단하기 위해 실시한 여행 제한은 IHR 규정
위반이라고 비판하였다..

코로나19의 최초 발생국인 중국은 코로나19 발생을 WHO에 통보해야 하는 IHR상의 의무를 이행하지 않았고, 코로나19의 확산을 방지하기 위해 국내 여행만을 엄격히 제한하고 국제 여행 제한 조치는 취하지 않았다. 중국은 WHO 전문가가 현지에서 코로나19를 조사할 수 있도록 중국 방문을 허용하지 않았고, UN 안전보장이사회에서 코로나19 팬데믹 논의도 저해하였다.[6] 또한 중국은 코로나19의 유전자 염기서열(genome sequence)을 공개하였으나 치료제와 백신 개발에 필요한 바이러스 샘플 자체는 WHO와 공유하지 않았다.[7] 코로나19에서 중국의 행태는 2003년 사스 때와 크게 다르지 않았다. 코로나19가 초국경적 사안임에도 불구하고 중국은 주권 행사의 관점에서 접근하였다. 중국의 강대국으로의 부상에서 가장 중요한 특징의 하나는 중국의 주권 보호와 행사이다. 중국은 코로나19에서 글로벌 협력보다는 팬데믹이 자신의 강대국 지위와 성장에 부정적인 영향을 미치는 것을 더 우려한 것처럼 보인다.

6   중국에서 코로나19 발생은 2020년 1월에 공식화되었지만, 중국은 7월이 되어서야 현지 조사를 위한 WHO 전문가의 우한 방문을 허용하였다. UN 안보리는 2020년 3월 내전 중인 예멘과 시리아에서 코로나19 확산을 방지하기 위해 인도주의적 교전 중단을 논의하였으나, 당시 안보리 의장국인 중국의 반대로 결의안 채택에 실패하였고, 결의안이 처음 발의된 후 111일 만인 7월 1일(의장국 독일)이 되어서야 결의안(2532)을 채택하였다.

7   2003년 사스, 2006년 신종플루, 2012년 메르스 사태에서 각각 중국, 인도네시아, 사우디아라비아는 바이러스 샘플 공유를 둘러싸고 WHO와 갈등하였다(소위 바이러스 주권). 바이러스 주권 문제는 2011년 WHO의 바이러스 공유에 관한 지침인 '팬데믹 인플루엔자 대응 프레임워크(PIP Framework: Pandemic Influenza Preparedness Framework for the Sharing of Influenza Viruses and Access to Vaccines and Other Benefits)' 도입으로 이어졌으나 PIP 프레임워크가 팬데믹 인플루엔자에 한정된다는 한계를 가졌다. 2014년 '유전물질 접근에 관한 나고야 의정서(2014 Nagoya Protocol on Access to Genetic Resources)'는 영토 내의 유전물질에 관해 국가 주권을 인정하여 바이러스 샘플 공유가 더욱 어려워졌다.

다른 한편, 의학이 발달하여 코로나19에 잘 대응하고 글로벌 리더십을 발휘할 것으로 기대되었던 미국도 자국 중심적으로 행동하기는 마찬가지였다. 미국은 팬데믹 위협을 염두에 두고 2000년대 초반부터 생물방어(biodefense) 체제를 갖추어 왔고, 2014년에는 세계 67개 국가들과 '글로벌 보건안보 구상(Global Health Security Agenda)'을 수립했음에도 불구하고, 초기에 비효과적인 대응과 국내정치 갈등 때문에 코로나19의 최대 피해자가 되었다. 미국이 전 세계 인구에서 차지하는 비중은 4%에 불과하나, 코로나19 감염과 사망에서는 각각 약 22%와 19%를 차지한다(2021년 4월 말). 미국은 2017년부터 '미국 우선주의'하에서 글로벌 리더십을 방기하고 있었는데, 코로나19의 최대 피해국이 됨으로써 코로나19 대응에서 다른 국가들에 모범과 지원을 제공할 가능성이 더욱 낮아졌다. 미국은 비의학적 차원에서 코로나19 팬데믹에 수반된 경제위기를 타개하기 위한 G20과 G7의 논의에서 실효성 있는 합의를 저해하였고, UN과 WHO가 합동으로 시작한 코로나 백신 개발, 유럽연합(EU)이 주도하는 "글로벌 코로나 대응"(Coronavirus Global Response, 80억 달러 규모) 기금 마련에도 참여하지 않았다.

미국과 중국의 비협조적 행태에 더하여, 미국과 중국이 패권 경쟁 상태에 있는 것도 코로나19 팬데믹을 더욱 정치화하고 글로벌 협력을 제약했다고 볼 수 있다. 미국과 중국은 코로나19 팬데믹을 지정학적 렌즈를 통해 인식하여 글로벌 협력을 거부하였다. 미국은 코로나19 발생과 피해를 중국의 책임으로 돌리고, WHO의 중국에 경도된 대응을 이유로 WHO 분담금 납부 거부와 탈퇴까지 결정하였다. 중국 또한 코로나19 발생을 미국의 음모로 돌릴 뿐만 아니라, 미국과 서방이 코로나19의 혼란을 겪는 사이 남중국해에서 자신의 영유권 주장의 공고화를 시도하였다. 코로나19 팬데믹을 둘러싼 미국과 중국의 패권 경쟁은 코로나 백신 분야로도 확대되었다. 미국과 중국은 코로나19 팬데믹에서 리더십에 손상을 입었는데, 코로나19 백신 개발을 리더십 회복, 상대에 대한 우위를 확보하는 수단으로 여겼다.

강대국 미국과 중국이 코로나19 팬데믹에서 책임성과 글로벌 협력을 방치 또는 저해하는 상황은 다른 국가들이 코로나19의 확산을 차단하기보다는 오히려 글로벌 확산을 촉진하는 조치들을 취할 인센티브를 강화하였다. 국가들은 자국민 우선 보호를 명분으로 상충적인 조치를 취하였는데, 70개 이상의 국가들이 일방적으로 코로나19가 발생한 국가로부터 여행 제한을 실시하고, 80개 국가들이 의약품과 의료장비를 국내에 축적하거나 수출 통제를 실시한 것이 그에 해당한다 (WTO 2020). 국가들의 자국민 우선 보호 의도를 비판할 수는 없다. 다만 그것이 국제적으로 조율되지 않았고, 그를 조율할 리더십이 부재하여 국가들이 더 나쁜 상태에 빠지게 된 것이 문제였다.

2. 코로나19 팬데믹의 국제관계 패턴 이탈

코로나19 팬데믹은 국제관계를 기존의 작동 패턴에서 이탈하게 하였다는 점에서 21세기의 다른 감염병들과 다르고, 그것이 절차적 제도 차원의 국제체제 전환, 즉 국가들이 상호작용하는 방식의 변화로 이어졌다. 첫째, 코로나19 팬데믹은 국제관계의 상위정치(high politics)와 하위정치(low politics)를 결합하였다. 국제정치는 전통적으로 군사/안보를 상위정치로, 경제·환경·인권·보건은 국가 안보에 위협이 되지 않는 하위정치로 분류해 왔다. 보건/감염병은 기술적, 비정치적, 인도주의적 이슈로서 하위정치 내에서도 더 주변적인 위치에 있어 왔다.

그러나 1990년대에 아프리카에서 AIDS/HIV 창궐로부터 보건이 국가 안보에 위협이 될 잠재력이 인식되고, 2001년 9·11 테러를 통해서는 병원균이 테러에 이용될 수 있다는 우려에서 감염병은 하위정치에서 상위정치(high politics)로 격상되고 있었다. 코로나19 팬데믹은 감염병의 안보 위협을 현실화했을 뿐만 아니라 한걸음 더 나아가 국가 안보의 대상에 위계 설정 또는 보호해야 할 대상에 구분이 더 이상 가능하지 않은, 안보의 포괄성을 보여주었다.

둘째, 코로나19 팬데믹은 이슈를 복합화하였다. 코로나19 팬데믹은 보건·의료에서 시작하여 경제·정치·사회 등 국가의 다양한 차원과 연쇄적으로 연결되며 악화되었다. 일반적으로 감염병은 발생국에서 대량 사망에 의한 노동생산성 저하, 주변국의 기피(aversion) 심리에 따른 국경 통제, 무역과 해외직접투자 감소 등으로 경제에 부정적인 영향을 미친다. 이러한 일반적 패턴에 더하여, 코로나19 팬데믹은 명확한 치료법이 수립되어 있지 않은 상태에서 전파를 차단하기 위해서 감염병의 고전적 대응인 인구의 이동을 제한하는 '사회적 거리두기(social distancing)'를 실시하여 인위적으로 경제위기를 발생시켰다. 또한 일반적으로 경제 위기가 수요 또는 공급 중 한쪽의 문제로 발생하는 것과 달리, 코로나19 팬데믹의 경제위기는 인위적으로 발생시킨 것이기 때문에 실물경제의 수요와 공급에서 동시에 발생하였고, 그래서 2008년 금융위기보다도 규모와 심각성이 컸다.

코로나19 팬데믹은 국내정치의 불안정도 가져왔다. 다수의 국가들에서 코로나19 대응 방식을 두고 공중보건과 경제 사이에서 국론이 분열되었을 뿐만 아니라 허위정보 유포와 정치인의 대중주의적 선동이 사회적 신뢰와 단결을 저해했다. 또한 코로나19 팬데믹은 민주정치와 인권의 위기도 가져왔다. 감염병 대응을 구실로 다수의 국가들에서 국가 기능과 권력의 강화, 개인정보의 남용, 시민적 자유의 제한, 언론 통제, 민주정치 절차의 중단, 권위주의의 득세를 가져왔다.

셋째, 코로나19 팬데믹은 공개적으로 관찰되지 않았던 국가의 위기 대응 역량을 노출시켰고, 그리하여 국제사회에서 권위의 원천으로서 서구 대 비(非)서구, 선진국 대 개도국의 이원적 구분을 회의하게 하였다. 그동안 감염병은 개도국에서 발생하고, 감염병에서 안전한 선진국은 개도국의 감염병에 해결책을 제시한다는 암묵적인 전제가 수립되어 있었다. 열대기후, 열악한 위생 환경, 의료 역량 부족 때문에 감염병은 개도국에서 발생할 가능성이 높고, 선진국은 개도국의 감염병에 해결책을 제시한다고 전제된 것이다. 실제로 의학이 발달한 선진 지역에서는 20세기 후반에 다수의 감염병이 퇴치되어 감염병을 거의 의식하지 못하는 상태에 있어왔고, 감염병을 빈곤국가 현상이자 인도적 지원 대상으로 인식하였다. 선진국들은 개도국에서 감염병 발생 시에 의료진과 자금 지원 등 일시적으로 관여하고 개도국의 보건 역량 향상을 위해 개발원조(ODA)를 제공해 왔다. 그러나 코로나19 팬데믹 초기에 감염과 사망이 많이 발생한 국가들 중에는 다수의 서구 선진국들이 포함되어 있고, 코로나19 팬데믹에 잘 대응한 국가들은 전통적인 서구 선진국들이 아니었다. 그리고 코로나19 팬데믹으로 발생한 인명과 경제적 피해가 국가 능력으로 전환되기 때문에 국제사회에서 국가들의 지위와 지도력에 논란이 발생했다.

넷째, 코로나19 팬데믹은 국제관계에서 정치적 경계를 다시 인식시켰다. 달리 말하면 국제정치의 기본 단위인 영토에 기반한 주권국가를 초월하는 세계화와 상호의존적 현실에 대해 주권의 작동을 재강조하는 현상이 동시에 존재하게 되었다. 코로나19 팬데믹은 주권국가의 경계를 무시하면서 탈(脫)지리적으로 발생하였다. 코로나19 바이러스 자체가 인간이 설정한 정치적 경계를 인식하지 못할 뿐만 아니라, 세계화로 국가 간 이동이 더욱 자유로워졌다. 감염병의 탈(脫)지리성은 보건의 권한과 책임의 영토성을 비영토화하는 것이다. 그런데 아이러니하게도 코로나19 팬데믹을 통해 부각된 것은 국경과 주권이다 (Kenwick and Simmons 2020). 초국경적 감염병에서 국가가 국민의 최종 방어막임이 인식되었다. 세계화가 진전되는 동안에는 최소한의 역할을 하는 것이 가장 효율적이라고 여겨졌던 국가의 역할이 재조명되었다. 특히 비효율적으로 보일지라도 위기상황에 대비하여 국가가 가외성(redundancy) 기능을 수행하는 것이 중요함이 다시 한번 확인되었다.[8] 또한 코로나19 팬데믹이 세계화와 상호의존을 배경으로 발생하였기 때문에 이의 해결은 지리적 공간에 고착된 해법이 아닌 비(非)지리적, 글로벌 협력을 필요로 한다. 그러나 국가들은 코로나19 팬데믹에 개별적으로 대처하게 되었고, 국경에 기반한 주권의 행사에 의존하였다. 그러한 과정은 1990년대 이후 국가 주권의 약화로 대표되는 국가들의 상호작용 방식이 임계점에 도달하였음을 의미한다. 그리고 코로나19 팬데믹은 국가들의 경쟁과 협력관계도 재정렬시켰다. 코로나19 팬데믹은 글로벌, 다자적 협력은 고사하고, 그동안의 동맹, 연합과 같은 양자 관계의 견고성마저 시험하였다. 코로나19 팬데믹에서 미국과 중국이 리더십 발휘를 거부하고 패권 경쟁을 격화시킨 것도 상호의존에 대해 주권을 재강조하는 현상으로 볼 수 있다.

---

8   가외성 기능이란 위급한 상황을 염두에 두고 평상시에 필요한 것보다 여분의 재고나 능력을 보유하여 준비하는 것을 말한다.

3. 코로나19 팬데믹과 국제체제 전환: 주권주의적 상호작용의 재 부상

코로나19 팬데믹은 국가들의 상호작용 방식을 어떻게 변화시키고 있는가? 코로나19 팬데믹은 국제체제를 팬데믹 이전과 이후의 시기로 구별되게 하는 어떤 절차적 제도의 변화를 낳고 있는가? 코로나19 팬데믹은 국가들이 현실(물질적 상태)에서 여전히 세계화와 상호의존적으로 존재하고, 지속적으로 초국경적 위협에 직면할 것이지만, 그에 대한 대응은 개별 주권 행사에 더 비중을 두는 상호작용 방식으로 대체한다. 1990년대에 냉전의 해체와 세계화의 진전 이후 국가들이 수용해온 주권 약화와 글로벌 조율과 협력이 역전되어, 자국 우선주의, 주권 행사와 경쟁성이 우세해지는 것이다. 이것은 현실과 국가들의 상호작용 방식이 부조화(mismatch)를 이루는 상태이다. 코로나19 팬데믹에 의해 발생한 주권과 개별주의의 재강조와 실제 상태의 부조화를 구체적으로 나열하면 다음과 같다.

첫째, 세계화가 퇴조하고 경제민족주의가 강화된다. 코로나19의 글로벌 확산과 대응 과정은 세계화로 축적된 경제와 사회 차원의 문제들을 표면화시켰다. 코로나19 팬데믹에서 국가들의 피해와 혼란은 효율성 극대화의 명목하에 이루어진 의료물자의 해외 공급 의존, 국내 의료체계의 약화, 소득 불평등 정도와 관련되어 있었다. 코로나19 팬데믹을 계기로 국가들은 세계화에 수반된 위험을 관리하기 위해 세계화의 정도와 분야를 조정할 필요성을 인식하게 되었다. 국가들이 세계화에 수반된 위험을 관리하는 방법은 특정 분야에서 선택적으로 해외 의존도를 낮추거나(달리 말하면 제조업의 본국 회귀) 공급처의 다변화이다. 세계화에 시장과 기업이 관련되어 있기 때문에 국가들이 일방적으로 세계화를 조정하는 데에 한계가 있는 경우에, 국가들은 세계화의 조정을 전략적 이해관계에 기초하여 실행하거나 또는 새로운 전략적 연대 형성을 대안으로 고려하고, 그것은 국제관계의 블록화를 촉진할 수 있다. 미국이 중국을 상대로 한 '경쟁적 접근(competitive approach)' 하에 '경제번영네트워크(Economic Prosperity Network, EPN)'를 비롯해 글로벌 공급망에서 중국을 고립시키기 위한 구상을 가속하며 동맹의 참여를 촉구하는 것이 이에 해당한다(The White House 2020).

둘째, 다자주의가 쇠퇴하고 개별 국가주의로 회귀하고 있다. 예를 들어서, 감염병의 초국경적 속성상 감염병 대응은 다자주의적 접근을 가장 필요로 하는 분야이지만, 보건은 통상에 이어 다자주의 접근이 해체되는 분야가 되었다. 1945년 이후에 세계가 보건 이슈를 다루는 방식은 세계화의 진전과 함께 다자주의 방식으로 진화해왔다. 보건은 1945년부터 약 60년 동안 개별 국가 차원에서 다루어졌고 제한적으로 다자주의를 적용하였다. 2003년 중국에서 발생한 사스의 경험을 통해 세계화가 감염병을 전 세계적 위협으로 만들 수 있음이 인식되면서, 2005년부터 감염병 대응은 개별 국가주의에서 다자주의로 대체되었다. 감염병 문제에서 WHO가 회원국의 주권 행사를 제한할 수 있는 권한을 획득한 것도 이때이다. 과거에 국가들이 글로벌 차원의 위기를 겪은 뒤에 유사한 위기의 재발 방지와 효과적 대응을 위해 다자주의적 대안을 모색한 것과 달리, 2020년 코로나19 팬데믹은 글로벌 위기에 대해 다시 국가별 대응으로 돌아가고 있다.

셋째, 글로벌 거버넌스가 전반적으로 쇠퇴한다. 글로벌 거버넌스는 1945년에 미국의 주도로 수립된 국제질서의 일부로서 존재해 왔으며 다자주의와 글로벌 조율을 작동시키는 장(場)이었다. 2000년대를 거치면서 글로벌 거버넌스의 기능과 신뢰를 유지하는 데에 필요한 리더십에 공백이 발생하는 경향이 뚜렷해졌고, 코로나19 팬데믹에서 정점에 달했다고 할 수 있다. 코로나19 팬데믹에서 글로벌 보건 거버넌스인 WHO가 제 역할을 수행하지 못함으로써 글로벌 거버넌스의 위기를 고조시켰다(Johnson 2020, E156). 그리고 코로나19 팬데믹에서 역할이 부실했던 글로벌 거버넌스는 WHO만이 아니었다. 코로나19 팬데믹에 수반된 경제위기에 대해 IMF/세계은행, G20과 같은 공식 및 비공식 글로벌 거버넌스도 전면에 드러날 정도의 역할을 하지 못하였다. 코로나19 사태가 진정되더라도 국가들의 상호작용에 관해 합의된 규칙과 공유된 이해를 수립하는 장으로서의 글로벌 거버넌스의 기능이 저하되고, 글로벌 거버넌스를 복원 또는 새로운 거버넌스의 창설을 주도할 리더십이 분명하지 않은 상황은 유사한 위기의 재발 방지를 위한 협력 시스템의 구축, 제도적 혁신을 기대하기 어렵게 한다.

마지막으로, 미국과 중국 사이에 패권 경쟁이 격화되어 글로벌 불확실성이 증가한 것이다. 트럼프 행정부에서 무역, 기술 분야에 집중되어 있던 미중 패권 경쟁은 바이든 행정부에 와서 전방위로 확대되는 추세이다. 코로나19 팬데믹의 충격을 겪은 정도와 그에서 회복하는 속도의 차이로 미국과 중국 사이의 국력 격차가 좁혀지고,[9] 미국과 중국은 글로벌 공급망 분리와 경제적 상호의존의 축소를 시작하였고, 인도-태평양 지역에서는 군사, 지정학적 경쟁을 전개하고 있다. 또한 코로나19 팬데믹에서 미국과 중국의 위기 대응이 대조를 이루자, 양국은 물리적 경쟁에 민주주의 대 권위주의의 체제 경쟁도 추가하였다. 미국과 중국은 자신의 체제 우월성을 국제적 리더십의 정당성을 주장하는

---

9   코로나19 팬데믹에도 불구하고 2020년에 중국은 1.9% 성장하는 반면, 미국은 -3.5% 성장하였다(https://www.bea.gov/news/2021/gross-domestic-product-4th-quarter-and-year-2020-advance-estimate).

근거로 삼으려고 한다(Campbell and Doshi 2020). 미국과 중국의 패권 경쟁 심화는 세계를 블록화하면서도 글로벌 리더십의 발휘로는 이어지지 않을 위험이 있다는 데에 문제가 있다. 미중 패권 경쟁은 양국이 각자의 지위 유지/획득과 경제, 안보적 이익에서 출발하는 것이며, 글로벌 리더십 제공은 2차적인 고려사항이기 때문이다. 코로나19 팬데믹 이후 이른바 패권적 리더십이 실종되는 'G-0'의 상황이 등장할 수 있고, 이러한 상황에 적응해야 하는 미국과 중국 이외의 국가들의 상호작용 방식도 경쟁적 자국 이익 추구로 고착화될 수 있다.

4. 코로나19 팬데믹의 국제체제 전환과 중견국 외교

코로나19 팬데믹이 발생시키는, 국가들의 상호작용 방식인 절차적 제도 차원의 전환은 다음과 같은 질문을 하게 한다. 우선 ▲코로나19 팬데믹이 발생시키는 국제체제 전환은 국가들에게 기회인가, 제약인가, ▲코로나19 팬데믹이 발생시키는 국제체제 전환에 국가들은 어떻게 적응하는가, ▲코로나19 팬데믹이 발생시킨 국제체제 전환에 국가들의 대응에 차이를 가져오는 요인은 무엇인가 등이다.

코로나19 바이러스는 국가들이 세계화의 부정적 효과에 대비되지 않았고, 초국경적 감염병을 다루도록 수립된 글로벌 거버넌스인 WHO가 코로나19에 비효과적으로 대응하고, WHO의 임무 수행을 뒷받침하며 글로벌 협력을 견인해야 할 강대국이 협력하지 않음으로써 팬데믹으로 발전하였다. 코로나19 팬데믹에서는 기존의 국가들의 협력적인 상호작용 방식이 작동하지 않았고, 국가들의 협력 도출에 필요한 리더십과 정보가 제공되지 않아 국가들은 차선(sub-optimal)의 상태에 놓였다. 코로나19 팬데믹에서 국가들의 상호작용 방식이 기존의 익숙한 패턴에서 벗어남으로써 보건 분야에서는 물론 국제관계 전반에서 불확실성이 증가했다. 코로나19 팬데믹에서 국가들이 보인 상호작용 방식의 문제는 국가들의 네트워크 내에 새로운 공백이 등장한 것으로 볼 수도 있다. 코로나19 팬데믹 이전 최소한 1990년대부터 국가들은 네트워크의 중심에 위치한 미국을 중심으로 유사한 관념, 합의된 규칙, 그리고 공유된 이해 등을 기반으로 통합된 네트워크로 작동하고 있었는데, 네트워크에서 중심적인 역할을 하는 미국의 쇠퇴와 그의 반대편에 위치한 중국의 등장이 네트워크 내에 공백을 형성한 것이다.

코로나19 팬데믹에서 기존의 국가들의 협력적인 상호작용 방식의 결렬, 국가들의 협력 조성에 필요한 리더십과 정보의 결여가 모든 국가들을 차선의 상태에 머물게 하더라도, 강대국처럼 일방적으로 자국의 이익을 확보할 수 있는 국가 능력을 보유하지 못한 국가들에게 더 큰 위험을 제기한다. 그리하여 코로나19 팬데믹으로 발생한 국가들의 상호작용 방식에서 증가한 불확실성을 완화하여 국가들의 네트워크가 다시 통합적으로 작동하게 하는 것이 필요해진다. 그러한 불확실성의 완화는 모든 국가들에게 이익이 되지만, 특히 차선의 상태에 더 민감한 비(非)강대국들에게 이익이 되고, 기존의 협력적 상호작용 방식을 재작동시키는 것에서 더 나아가 상호작용 방식의 개선으로 이어질 수 있다.

코로나19 팬데믹으로 인해 국가들의 협력적 상호작용이 결렬된 상황은 중견국 외교와 연결될 수 있다.[10] 코로나19 팬데믹으로 인해 국가들 사이에 구분선이 생성되고 글로벌 거버넌스가 작동하지 않는 상태는 중견국이 연결과 중재라는 행위를 할 수 있는 기회를 제공한다.

10　어떤 국가가 중견국에 해당하는가는 본 논의에서 제외한다. Correlates of War(COW)의 190여 개 국가에 대한 Composite Index of National Capability에서 최상위 국가(미국, 중국)를 제외하고 20-30위 사이의 국가들을 중견국으로 상정한다.

중견국들은 이전부터 다자 외교에 적극적이었는데, 코로나19 팬데믹 발생으로 협력적 상호작용 방식의 결렬이 자신들에게 부과하는 부담을 감소시켜야 하는 상황이 중견국 행동주의를 자극하는 것이다(강선주 2015). 중견국 외교는 강대국이 방치한, 코로나19 팬데믹으로 인해 발생한 협력적 상호작용 방식의 결렬을 보수하는 역할을 담당하는 것이다. 코로나19 팬데믹 이후 국가들의 협력적 상호작용 방식이 결렬된 상황에서 중견국 외교는 ▲국가들의 협력으로 글로벌 보건의 향상, ▲글로벌 보건 향상을 위한 노력에 광범위한 행위자의 참여와 협력 유도, 그리고 ▲보건 관련 글로벌 거버넌스의 향상과 국가들의 경쟁 관리 성과를 생산할 수 있다.

코로나19 팬데믹의 절차적 제도 차원의 국제체제 전환과 중견국 외교의 관계는 냉전 시기의 중견국 외교와 비교될 수 있다. 냉전 기간에도 중견국의 중요성이 제고됐었는데, 그 이유는 냉전 시기에 국가들의 구분선, 국제사회를 분열시키는 이슈가 분명했고, 중견국들은 그러한 상황을 이용할 수 있었기 때문이다. 중견국들은 제2차 세계대전 이후 국제질서의 성격상, 미국과 소련 초강대국들의 직접적인 대결이 가능한 양극체제로부터 나오는 긴장과 갈등을 예방하고 관리할 수 있는 방법과 수단에 관심을 두었다(Westhuizen 1998). 냉전 시기에 중견국들은 국제적 논쟁에서 명백하게 소련이나 미국의 편들기를 거부하는 데에서 외교적 틈새를 발견하였다. 중견국들은 공동선(common good)을 대표함으로써 자신들이 직면한 불확실성을 완화하는 독특한 틈새에서 활동할 수 있었다. 그리하여 그들은 중재와 평화유지와 같은 질서를 유지할 수 있는 정책 수단뿐만 아니라 UN, NATO 및 다른 다자제도와 같은 복잡한 국제정치와 전략 기구들을 발전시켰던 것이다.

그런데 코로나19 팬데믹으로 발생한 절차적 제도 차원의 국제체제 전환이 중견국 외교의 기회를 제공한다고 하더라도 실제로 그 기회를 포착하는 것은 중견국의 역량에 달려 있다. 코로나19 팬데믹에 의한 국가들의 협력적 상호작용의 결렬은 중개 의지와 역량을 가진 국가가 적극적인 외교를 펼칠 수 있는 여지를 제공한다. 국가들의 네트워크에서 (코로나19에 대한) 정보를 제공하여 국가들의 대응 능력을 향상시키고 협력할 인센티브를 제공할 수 있는 능력을 보유한 중견국은 코로나19 팬데믹이 발생시킨 국가들의 협력적 상호작용의 결렬에서 오는 기회를 활용할 수 있다. 그리고 중견국이 국가들의 협력적 상호작용 방식의 복원에 기여하는 것으로부터 발생하는 이익이 존재한다. 국가들의 상호작용 방식에 활력을 넣는 연결과 중개 행위를 통해 그 중견국에게 국제적 사회적 자본(social capital)이 향상되는 것을 예상할 수 있다(김상배 2011).

코로나19 팬데믹에 의해 국가들의 협력적 상호작용 방식이 결렬된 상황에서 중견국 외교는 어떠한 모습을 띠는가? 중견국 외교는 세 가지 행태로 나타난다. 하나는 규범 제시인데, 국가들이 공통으로 직면한 문제에 대한 접근법을 제시하는 것이고, 또 다른 행태는 연대 형성으로서 중견국이 독자적으로 영향력을 행사하기에 역량이 불충분한 경우에 영향력을 증가시키기 위해 유사한 입장을 가진 국가들과 협동하는 것이고, 마지막 행태는 중개로서 경쟁적인 두 행위자(그룹)를 연결하여 합의 도달을 촉진하는 것이다. 구체적으로 코로나19 팬데믹 상황에서 ▲규범외교는 의학 차원에서 국가들이 수용할 수 있는 코로나19 대응 정보 제공과 표준 수립 유도, 비의학 차원에서는 WHO의 IHR과 팬데믹 상황에서 무역 규제 등 관련 규범을 정비하는 것이고, ▲연대외교는 코로나19에서 결여된 글로벌 공동 대응을 조성하기 위해 유사한 입장, 즉 부담과 책임을 공유할 수 있는 국가들과 협력 시스템을 구축하는 것이고, ▲중개외교는 코로나19 발생에 따른 국가 간 보건, 전략, 경제적 갈등을 중재하는 것이다. 코로나19 팬데믹 관련 중견국 규범외교는 비효과적이었던 WHO에 대한 비판을 넘어서 제도적 개선을 위한 협력을 주도하는 것이고, 연대외교는 협력 시스템에 개도국 지역 거점 국가들과 정부를 넘어서 비정부 행위자를 포함할 수 있다. 중개외교는 선진국과 개도국 사이에서, 민주주의 모델과 권위주의 모델 사이에서, 민간 주도 모델과 정부 주도 모델 사이에서, 세계화 질서와 민족주의 질서 사이에서의 중개를 포함한다.

IV. 코로나19 팬데믹과 한국의 중견국 외교

코로나19 팬데믹이 발생시킨 절차적 제도 차원의 국제체제 전환의 맥락에서 제기되는 마지막 질문은 그러한 변화가 중견국 지위를 갖고 있는 한국에게 미치는 영향이다. ▲코로나19 팬데믹으로 발생한 국가들의 협력적 상호작용의 결렬은 한국에게 어떤 영향을 주었는가, 그리고 ▲코로나19 팬데믹으로 발생한 국가들의 협력적 상호작용의 결렬이 중견국 외교의 기회를 제공한다면, 한국은 그러한 중견국 외교의 기회를 어떻게 활용하는가와 같은 질문들이 제기될 수 있다.

1. 한국의 코로나19 대응

코로나19 팬데믹은 WHO가 팬데믹을 선언한 2020년 3월 11일에 공식 시작하였는데, 한국은 이보다도 일찍 코로나19를 겪기 시작하였다. 코로나19 바이러스에 대한 대응 방법이 정립되지 않은 상태에서 한국은 자체적으로 코로나19 방역기법을 수립하여 대응하기 시작했고 전파 차단과 치료에서 성공적인 결과를 산출하였다. 한국은 신속하고도 정확한 코로나19 진단법을 개발하여 선별이 아닌 코로나19 바이러스에 노출 의심자 전원을 테스트하고, IT 기술을 활용하여 접촉자 추적, 부분적 이동 제한 조치를 실시하여 코로나19의 전파를 차단할 수 있었다. 이러한 코로나19 방역 덕택에 코로나19에 대한 세계적 통계가 작성되기 시작한 이후 감염 기준으로 한국은 2020년 5월에 38위, 7월에 68위, 2021년 4월에 84위에 올라 있다.[11] 국가의 감염병 대응 준비태세를 측정하는 2019년 Global Health Security Index에서 한국은 9위로 평가되었는데 코로나19 방역과 감염병 위기 대응 능력이 비례한 셈이다.[12]

한국이 코로나19의 초기 대응에 성공할 수 있었던 요인은 첫째, 투명성, 민주성, 개방성 원칙에 입각, 코로나19 대응이 국내 정치 쟁점이 되는 것을 방지하고 국민의 협조를 끌어낸 것이다. 코로나19 감염과 사망에 대한 투명한 정보 공개는 국민들에게 코로나19의 위험을 인식시키는 동시에 불필요한 공포심과 사회적 갈등으로 발전하는 것을 방지하였고, 국민들이 정부 조치를 신뢰하고 수용하는 데에 기여하였다. IT 기술 적용은 코로나19 감염자 추적과 정보 확산에서 지연과 지체를 방지하는 데에 기여하였다. 또한 한국은 국내적으로나 대외적으로 비교적 완화된 이동 제한 조치를 취하여 방역에서 국민의 불편을 최소화할 수 있었다. 둘째, 의료 분야에서 국가가 수행한 가외성 기능

---

11 https://www.worldometers.info/

12 Global Health Security Index(GHSI)는 195개 국가를 6개 분야(예방, 탐지와 보고, 긴급대응, 의료체계, 국제규범 준수, 위험 환경)에 대해 평가하여 작성되었다(https://www.ghsindex.org). GHSI에서 상위 10위 안에 위치한 다수의 서구 선진국들이 코로나19 팬데믹에서는 높은 감염과 사망을 보였다.

이다. 한국은 민간의료체계와 공공의료보험이 혼합된 체제인데 코로나19 팬데믹이 발생하기 전에는 가외성이 비효율적이라는 비판을 받고 있었다(권혁주 2020). 그러나 이러한 가외성이 위기상황에서 폭발적인 의료 수요에도 불구하고 의료체제가 코로나19 감염 추적과 환자 치료를 감당할 수 있게 해주었다. 셋째, 한국은 코로나19를 초기부터 단순 보건·의료 사안이 아닌 복합 사안으로 접근하였다. 코로나19가 이슈연계를 통해 거시적인 문제로 발전할 가능성을 감지하고 보건 이외의 분야(예를 들어서 경제, 인권)와 조율하면서 관련 조치를 신속히 전개하였다. 코로나19에 대해 초기부터 복합적으로 대응한 덕택에 2020년에 한국의 GDP는 전년 대비 1% 감소하는 데에 그쳤고, OECD 국가들 중에서도 가장 작은 규모로 감소였다(OECD 2021).

2. 코로나19 팬데믹과 한국의 중견국 외교

코로나19 팬데믹으로 발생한 국가들의 협력적 상호작용의 결렬은 규칙에 기반한(rules-based) 다자 국제질서 속에서 중견국으로 성장하였고 그의 유지를 지향하는 한국에게 호의적인 상황이 아니기 때문에, 한국이 협력적 상호작용 방식의 회복에 관심을 갖는 것은 당연하다. 더구나 코로나19에 성공적으로 대응하여 획득한 한국의 국가 능력과 국제적 평판은 한국이 결렬된 협력적 상호작용 방식의 회복에 투입할 수 있는 자산이 되었다. 한국의 코로나19 방역은 국가들의 코로나19 대응의 벤치마크가 될 정도로 신뢰되었고, 한국의 상대적으로 작은 경제적 피해는 한국이 국제적으로 활동할 수 있는 능력을 뒷받침해주었다. 한국의 위기 대응 역량에 대한 국제적 인식이 향상되고 국제사회에서 리더십 역할 수행의 정당성을 인정받은 것이다. 그리고 실제로 한국은 이러한 자산을 국가들의 협력적 상호작용 방식을 개선하는 중견국 외교로 채널링(channelling)하였다. 코로나19 팬데믹에서 한국이 수행한 중견국 외교는 다음과 같다.

1) 규범외교

코로나19 팬데믹에서 한국의 중견국 규범외교는 의학적 차원과 비의학적 차원으로 나누어 볼 수 있다. 코로나19 팬데믹에서 정확한 정보 부족이 문제였던 반면, 한국은 초기 방역에 성공하여 코로나19 방역에 관한 정보를 제공하고 불확실성을 해소하는 데에 기여하였다. 한국은 코로나19 대응을 "K-방역"으로 체계화하여 세계에 공개하고, 감염병 대응 역량이 취약한 국가들의 방역 역량 강화에 협력하였다. '개방성, 투명성, 민주성'의 3대 원칙에 기반한 재난 대응과 데이터의 역할의 모범을 보여주었다. 권위적으로 데이터, 시민의 자유와 인권을 통제하지 않으면서도 코로나19 전파 차단을 위한 접촉자 추적이 가능함을 보여주어 인권의 영역에서도 모델이 되었다. 이것은 한국이 분석 역량, 지적 리더십을 제공하고 개혁 지향적인 연합을 구축할 수 있는 능력을 보유하였기에 한국이 수행하기에 적합한 중견국 외교 행태였다(Cooper, Higgott and Nossal 1993, 5-6).

코로나19 확산 초기에 국가들이 자국민 우선 보호 목적에서 의약품과 의료장비를 국내에 축적하거나 수출을 통제하여 상황을 악화시킨 경험에서, 비의학적 차원에서 한국의 규범외교는 감염병 발생 시에 의료물자의 생산과 배분에 관한 WHO IHR과 WTO의 규범 논의 참여로 나타났다. 한국은 WHO의 IHR과 감염병 발생 시에 수출 통제를 허용하는 WTO 무역 규범(GATT Article 11과 20)의 조화 문제, WTO 개혁을 논의하는 소그룹 모임인 오타와그룹(Ottawa Group)이 주도하는 코로나19 관련 보건의료 상품의 관세 철폐 및 수출규제 폐지에 관한 '글로벌 교역 및 보건 이니셔티브' 논의에 참여하였다. 보건의료 무역 분야에서 규범외교는 혁신을 가능하게 하는 지적재산권 보호와 백신·의약품에 공평한 접근 사이에 균형을 이루는 규범 개정을 목표로 하였다.[13]

한국은 또한 개발 실패율이 높다고 알려진 백신의 선구매를 약속하여 백신 개발을 촉진할 뿐만 아니라 백신에 공평한 접근을 위해 백신의 공동 구매·배분 국제 프로젝트인 '코백스 퍼실리티(COVID-19 Vaccines Global Access Facility, COVAX facility)'에도 참여하였다. 세계백신면역연합(Global Alliance for Vaccines and Immunization, GAVI)이 개최한 백신정상회의(Vaccine Summit)에서 한국은 2016-2020년의 2000만 달러보다 50% 증가한 3000만 달러를 2021-2025년에 기부할 것을 약속하였다. 그동안 한국은 GAVI, 국제의약품구매기구(UNITAID), 국제백신연구소(International Vaccine Insitute, IVI)에 공여국으로 참여해 왔는데, 새로이 2020년부터 감염병혁신연합(Coalition for Epidemic Preparedness Innovations, CEPI)에도 기여함으로써 글로벌 보건 영역에서 규범외교를 확장하였다.

2) 연대외교

코로나19의 확산 초기에 국가들의 의학적, 비의학적 조치를 조율할 리더십의 결여가 국가들의 상호작용을 비협조로 이끌었으므로, 감염병

---

13 2020년 10월 WTO 지적재산권무역위원회(Trade-Related Aspects of Intellectual Property Rights Council)에서 코로나19 백신과 의약 연구, 개발, 제조 및 공급에 TRIPS 일부 규정의 면제가 논의되었는데, 국가들은 TRIPS 면제 반대(미국, EU, 캐나다, 일본, 영국, 호주, 스위스), 면제 찬성(아프리카 국가들, 방글라데시, 스리랑카, 파키스탄, 네팔 등), 그리고 입장 유보(중국, 터키, 필리핀, 콜럼비아)로 나뉘어 합의를 이루지 못하였다.

발생이 수반하는 다양한 경제·사회 문제에서 개별 국가주의가 아닌 다자적 대응을 부활시키는 것이 필요하다. 한국은 코로나19의 성공적 방역에서 획득한 국제사회의 신뢰를 바탕으로 감염병 대응에 개별 국가주의가 아닌 글로벌 협력을 약속하는 연대 형성을 주도하였다.

우선 한국이 속한 중견국 그룹인 믹타(MIKTA)에서 코로나19 팬데믹 및 글로벌 보건에 관한 공동성명을 채택하는 것을 주도하였다. 믹타는 2014년 에볼라 위기에서도 국제보건에 관한 공동성명을 발표한 경험이 있는데, 코로나19 팬데믹에서도 공동성명을 발표하여 코로나19 극복을 위한 믹타 회원국 간 연대와 국제적 정책 공조에 동참 의지를 표명했다. 믹타 공동성명은 국제 이동과 무역에 불필요한 지장을 초래하지 않는 방식으로, 각국의 방역조치를 저해하지 않는 범위 내에서 인도적, 과학적, 필수 경제적 활동을 위한 사람과 물자의 이동을 용이하게 할 필요성을 고려한다는 내용과 한국이 코로나19 대응 초기부터 강조해 온 개방성, 투명성, 민주성이 시민들의 방역조치 참여를 이끌어 내는 핵심 요소임을 인식한다는 내용을 담고 있다. 믹타는 초국경 감염병 대응에서 국가들의 협력적 상호작용의 복구를 촉구하는 중견국 연대외교의 공명판(soundboard) 역할을 했다고 말할 수 있다.

한국은 보다 다자적인 환경인 UN에서 '보건안보 우호국그룹(Group of Friends of Solidarity for Global Health Security)'의 출범을 주도하였다. 한국은 코로나19 등 보건안보 문제에 대해 UN 차원의 대응을 강화하고 UN 내 코로나19 등 보건안보 사안에 대한 자유로운 논의와 협력의 장을 마련하기 위해 이 그룹의 설립을 주도하였다. 이 우호국그룹은 한국, 캐나다, 덴마크, 카타르, 시에라리온이 공동의장국으로 활동하게 되며, 여타 UN 회원국들도 자유롭게 참여할 수 있는 개방형으로 운영된다. 코로나19 대응뿐만 아니라, 국제사회가 직면할 수 있는 다양한 국제 보건안보 과제를 중심으로 UN 내에서 연대와 협력에 기반한 인간안보 증진을 모색해 나갈 플랫폼으로 기능하기도 한다. 연대외교로서 보건안보 우호국그룹의 특징은 제도로 정착할 가능성이다. 향후 ▲대사급 정례 회의를 포함한 각급 협의체 운영, ▲전문가 초청 브리핑 및 간담회, ▲UN 회의 계기 공동발언 시행 및 부대행사 개최 등을 계획하고 있다.

한국은 '글로벌 감염병 대응협력 지지그룹(Support Group for Global Infectious Disease Response, G4IDR)'이 출범하는 데에서도 주도적인 역할을 담당하여 보건 분야의 다자협력을 선도하였다. 이 지지그룹은 UN, WHO, UNESCO에서 동시에 작동한다는 특징을 갖고 있다. 이 지지그룹은 WHO 집행이사국 등 보건 분야에서 선도적 역할을 하고 있는 소수의 지역별 국가로 구성된 핵심그룹(core members)을 주축으로 하는데, 한국이 의장국을 맡고, 싱가포르, 터키, UAE, 모로코, 케냐, 멕시코, 페루 8개국이 핵심그룹을 이룬다. 그리고 추후 다른 국가들이 이 지지그룹에 참여할 수 있도록 개방된 형태로 운영될 뿐만 아니라, 감염병 관련 비정부 보건기구[예, 글로벌펀드(Global Fund), GAVI, UNITAID, 결핵퇴치국제협력사업단(Stop TB Partnership), IVI]도 참여한다. 이것은 코로나19와 같은 개별 국가 차원의 노력만으로는 대처할 수 없는 초국경적 감염병 대응을 위한 협력과 연대를 정부 중심에서 비정부기구로까지 확대, 감염병의 초국경적 성격에 비례하는 비영토적 대응을 준비한다는 의미를 가진다.

3) 중개외교

한국은 코로나19 팬데믹 중견국 외교에서 규범 제시와 연대 형성에는 적극성과 성과를 거둔 반면에 중개외교에서는 그렇지 않았다. 이것은 코로나19 팬데믹 초기에 중견국의 연결과 중재가 필요한 이슈가 구체적으로 드러나지 않았기 때문일 수 있다. 그러나 2020년 하반기로 이동하면서 코로나19 팬데믹이 발생시킨 국가들의 비협력적 상호작용 때문에 중견국의 중개가 필요한 이슈가 드러나기 시작하였는데, 아이러니하게도 그러한 이슈들은 규범외교와 연대외교보다 중견국의 외교력 발휘가 어렵고, 오히려 강대국의 선택과 전략의 직접적 영향 하에 있다고 말할 수 있다.

코로나19 팬데믹으로 발생한 불확실성을 완화하기 위해 중개가 필요한 영역은 무엇보다도 미국과 중국의 경쟁이고, 양국의 갈등을 중개하여 그들이 글로벌 (보건) 협력에 참여하게 하는 것이다. 코로나19 팬데믹에서 미국과 중국은 코로나19 발생의 책임, WHO 개혁, 보건의 지정학적 이용(예, 마스크 외교, 개도국 백신 제공)을 놓고 갈등하였다. 그러나 미국과 중국의 경쟁은 강대국 정치 논리가 작동하는 영역이고, 다른 국가들의 중개보다 미국과 중국 자신의 국가 능력(national capabilities)과 국내정치 등에 기반한 국익 계산이 경쟁과 갈등의 결정에 더 많은 영향을 미친다. 이 분야에서 중견국으로서 한국이 독자적으로 또는 다른 국가들과의 연대를 통해서 역할을 하는 것이 어려울 뿐만 아니라, 미국 또는 중국이 제3국을 통해서 중재를 기대할 때에야 가능하다는 한계가 있다.

코로나19 팬데믹에서 중개외교가 필요하고 또한 가능한 분야는 선진국과 개도국이 갈등하는 코로나19 백신의 배분이다. 팬데믹 상황에서 선진국들이 자국민 접종을 위해 백신 개발·제조회사와 직접 계약하여 우선적으로 백신을 확보하는 백신 민족주의(vaccine nationalism)가 등장하였다. 백신 민족주의는 경제력이 부족한 국가들이 백신에 접근할 기회를 갖지 못하게 한다는 문제가 있다. 코로나19

와 같은 감염병은 전파를 차단하는 것이 중요한데 백신 민족주의는 감염병 전파 차단을 저해하여 감염병을 장기화시킬 수 있다. 세계화로 국가들이 상호 연결되어 있으므로 백신을 접종하지 못하는 국가들로부터 감염병이 지속적으로 전파되고, 세계 전체적으로 감염병이 통제되지 않으면 경제활동이 정상화되지 않아 경제에도 부정적인 영향을 준다.[14] 정도와 시간에 차이는 있겠지만 백신 민족주의로 국가들이 다같이 피해를 입는 차선의 상황이 발생하는 것이다. 백신 민족주의의 차선적 결과를 방지하기 위해서는 선진국에서 백신 수요가 충족되고 난 후에 개도국에 코로나19 백신을 기부하는 것과 같은 임의적, 자선 방식에서 탈피, 사전(事前)에 공급 체계를 수립해 놓는 것이 필요하다. 개도국을 위한 사전 백신 공급체계 수립에는 이해상관자로서 개도국도 논의에 참여해야 한다. 한국은 코벡스 참여와 같이 개도국의 백신 접근을 위해 자금을 제공하는 것에 더하여, 백신 민족주의 완화와 개도국을 위한 백신 공급 체계 수립에 관해 선진국과 개도국 사이에서 중개자 역할을 수행할 수 있다.

V. 결론

코로나19 팬데믹은 제2차 세계대전 이후 그 어떤 사건보다도 짧은 시간 내에 전 세계의 경제, 정치, 사회, 외교 전반에 걸쳐 영향을 미쳤다. 코로나19 팬데믹이 세계에 준 충격은 국제체제의 주요한 구성 원칙

---

14   소수의 국가들만 백신을 접종하고 다수의 국가들이 백신을 접종할 수 없을 때에 발생하는 경제적 손실이 다른 국가들의 백신 접종을 지원하는 데에 드는 비용보다 더 크다는 분석이 있다. Hafner et al. (2020, 22-23).

에 변화를 가져오지는 않았지만, 국가들이 상호작용하는 방식에는 변화를 가져왔다. 코로나19 팬데믹은 최소한 1990년대 이후부터 국가들이 수용하고 익숙해진 주권 약화의 허용, 세계화, 다자주의, 비영토성, 그리고 그에서 미국이 리더십을 발휘하던 상호작용 방식에서 벗어나, 미국의 리더십 약화를 배경으로 주권, 자국 우선주의, 영토성을 강조하는 상호작용 방식을 재등장시켰다. 그런데 이것은 현실과 부조화(mismatch)를 이룬다. 국가들은 현실(물질적 상태)에서는 여전히 세계화와 상호의존적으로 존재하는 데에 반해, 국가들이 주권 행사에 더 비중을 두는 상호작용 방식은 국가들을 불확실성과 차선의 상태에 놓이게 하기 때문이다.

코로나19 팬데믹으로 인해 국가들의 협력적 상호작용이 결렬된 상황은 중견국 외교와 연결된다. 코로나19 팬데믹으로 인해 국가들 사이에 구분선이 생성되고 글로벌 거버넌스가 작동하지 않는 상태는 중견국이 연결과 중재라는 행위를 할 수 있는 기회를 제공한다. 코로나19 팬데믹에서 강대국 미국과 중국이 리더십과 협력을 발휘하기를 거부했고, 국가들의 다자 협력적 상호작용 방식이 결렬되었다. 중견국 외교는 코로나19 팬데믹에 의해 발생한 협력적 상호작용 방식의 붕괴를 보수하는 역할을 담당할 수 있다. 국가들의 네트워크에서 코로나19에 대한 정보를 제공하여 국가들의 대응 능력을 향상시키고 협력할 인센티브를 제공할 수 있는 능력을 보유한 국가(들)는 코로나19 팬데믹으로 결렬된 국가들의 다자적 상호작용 방식을 복원하는 외교를 펼칠 수 있다.

코로나19 팬데믹은 한국에게 중견국 외교 기회를 제공했고 한국은 그를 적극 활용하였다. 한국의 코로나19 초기 대응 성공은 한국이 중견국 외교를 수행할 수 있는 자산이 되었다. 코로나19 대응 성공으로 한국의 국가 능력과 평판이 향상되고, 국제사회에서 리더십 역할을 수행할 정당성을 인정받았다. 한국은 그러한 자산을 초국경적 감염병에 대해 국가들의 다자 협력을 복원하는 데에 활용하였다. 한국은 코로나19 방역에 관한 정보를 제공하여 불확실성을 해소하는 규범외교, 감염병 대응에 개별 국가주의가 아닌 글로벌 협력을 약속하는 연대외교를 주도하였다. 그렇지만 한국은 중개외교에서는 기대에 못 미치는 성과를 내었다. 코로나19 팬데믹으로 발생한 불확실성에서 중개가 필요한 영역은 무엇보다도 미국과 중국의 경쟁인데, 미중 경쟁은 강대국 정치 논리가 작동하는 영역으로서 중견국 외교가 제한적이다. 한국이 중개외교를 수행할 수 있는 다른 영역은 선진국과 개도국 사이에서 백신 민족주의를 완화하는 문제이다.

　코로나19 팬데믹은 국제관계의 패턴에 급격한 변화를 발생시켰고, 그러한 변화는 국제체제가 작동할 수 있게 하는 중견국의 역할을 필요로 하였다. 한국의 중견국 외교는 코로나19 팬데믹이 발생시킨 국제관계 패턴의 초기에 적합하게 구성된 것이었다. 이제 코로나19 팬데믹이 2년차에 접어들고, 코로나19 백신 공급으로 코로나19 팬데믹 자체와 국제관계의 패턴이 새로운 국면을 맞고 있다. 코로나19 팬데믹 2년차에 한국은 1년차에 수행한 중견국 외교에 구체적인 성과를 추가할 필요가 있다. 한국이 주도적으로 형성한 보건안보 연대를 동원하여 의학과 비의학 차원의 초국경 감염병 관련 다자 규범의 정비에서 진전을 이루는 것이다. 그러면서도 한국은 진화하고 있는 코로나19 팬데믹과 국제관계의 국면에 맞춰 중견국 외교를 조절할 필요가 있다. 한국은 중견국 외교 이슈의 선택과 협력적으로 전환한 강대국을 연대에 포함하는 등 성과 지향적이고 유연한 전략을 구사할 준비가 되어 있어야 하며, 그것이 궁극적으로 국제사회에서 중견국 외교의 가치를 증명하는 길이다.

참고문헌

강선주. 2015. "중견국 이론화의 이슈와 쟁점." 『국제정치논총』 55(1): 137-154.

권혁주. 2020. "코로나 19 이후 세계질서와 국제개발협력." 국립외교원 코로나19 바이러스와 국제개발협력 세미나 MIMEO(5.28.).

김상배. 2011. "네트워크로 보는 중견국 외교전략: 구조적 공백과 위치권력 이론의 원용." 『국제정치논총』 51(3): 51-76.

Campbell, Kurt M. and Rush Doshi. 2020. "The Coronavirus Could Reshape Global Order: China Is Maneuvering for International Leadership as the United States Falters." *Foreign Affairs* (March 18).

Cooper, Andrew F., Richard A. Higgott and Kim R. Nossal. 1993. *Relocating Middle Powers: Australia and Canada in a Changing World Order*. Vancouver: UBC Press.

Drezner, Daniel W. 2020. "The Song Remains the Same: International Relations after COVI-19." *International Organization* 74 Supplement: E18-E35.

Giesecke, John. 2019. "The Truth about PHEICs." *The Lancet*. https://www.thelancet.com/journals/lancet/article/PIIS0140-6736(19)31566-1/fulltext (July 5).

Haas, Richard. 2020. "The Pandemic Will Accelerate History Rather Than Reshape It: Not Every Crisis Is a Turning Point." *Foreign Affairs* (April 7). https://www.foreignaffairs.com/articles/united-states/2020-04-07/pandemic-will-accelerate-history-rather-reshape-it

Hafner, Marco et al. 2020. *COVID-19 And The Cost Of Vaccine Nationalism*. RAND Europe.

Holsti, K.J. 1998. "The Problem of Change in International Relations Theory." Institute of International Relations-The University of British Columbia Working Paper No. 26.

Johnson, Tana. 2020. "Ordinary Patterns in an Extraordinary Crisis: How International Relations Makes Sense of the COVID-19 Pandemic." *International Organization* 74 Supplement: E148-E168.

Kenwick, Michael R. and Beth A. Simmons. 2020. "Pandemic Response as Border Politics." *International Organization* 74 Supplement: E36-E58.

Kissinger, Henry. 2020. "The Coronavirus Pandemic Will Forever Alter the World Order." *Wall Street Journal* (April 3). https://www.wsj.com/articles/the-coronavirus-pandemic-will-forever-alter-the-world-order-11585953005

OECD. 2021. "Going for Growth 2021-Korea." https://www.oecd.org/economy/korea-economic-snapshot/

The White House. 2020. "United States Strategic Approach to The People's Republic of

China." (May 20) https://www.whitehouse.gov/wpcontent/uploads/2020/05/ U.S. StrategicApproachtoThePeoplesRepublicofChinaReport5.20.20.pdf

Wenham, Clare. 2019. "The Oversecuritization of Global Health: Changing the Terms of Debate." *International Affairs* 95(5): 1093 – 1110.

Westhuizen, Janis Van Der. 1998. "South Africa's Emergence as a Middle Power." *Third World Quarterly* 19(3): 435-55.

WTO. 2020. "Export Prohibitions and Restrictions." (April 23). https://www.wto.org/ export_prohibitions_report_e

제12장   코로나19 시대 중견국 외교:
         가능성과 한계

이승주(중앙대학교)

I. 서론: 거버넌스의 다양성과 미중 전략 경쟁 사이의 중견국 외교

코로나19에 대응하는 데 있어서 세계 주요국들은 거버넌스의 상당한 차이를 드러냈다. 코로나19 대응 거버넌스는 일차적으로 개별 국가들의 기초 보건 역량을 반영하는 것이지만, 국가별 접근의 다양성과 차별성을 드러내는 지표이다. 코로나19가 사스(SARS), 메르스(MERS) 등이전의 전염병과 질적인 차이를 보이는 것은 '보건' 이슈를 매개로 한다양한 이슈 연계 현상이 훨씬 더 두드러졌기 때문이다. 코로나19가전 세계적으로 확산되는 과정에서 주요국들의 대응 방식에서 다양한차별성이 드러났는데, 이는 주요국 정부들이 코로나19에 대하여 순수한 방역 차원의 대응보다는 경제적, 정치적, 사회적 고려와 연계한 것과 관련이 있다. 즉, 코로나19 대응 거버넌스의 차별성은 방역을 다른이슈와 연계하는 방식 및 수준과 관련이 있다.

첫째, 코로나19 발생 초기 논쟁은 방역의 효율성과 관련하여 특히유럽 국가들을 중심으로 '봉쇄 vs 개방'의 논쟁을 초래하였다(Harari 2020). 국경 폐쇄 등 봉쇄 조치가 코로나19의 확산을 저지하는 데 효과적이라는 시각과 봉쇄는 결코 근본적인 대책이 될 수 없으며 시민 및국가 간 연대가 지속가능한 대응을 가능하게 할 것이라는 시각이 대비되었다. 두 가지 상반된 시각을 반영하듯 현실에서도 대다수 국가들이코로나19의 심각성 정도에 따라 봉쇄와 완화를 반복하는 어지러운 모습을 보였다. 다만, 한국 등 일부 국가들이 기본적으로 국경을 폐쇄하지 않는 대외적 개방을 유지하는 가운데, 국내적으로도 개방적 접근을위한 다양한 방안들을 시행하였다.

둘째, 전 세계적으로 코로나19의 확산과 장기화가 동시에 진행되자 논점이 '안전 vs 경제'로 바뀌기 시작하였다. 코로나19의 확산을 저

지하기 위해서는 사회적 거리두기의 확대와 봉쇄 조치는 선택이 아닌 필수라는 방역 우선의 관점과 코로나19가 장기화되는 상황에서 봉쇄 일변도의 조치가 초래하는 경제적 충격이 너무도 크기 때문에 지속가능하지 않다는 반론이 제기되었다. 이 논쟁의 핵심은 방역과 경제의 연계인데, 경제적 충격의 규모 면에서 국가별로 상당한 차이가 있기 때문에 연계의 수준과 방식에서 일정한 차이가 발생하는 것은 불가피한 측면이 있다. 2020년 세계 경제성장률이 −3.3%를 기록한 데서 나타나듯이, 코로나19가 미친 경제적 충격은 지대하다. 스페인 −11.0%, 영국 −9.9%, 이탈리아 −8.9% 등 유로 지역의 경제성장률이 −6.6%를 기록한 반면, 중국 2.3%, 일본 −4.8%, 아세안 5개국 −3.4% 등 코로나19의 경제적 충격이 지역별, 국가별로 차별화되었다(IMF 2021). 경제적 충격의 크기가 다른 만큼 코로나19 대응 과정에서 경제적 문제와 연계하는 방식이 국가별로 차별화되었다. 이러한 관점에서 볼 때, 방역의 효율성과 경제적 충격의 최소화 사이의 최적점을 찾는 시도가 코로나19 대응 거버넌스에 영향을 미친 중요한 요인 가운데 하나가 되었다.

셋째, '개방 vs 봉쇄'의 이견은 '보건 vs 인권'의 문제로 전화되었다. 조기 검사, 추적, 치료는 코로나19에 대한 효과적인 대응 방식으로 평가되고 있다. 대부분의 국가들이 검사, 추적, 치료의 조합을 활용하고 있지만, 이 과정에서 개인 정보의 취득과 프라이버시의 침해 위험성에 대한 논쟁이 제기되었다. 코로나19가 초기 발생한 중국 정부가 방역의 효율성을 위해 시민들에 대한 추적을 확대, 강화함으로써 현실에서 이 문제는 민주주의 vs 전체주의의 문제로 확대되기도 하였다. 한편, 한국, 대만, 베트남 등 발전주의 전통을 가지고 있는 국가들에서 발견되는 정부의 적극적인 개입과 호주, 뉴질랜드 등 자유주의적 전통에 기반하여 대응한 국가들이 코로나19에 성공적으로 대응하는 모습을 보임으로써 보건과 경제 정책에서 정부의 역할을 재조명하는 계기를 제공하였다.

주요국들은 코로나19에 대응하는 데 있어서 보건과 다른 쟁점들을 직간접적으로 연계하는 경향을 보였으며, 다른 이슈와의 연계의 방식과 수준의 차이는 궁극적으로 코로나19 거버넌스의 차별화를 초래하였다. 코로나19 대응 거버넌스의 차별화는 국가 간 접근 방식과 대응 역량의 차이를 넘어 지구적 차원의 대응 방식과 역량에도 영향을 초래하였다. 보건을 매개로 한 이슈 연계는 초국적 협력을 어렵게 만드는 요인으로 작용하고 있다. 주요국들이 코로나19에 대한 대응을 방역 또는 보건의 관점에서 접근하기보다는 다른 이슈들과 연계한 결과, 문제의 복잡성이 급격하게 커져서 초국적 협력의 기반을 확보하기 어렵게 된 측면이 있다. 더 나아가 코로나19 대응 거버넌스가 개별 국가 수준의 인식과 대응 역량의 차이를 반영한다는 점을 고려할 때, 거버넌스의 차이는 결국 국제적 차원에서 국가 간 협력의 부조화와 불협화음을 초래하는 원인으로 작용하게 된다. 결국 다자 협력이 어느 때보다 절실함에도 불구하고 국제협력의 실종이 초래되었다. 코로나19에 대한 국내적 차원의 접근과 거버넌스의 차이는 자국 우선주의와 국제주의 사이의 간극을 드러낼 뿐 아니라, 협력의 접점을 찾는 것이 용이하지 않은 작업임을 시사한다.

한편, 코로나19의 세계적 확산은 미중 전략 경쟁을 더욱 가속화시키는 계기로 작용하였다. 코로나19의 확산을 저지하기 위해 국제 협력이 절실히 요구되는 시점에서 미중 전략 경쟁은 다자주의 동력을 유지·강화하는 데 있어서 리더십 공백을 초래하고, 더 나아가 코로나19를 오히려 전략적 경쟁의 수단으로 활용하는 현상을 촉진하였다. 미국과 중국은 전략 경쟁에 대한 고려 때문에, 코로나19라는 미증유의 팬데믹에 대응하기 위해 협력을 모색하기보다는 오히려 기존 국제기구들을 과도하게 정치화함으로써 신뢰의 위기와 기능 부전을 초래하였다. 이러한 현상은 트럼프 행정부가 세계무역기구(World Trade Organization, WTO)가 중국 편향성을 띤다는 이유로 비판하면서 상소기구의 상소위원을 충원하지 않음으로써 WTO의 분쟁해결절차를 무력화하는 데서 이미 목격되었다.

다자 협력에 대한 미국의 소극적 태도는 WHO에서 극명하게 드러났다. 트럼프 행정부는 코로나19의 확산을 저지하는 데 사용될 25억 달러의 예산을 신청했으나, WHO에 대한 지원이나 국제적 대응을 조율하기 위한 프로그램은 포함시키지 않았다. 코로나19 태스크포스의 위원장인 마이크 펜스(Mike Pence) 부통령이 '다자 제도는 재원을 낭비하는 비효율적 기관'이라고 언급하며 국제기구의 가치를 인정하지 않는 발언을 한 것 역시 미국이 국제기구와의 협력에 대한 부정적 견해를 상징적으로 드러낸 것이다. 더 나아가 WHO를 '중국 보건 기구(Chinese Health Organization, CHO)'로 비하한 것 역시 WHO에 대한 미국의 불신의 깊이를 드러낸다(Sajjanhar 2020). 국제기구의 정치화는 코로나19와 같은 지구적 문제에 대한 대처 역량을 급격하게 저하시키는 결과를 초래하였다.

코로나19 대응 거버넌스의 다양성과 미중 전략 경쟁의 영향은 코로나19에 대한 초국적 대응을 조직하는 데 있어서 중견국의 역할을 부각시키고 있다. 코로나19로 인해 국제질서가 급변하는 가운데 미국, 중국, 유럽 등 전통적 강대국들의 리더십 공백을 메우는 현실적 대안으로서 중견국 리더십의 중요성이 더욱 커졌다. 코로나19와 함께 '중견국의 순간(middle power's moment)'이 다시 한번 도래한 것이다(Beeson and Lee 2015; Bruno 2020). 그러나 과거에도 그랬듯이 중견국이 리더십을 발휘할 수 있는 기회의 창이 열린 것은 필요조건일 뿐이어서, 중견국이 실질적으로 리더십을 행사하기 위해서는 다양한 요건이 충족되어야 한다. 아래에서는 코로나19 시대 중견국 외교의 유형을 구분하고, 이를 바탕으로 중견국 리더십의 가능성을 탐색한다.

II. 미중 전략 경쟁과 초국적 협력의 부재

코로나19의 충격은 과거의 전염병과 비교할 수 없을 정도로 클 뿐 아니라, 대외적 차원에서는 미중 전략 경쟁, 대내적 차원에서는 반세계화 움직임과 복합적으로 얽혀 있다. 특히 코로나19는 '탈세계화(de-globalization)', 보호주의의 강화, 다자주의의 실종, 자국 우선주의 등 기존 국제질서에서 이미 표출되었던 불확실성을 질적으로 변화시키고 있다. 미국은 2021년 4월 10일 기준 확진자와 사망자 수가 각각 3,186만 명, 57만 명을 돌파한 데서 나타나듯이, 코로나19의 국내적 확산을 방지하는 데 심각한 결함을 드러냈다.[1] 미국이 코로나19에 대한 국내적 대응에 몰두하는 사이, 지구적 차원의 공공재 제공을 위한 리더십, 위기에 직면하여 국가들 사이의 정책을 조정하여 지구적 대응을 이끌어내는 능력 면에서 문제를 드러냈다. 더 나아가 트럼프 행정부는 코로나19의 기원과 관련 중국에 대한 공세의 수위를 높이는 등 미중 전략 경쟁의 확전을 국내정치적으로 활용하였다. 트럼프 행정부는 2020년 1월 미중 무역 협상 1단계 합의를 도출하는 등 중국과의 협력 가능성을 보였다. 그러나 트럼프 행정부는 코로나19의 발생 이후 화웨이에

---

1   worldometer, 〈https://www.worldometers.info/coronavirus/country/us/〉.

대한 제제를 단계적으로 확대하는 등 무역 전쟁을 기술 경쟁으로 본격적으로 전환시키는 한편, 인도태평양 전략을 구체화함으로써 미중 전략 경쟁을 가속화하였다. 2020년 11월 대통령 선거는 트럼프 행정부가 코로나19에 대한 대응에 정략적 접근을 촉진한 결정적 계기가 되었으며, 이로 인해 미국은 코로나19 국제협력에 있어서 정책적 일관성을 상실하였다.

트럼프 행정부의 국내정치적 고려에 기반한 코로나19 접근 방식은 미국이 초국적 협력을 선도하는 데 장애 요인으로 작용하였다. 트럼프 행정부 자체가 코로나19에 대응하는 과정에서 다자주의에 대한 불신을 드러내고, 미국 우선주의를 명확히 함으로써 국제협력의 리더십을 스스로 포기한 것이다. 미국은 또한 WHO, 중국, 우방국을 가리지 않고 전방위적 비판을 가함으로써 국제협력을 위한 리더십을 발휘하기는커녕, 오히려 국제협력을 방해하는 국가라는 이미지를 얻게 되었다.

트럼프 행정부가 부분적으로 다자주의적 접근을 회복시키기 위해 일정한 노력을 기울였으나, 그 한계는 뚜렷했다. 트럼프 행정부의 국제협력을 위한 리더십 약화는 인도태평양 지역에서 중국의 부상을 견제하는 동맹국들의 집단적 능력 약화라는 결과로 이어졌다(Nagy 2020). 미국은 코로나19가 확산되는 과정에서 G7을 확대하여 위기에 빠진 글로벌 거버넌스의 개편을 시사하였으나, G7 내부의 합의 부재로 현실화하는 데 한계에 부딪혔다. 트럼프 행정부는 2020년 6월 한국, 호주, 인도 등을 포함해 G7을 확대 발전시키는 방안을 추진하였으나, G7 내에서 이와 관련하여 충분한 논의 과정을 거치지 않았을 뿐만 아니라, G7의 확대가 중국 견제라는 전략적 의도로 해석되어 현실화되지 못했다.

코로나19의 최초 발생국으로 알려진 중국은 코로나19의 세계적 확산에 대한 책임론을 불식시키기 위해 중국 체제의 효율성을 강조하고 '마스크 외교(mask diplomacy)'를 공세적으로 펼침으로써 중국에 대한 비난을 우호적 반응으로 전환시키기 위해 노력하였다. 중국 정부의 노력이 부분적 성과를 내기도 하였으나 코로나19에 대한 초기의 미숙한 대응, 데이터의 불투명성과 대응 방식의 은폐, 미디어 억압, 시민의 자유 제한 등은 국제협력을 위한 중국의 능력에 대한 신뢰의 위기를 자초하였다(Ranade 2020). 또한 코로나19에 대한 대응은 중국 정치 체제의 한계를 대외적으로 드러내는 계기가 되었다. 통신 사업자가 개인의 이동을 추적하고, 위챗(WeChat)과 웨이보(微博)를 통해 코로나19 환자를 보고하는 핫라인을 개설하는 등 중국 정부는 코로나19를 시민에 대한 모니터링을 강화하는 계기로 활용하였다. 중국 정부가 코로나19 대응 과정에서 보여준 개인정보 수집, 분석, 활용과 추적 시스템 등은 민주주의 국가에서는 시민과 정부의 관계를 근본적으로 재조정하는 것이어서 보편성의 문제가 제기되었다. 중국은 더 나아가 코로나19가 확산되고 있음에도 불구하고, 중국-인도 국경 지역과 남중국해에서 지정학적 이익을 우선 추구하고, 국내적으로도 국가보안법을 통과시킴으로써 '일국 양제'를 실질적으로 무력화시키는 모습을 보였다. 이러한 일련의 조치로 인해 중국은 코로나19에 대한 초국적 협력을 위한 리더십의 기반을 상실하게 되었다.

　EU 역시 이번 사태에 대응하는 데 있어서 유럽 국가들 사이의 협력을 주도하는 데 한계를 드러냈다. 코로나19가 유럽 전역으로 확산되는 과정에서 EU 차원의 대응을 모색하기도 하였으나,[2] 국가 간 경쟁의 모습을 함께 드러냈다. 이탈리아는 인공호흡기와 마스크의 지원을 EU

2　"COVID-19: the EU's response to the economic fallout." 2021. June 22. ⟨https://www.consilium.europa.eu/en/policies/coronavirus/covid-19-economy/⟩.

에 요청했으나 EU 회원국들로부터 지원을 확보하는 데 어려움을 겪었고, EU 후보국인 세르비아는 의약품의 수입을 중국에서 유럽으로 변경하려고 하였으나 EU 의료 시스템에 필요하다는 이유로 거절당하는 등 EU 국가들 사이의 갈등이 고조되기도 하였다. 분명한 것은 코로나19의 확산에 대응하는 과정에서 유럽 국가들이 지역 차원의 협력적 대응을 하는 데 상당한 시간을 허비하고, 자국 중심의 독자적 대응을 우선하였다는 점이다. 육상과 해운으로 연결된 유럽 지역의 특성을 감안할 때 협력적 대응의 필요성이 컸음에도 불구하고, 국가별 독자적 대응을 하였다는 것은 EU 리더십 부재를 증명한다. 유럽 차원의 위기에 대한 EU 리더십의 부재는 이미 2009 유럽의 부채 위기와 2015년 난민 위기에서 드러난 바 있는데, 코로나19로 이를 재확인한 것이다.

III. 코로나19 이후 미국과 중국의 소프트파워 쇠퇴와 리더십 공백

코로나19 대응을 위한 미국과 중국의 리더십 부재는 양국의 소프트파워 약화에서 확인된다. 트럼프 대통령 집권 이후 미국의 소프트파워는 최저 수준을 기록하였다(Wike, Fetterrolf and Fetterrolf 2020). 조사 대상 14개국 응답자의 84%는 미국이 코로나19에 대하여 잘못 대응하였다고 답한 데서 나타나듯이(Silver, Devlin and Huang 2020), 미국 소프트파워 순위 하락은 코로나19에 대한 대응과 관련이 있다. 13개 조사 대상국 가운데 미국이 코로나19에 대한 대응을 잘하였다고 응답한 사람들의 평균 비율은 15%에 불과하였다(그림 12-1 참조). 트럼프 행정부 하 미국에 대한 긍정적 인식이 최저 수준을 기록한 것은 국가별로 정도의 차이만 있을 뿐, 공통적으로 나타나는 현상이다. 특히, 2020년 조상 대상국 가운데 거의 모든 국가에서 미국에 대한 긍정적 인식이 최저를 기록하였다(Silver, Devlin and Huang 2020). 미국의 전통적인 동맹국인 영국에서조차 미국에 대한 긍정적인 평가가 2000년 83%에서 2020년 41%로 절반 이하 수준으로 하락하였다. 트럼프 대통령 재임 기간 동안 동맹국과 파트너 국가들에서 미국에 대한 긍정적 인식이 하락하였다는 것은 미국의 국제협력을 주도하는 능력의 저하로 연결될 수밖에 없다.

퓨 연구센터(Pew Research Center)의 서베이에 따르면, 중국이 코로나19에 대응을 잘했다고 응답한 비율은 미국보다 다소 높은 37%로 나타났으나, 조사 대상 주요 14개국의 자국 정부의 대응에 대한 긍정적 평가의 평균인 74%에 비해서는 매우 낮은 수준이다. 또한 조사 대상 주요 14개국의 WHO와 EU에 대한 긍정적 평가 비율이 64%, 57%인 것과 비교하더라도 중국에 대한 인식이 상당히 낮은 수준임을 알 수 있다(그림 12-2 참조). 중국에 대한 부정적 인식의 증가는 중국이 코로나19에 대한 대응을 잘못하였다는 평가와 밀접한 관련이 있다. 조사 대상 14개국에서 중국이 코로나19에 대한 대응을 잘못하였다고 답한 비율의 중간값은 61%였다. 이는 자국 정부(27%) 또는 WHO(35%)가 코로나19에 대한 대응을 잘못하였다고 응답한 비율보다 훨씬 높은 수치이다. 이 과정에서 중국의 부상에 대한 부정적 인식 역시 증가하였다. 예를 들어, 중국이 '지배(prevail)'하는 데 대하여 14개국 응답자의 72%가 부정적으로 평가하였는데, 한국, 스페인, 독일, 캐나다, 네덜란드, 미국, 영국, 스웨덴, 호주에서 이 비율이 최근 12년 중 가장 높게 나타났다. 특히, 호주에서는 지난 1년 사이 이 비율이 24% 증가하여 2008년 이후 가장 높은 수치를 기록하였다. 영국, 독일, 네덜란드, 스웨

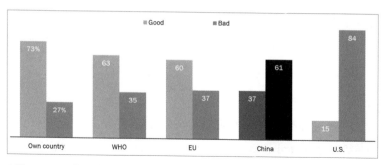

그림 12-1 코로나19 대응에 대한 인식

출처: Pew Research Center(2020).

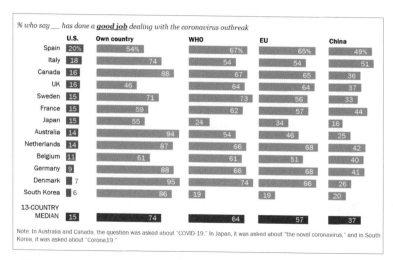

그림 12-2 코로나19에 대한 대응 평가

출처: Pew Research Center(2020).

덴, 미국, 한국, 스페인 등에서도 부정적 인식이 두 자리 이상 증가하였
다(Pew Research Center 2020).

IV. 코로나 시대 중견국 외교의 가능성과 한계

1. 코로나 시대 중견국 외교

코로나19는 중견국 외교에 기회의 창을 제공한 것으로 평가되는데, 그렇다면 중견국이 코로나19에 대한 국제협력을 위해 리더십을 행사하는 데 필요한 요소는 무엇인가? 중견국 외교에는 틈새 외교, 연대 외교, 장의 제공 등 다양한 유형이 있다(Cox 1989; Henrikson 2005; Higgott and Cooper 1990; Ravenhill 1998). 중견국들이 국제협력의 리더십을 행사하기 위해서는 전통적인 중견국 외교와 코로나19의 특성을 반영한 가치 외교, 모범적 리더십, 기여 외교를 결합할 필요가 있다. 여기에서는 다자주의 동력의 회복 및 강화를 위한 리더십, 연대 외교, 코로나19 극복을 위한 백신 외교 등을 중심으로 중견국 외교를 검토한다.

1) 모범적 리더십(lead by example): 한국, 대만, 뉴질랜드

모범적 리더십도 코로나 시대 중견국 외교의 한 유형이다. 중견국들은 강대국에 비해 코로나19에 대해 상대적으로 효과적인 대응을 하였다는 점에서 모범적 리더십을 행사할 수 있는 위치를 확보하였다고 할 수 있다. 〈그림 12-3〉에서 알 수 있듯이, 중견국의 코로나19 대응 역량이 선진국의 대응 역량을 넘어선다는 점에서 모범적 리더십에 기반한 중견국 외교의 잠재력이 확인되었다고 할 수 있다.

구체적으로 100만 명당 확진자 수를 기준으로 할 때, 2021년 4월 11일 현재 베트남 28명, 대만 45명, 뉴질랜드 517명, 호주 1,144명, 한국 2,158명을 기록하고 있다. 세계 평균이 17,704명인 것과 비교하면

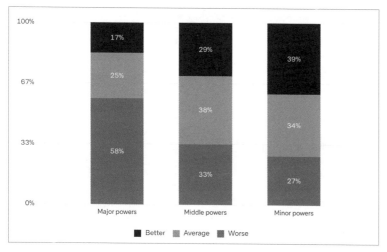

그림 12-3 코로나19에 대한 국가 유형별 대응
출처: Lemahieu(undated).

이 국가들이 상당히 효과적인 대응을 하였다고 할 수 있다.[3] 코로나19에 대한 대응에서 중견국들 사이에도 상당한 차별성을 보이고 있으나, 전반적으로 방역과 경제 사이의 균형을 잘 유지하고 있다는 점에서 모범적 리더십을 위한 공통의 요소를 갖추었다고 할 수 있다. 이 국가들이 균형적 접근에 기반하여 코로나19에 대한 대응의 지속가능성을 확보하고 다른 국가들의 수용 또는 참고 기준이 되고 있다는 점은 모범적 리더십에 기반한 중견국 외교의 가능성을 제시한다.

2) 지구적 공공재의 공급을 위한 백신 외교: 인도
백신의 개발과 보급은 코로나19을 근원적으로 해결할 수 있는 '게임 체인저(game changer)'로서 그 가능성에 대해서는 일찍부터 주목을

---

3   worldometers. 2021/4/11. 〈https://www.worldometers.info/coronavirus/#countries〉

받았다. 문제는 백신 개발과 생산 능력을 갖춘 선진국들이 백신을 선점함으로써 개도국들에 대한 백신의 공평한 분배가 지연되고, 더 나아가 일부 국가들이 백신의 제공을 전략적으로 활용하는 현상이 대두되고 있다는 점이다. 백신의 공평한 분배에 대한 광범위한 우려가 여전히 존재하고 있을 뿐 아니라, 중국이 마스크 외교를 반면교사로 하여 백신 외교(vaccine diplomacy)를 전략적으로 추진하는 데 대한 평가가 엇갈리는 것은 이러한 상황을 뒷받침한다(Oktavianti 2020).

선진국(고소득 국가)들은 필요한 수량의 약 2배를 확보한 반면, 중소득 국가들은 필요 수량의 1/3도 확보하지 못하는 '백신 디바이드(vaccine divide)'가 우려를 넘어 현실화되고 있다(Biyani and Graham 2021). 코백스 등이 백신의 공평한 배분을 위해 노력하고 있으나, 백신 디바이드를 근본적으로 해결하기에는 역부족인 상황이다. 백신 보급을 위한 다자주의적 접근의 동력을 단기간에 회복하는 것이 현실적 한계에 봉착한 상황에서, 백신의 공평한 보급을 위한 국제협력을 선도하는 것은 중견국 리더십의 새로운 방향이라고 할 수 있다.

〈그림 12-4〉에 나타나듯이, 주로 보급되고 있는 여섯 종류의 백신의 배분은 국가의 소득 수준에 따라 커다란 차이를 보이고 있다. 모더나(Moderna) 백신과 화이자(Pfizer) 백신은 선진국들이 대부분의 물량을 확보하였다. 아스트라제네카(AstraZeneca) 백신은 개도국들이 확보한 비중이 비교적 높은데, 여기에는 인도의 영향이 크다. 중국의 시노백(Sinovac) 백신과 시노팜(Sinopharm) 백신은 대부분 중국을 포함한 개도국에 보급되고 있다. 러시아의 스푸트니크 V는 헝가리, 세르비아 등 일부 유럽 국가들을 제외하면 대부분 개도국에 보급되고 있다.

백신의 제공에 적극성을 보이고 있는 국가들은 중국, 러시아, 인도 등이다. 중국과 러시아가 백신 개발국으로서 자국 백신의 보급 확대

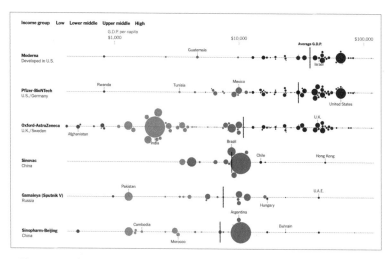

그림 12-4 소득 수준별 백신 보급 현황 (2021년 3월 현재)
출처: Collins and Holder(2021).

에 따른 유무형의 이득을 기대하는 것은 자연스러운 현상이다. 러시아
는 상당수 국가들이 도입에 신중한 입장을 유지하고 있기 때문에, 백
신 보급에 비교적 여유가 있는 편이다(Tran 2021). 한편, 중국의 백신
외교는 미중 전략 경쟁이 가속화되고 중국에 대한 불신이 고조되는 상
황에서 외교의 수단으로 활용되고 있다. 마스크 외교를 대체하는 백신
외교는 중국이 중국 경계론을 완화하고 영향력을 확대하는 수단으로
서 잠재력을 갖고 있다.[4] 2020년 8월 China National Pharmaceutical
Group의 자회사인 China National Biotec Group은 페루, 모로코, 아
르헨티나 등과 코로나19 백신 3상 실험을 위한 협력에 합의하였다.[5] 중

4   "China's Vaccine Diplomacy: Partnering for trials in at least 16 countries world
      wide." 2020. MERICS China Briefing. October 8. https://www.who.int/publica
      tions/m/item/draft-landscape-of-covid-19-candidate-vaccines
5   "Dawn of hope: Global cooperation in COVID-19 vaccine development." 2020.
      China.org.cn. September 4.

국은 3상 실험을 진행하는 동시에 공급 사슬을 형성하는 경쟁에도 돌입하였다. 독일 BioNTech SE는 독일 내 제조 시설을 확대하여 중국 시장에 공급할 코로나19 백신을 생산하기로 결정하였다. BioNTech SE는 미국의 Pfizer 및 중국의 Shanhai Fosunrhk 백신을 공동 개발 중인데, 생산 시설 확장이 완료되면 연간 7억 5천만 명 분량의 백신을 생산할 수 있을 것으로 예상된다.

중국 정부는 백신의 유효성을 높이고 적정 가격을 책정할 수 있도록 노력하는 등 자국이 개발한 백신을 지구적 공공재로 제공할 계획임을 밝혔다. 중국은 코로나19 확진자가 급감하면서 국내에서 백신 실험을 진행할 수 없었기 때문에, 3단계 실험을 신속하게 진행하기 위해 백신 개발 단계에서 국제협력을 적극적으로 추진하였다. 중국은 이를 백신의 생산과 배분을 위한 협력으로 전환하고 있다. 시노팜은 아부다비의 Group 42와 합작 벤처를 설립하여 2021년 4월부터 백신을 UAE에서 생산하기로 하였다. 말레이시아 역시 시노팜 백신을 생산하기로 하였다(Kok and Sim 2021). 그러나 중국의 백신 배분을 위한 노력은 전략적 목표가 내재되어 있다는 평가를 받기도 한다. 중국이 브라질에 코로나19 백신 제공을 화웨이 5G 네트워크 장비 채택을 위한 협상의 수단으로 활용하였다는 비판적 평가가 이를 뒷받침한다(Londoño and Casado 2021).

한편, 인도는 세계 백신 생산의 60%를 담당하는 국가로서 백신의 보급에 상당한 적극성을 보이고 있다. 인도 세럼 연구소(Serum Institute of India)의 아스트라제네카 일일 생산량은 250만 도즈에 달한다. 인도 역시 중국 등과 마찬가지로 국내 생산 백신을 남아시아 국가 등 주변국에 주로 배분하는 등 전략적으로 활용하는 경향이 없는 것은 아니다. 그럼에도 백신 생산과 보급에서 자국 우선주의를 추구하였던 선진국들과 비교할 때, 인도의 백신 외교는 지구적 공공재를 제공하는 데 기여하였다는 점에서 중견국 외교의 한 유형으로 평가될 수 있다. 2021년 3월 기준 인도로부터 백신 수출 또는 공여받은 국가는 70여 개국에 달한다(Gettleman, Schmall and Mashal 2021). 특히 2021년 4월 현재, 인도가 백신을 무료로 제공한 규모는 304만 도즈에 달하는데, 〈표 12-1〉은 인도가 자국 생산 백신의 판매와 공여(donations)의 현황을 잘 보여준다. 이 자료에 따르면, 인도의 백신 공여가 남아시아, 중동, 아프리카, 남미의 개도국들을 중심으로 이루어지고 있음을 알 수 있다(Biyani and Graham 2021).

백신의 인도적 보급에 대한 인도의 적극적인 백신 외교는 2021년 초 모디 정부의 '백신 우호 정책(Vaccine Friendship)'으로 집약되었다. 인도의 백신 외교는 저스틴 트뤼도(Justin Trudeau) 캐나다 총리, 안드

표 12-1 인도의 백신 외교: 판매와 공여

판매		공여	
방글라데시	1,400만	스리랑카	100만
모로코	700만	아프가니스탄	50만
영국	500만	몰디브	21.2만
미얀마	370만	니카라과	20만
사우디아라비아	300만	과테말라	20만
네팔	200만	몽골리아	15만
남아프리카	100만	바베이도스	10만
아르헨티나	58만	바레인	10만
캐나다	50만	오만	10만
우크라이나	50만	모잠비크	10만
모리셔스	40만	우간다	10만
쿠웨이트	20만	케냐	10만
UAE	20만	캄보디아	10만
세르비아	15만	가이아나	8만

출처: Biyani and Graham(2021).

레스 마누엘 로페스 오브라도르(Andrés Manuel López Obrador) 멕시코 대통령, 자이르 보우소나루(Jair Bolsonaro) 브라질 대통령 등으로부터 감사 표시를 받는 등 일정한 성과를 도출하였다. 이는 인도의 백신 외교가 인도적 동기에 기반하였다는 데 대한 해외의 인식이 형성된 결과이다.

코로나19가 인도 내에서 확산됨에 따라 2021년 3월 인도 정부는 백신 수출을 잠정 중단하는 조치를 단행하였다. 인도의 확진자 수가 급증하는 가운데 백신 수출 및 보급에 대한 비판적 여론이 강력하게 형성된 결과이다(Mashal and Yee 2021). 이로써 자국의 이익과 조화라는 관점에서 인도의 백신 외교가 새로운 단계에 접어들게 되었다. 자국 우선주의를 배타적으로 추구하지 않고 균형적 접근을 추구하기 위해서는 백신의 해외 보급에 대한 국내적 비판을 완화시키는 적극적인 전략이 필요하다.

3) 가치 외교: 호주

호주는 1980년대 중반 케언즈 그룹(Cairns group)의 창설을 주도하고, 1980년대 후반에는 APEC의 창설 과정에서 리더십을 발휘하는 등 중견국 외교의 자산을 보유하고 있는 국가이다(Higgott and Cooper 1990). 코로나19로 인해 미중 전략 경쟁이 격화되는 가운데 호주는 믹타의 일원으로서 연대 외교를 적극 주도하는 한편, 가치와 규범에 기반한 중견국 외교를 추구하였다. 가치와 규범에 입각한 외교는 강대국과의 갈등을 초래할 위험성이 있기 때문에, 그 정당성에도 불구하고 중견국 외교의 난제로 인식되었다.

호주는 난관이 예상됨에도 중국에 대하여 가치와 규범에 기반한 공세적 외교를 실행하는 중견국 외교의 새로운 전형을 보여주었다

(Pan and Korolev 2021). 다른 국가들이 동참을 결정하지 못한 상황에서, 호주 정부가 코로나19의 기원에 대한 국제 조사를 제안·착수한 것이 대표적 사례이다(Cave and Kwai 2020). 다른 국가들과 공조 없이 조사를 어떻게 진행할 것인지, 중국이 가혹한 보복을 하지 않을지 등에 대한 문제 제기가 있었음에도 호주는 국제 조사를 선도하였다. 호주는 코로나19가 확산되는 가운데 발생한 홍콩 보안법 문제에 대해서도 가치와 규범에 입각한 중견국 외교를 추진하였다. 2020년 5월 23일 미국이 빠진 상태에서 호주는 캐나다, 영국과 함께 홍콩의 자치를 지지하는 공동 성명 발표하였다(Cook 2020). 일련의 조치로 인해 호주는 중국의 주요 타겟이 되었음에도 프랑스와 미국의 지지를 이끌어내는 성과를 거두었고, 다자주의와 국제 제도를 지탱하는 리더로 부상하였다. 호주의 규범 외교는 특히 코로나19 이후 미중 경쟁이 강화되는 가운데 진행된 것이라는 점에서 중견국 외교의 새로운 가능성을 보여주었다.

4) 지역 간 연대 외교를 통한 어젠다 설정: 믹타

믹타는 코로나19의 확산 과정에서 지역 간 연대 외교의 가능성을 제시하였다. 믹타는 신설 협의체로서 제도화의 수준이 낮고 구속력이 약하다는 한계가 있으나, 비공식적 협의체로서 코로나19와 같은 예기치 못한 팬데믹에 신속하고 유연하게 대응할 수 있다는 장점을 갖고 있다. 믹타의 이러한 특성은 코로나19에 대한 대응을 위한 어젠다 설정에 선도적 역할을 촉진하는 측면이 있다. 이러한 측면에서 코로나19는 믹타가 지구적 차원의 보건 거버넌스에 우선순위를 부여할 수 있는 전략적 기회를 제공하였다(Siow 2020). 믹타는 지역 간 연대를 기반으로 글로벌 보건 거버넌스를 위한 다자 협력의 중요성에 대한 인식을 제고하는 역할을 충실하게 수행하였다.

실제로 믹타 5개국이 2020년 4월 코로나19의 피해를 최소화하기 위해 가능한 모든 정책 수단을 동원하는 데 필요한 '견고한 연대(full solidarity)'를 하기로 합의하는 공동 성명을 발표한 데서 나타나듯이, 코로나19 확산 초기에 기민하게 협력하여 어젠다를 능동적으로 제시하였다.[6] 믹타 5개국은 또한 믹타를 G20 차원의 협력으로 확대하는 수단으로 활용하여 코로나19의 경제적, 사회적 영향 최소화, 세계 경제 성장 회복, 시장 안정, 복원력 강화 등을 위해 노력하기로 합의하였다. 믹타 참여국들은 코로나19에 대하여 공동 대응을 위한 조정을 위해 불요불급한 해외 여행과 무역을 줄이는 한편, 인도적 및 기타 필수적인 기업 활동을 위한 인간과 상품의 이동을 촉진하는 방안을 검토하기로 하였다. 믹타 5개국은 또한 한국의 제안으로 '개방성, 투명성, 민주주의'가 코로나19로부터 인류를 보호하는 핵심 요소라는 점을 내용으로 하는 공동성명에 합의하였다.

5) 다자주의 회복을 위한 리더십: 독일과 프랑스

다자주의의 위기는 대다수 국가들에게 커다란 도전이다. 다자주의의 동력을 유지하기 위한 중견국 외교가 모든 문제의 해결책이 될 수는 없지만, 단기적으로는 초강대국들이 다자주의적 접근으로 복귀할 때가 위기에 처한 국제질서를 유지하는 잠정적 역할을 하는 국가가 필요하다. 미중 전략 경쟁에서 나타나듯이, 경제 제재 및 보복이 확산되는 상황에서 보호주의를 퇴치하고 다자주의 기반의 협력에 대한 수요가 증대되고 있다는 점을 감안하면 중견국 리더십의 필요성은 더욱 커진다. 특히, 미중 전략 경쟁이 경제의 안보화 현상을 초래함에 따라 많은

---

6   "Five middle powers affirm 'full solidarity' in tackling COVID-19." 2020. Korea Herald. April 9. http://www.koreaherald.com/view.php?ud=20200409000820

국가들이 경제 제재와 보복의 위험에 노출되어 있다. 한국, 캐나다, 호주 등 중국의 경제 제재 위험에 직면한 국가들이 독자적으로 이에 대응하는 데는 한계가 있기 때문에, 강대국의 힘에 기반한 강압적 외교에 대한 집합적 대응을 보다 안정적인 제도적 기반 위에서 추구할 수 있는 다자주의의 필요성이 증대되고 있다.

다자주의의 위기에 대한 우려를 공유하는 국가들과의 연대를 강화하는 중견국 외교를 추구할 필요가 있다. 한국을 비롯한 일부 중견국들은 세계 경제와의 통합, ODA 등 지구적 문제의 해결을 위한 공공재 제공, 코로나19 대응 과정에서 보여준 개방적 접근 등 다자주의의 회복에 필요한 물적·지적 리더십을 보여주었다. 이를 토대로 중견국들은 다자주의의 회복을 위한 리더십을 발휘하되, 중견국으로서의 가능성과 한계를 고려하여 다자주의의 회복에 공통의 이해를 갖고 있는 국가들과 연대를 강화하는 노력을 체계화할 필요가 있다. 중견국들이 코로나19 확산과 함께 강화된 자국 우선주의를 극복하고 연대를 통해 리더십을 행사하기 위한 전제 조건은 '열린 국익'의 추구이다. 다자주의의 위기가 주요국들이 자국 이익을 우선 추구한 데서 비롯된 것이라는 점을 감안한다면, 중견국들은 장기적 관점에서 다른 국가들의 이익을 균형·조화할 수 있는 방안을 적극 개발하고, 다자주의의 동력을 회복하는 데 소요되는 비용을 선제적으로 부담하는 모습을 보일 필요가 있다.

독일과 프랑스는 보호주의와 자국 우선주의가 팽창하는 상황에서 다자주의의 회복을 위한 리더십을 행사하고 있다. 코로나19가 초래한 영향 가운데 하나는 보호주의의 확산과 이를 저지할 수 있는 다자주의의 약화였다. 독일과 프랑스는 코로나19 극복을 위한 대응 역량을 보여주지는 못하였지만, 코로나19로 인해 증폭된 보호주의의 파고를 억누르고 다자주의를 회복할 수 있는 국제적 연대를 조직하는 데 리더십을 발휘하였다. 2019년 4월 독일과 프랑스가 다자주의의 위기에 대응하는 방안의 일환으로 출범시킨 '다자주의를 위한 동맹(The Alliance for Multilateralism)'은 이러한 노력의 일환이다.[7] 다자주의를 위한 동맹은 "다자주의가 국제질서의 안정과 평화를 보장하는 유일한 수단이며, 현재 세계가 목격하는 다자주의에 대한 도전은 국제 협력을 통해서만이 해결할 수 있다"는 전제에서 출범하였다.

다자주의를 위한 동맹은 규칙 기반 질서, 다자주의 개혁, 코로나19에 대한 지구적 협력 등을 전면에 내세우고 있다. 다자주의를 위한 동맹은 이러한 비전을 토대로 인권, 사이버, 민주주의, 젠더, 기후변화, 자율살상무기 등 다양한 분야의 다자 질서를 위한 구체적 행동 목표를 제시하였다. 독일과 프랑스가 주도하여 출범시킨 다자주의를 위한 동맹에는 25개국이 참여하고 있다. 단기간에 상당수 국가들이 다자주의를 위한 동맹에 참여하였다는 것은 보호주의와 자국 우선주의에 대하여 우려하는 국가들이 많다는 의미인 동시에, 중견국들을 중심으로 다자주의의 동력을 회복할 수 있다는 데 낙관적으로 전망하고 있기 때문이다.

독일과 프랑스는 다자주의의 회복을 위한 연대를 강화하는 한편, 코로나19로 어려움이 가중되고 있는 개도국에 대한 원조를 확대하고 있다. 프랑스 정부가 아프리카 국가들에 12억 유로를 지원하기로 하고, 독일 정부가 아프리카 사헬(Sahel) 지역에 식량 원조를 제공한 것이 대표적인 사례이다. 독일 정부는 의료 인프라의 부족으로 어려움을 겪고 있는 이탈리아, 프랑스, 네덜란드의 중환자들에게 치료를 제공하는 등 유럽 국가들을 위한 지원을 제공하였다.[8]

7　"The Alliance for Multilateralism." https://multilateralism.org/
8　"The fight against COVID-19: Germany makes available an additional 150 million

독일과 프랑스의 중견국 리더십의 성패는 향후 선언적 차원을 넘어 구체적 행동 계획을 수립하고, 이를 위한 초국적 연대를 조직하는 역량에 달려 있다. 규칙 기반 국제질서의 문제는 기존 국제질서가 급변하는 현실을 반영하지 못한다는 점을 고려할 때, 현시점에서 요구되는 것은 변화하는 현실을 반영하여 기존 국제기구를 개혁·현대화하는 것이다. 현실의 변화는 새로운 이슈의 등장 및 이슈 연계와 밀접한 관련이 있다. 현실과 규칙의 불일치 또는 괴리를 빠르게 메울 수 있는 지적 리더십을 발휘할 필요가 있으며, 이 과정에서 중견국들은 규칙 수용자(rule-taker)에서 규칙 제정자(rule-maker)로 역할을 전환함으로써 강대국의 리더십 공백을 메울 필요가 있다.

6) 지역 다자 질서의 추축 역할(pivotal role): 일본

일본은 미국이 탈퇴한 가운데 CPTPP를 타결, 발효시키는 데 리더십을 발휘하였을 뿐 아니라, EU-일본 EPA와 RCEP를 잇달아 체결함으로써 지역 다자주의의 동력을 유지하는 데 리더십을 발휘하고, 이를 기반으로 지역 경제 질서의 재편 과정에서 추축국의 역할을 하고 있다. 미국과 중국이 모두 참여하지 않은 가운데 개방적인 다자 무역 질서의 새로운 방향을 제시하였다는 점에서 일본은 틈새 외교를 통해 지역 다자 질서를 재편하는 데 리더십을 행사하였다. 과거 일본은 무역 자유화에 대한 보호주의 세력의 강력한 반대 때문에 대외경제정책에서 적극성을 발휘하기 어려웠다. 지역 경제에서 차지하는 비중을 감안할 때, 아베 정부 이전 지역 다자 질서의 재편 과정에서 일본의 역할은 반응적

euro for humanitarian assistance."2020. July 21. https://reliefweb.int/report/world/fight-against-covid-19-germany-makes-available-additional-150-million-euro-humanitarian

이고 제한적이었다. 아베 정부는 국내정치적 교착 상태를 과감하게 타파하고 TPP 협상 참여를 선언하였다. 아베 정부는 이 과정에서 농업계 등 피해 집단의 반대에도 불구하고 TPP 협상 타결을 위해 일관성 있게 노력하는 모습을 보여주었다.

이러한 변화의 과정을 통해 일본은 통상 정책에 대한 대외적 신뢰를 확보하고, 더 나아가 지역 경제 질서 재편을 위한 리더십을 행사할 수 있었다. 그 결과 일본 정부는 CPTPP, RCEP, 일본-EU EPA, 미일 경제 대화(The US-Japan Economic Dialogue) 등 '4대 통상 전략(four-pillar trade strategy)'을 추진하고, 지역 다자 질서의 재편 과정에서 리더십을 행사하였다. 국내 반대 집단에 대한 관리와 대외 신뢰의 제고는 일본 정부가 미국의 TPP 탈퇴에도 불구하고 이를 오히려 기회로 활용하는 전략적 다자주의를 추진할 수 있는 기반이 되었다(Terada 2019). 일본 정부의 지역 다자주의는 전통적 이익유도정치의 틀을 탈피한 '최초의 전략적 이니셔티브'라는 의미가 있다(이정환 2018). 농업과 자영업 등 자민당의 전통적 지지 집단을 정치적으로 고려하던 일본 정부의 기존 전통적 통상 정책과 달리, 일본 정부는 전략적 다자주의를 추진하는 가운데 피해 집단의 반발을 약화시키기 위해 과감하면서도 체계적인 대응을 하였다. 일본 정부가 전통적인 이익유도정치에서 탈피함으로써 전략적 다자주의를 안정적으로 추진할 수 있는 국내적 기반을 확보한 것이다(이승주 2020).

일본의 중견국 외교는 코로나19로 보호주의의 파고가 높아진 가운데 지역 차원에서 다자주의의 동력을 유지하는 데 리더십을 행사하였다. CPTPP는 TPP의 일부 조항들이 동결되기는 하였으나, 여전히 높은 수준의 FTA로 향후 지역 또는 다자 차원의 FTA로서 중요한 기준이 될 수 있다는 점에서 일본이 규칙 제정을 위한 중견국 리더십을 발휘하였다고 할 수 있다. 코로나19가 확산되는 가운데 타결된 RCEP은 일본이 지역 경제 질서의 추축국으로서의 위치를 더욱 강화하는 결과를 초래하였다. 일본은 인도의 불참 결정에도 불구하고 RCEP 협상 타결에 동의하였다. RCEP 협상의 타결은 보호주의의 확산이라는 통상 환경의 불확실성이 커지는 가운데, 지역 차원의 자유무역의 동력을 유지하였다는 데 일차적 의미가 있다. 또한 RCEP의 타결로 인해 일본이 CPTPP와 RCEP에 동시 참여하는 핵심 국가로서 지역 다자 질서의 재편 과정에서 핵심적 역할을 할 수 있는 추축국의 입지를 더욱 공고히 하였다는 점이 일본 중견국 외교의 성과라고 할 수 있다.

2. 코로나 시대 중견국 외교의 과제

중견국 외교에 대한 비판 가운데 하나는 초강대국과의 우호적 관계가 설정되지 않은 중견국 외교는 근원적인 한계가 있다는 것이다. 그렇다면 미중 전략 경쟁으로 인해 미중 양국이 중견국과의 협력에 대한 관심이 저하되는 가운데 중견국들이 리더십을 행사할 수 있는 조건은 무엇인가? 첫째, 모범에 의한 리더십이다. 중견국들은 힘의 투사와 같은 하드파워에 기반한 리더십을 행사하는 데 근본적인 한계가 있기 때문에, 코로나19 시대 중견국 외교가 효과를 발휘하기 위해서는 '능력 있는 중견국(competent middle powers)'에 기반하여 개별 역량 기반의 접근과 연대, 협력에 입각한 집합적 접근을 유기적으로 결합할 필요가 있다.

　개별적 접근과 관련, 중견국들의 성공적 대응이 다른 국가들이 참고할 수 있는 준거점 또는 모델로서 가능성을 제시할 때, 중견국 외교의 가능성이 열린다. 다만, 한국, 대만, 뉴질랜드 등 코로나19에 효과적으로 대응한 중견국들이 소수 존재하는 것은 사실이나, 이 국가들의 성공 사례가 공통점에 기반한 모델을 수립하는 공동의 노력이 필요하다. 코로나19에 효과적인 대응 역량을 발휘한 중견국들이 현시점에서 코로나19에 대한 대응에 있어서 총체적 성공을 거두었다고 결론 내리는 것은 다소 시기상조이다. 뿐만 아니라, 중견국들이 코로나19에 대한 대응에서 상당한 성과를 거두었다고 하더라도, 대응에 필요한 다양한 요소 가운데 일부에 역량을 발휘한 경우가 대부분이다. 코로나19 중견국 외교가 확산되기 위해서는 공통의 경험과 축적된 역량을 바탕으로 보편적으로 적용 가능한 모델을 수립하는 노력이 선행되어야 한다. 이와 더불어 중견국들이 연대와 협력에 기반하여 코로나19에 효과적으로 대응하는 역량을 보여줄 때, 중견국 리더십의 가능성은 한층 높아진다. 개별적 접근과 집합적 접근을 유기적으로 연계하는 것이 코로나 시대 중견국 외교의 지평을 넓히는 관건이라고 할 수 있다.

둘째, 중견국들은 미국과 중국이 자국의 전략적 이익을 우선 추구함에 따라 발생한 리더십 공백을 독자적으로 메우는 데는 한계가 있기 때문에, 집합적으로 대응하는 방안을 모색하여야 한다는 데 대해서는 광범위한 공감대가 이미 형성되어 있다. 코로나 시대 중견국 외교의 새로운 도전은 연대의 효과와 지속가능성을 제고하는 것이다. 미국과 중국도 리더십을 회복하기 위해서는 중견국과의 연대가 필요하다는 점에서 중견국 외교의 가능성이 제한적이지만 열려 있다(Marston and Wyne 2020). 다만, 중견국들이 연대를 형성해서 리더십을 행사하기 위해서는 중견국들 사이의 이질성을 극복할 필요가 있다(Teo 2021). 중견국들이 리더십을 발휘하기 위해서는 유사한 정체성과 목표 및 이해관계를 공유하는 것이 도움이 되는 것은 사실이다. 그러나 중견국 일체성 또는 유사성과는 거리가 있는 것이 우리의 현실이므로,

현실적 한계를 어떻게 극복 또는 보완할 것인지에 대한 진지한 고민이 필요하다.

이를 위해서는 이질성을 다양성으로 인식하여 상호보완적 자산으로 활용할 수 있는 가능성을 적극 탐색하는 인식의 전환이 선행되어야 한다(이승주 2016). 중견국들이 서로 다르다는 것은 다양성을 확보하고 있다는 것이며, 다양성은 중견국 사이에서는 상호보완성을 높이고, 중견국을 넘어 협력의 대상을 탄력적으로 확장할 수 있는 효과를 기대할 수 있다. 협력의 장애 요인으로서 이질성을 수동적으로 보완하는 데 주력하기보다, 협력의 촉진 및 확장 요인으로서 다양성의 가능성에 주목하여, 이를 오히려 상호보완적 자산으로 적극 활용·발전시키는 전략을 추구하는 것이 현실적이다.

V. 결론: 코로나19와 한국의 중견국 외교

한국이 중견국 외교를 본격적으로 추진하기 위해서는 해결해야 할 근본 과제를 고려할 필요가 있다. 신흥 중견국으로서 한국의 중견국 외교는 전통적 중견국들의 중견국 외교와 비교할 때, 상대적으로 가치 지향성이 낮다는 평가가 있다(Robertson 2020). 한국이 중견국 외교를 표방하면서도 틈새 외교를 추진하는 가운데 자국의 이익을 추구하거나, 보편적 가치에 기반한 중견국 외교와 연관성이 낮은 이슈와 국가들로 과도하게 확장하는 경향을 보인다는 것이다. 이는 한국의 중견국 외교가 정부 이니셔티브로 주도되기 때문에 단기간에 가시적 결과를 낼 수 있는 이슈를 추구한 데 따른 현상으로 보인다. 또한 지역 질서 수립에서 리더십 역할을 추구하겠다는 의사를 적극적으로 표방하면서도 남

중국해 갈등, 신장, 홍콩, 화웨이, 일대일로, 인도태평양 전략과 같은 역내 주요 이슈에 대해서는 모호성을 견지하는 경향을 보인다. 이는 한국이 중견국 외교를 추진하는 데 있어서 개별 이슈와 구조적 이슈 사이의 연관성 또는 일체성을 충분히 고민하지 못한 것과 관련이 있다.

한국이 코로나 시대 다자 협력을 위한 기여를 하기 위해서는 몇 가지 요소가 필요하다. 현재까지 코로나19 대응 과정에서 한국 외교의 초점은 'K-방역'에 맞추어졌다. K-방역은 코로나19에 대한 대응 과정에서 한국이 국제사회에 기여할 수 있는 자산임에는 분명하다. 다만, 다음과 같은 몇 가지 사항에 대한 개선이 필요하다. 첫째, K-방역은 한국과 같은 인프라를 갖추지 못한 대다수 개도국들에게 그대로 적용할 수 없기 때문에, 개도국 현지 사정에 특화된 'K-방역의 다양한 버전'이 필요하다. 둘째, K-방역의 여러 구성 요소 가운데 민관 협력의 중요성은 아무리 강조해도 지나치지 않다. 팬데믹의 특성을 고려할 때, 정부 또는 민간의 힘만으로 코로나19에 대응하는 데는 한계가 있을 수밖에 없다. 단기적으로는 요청하는 국가들에게 지원을 제공하되, 중기적으로는 한국을 포함하여 코로나19 대응에 성공적인 국가들의 사례를 바탕으로 민관 협력 모델의 템플릿을 작성할 필요가 있다. 셋째, 일부 국가가 코로나19에 대한 대응에 성공했다고 해서 지구적 차원에서 팬데믹이 종식이 되는 것이 아니기 때문에, 코로나19에 대한 대응은 초국적 협력을 필요로 한다. 한국 외교는 K-방역을 넘어 코로나19 대응을 위한 국가 행위자뿐만 아니라 비국가 행위자들을 포함한 초국적 협력의 틀을 수립하는 데 기여해야 한다. 특히, 코로나19에 취약한 국가 또는 개도국에 대한 지원과 관련하여 초국적 협력을 위한 파트너십을 확대·강화할 필요가 있다.

참고문헌

이승주. 2016. "연합 형성과 중견국 외교: 믹타(MIKTA)의 사례." 『국제·지역연구』 25(2): 91-116.

_____. 2020. "아베 정부와 전략적 다자주의의 부상: TPP/CPTPP전략을 중심으로." 『국가전략』 26(2): 97-121.

이정환. 2018. "일본 농업 이익유도정치의 쇠퇴: 아베 정권, 자민당 농림족, 농업개혁." 『현대정치연구』 11(2): 43-72.

Beeson, Mark and Will Lee. 2015. "The Middle Power Moment: A New Basis for Cooperation between Indonesia and Australia?" Christopher B. Roberts, Ahmad D. Habir, Leonard C. Sebastian, eds. *Indonesia's Ascent: Power, Leadership, and the Regional Order.* Springer: 224-243.

Biyani, Nitya and Niels Graham. 2021. "COVID vaccines: India and China's new diplomatic currency." March 25. https://www.atlanticcouncil.org/blogs/new-atlanticist/covid-vaccines-india-and-chinas-new-diplomatic-currency/

Bruno, Greg. 2020. "Do 'middle powers' still matter?" *Asia Times.* July 14. https://asiatimes.com/2020/07/do-middle-powers-still-matter/

Cave, Damien and Isabella Kwai. 2020. "Defensive. The U.S. Is Absent. Can the Rest of the World Fill the Void?" *The New York Times.* August 31.

"China's Vaccine Diplomacy: Partnering for trials in at least 16 countries worldwide." 2020. MERICS China Briefing. October 8. https://www.who.int/publications/m/item/draft-landscape-of-covid-19-candidate-vaccines

Collins, Keith and Josh Holder. 2021. "See How Rich Countries Got to the Front of the Vaccine Line." *The New York Times.* March 31.

Cook, Malcolm. 2020. "The middle power alignment in public attitudes about Covid-19." May 29. https://www.lowyinstitute.org/the-interpreter/middle-power-alignment-public-attitudes-about-covid-19

"COVID-19: the EU's response to the economic fallout." 2021. June 22. https://www.consilium.europa.eu/en/policies/coronavirus/covid-19-economy/

Cox, Robert. 1989. "Middlepowermanship, Japan, and Future World Order." *International Journal* 44(4).

"Dawn of hope: Global cooperation in COVID-19 vaccine development." 2020. China.org.cn. September 4.

"Five middle powers affirm 'full solidarity' in tackling COVID-19." 2020. *Korea Herald.* April 9. http://www.koreaherald.com/view.php?ud=20200409000820

Gettleman, Jeffrey, Emily Schmall and Mujib Mashal. 2021. "India Cuts Back on Vaccine Exports as Infections Surge at Home." *The New York Times.* March 25. https://

www.nytimes.com/2021/03/25/world/asia/india-covid-vaccine-astrazeneca.html

Harari, Yuval Noah. 2020. "Yuval Noah Harari: the world after coronavirus." *Financial Times*. March 20.

Henrikson, Alan K. 2005. "Niche Diplomacy in the World Public Arena: the Global 'Corners' of Canada and Norway." Jan Melissen, ed. *The New Public Diplomacy: Soft Power in International Relations*. Springer.

Higgott, Richard A. and Andrew Fenton Cooper. 1990. "Middle power leadership and coalition building: Australia, the Cairns Group, and the Uruguay Round of trade negotiations." *Intenrnational Organization* 44(4): 589-632.

IMF. 2021. World Economic Outlook. Managing Different Recoveries. April. https://www.imf.org/en/Publications/WEO/Issues/2021/03/23/world-economic-outlook-april-2021

ISEAS. 2019. The State of Southeast Asia: 2019 Survey Report.

_____. 2020. The State of Southeast Asia: 2019 Survey Report.

Kok Xinghui and Dewey Sim. 2021. "With Malaysia, UAE soon to make Chinese vaccines, does Beijing have an edge in vaccine diplomacy?" *South China Morning Post*. April 9.

Lemahieu, Hervé with Alyssa Leng. Undated. Forming a coalition of competent middle powers to lead on global health problems. https://interactives.lowyinstitute.org/features/covid-recovery/issues/power/

Londoño, Ernesto and Letícia Casado. 2021. "Brazil Needs Vaccines. China Is Benefiting." *The New York Times*. March 15.

Marston, Hunter and Ali Wyne. 2020. "America's Post-Coronavirus Diplomacy Needs Middle-Powers Alliances." JULY 17. https://foreignpolicy.com/2020/07/17/coronavirus-pandemic-middle-powers-alliances-china/

Mashal, Mujib and Vivian Yee. 2021. "The Newest Diplomatic Currency: Covid-19 Vaccines." *The New York Times*. February 11.

Nabbs-Keller, Greta and Ian Errington. 2020. "COVID-19: Australia and Indonesia's Middle Power Moment." https://asialink.unimelb.edu.au/insights/covid-19-australia-and-indonesias-middle-power-moment

Nagy, Stephen. 2020. "It's time for the middle powers to step in." Jul 16. https://www.japantimes.co.jp/opinion/2020/07/16/commentary/japan-commentary/time-middle-powers-step/

Oktavianti, Tri Indah. 2020. "Middle powers must step up to promote multilateralism." *The Jakarta Post*. August 7. https://www.thejakartapost.com/news/2020/08/07/middle-powers-must-step-up-to-promote-multilateralism.html

Pan, Guangyi and Alexander Korolev. 2021. "The Struggle for Certainty: Ontological Security, the Rise of Nationalism, and Australia-China Tensions after COVID-19." *Journal of Chinese Political Science* 26(1): 115-138.

Pant, Harsh V. and Paras Ratna. 2020. "The corona-led rise of middle powers on the world stage." https://www.livemint.com/opinion/online-views/the-corona-led-rise-of-middle-powers-on-the-world-stage-11588696151544.html

Ranade, Jayadeva. 2020. "Trust deficit a stumbling block for China." *The Tribune*. April 11. https://www.tribuneindia.com/news/comment/trust-deficit-a-stumbling-block-for-china-69323.

Ravenhill, John. 1998. "Cycles of middle power activism: Constraint and choice in Australian and Canadian foreign policies." *Australian Journal of International Affairs* 52(3): 309-327.

Robertson, Jeffrey. 2020. "Middle powers after the middle-power moment." June 6. https://www.eastasiaforum.org/2020/06/06/middle-powers-after-the-middle-power-moment/

Sajjanhar, Ashok. 2020. "From Cold War to Covid War: The Role of Middle Powers." May 6. https://defense.info/partners-corner/2020/05/from-cold-war-to-covid-war-the-role-of-middle-powers/

Silver, Laura, Kat Devlin and Christine Huang. 2020. "Historic Highs in Many Countries: Majorities say China has handled COVID-19 outbreak poorly." October 6. https://www.pewresearch.org/global/2020/10/06/unfavorable-views-of-china-reach-historic-highs-in-many-countries/

Siow, Maria. 2020. "Mikta who? Covid-19 injects five 'middle power' countries with new sense of purpose." October 7. https://www.scmp.com/week-asia/politics/article/3104456/mikta-who-covid-19-injects-five-middle-power-countries-new-sense

Teo, Sarah. 2021. "Toward a differentiation-based framework for middle power behavior." International Theory.

Terada, Takashi. 2019. "Japan and TPP/TPP-11: opening black box of domestic political alignment for proactive economic diplomacy in face of 'Trump Shock'." *The Pacific Review* 32(6): 1041-1069.

"The Alliance for Multilateralism." https://multilateralism.org/

"The fight against COVID-19: Germany makes available an additional 150 million euro for humanitarian assistance." 2020. July 21. https://reliefweb.int/report/world/fight-against-covid-19-germany-makes-available-additional-150-million-euro-humanitarian.

Tran, Hung. 2021. What vaccine nationalism and diplomacy tell us about future pandemics. March 22.

Wike, Richard, Janell Fetterrolf and Mara Fetterrolf. 2020. "U.S. Image Plummets Internationally as Most Say Country Has Handled Coronavirus Badly." September 15. https://www.pewresearch.org/global/2020/09/15/us-image-plummets-internationally-as-most-say-country-has-handled-coronavirus-badly/

지은이

김상배 서울대학교 정치외교학부 교수
미국 인디애나대학교 정치학 박사
2018, 『버추얼 창과 그물망 방패: 사이버 안보의 세계정치와 한국』 (파주: 한울아카데
미)
2014, 『아라크네의 국제정치학: 네트워크 세계정치이론의 도전』 (파주: 한울아카데
미)

정일영 과학기술정책연구원 신산업전략연구단장
미국 뉴욕주립대학교 버팔로 경영학 박사

오일석 국가안보전략연구원 연구위원
고려대학교 법학 박사
2022, "'동북아 방역협력 제도화'를 위한 실천과제 모색." (공저), 국가안보전략연구원
연구보고서
2021, "코로나19 디지털 접촉 추적과 개인정보 보호-브라질 사례를 중심으로." 『법학
연구』 65 (전북대학고 법학연구소)
2020, "신종 감염병 대응을 위한 보건안보: 코로나19대응을 중심으로." 국가안보전략
연구원 연구보고서

부형욱 국방연구원 안보전략센터장
미국 버지니아 텍 공공정책학 박사
2021, 『신국제질서와 한국외교전략』 (서울: 명인문화사)
2021, 『미국 바이든 행정부 시대 미중 전략경쟁과 한국의 선택 연구』 (세종: 대외경제
정책연구원)
2016, 『동북아 군사력과 전략동향』 (서울: 국방연구원)

유재광 경기대학교 국제학부 조교수
미국 오하이오주립대학교 정치학 박사

2021, "복합적 위협인식과 유보적 수용: 한국의 대중 외교안보 전략을 중심으로." 『국제정치논총』 61(2)

2020, "기로에선 중견국: 터키의 중견국 외교 부침을 중심으로." 『국제정치논총』 60(1)

허재철 대외경제정책연구원 중국지역전략팀 부연구위원
중국인민대학 정치학 박사

2021, 『외교적 마찰에 대한 중국의 대응 유형 및 영향 요인 분석』(공저) (세종: 대외경제정책연구원)

2021, 『미중 ICT 경쟁과 남북 ICT 협력: 국제정치경제학의 시각』(공저) (서울: 사회평론아카데미)

2020, 『코로나19 이후 중국의 분야별 변화와 시사점』(공저) (세종: 대외경제정책연구원)

이기태 통일연구원 평화연구실 연구위원
일본 게이오대학교 정치학 박사

2019, 『한일 관계의 긴장과 화해』(서울: 보고사)

2018, 『아베 시대 일본의 국가전략』(서울: 서울대학교출판문화원)

신범식 서울대학교 정치외교학부 교수
모스크바국제관계대학 정치학박사

2021, 『러시아의 사이버안보』(서울: 사회평론아카데미)

2017, 『유라시아의 심장 다시 뛰다』(서울: 진인진)

조대현 서울대학교 정치외교학부 외교학 전공 석사

2022, "카자흐스탄 사람들은 왜 거리로 나섰나." 『슬로우뉴스』(01.18.)

2021, 『중앙아시아 국가들의 아프가니스탄 평화정착 정책 동인에 관한 비교 연구』(서울대학교 대학원)

2019, "유라시아 교통물류의 허브로 발돋움하는 아제르바이잔."(공저) 『다양성+Asia』 7 (서울대학교 아시아연구소)

이상현 세종연구소 연구소장
미국 University of Illinois at Urbana-Champaign 정치학 박사
2022, 『바이든 행정부의 대외정책과 한반도』(공저)
2020, 『미중 패권경쟁과 한반도』(공저)
2020, 『국가정체성과 한중일관계』(공저)

조한승 단국대학교 정치외교학과 교수
미국 미주리대학교 정치학 박사
2020, 『멀티플 팬데믹』(공저) (서울: 이매진)
2021, "코로나 백신 불평등과 글로벌 보건 거버넌스의 과제." 『생명, 윤리와 정책』
　　5(2)

강선주 국립외교원 교수
미국 미시건 주립대학교 정치학 박사
2022, "포스트-팬데믹 국제체제 전환과 중견국 외교." 『정책연구 시리즈』(국립외교
　　원)
2020, "코로나19 팬데믹과 글로벌 협력: 감염병의 정치화와 글로벌 협력의 쇠퇴." 『주
　　요국제문제 분석』(국립외교원)

이승주 중앙대학교 정치국제학과 교수
미국 캘리포니아 버클리대학교 정치학 박사
2021, "경제·안보 넥서스(nexus)와 미중 전략 경쟁의 진화." 『국제정치논총』61(3)
2020, 이승주 엮음. 『미중경쟁과 디지털 글로벌 거버넌스』(서울: 사회평론아카데미)